인간

철학적 인간학 입문

original title:
Antropologia Filosofica
by
Battista Mondin

Copyright © Roma: Urbaniana Univ. Press, 1983

English edition title:
Philosophical Anthropology
Man: An Impossible Project?
translated by
Myroslaw A. Cizdyn

Copyright © Rome: Urbaniana Univ Press, 1985

Published by
Bangalore: Theological Publications in India

Korean translation Copyright © Seokwangsa Publishing Co., 1996
This Korean language edition is published by arrangement with
B. Mondin

인간

철학적 인간학 입문

B. 몬딘 지음 / 허재윤 옮김

서광사

이 책은 Battista Mondin의
Anthropologia Filosofica(Roma: Urbaniana Univ. Press, 1983)을
Myroslaw A. Cizdyn이 영어로 번역한
Philosophical Anthropology. Man: An Impossible Project?
(Bangalore: Theological Publications in India, 1985)를 옮긴 것이다.

인간: 철학적 인간학 입문

B. 몬딘 지음
허재윤 옮김

펴낸이 · 김신혁
펴낸곳 · 서광사

출판등록일 · 1977.6.30.
출판등록번호 · 제5-34호
(130-820) 서울시 동대문구 용두 2동 119-46
대표전화 · 924-6161 팩시밀리 · 922-4993 전자우편 · phil6161@chollian.net
http://www.seokwangsa.co.kr

제1판 제1쇄 펴낸날 · 1996년 11월 20일
제1판 제3쇄 펴낸날 · 2001년 12월 10일

ISBN 89-306-2174-0 93110

옮긴이의 말

이 책은 바티스타 몬딘(Battista Mondin)이 이탈리아어로 쓴 *Antro-pologia Filosofica*(Roma: Urbaniana Univ. Press, 1983)를 미로슬로우 시즈딘(Myroslaw A. Cizdyn)이 영어로 번역하여 새롭게 출판한 *Philosophical Anthropology. Man: An Impossible Project ?* (Rome: Urbaniana Univ. Press, 1985)를 번역한 것이다. 몬딘 교수는 로마의 우르바노 신학 대학에서 다년간 철학적 인간학을 강의해 왔던 분으로서 그의 강의 내용을 보완하고 발전시켜 이 책을 저술하였다. 이 책은 이탈리아 내에서 많은 호평을 받았을 뿐 아니라 외국에서도 다투어 번역, 소개된 정평 있는 양서이다. 따라서 이 책은 이 분야의 전문학자에 의해 씌어진 믿을 만한 철학적 인간학의 체계적인 저술이라고 할 수 있다.

이 책은 크게 두 부분으로 나누어져 있는데, 그 전반부는 인간 존재가 나타내는 다양한 현상들, 즉 생명, 지식, 자기 의식, 자유, 언어, 문화, 노동 등에 현상학적 방법으로 접근하여 이러한 것들의 본질 형상과 본질 법칙을 밝혀 내는 것을 주제로 삼고 있으며, 후반부는 이렇게 밝혀지게 된 본질 형상과 본질 법칙들이 가능하기 위해서는 인간 존재가 궁극적으로 어떤 것이어야 하는가라는 선험 철학적 문제를 제기하고 그에 대해 해답함으로써 결과적으로 일종의 형이상학을 전개하고 있다.

따라서 이 책은 인간학과 관련된 다른 저술들에 비해 폭넓게 인간을 다룰 뿐만 아니라 인간을 보는 시각도 훨씬더 깊다는 뚜렷한 장점을 가진다. 그것은 아마도 저자 자신이 현상학적 방법과 선험적·환원적 방법을 독특한 방식으로 적절히 구사할 수 있었던 데에서 온 것이 아닌가 싶다. 일반적으로 현상학적 방법은 주어진 현상을 통해 나타나는 본질을 분석하고 기술하는 데 만족하고, 이 본질의 궁극적 근거로까지 나아가는 것을 단념함으로써 형이상학적 문제를 엄격하게 금기시한다. 다른 한편으로 선험 철학적 방법은 특히 칸트와 칸트학파의 노선에서 주로 과학(자연 과학과 문화 과학)의 가능성의 정초라는 비판적 작업에 머문 채 형이상학적 문제로 과감히 나아가는 것을 스스로 포기해 버린다. 그러나 몬딘에 있어서는—그리고 대부분의 현대 가톨릭 철학자들에 있어서도 그러하지만—인간이 나타내 보이는 구체적인 현상들에로 다가가서 그것들의 본질 구조와 본질 법칙들을 추출해 내고, 이어서 이런 것들을 성립하게 하는 선험적 조건으로서 인간 존재의 궁극적 근거를 구명해 내는 것은 지극히 자연스럽고 당연한 일이었다.

그리고 이러한 작업에 있어서 몬딘 교수는 오늘날의 우리에게 거의 잊혀졌던 또는 금기시되어 왔던 고대 그리스적 지혜와 중세 그리스도교적 지혜를 인간의 궁극적 핵심을 해명하기 위해 자유롭게 동원하고 있다. 여기에서 우리는 철학의 중요 문제를 해명하는 데에는 고전적 지혜가 어떤 면에서는 현대의 어떤 철학보다도 더 효과적일 수도 있다는 것을 부지불식중에 인정하게 된다. 따라서 우리는 적어도 철학에서는—물론 극히 편협한 입장으로 스스로를 제한하지 않는 한—"옛 것은 반드시 나쁜 것이고 새 것은 반드시 좋은 것"이라는 통속적 법칙이 무조건적으로 통용되지 않는다는 것을 확인하게 된다. (물론 이때 다른 쪽 극단으로 나아가서 "새 것은 나쁜 것이고 옛 것은 좋은 것"이라는 과장에 빠져서도 안 되겠지만 말이다.)

여기에서 이 책의 장점을 한 가지 더 소개한다면, 그것이 이탈리아인에 의해 씌어진 책이라는 점이다. 그래서 이 책에서는 영미 계통의 사상이나 독일, 프랑스 사상 등이 어느 한쪽에 치우침 없이 저자가 필요하고 중요하다고 생각하는 한 공정하게 그리고 골고루 다루어져 있다. 그리고 영미 쪽 학자들은 주로 영미 계통의 사상만을 다루려 하고 독일 쪽 학자들은 또 주로 독일 계통 사상만을 취급하려는 일종의 자국(自國) 중심적인 문화적 편견이 지배하고 있는 오늘날, 이 점은 서구 사상을 공정하게 그리고 고루 도입해야 할 우리에게 있어서는 매우 가치 있는 것임에 틀림없다. 역자가 이 책을 번역하게 된 중요한 동기 중의 하나가 바로 여기에 있다.

그리고 이 책에서는 인격과 영혼의 궁극적 근거, 영혼 불멸과 죽음의 문제, 인간의 궁극적 운명 등이 고전적 지혜의 빛에 비추어져 해명되고 있는데, 이러한 것은 철저히 세속화되고 내재주의적으로 되고 실증주의적으로 된 오늘날의 우리에게서 거부 반응을 불러일으킬지 모른다. 그러나 어쨌든 그러한 문제들은 오늘날 우리에게 분명히 "실존적 중요성"을 갖고 있는 것임을 부정할 수 없으며, 따라서 그런 한에서 오늘날 인간 문제를 다루는 철학자들의 중요한 관심사로 되어야 함을 부인할 수 없을 것이다.

이 책은 이탈리아어로 씌어진 책의 영어판을 번역한 것이므로 각주에 나오는 문헌의 대부분이 이탈리아어판으로 되어 있으며, 각주 중 *표가 붙은 것은 영문 번역자의 주(註)인데 주로 번역 기술상의 문제에 관한 것이어서 이 한국어판에서는 영문 번역자의 주는 취사선택해서 넣었다. 그리고 본문은 완역을 원칙으로 했으나, 각주는 그 내용을 검토하여 그다지 중요하지 않고 장황하다고 생각하는 것은 부분적으로 삭제하였음을 밝혀 둔다.

번역에 있어서는 나름대로 최선을 다했지만, 뜻하지 않은 오역이 있으리라고 생각되므로, 이를 지적해 주시면 고마운 마음으로 받아들여 다음 쇄에서 정정할 것을 약속드리면서 모쪼록 기탄 없는 질정을 바란다. 그리고 이 책의 출판을 흔쾌히 떠맡아 주신 서광사의 김신혁 사장님과, 이 책이 나오기까지 여러모로 세심하고 알뜰하게 애를 써 주신

배민숙 편집장님을 비롯한 편집부 모든 분들께 이 자리를 빌려 감사를
드린다.

1996년 4월
옮긴이 허재윤

지은이의 말

    인간은 인간에게 최대의 문제이다.

    인간 문제가 우리들 인간에게 중요하고 근본적인 문제라는 것은 명백하다. 왜냐하면 다른 모든 물음들 예를 들어 지구, 하늘, 달, 별, 공기, 물, 원자, 세포 등에 관한 물음이나 심지어 신에 관한 물음조차도 우리 인간 존재와의 관련에서만 비로소 중요성을 갖게 되기 때문이다.

    인간은 무엇이며, 인간의 기원은 무엇이며, 인간의 운명은 무엇이며, 인간의 외적인 삶과 인간의 내면적 차원은 또 어떤 관계에 있는지에 관한 물음들이 인간에게 무관심한 일일 수는 없는 것이다. 모든 다른 문제들에 대해서—예를 들어 개, 고양이, 말, 공룡 등에 대해서—는 무관심할 수 있을지 모르지만 우리 자신에 대해서는 그럴 수 없다. 우리는 반드시 우리의 삶의 의미와 우리의 존재의 가치를 탐구하지 않으면 안 된다.

    "인간이란 무엇인가?" 이 물음은 물음 중의 물음이요, 모든 물음들 중 가장 절박하고 절실한 물음이다. 그것은 오래 된 물음이지만 그러면서도 언제나 새로운 물음이다. 그것은 추상적인 것이 아니라 구체적인 물음이다. 또 유적(類的)인 것이 아니라 개인적인 물음이다. 그것은 모든 사람이 각자 직면해서 해결해야 할, 그것도 1차적으로는 자기 자신

을 위해서, 그리고 2차적으로는 (인간 문제에 대한 자기 자신의 해결책
이 다른 사람에게도 유효하다는 희망 아래에서) 다른 사람을 위해서 해
결해야 할 문제인 것이다. "인간은 스스로 자신의 존재를 문제삼는다.
그는 그 자신에 대해 문젯거리가 되어 있으므로 이 물음을 스스로 묻지
않을 수 없다. 그러나 이 시대의 정신과 사건들이 인간을 의문시하고,
인간을 삶의 질서의 혼란과 해체로써 위협하고, 인간을 실존의 위기에
처하게 하면 할수록, 인간은 더욱더 문제시되는 것이다. 이리하여 인간
의 본성에 관한, 세계 내에서의 그의 지위에 관한, 그리고 그의 존재의
의미에 관한 물음이 새로운 진지함과 긴박함과 함께 등장하게 되는 것
이다."[1] "인간의 본질—언제나 새로운 깊이를 드러내 보이는—은 끊
임없이 인간 문제를 새로이 제기하도록 한다. 그러므로 인간에 대한 이
물음은 결코 잠재워지지 않을 것이다. 인간의 사고가 있는 한, 즉 언제
나 묻고 탐구하는 과정중에 있는 인간의 사고가 있는 한, 인간의 물음
은 진정되지 않을 것이다. 비록 역사적으로 이 물음에 대해 상이한(또
는—진실로 또는 외견상으로—대립되는) 해답들이 주어졌었다고 하더
라도 이 해답들은 나름대로 타당한 현상 또는 문제들—인간 존재에 대
한 철학적 설명이 떠맡아야 할—을 밝혀 주고 있는 것이다."[2]

 "인간이란 무엇인가?" 철학만이 이 물음에 대해서 합리적으로 연구
하고 그에 대해 적절하고 만족할 만한 해답을 줄 수 있다. 이 점에서,
인간 문제를 해결하는 데 있어 철학을 대신할 수 있다는 과학의 요구
또는 확신은 분명히 그릇된 것이다. 물론 근대 이후의 과학적 지식의
발달과 더불어 많은 과학들이 인간을 연구하고, 또 인간 존재의 많은
국면들을 이해하고 해명하는 데 큰 기여를 한 것은 사실이다. 그러나
그 어떤 과학도 인간 존재에 관련된 중요한 물음들, 그의 기원, 그의
운명, 그의 심오한 존재 등에 관한 물음들을 건드려 보지도 못했다는

---

1) E. Coreth, *Antropologia filosofica* (*Philosophical Anthropology*), tr. it., (Brescia:
   Morcelliana, 1978), 9면.
2) 같은 책, 11면.

것을 인정해야 할 것이다. 그 어떤 과학도 고통, 죄, 고뇌, 자기 초월
성, 그리고 죽음 등의 신비를 풀어 줄 수 없었다. 이러한 물음들을 연
구하고 그에 대한 해답을 찾아내는 것은 인간의 의무이다.… 그러나 인
간은 실험 과학의 기준과 방법으로는 그 일을 할 수가 없다.

   이 점에 관해서, 계몽주의와 실증주의의 시도들이 실패한 후인 오늘
날 과학자들 또는 철학자들 사이에 광범한 의견 일치가 이루어져 있다.
과학자들은 그들의 방법과 수단이 인간의 궁극적 문제를 다루지 못한다
는 사실을 알아차리고서, 그들의 과학적 지식의 요구를 현저히 수정하
였다. 이리하여 오늘날 과학자들은 이러한 문제를 다루고 그에 대해 해
답을 하는―해답이 가능하다면 말인데―임무를 자발적으로 기꺼이 철
학에 위양한다. 철학자들은 또 그들의 입장에서, 인간의 신비를 해명하
기 위해 그들이 과학에게 주었고 또 줄 수 있는 기여는 매우 적은 것임
을 깨달았다. 이 점에 관해서 카시러(E. Cassirer)는 다음과 같은 매우
권위 있는 언명을 하였다. "근대(현대) 철학이 처해 있는 상황은 매우
특이하다. 인간 본성을 알기 위해 끌어다 쓸 수 있는 자료에 관한 한
오늘날보다도 더 나은 때는 일찍이 없었다. 심리학, 인종학(민속학),
인류학 그리고 역사학은 중요하고 더욱더 풍요한 자료들을 수집하였다.
관찰과 실험을 위한 기술적 수단은 현저히 개선되었으며, 자료에 대한
분석도 보다 깊어지고 보다 예리해졌다. 그럼에도 불구하고 이 모든 풍
부하고 다양한 자료들을 통괄하고 조직할 방법이 아직도 발견되지 않은
것처럼 보인다. 오늘날의 지식의 풍요함에 견주어 볼 때 과거는 매우
빈약한 것으로 보일 것이다. 그러나 사실의 풍요함이 반드시 사상의 풍
요함을 의미하지는 않는다. 우리가 우리를 이 미로로부터 이끌어 낼 아
리아드네(Ariadne)의 실을 발견하지 못하는 한, 인간 문화 일반에 대한
진정한 지식은 얻어질 수 없다. 우리는 어떤 이념도 배제하는 것처럼
보이는 아무런 연관도 없이 뿔뿔이 흩어져 있는 자료들의 덩어리 가운
데서 헤매게 된다."[3] 이와 동일한 견해가 현대 철학적 인간학의 대가

3) E. Cassirer, *Saggio sull'uomo* (*An Essay on Man*), tr. it., (Rome: Armando,

중 한 사람인 막스 셸러(M. Scheler)에 의해서도 표명되었다. "인간을
다루고 있는 특수 과학의 지식의 증가는 비록 그 나름대로의 가치는 있
지만 인간 본성을 밝혀 주기보다는 오히려 은폐하는 경향이 있다. 더구
나 특히 인간의 기원에 관한 다윈(C. Darwin)의 이론이 결정적인 비판
을 받은 터라, 우리는 역사상 그 어느 때에도 오늘날만큼 인간이 그 자
신에게 문제시된 적은 없었다고 말할 수 있다."[4]

   이리하여 오늘날 그 어느 때보다도 인간의 신비라는 고상하면서도 성
가신 짐이 철학자의 어깨 위에 지워지게 되었다.

   "인간이란 무엇인가?" 이 물음은 처음부터 동·서를 불문하고 철학
에게 과해졌던 것이다. 그럼에도 불구하고 그렇게 과해진 문제에 대해
서 철학이 만족할 만한 결정적인 해답을 주지는 못하였다. 이리하여 바
로 그 물음이 오늘날 극심한 절박성과 새로운 관심과 더불어 다시 등장
하게 된 것이다.

   "인간이란 무엇인가?" 이 물음은 겉으로 보기에는 간단한 것처럼 보
인다. 왜냐하면 그것은 우리로부터 멀리 떨어져 있는 어떤 존재가 아
닌, 우리 자신에 관한 것이기 때문이다. 사실 그 물음은 우리들의 존재
의 복잡함 때문에 매우 어려운 것이다. 즉 우리의 존재는 물질적이면서
동시에 정신적이요, 신체의 조그마한 공간 내에 갇혀 있으면서도 우리
의 정신으로써 우주의 일체의 한계를 철폐할 수 있는 복잡한 존재인 것
이다. 이리하여 "우주의 가장 큰 신비요, 그러면서도 우리에게 가장 가
까이 있는 자는 언제나 인간인 것이다."[5] 우리 자신을 파고 들어가서
인간 존재의 핵심이 무엇인지를 찾아내는 것은, 우리들의 많은 도시들
을 파괴했을 뿐 아니라 무엇보다도 우리의 의식을 뒤집어 엎어 버림으
로써 전례 없는 문화적 위기를 야기한 양차 세계 대전을 겪고 난 오늘

   1968), 75면.

  4) M. Scheler, *Man's Place in Nature*, tr. eng., (Boston: Beacon Press, 1961), 6면.

  5) C. Jung, *Realtà dell'anima* (*The Reality of the Soul*), tr. it., (Turin: Boringhieri,
     1970), 7면.

날, 달에 가는 것보다도 훨씬더 어려운 일이 되었다. 우리는 문화적 혼
돈 속으로 빠져 버렸는데, 이러한 혼돈 속에서는 어떠한 차원에서도 즉
철학자들간에도, 과학자들간에도, 정치인들간에도, 성직자들간에도, 심
지어 보통 사람들간에도 일치를 찾아볼 수 없는 것처럼 보인다. 이리하
여 오늘날 개인들간에나 민족들간에나, 인간 존재가 무엇을 의미하는
지, 인간의 삶의 가치가 무엇인지, 즉 가치 있고 고요한 평화 속에서
자유로운 인간이 살 만한 가치가 있는 삶이란 어떤 것인지가 더 이상
알려져 있지 않다.

　이리하여 우리들을 휘잡고 괴롭히고 있는 세기적 위기―이것은 물질
적이라기보다는 정신적인 위기요, 경제적·정치적이라기보다는 문화적
인 위기이다―로부터 벗어나기 위해서 철학이 (자연, 물질, 우주, 존
재, 언어 등의 신비보다는) 인간의 신비에 그것의 온갖 힘을 집중할 필
요가 있다. 그리고 인간의 여러 가지 놀라운 활동들(삶, 인식, 언어,
노동, 의욕, 원망[願望], 사랑 등)을 주의깊게 살펴보면서, 그의 인격
의 높은 가치를 인식하고 해명할 필요가 있다. 가브리엘(L. Gabriel)은
정당하게도 다음과 같이 말한 적이 있다. "새로운 세계가 인간이라는
특수한 존재에 관한 심오한 지식의 정신적 기초 위에 세워져야 한다.
즉 옛 기초가 무너져서, 그것이 점점 거세져 가고 높아져 가는 파괴와
해체의 거대한 파도를 막아 줄 제방을 이제 더 이상 쌓을 수 없게 되었
을 때, 그 낡은 기초를 대신해서 세워져야 할 새로운 기초 위에 새로운
세계가 세워져야 한다는 말이다."[6]

　인간에 대한 철학적 연구는 철학적 인간학이라고 불리어진다. 이 주
제에 관해서 나는 수년 전에 《인간이란 누구인가?》(*L'uomo. Chi é?*)라
는 제목의 저술을 출간하였는데, 그 책은 이탈리아 내에서와 해외에서
상당한 성공을 거두었다. 이 책에서 나는 그 내용을 재검토하고 그것을
동일한 노선에서 좀더 발전시키되 다음과 같은 두 가지 변경을 하였다.

---

6) L. Gabriel, *Uomo e mondo in decisione* (*Man and the World in Decision*), tr. it.,
　(Turin: Marietti), 186면.

즉 첫째로 인용문과 역사적 전거(典據)는 철저히 줄였다. 둘째로 이론적 분석은 훨씬더 깊게 하였다.

이 기회에 나의 동료 교수들과 학생들에게 그들이 철학적 인간학이라는 나의 전공 분야의 연구를 열심히 해나가도록 자극을 준 데 대해 깊이 감사를 드리고자 한다. 또 우르바노 신학 대학에 대해서도, 이 저술도 그 한 부분으로 포함되어 있는 "철학 과정" 시리즈를 기획하고 실행해 나가도록 지원해 준 것을 깊이 감사한다.

> 1983년 예수 공현 축일에
> 로마의 우르바노 신학 대학에서
> 바티스타 몬딘

차례

철학적 인간학의 방법론과 역사

　"그 어떤 시대도 우리의 시대만큼 인간에 대해 이처럼 많은, 또 이처럼 다양한 견해를 가진 적이 없었다. 그 어떤 시대도 우리의 시대만큼 인간에 관한 그 당시의 지식을 이처럼 매력적이고도 효과적인 방법으로 표현하는 데에, 그리고 이처럼 신속하고도 쉬운 방법으로 전달하는 데에 성공한 적이 없었다. 그러나 다른 한편으로 그 어떤 시대도 우리의 시대만큼 인간이 무엇인지에 관해 알지 못한 적은 없었다. 이리하여 인간은 오늘날 그 어떤 때보다도 더 문제시되고 있다."[1]

　나는 금세기의 가장 위대한 철학자 가운데 한 사람인 하이데거의 이 판단의 타당성은 부정될 수 없다고 생각한다. 사실 인간이 언제나 연구의 대상이 되어 왔다는 것은 진실이다. 그러나 우주 중심적 입장 (cosmocentric perspective)과 신 중심적 입장 (theocentric perspective)이 각기 지배하고 있었던 고대와 중세에는 인간이 다른 중요한 존재들, 즉 세계라든가 신과 더불어 또는 이들에 종속되어 연구되었던 것이다. 인간이 일체의 철학의 중심과 출발점으로 된 것은 데카르트 (R. Descartes)와 더불어, 그리고 인간 중심적 입장 (anthropocentric perspective)의 긍

───────────────

1) M. Heidegger, *Kant e il problema della metafisica* (*Kant and the Problem of Metaphysics*), tr. it., (Genova: Silva, 1962), 275～276면.

정과 더불어였다. 게다가 실험 과학의 발달과 더불어 인간은 많은 개별 과학들의 중요하고 독점적인 연구 대상으로 되었으니, 심리학, 정신 분석학, 사회학, 사이버네틱스(cybernetics), 문화 인류학 등이 그 예들이다. 최근에는 신학자들도 이러한 인간학적 경향에 매료되어서, 신학에 인간학적 기초를 부여하기도 하였다.

그러나 다른 한편으로 이러한 과학자, 철학자, 신학자들의 수많은 열정적인 연구 성과들은 하이데거가 말했듯이 결정적인 오해를 불러일으킬 수 있다. 데카르트, 스피노자(B. Spinoza), 흄(D. Hume), 칸트(I. Kant), 헤겔(G.W.F. Hegel), 마르크스(K. Marx) 등에 의해 제출된 인간의 신비에 대한 해답들, 그리고 실존주의자, 마르크스주의자, 신(新)실증주의자, 구조주의자들이 금세기에 제출한 해답들은 비록 그 해답들 중의 어떤 부분은 중요하고 계몽적일 수 있지만 전적으로 만족할 만한 것은 아니다. 과학자들에 의해서 제시된 해답들은 한층더 불만족스럽다. 어떤 경우에 그들은 이 기관 또는 저 기관에 관해서, 또는 이 또는 저 기능과 활동에 관해서 매우 정확한 지식을 우리에게 전해 주기도 한다. 그러나 그들은 전체적인 인간의 참된 본성에 관해서, 또는 그의 진정한 기원과 궁극적 운명에 관해서 아무것도 말해 주지 않는다. 이러한 이유로 인간에 대한 연구가 새로이 시작될 필요가 있다. 그리고 무엇보다도 하나의 훌륭한 방법, 즉 이 어려운 작업에 어느 정도의 성공을 보증해 줄 한 방법이 선정되어야 한다.

1. 철학적 인간학의 방법론

그런데 어떤 방법이 인간학의 연구에 가장 적합할까? 과학적 방법일까, 철학적 방법일까? 실험적 방법일까, 체험적 방법일까? 현상학적 방법일까, 형이상학적 방법일까? 귀납적 방법일까, 연역적 방법일까? 이 물음에 대한 해답은 매우 중요하다. 왜냐하면 철학적 분과로서의 인간학의 정당성(또는 부당성)이 그것에 의해 결정되기 때문이다.

칸트가 존재에 대한 형이상학적 연구의 가능성을 회의(懷疑)하기까지는 인간을 철학적으로 연구하는 것의 정당성에 대한 의심이 결코 일어나지 않았었다. 《순수 이성 비판》(*The Critique of Pure Reason*)의 저자에 의해 이른바 "물자체"(형이상학적 문제)에 관한 사변에 결정적 타격이 가해진 오늘날, 이 정당성은 더 이상 당연시되지 않는다. 심지어 많은 사람들이 인간에 대한 철학적 연구가 무용(無用)한 것이 아닐까 하는 질문을 하기까지 한다. 즉 과학적 연구들, 여러 가지의 실험 과학적 인간학들이 인간이 무엇인지를 알려 주는 데 충분한 것이 아닐까?

이러한 물음들에 대해서 많은 학자들은 그렇지 않다고 대답하면서 철학적 인간학의 정당성을 옹호한다. 철학적 인간학이 비판적 학문으로 이해되든 또는 이론적 학문으로 이해되든 상관없이 말이다. 전자의 경우에 철학적 인간학은 과학적 지식의 자족성(自足性)의 거짓된 확신의 가면을 벗기고자 하고, 인간 존재가 이성 그 자체로는 결코 해결할 수 없는 문제를 일으킨다는 것을 보여준다. 후자의 경우에 철학적 인간학의 목적은 실험적 과학에 의해 시도되었으나 부분적으로만 발전되었던 인간에 관한 지식을 더욱 진척시키고 완성하는 것이다.

요컨대 개개의 과학들은 인간에 관해 다만 부분적이고 피상적인 지식만을 제공할 뿐이다. 따라서 그것들 중의 어느 하나도 인간 존재의 온전한 상을 그려낼 수 없으며, 그 어느 하나도 "인간 자신이 무엇인가?"라는 물음에 해답하고자 하지 않는다. 물론 생물학자, 심리학자, 물리학자, 인류학자, 역사학자들이 인간에 대해 묻기는 한다. 그러나 그들 중 어느 누구도 그 문제에 대해 완전한 해답 또는 절대적인 해결을 한다고 주장하지는 못한다. 그러나 철학자는 그가 바로 철학자이기 때문에, 즉 가장 깊은 근거, "궁극적 원리"의 연구자이기 때문에, 전체적이며 완전하며 결정적인 해답을 찾아내고자 하는 것이다. 즉 인간이 전체적으로 볼 때 무엇인지, 단순한 현상을 넘어서 또는 그 배후에 있는 인간의 참된 본질이 무엇인지, 그리고 환경, 연령, 교육, 성별에 의해 생겨난 차별성을 넘어서 인간 그 자체가 무엇인지를 온전히 밝혀 줄

해답을 찾아내고자 하는 것이다. "인간 전체—그의 이런 국면 또는 저
런 국면이 아니라—가 우리의 관심사로 된다. 개개의 전문 과학들(인
류학, 언어학, 생리학, 의학, 심리학, 사회학, 경제학, 정치학 등)은
인간의 전체를 파악하려는 그들의 노력에도 불구하고 인간의 전체를 제
한해서 그를 한 기능 또는 한 특정 충동의 관점에서 고찰하려는 경향으
로 기울어진다. 그 결과 인간에 관한 우리의 지식은 단편적이고 산만하
다. 우리는 너무나도 흔히 부분을 전체로 오해한다. 우리가 피하고자
하는 것은 바로 이러한 오류이다."[2]

그러므로 철학적 성격을 지닌 연구, 과학적 연구와는 다르며 그것과
독립해 있는 한 연구, "인간이란 무엇인가?"라는 물음에 결정적으로
해답하고자 하는 목적을 지닌 한 연구(즉 철학적 인간학)를 위한 여지
는 아직도 남아 있다. 그러므로 철학적 인간학은 과학과는 다르면서도
예술, 종교, 역사와는 비슷한 그 자신의 인식론적 지위를 가지고 있다.
그런데 인간학에 속해 있는 지위는 무엇인가? 이 점에서 인간학의 방
법의 문제에 직면하는 것이 필요하게 된다. 철학적 분과로서의 인간학
의 정당성의 해결은 바로 이 문제의 해결에 의존하기 때문이다.

철학적 인간학의 방법의 문제는 금세기의 많은 논쟁의 중심이 되어
왔다. 이 논쟁을 해결하기 위해 수많은 가설들이 제출되었었다. 훗설
(E. Husserl)은 현상학적 방법을 제안하였으며 하이데거와 실존 철학자
들 일반은 그를 따랐다. 가다머(H.G. Gadamer)와 리쾨르(P. Ricoeur)는
해석학적 방법을 사용하였으며, 파브로(C. Fabro)는 내성(內省)의 방법
을 제안하였다. 그리고 바르보틴(E. Barbotin)은 이해의 방법을, 부버
(M. Buber)와 네돈셀(M. Nédoncelle)은 대화적 방법을, 보로스(L.
Boros)는 대화적·선험적 방법을, 마르셀(G. Marcel)은 선험적 반성법
을 제안하였다. 그리고 폴라니(M. Polanyi)는 "타당화"(validation)의 방
법을, 레비 스트로스(C. Lévy-Strauss)는 구조주의적 방법을 사용하였다.

---

2) A. Heschel, *Chi é l'uomo?* (*Who is Man?*), tr. it., (Milan: Ruscon, 1971), 15
면.

나의 생각으로는 이러한 모든 방법론들에는 그 각기가 보편적 가치를 가진 사상을 얻으려는 목적을 가진 모든 연구와 공통적으로 갖고 있는 점을 간과한 채 다만 인간학적 연구의 어떤 특수한 국면만을 일면적으로 강조하려는 경향이 있는 듯하다. 더구나 과학과의 만남을 피하기 위해, 참된 철학적 지식에 도달했다는 보증을 도저히 할 수가 없는 그런 방법들이 이따금 사용되기도 한다. 현상학적 방법, 해석학적 방법, 구조주의적 방법 등등의 경우가 바로 그러하다.

나의 판단으로는 철학적 인간학은 두 가지 측면 즉 현상학적 측면과 선험적 측면이 함께 사용되는 매우 복잡한 방법을 요구하는 듯하다. 현상학적 단계에서는 인간 존재와 관련되는 모든 자료들이 수집되고, 선험적 단계에서는 이 자료들의 궁극적 의미 즉 이 자료들에 의미를 부여해 주고 또 그것들을 가능하게 해주는 심오한 의미가 추구된다.

철학적 인간학의 방법은 현상학적 단계에서 벌써 실험 과학의 방법과 구별된다. 왜냐하면 이 단계가 객관적 관찰뿐만 아니라 내성까지도 포함하기 때문이다. 그 이유는 명백하다. 인간의 활동은 두 국면—하나는 신체적이고 외적인 것이며 다른 하나는 정신적이고 내적인 것으로서, 본질적으로 상관되어 있고 상호 보완하는—을 가지고 있기 때문에, 두 가지 방법 즉 객관적 관찰의 방법과 내성의 방법을 함께 사용하지 않는 한 적절히 연구될 수가 없다.

그러나 철학적 인간학이 실험 과학과 구별되는 것은 무엇보다도 그 선험적 계기에 의해서이다. 사실상 과학적 인간학의 연구 방식이 본질적으로 수평적이라면(즉 과학적 연구가 한 현상에서 다른 현상으로 나아가서 현상들을 분류하고 일반적인 체계화를 하고자 하는 것이라면) 철학적 인간학의 연구 절차는 본질적으로 수직적이다(즉 그것은 현상으로부터 그 원리에로 나아가서 현상의 궁극적 근거를 발견해 내고자 한다). 이리하여 두 가지 인간학의 출발점은 같지만 그것들의 도달점은 달라진다. 실험적 인간학은 영혼을 다룰 수 없다. 그러나 영혼은 철학적 인간학에 대해서는 그 고유의 주제가 된다.

선험적 방법은 (우리가 이제 알게 되었듯이) 칸트가 그것에게 부여한 것과 같은 목적을 가지고 있다. 즉 그 목적은 한 인식(또는 한 일)을 가능하게 하는 최고의 조건을 확정하는 것이다. 그러나 우리의 선험적 방법은 칸트의 방법과는 다른 절차를 따른다. 《순수 이성 비판》의 저자에게는 그 절차가 연역적이었다. 즉 칸트는 어떤 개념을 정당화하는 데 있어서, 그것이 주관의 어떤 영역을 가능하게 하는 그 능력을 논증하였으나, 우리의 경우에 선험적 방법은 그와 반대로 귀납적 성격을 띤다. 다시 말해서 우리는 현상으로부터 출발해서, 그 기원과 그 궁극적 원리를 알아 낼 목적으로 그것을 깊이 있게 연구한다.

철학적 인간학에서 선험적 방법은 인간의 모든 활동과 모든 표현과 모든 문화적 산물에 대해서 (이런 것들을 가능하게 하는 조건을 논하면서) 최종적이고 결론적이며 온전한 정당화와 설명을 추구하는 것이다. 보로스는 다음과 같이 매우 적절히 말하였다. "선험적 방법은 기초적 영역으로까지 뚫고 들어가게 해주고 언제나 우리의 활동중에 나타나는 존재의 깊이를 드러나게 해주는 길(방법)이다."[3] 그러므로 선험적 방

---

3) L. Boros, *Mysterium mortis* (*The Mystery of Death*), tr. it., (Brescia: Queriniana, 1969), 19면. 선험적 방법은 비록 그 당사자들은 그것을 명백히 인식하지는 않았다고 하더라도 대부분의 고대 철학자들(예를 들어 플라톤, 아리스토텔레스, 플로티누스, 아우구스티누스 등)과 근세 철학자들(예를 들어 파스칼, 로크, 흄, 칸트, 니체 등)에 의해서 사용되었던 것이다. 블롱델(M. Blondel)이 자신의 그리스도교 철학의 방법을 다음과 같이 표현하였을 때, 그는 사실 선험적 방법을 그 자신의 방법으로 삼았던 것이다. "우리는 실재적인 자료와 구체적인 생각을 우리의 출발점으로 삼고서, 이러한 것들이 내포하는 것, 전제하는 것, 인식론적 의미에서 이러한 것들을 가능하게 하고 보장하는 것을…밝혀 내야 한다. …내포한다는 것은 안출해 낸다, 연역해 낸다는 것을 의미하지는 않는다. 오히려 그것은 이미 현존해 있으나 관찰되지는 않은 것, 즉 아직은 명백히 인식되고 표명되지는 않은 것을 발견해 내는 것을 의미한다." M. Blondel, *Exigences philosophiques du christianisme* (*Philosophical Requirements of Christianity*), (Paris: PUF, 1950), 71면.

법을 통해서, 우리는 인간의 활동으로부터 출발해서 그 활동을 가능하게 해주는 존재론적 조건으로 소급해 가고자 시도한다. 즉 우리는 인간의 활동으로부터 그의 존재로 소급해 가고자 하는 것이다.

존재는 언제 어디서나 빛나고 있는 신비로운 것이다. 그의 빛으로써 그것은 만물에게 활동성과 일관성과 실재성을 부여한다. 만물은 존재의 빛 안에서 살고 또 존재한다. 존재의 빛이 줄어들면 모든 것은 다시금 무(無)의 어두움 속으로 잠겨든다. 그러나 존재 그 자신은 언제나 그것이 발산하는 빛의 배후에 숨어 있다. 그것의 현시(顯示)는 언제나 매우 암시적이고 상징적이다. 그 현시는 그것의 정체의 모습이기보다는 오히려 그 정체를 위장한 것이라 하겠다.

이러한 것은 인간 존재에 대해서도 타당하다. 인간 존재도 다만 인간의 활동에 의해서만 그 자신을 나타내고 그 자신을 표현하며 그 자신을 증언한다. 그리고 이 경우 인간 활동은 인간 존재를 명백하게 그리고 완전하게는 해석하고 드러낼 수 없게끔 되어 있다. 그럼에도 불구하고 활동을 통한 길은 우리가 인간 존재의 수수께끼를 풀고자 할 때 반드시 따라야 할 방법이다. 이에 관한 한 우리가 이 수수께끼의 해결에 보다 접근해 가면 갈수록, 인간 활동에 대한 우리의 이해는 그만큼 더 충실해지고 더욱 적절해지고 더욱 깊어지게 된다.

이것은 왜 우리가 우리의 논술에서 장황하게 인간 활동에 대해 연구했는가를 설명해 준다. 즉 우리는 인간의 모든 중요한 표현들을 탐구할 것이다. 무엇보다도 보편적 지식, 자기 의식, 자유, 언어, 문화, 노동, 예술, 기술, 놀이 등등의 인간 특유의 표현들을 집중적으로 연구할 것이다. 이러한 활동들에 대한 정밀한 검토를 통해서, 즉 그 특질, 그 목적, 그 결과들을 알아봄으로써, 우리는 짙고 큰 인간의 신비를 가능한 한에서 헤쳐 보려고 시도할 것이다.

나는 몇 가지 오해를 피하기 위해서 생명, 사고, 자유, 언어 및 기타의 인간 활동에 대한 현상학적·선험적 분석의 목적은 생명, 사고, 자유 등등의 철학을 위한 전제를 찾는 데 있는 것이 아니라 다만 생명,

사고, 자유 등이 무엇인지를 이해하는 데에, 그리고 이러한 활동들이 그것들의 담지자이자 창조자인 인간의 진리에 관해 시사해 주는 것이 무엇인지를 발견해 내는 데에 있다는 것을 밝혀 두어야겠다.

이리하여 우리는 철학적 인간학이 독자적인 대상을 가지고 있으며, 또 이 대상의 연구에 적합한 인식적 도구를 갖고 있다는 것을 확정지었다. 이리하여 우리가 인간이라는 현상에 직면했을 때 어리석게도 과학을 맹신하거나 도저히 용납 못할 맹목적 행동을 하지 않는 한, 철학적 인간학은 부정할 수 없는 정당한 인식론적 지위를 가진다는 결론을 내려도 좋을 듯하다.

2. 철학적 인간학의 역사에 있어서 주요 계기들

나는 "철학적 인간학"이라는 표현이 겨우 최근에 들어와서야 철학적 용어로 사용되게 되었다는 것을 전제함으로써 나의 논의를 시작하고자 한다. 전에는 철학의 이 분야를 지칭하기 위해 다른 용어들이 사용되었었다. 고대와 중세에서는 "영혼에 관해서"(De anima), 또는 "인간에 관해서"(De homine)가 가장 흔히 쓰이는 표현이었다. 이러한 관행은 볼프(C. Wolff)에 이르기까지 계속되었는데, 볼프는 이러한 표현들 대신에 심리학이라는 용어를 사용하였다. 그리고 인간에 관한 두 가지 유형의 연구—즉 하나는 실험적이고 다른 하나는 철학적인—가 가능한 한에서, 볼프는 전자를 경험적 심리학, 후자를 합리적 심리학이라고 일컬었다. 그리하여 그는 1732년에 전자에 관한 논저를 출간했고, 2년 뒤에는 후자에 관한 저술을 출간하였다. 이러한 볼프 식의 구별이 확고한 것으로 되어서 우리의 시대에까지 지속되었다. 그러나 오늘날은 "심리학"이라는 용어 대신에 "인간학"이라는 말을 쓰려는 경향이 있다. 이 경우 인간학이라는 말이 단지 영혼뿐만 아니라 인간 전체를 고려하는 철학적 연구의 내용을 가리키는 데 적합하다고 생각되었기 때문이다.

인간학이라는 용어는 칸트에 의해 사용되게 되었던 것이다. 즉 그는 그의 소저술들 중 하나에 "실용적 관점에서 본 인간학"이라는 표제를 붙였었다. 그는 인간학을 "인간에 관한 지식의 체계화된 이론"이라고 정의하였다.

철학적 인간학의 역사는 실제적으로 철학의 역사와 일치한다.[4] 그리스인들이 신화적이고 신비적인 지식의 한계를 극복하는 데 성공하고, 이 새로운 유형의 지식 즉 순수 사유에 의해 얻어지는 궁극적 원리에 관한 지식을 창안한 이래, 사람들은 또한 철학적 반성의 영역 안으로 뛰어들었다. 어떤 때는 철학적 반성을 2차적인 관심사로 볼 때도 있었고 또 어떤 때는 그것을 1차적인 관심사로 간주하기도 하였으나, 그럼에도 불구하고 철학적 반성 자체는 언제나 중요시되어 왔던 것이다.

인간학의 역사가 각각의 시대를 지배하였던 특성들에 따라 고려된다면, 세 가지의 주요 단계가 구별될 수 있겠는데 그것은 우주 중심적, 신 중심적, 인간 중심적 단계들이다. 이 모든 단계는 분명히 그 명칭에 상응한 세 가지 관점 또는 입장을 가리킨다.[5] 인간을 우주 중심적 관점에서 이해했던 것은 그리스적 사고였다. 모든 그리스 철학자들은 자연 또는 우주의 지반 위에서 인간을 연구하였다. 그들에게 인간은 자연 법칙에 따라 처신할 때에만 그 자신을 실현하는 것이었다. 인간을 신 중심적 관점에서 이해하게 된 것은 그리스도교적인 교부적·중세적 사고였다. 그리스도교 사상가들은 인간을 신의 지반 위에서 연구하였고, 따라서 그들의 판단에 의하면 인간은 신의 법에 순응하고 신을 그 자신의 모델(imago Dei)로 삼을 때 비로소 올바로 처신하는 것이고 그 자신을

4) 인간학의 역사에 관해서는 B. Groethuysen, *Antropologia filosofica* (*Philosophical Anthropology*), tr. it., (Naples: Guida, 1969); G. Giannini, *Il problema antropologico, Linee di sviluppo storico-speculativo dai presocratici a S. Tommaso* (*The Anthropological Problem: Lines of Development Historically-Speculatively From the Presocratics to St. Thomas*), (Rome: Pontificia Univ. Lateranense, 1965) 참조.
5) 우주 중심적 입장, 신 중심적 입장, 인간 중심적 입장에 관해서는 H.U. von Balthasar, *Dieu e l'homme d'aujord'hui* (*God and the Man of Today*), (Paris: Desclée de Brouwer, 1965) 참조.

온전히 실현하는 것이다. 마지막으로 인간을 인간 중심적 입장에서 이해하게 된 것은 근대의 사고였다. 인간은 근대인에 의해 인간의 빛 안에서 그리고 인간의 입장에서 연구된다. 인간은 지고(至高)의 존재요 만물의 척도이다. 따라서 인간보다 더 큰 존재는 있을 수 없다.

우주 중심적 입장에서 씌어진 가장 중요한 인간학적 저술은 플라톤과 아리스토텔레스와 플로티누스(Plotinus)의 저술들이다.

플라톤에 있어서 인간은 본질적으로 영혼, 그것도 정신적이고 불멸적인 영혼이므로 인간은 확실히 불멸한다. 영혼 불멸은 플라톤에 있어서는 진정한 문젯거리가 될 수 없었다. 그에게 있어서 유일한 진정한 문제는 오히려 영혼을 육체의 감옥으로부터 해방시키는 것이었다.[6]

다른 한편으로 아리스토텔레스에 있어서 인간은 (세계 내의 다른 존재들과 마찬가지로) 본질적으로 영혼과 육체로 구성되어 있다. 인간에게는 영혼이 형상의 역할을 한다. 그리고 바로 그 까닭으로 신체에 대한 그것의 명백한 우월성에도 불구하고, 영혼은 육체의 부패 즉 죽음으로부터 도망할 수 없는 것처럼 보인다.[7]

그러나 플로티누스는 다시금 영혼과 육체의 양분법을 바탕으로 하는 플라톤적 개념으로 돌아온다. 노에시스(noesis) 즉 예지적 지식은 오로지 영혼에만 귀속되고, 모든 다른 인식 활동은 신체에 의해서, 즉 영혼에 의해 지도받는 신체에 의해서 행해진다.[8]

그리스도교와 더불어 인간에 대한, 인간학적 사고에 대한 새로운 전

---

6) 그와 마찬가지로 플라톤의 철학 전체는 휴머니즘적 성격을 갖고 있다. 그의 인간학적 관점은 특히 다음의 대화편들 속에 나타나 있다. *Phaedo, Paedrus, Republic*.

7) 《영혼론》(*Peri Psychès*) 참조. 이것은 인간학에 관해 씌어진 최초의 논문이다. 그는 이 논저에서 아리스토텔레스 철학의 전형적인 질서를 도입하였다. 즉 영혼의 존재로부터 그것의 활동들에 이르기까지 갖가지 질서를 도입하였다. 그러므로 《영혼론》은 영혼과 그것의 활동의 본성에 관한 최초의 연구서인 것이다.

8) 특히 제1 및 제4 Aenneade 참조.

망이 열렸다. 이제 인간 활동이 전개되는 배경은 더 이상 그리스인들에
있어서처럼 자연이나 우주가 아니라 구원의 역사, 즉 신과 인간의 관계
의 역사가 된다. 따라서 그리스도교적 사상가들의 인간학적 사고의 중
심점은 언제나 신 자신이었다. 그것은 현저히 신 중심적인 사고였다.

교부 시대와 스콜라 시대의 그리스도교적 사상가들에 의해 씌어진 수
많은 인간학적 저술들 중 아우구스티누스의 저술과 토마스 아퀴나스의
저술이 그 독창성과 깊이에 있어서 다른 모든 것을 능가한다.

아우구스티누스는 비상한 열정을 가지고 인간을 연구하였다. 아우구
스티누스의 저술 전부가 본질적으로 신뿐만 아니라 인간에게 집중되어
있다고도 말할 수 있다. 그의 《독어록》(獨語錄, *Soliloquy*)에서 그는 무
엇보다도 인간 영혼과 신이라는 두 주제를 연구하고 싶다는 그의 소망
을 밝히면서, 영혼의 연구부터 시작하고자 한다고 말한다. 그 이유는
영혼은 신이 그 자신을 가장 명백하게 계시하는 곳이기 때문이다. 아우
구스티누스는 그리스도교적 계시의 빛 안에서 그리스 사상이 알지 못했
으며 깊이 파고들 수 없었던 문제와 관념 즉 악, 죄, 자유, 인격, 자기
초월 등등에 대해 사색하였다. 그의 《영혼과 그 기원에 관해서》(*De
anima et eius origine*) 속에서 히포(Hippo)의 주교(아우구스티누스)는 영
혼의 기원이라는 어려운 문제를 다루었다. 즉 영혼은 누구에 의해 만들
어진 것인가? 신에 의해서인가? 또는 양친에 의해서인가? 여기서 아
우구스티누스는 두 가지의 대립된 해결책, 즉 창조설과 전이설(傳移說)
에 대해 논의한다. 어쨌든 아우구스티누스의 인간학은 그의 근본 노선
에 있어서 플라톤의 영향을 받았다. 즉 영혼과 육체의 이원론, 인간을
본질적으로 영혼으로 환원하는 입장, 신체로부터의 일체의 영향을 벗어
난 예지적 지식의 완전한 자율성 등의 점에서 아우구스티누스는 플라톤
의 노선을 따랐다.

또한 토마스 아퀴나스는 (인간 연구에 있어서나 모든 다른 존재의 연
구에 있어서 언제나 신 중심적 입장에서 사고하면서) 아우구스티누스를
포함한 다른 그리스도교 사상가들의 철학적 분석을 더욱 철저하게 그리

고 체계적으로 이용한다. 인간학에 관한 한, 그는 한편으로는 플라톤이 신앙과 실질적으로 일치하는 해결책을 제시했다고 확신하였지만 그 해결책이 철학적으로는 불충분하다는 것을 알았다. 다른 한편으로는 아리스토텔레스가 철학적으로 훨씬더 건전한 인간 개념—비록 그것이 어떤 점에서는 그리스도교적 계시와 맞지 않는다고 하지만(특히 아리스토텔레스 사상에 대한 아베로에스(Averroes) 식 해석을 받아들이는 사람들에 있어서 말이다)—을 그에게 제시하였다는 것을 알았다. 이러한 이유로 토마스 아퀴나스는 새로운 철학적 인간학을 발전시켰는데 그 사상적 특징은 다음과 같다. 즉 인간은 본질적으로 영혼과 육체로 구성되어 있지만 영혼이 육체에 종속되어 있는 것이 아니고 오히려 육체가 영혼에 종속되어 있다. 그리고 영혼은 직접적으로 존재를 가지고 있다. 다시 말해서 영혼은 그 자신의 존재 활동을 하고 있으며, 육체를 여기에 참여시킨다. 그러므로 영혼과 육체 사이에는 깊은 실체적인 통일이 존재한다. 그들 각자의 존재 활동이 동일하기 때문이다. 그러나 동시에 영혼은 육체에 비해서 존재 활동의 면에서 우월한 관계에 있으므로, 육체의 죽음이 영혼을 연루시킬 수 없다. 그러므로 영혼은 불멸한 것이다. [9]

그런데 근대의 시작과 더불어 인간학 연구는 그리스 철학자들의 우주 중심적 태도와 그리스도교적 사상가들의 신 중심적 태도를 버리고 인간 중심적 방향으로 나아갔다. 이제 인간은 철학적 연구가 시작되는 출발점이 되고 철학적 연구가 언제나 그것을 둘러싸고 전개되는 중심점이 된다. 데카르트와 더불어 모든 올바른 철학적 사고의 필연적인 출발점인 비판적 탐구는 인간을 그 대상으로 삼게 되었다. 스피노자는 그의 《윤리학》(Ethics)에서, 인간의 삶의 영역을 확정하고 그것에 이르는 수단을 확정하는 것 이외에는 그 어떤 목적도 갖고 있지 않다고 말한다. 흄은 그의 《인성론》(Treatise on Human Nature)에서, 개인으로서의 인간에 대한 명확한 상을 제시하고자 한다. 콩트(A. Comte)는 사회적 존재

---

9) *De anima, Comment.*, in *De anima, Summa contra Gentiles*, II, cc. 50 ~ 100 참조; *Summa Theologiae*, I, qq. 75 ~ 95.

로서의 인간에 대한 완전한 상을 제시하고자 한다. 프로이트(S. Freud)
는 인간을 충동 복합체로서 연구한다. 하이데거와 블로흐(E. Bloch)는
인간을 여러 가능성들의 원천으로 보았으며, 겔렌(A. Gehlen)은 아직
특수화되지 못한 동물로 보았다.

그럼에도 불구하고 근세 철학자들은 모두 인간학적 입장에서 출발하
면서도, 형이상학적 성격을 띤 그리고 보통 플라톤에 의해 고취된 인간
학을 해나가기를 계속하였다. 데카르트, 파스칼(B. Pascal), 스피노자,
말브랑슈(N. de Malebranche),   비코(G.B. Vico),   라이프니츠(G.W.
Leibniz)의 철학들이 그에 대한 실례가 된다. 칸트 이후에, 다시 말해서
《순수 이성 비판》의 저자가 형이상학의 주장의 불합리성을 증명하고자
노력한 후로는 인간에 대한 새로운 연구 방식이 등장하였다. 칸트에 의
하면 인간 정신은 절대적 지식에 이를 수 없다. 세계에 대해서도, 인간
에 대해서도, 그리고 신에 대해서도 말이다. 인간의 정신은 다만 실천
적이고 도덕적인 성격의 지식에 도달할 수 있을 따름이다. 이러한 확신
에 따라서 칸트는 실천적 성격을 지닌 인간학을 마련하고자 하였다. 그
리고 인간은 가치와 존엄성과 인격적 확신에 있어서 다른 존재들과는
상이한 존재라는 것, 그리고 이러한 특성에는 그에 알맞은 행위가 대응
해 있다는 것을 밝혔다. 칸트는 《실용적 관점에서 본 인간학》(*Anthropol-
ogie in pragmatischer Hinsicht*, 1778)에서 이러한 생각들을 펼쳤다.

철학의 분과들 가운데서 철학적 인간학이 차지해야 할 지위에 관해
서, 칸트는 그의 《논리학》(*Logic*) 서론(24A)에서 인간의 연구를 다음과
같이 자리매김하였다.

> 철학의 영역은 다음의 물음들 속에 포괄될 수 있다. 1) 나는 무엇을 알
> 수 있는가? 2) 나는 무엇을 하여야만 하는가? 3) 나는 무엇을 희망할
> 수 있는가? 4) 인간이란 무엇인가?

첫번째 물음은 형이상학에 관련되고 두번째 물음은 도덕에, 세번째

물음은 종교에, 그리고 네번째 물음은 인간학에 관련된다. 그러나 칸트는 이어서 말하기를, 앞의 세 가지 물음들은 마지막 물음에 환원될 수 있다고 하였다. 왜냐하면 모든 것이 인간에 근거해 있기 때문이다. "근본적으로는 이 모든 것들이 인간학에 환원된다. 왜냐하면 처음의 세 가지 물음들은 마지막 물음에 관련되기 때문이다"(《논리학》, 25A).

형이상학에 대한 칸트의 비판, 과학의 발달, 역사적 의식의 출현, 그리고 19세기의 (한층더 결정적으로는 20세기의) 다른 요인들은 인간학 연구의 방향을 결정적으로 바꾸어 놓았다. 그러한 요인들은 사람들로 하여금 칸트 이전의 철학자들이 작업해 왔던 형이상학의 영역을 버리도록 만들었다. 그리고는 역사, 과학, 문화, 사회학, 정신 분석, 현상학 등등의 다른 영역 내에 정착하도록 하였다. 이리하여 근세와 현대의 철학자들은 전혀 새로운 인간상들, 종종 커다란 흥미를 불러일으키기도 했던 그러한 인간상들을 속속 제시하였다. 예를 들어 키에르케고르(S. A. Kierkegaard)의 고뇌하는 인간, 마르크스의 경제적 인간, 프로이트의 성애적 인간, 하이데거의 실존적 인간, 카시러(E. Cassirer)의 상징적 인간, 블로흐의 유토피아적 인간, 마르셀의 문제적 인간, 겔렌의 문화적 인간, 리쾨르의 과오를 범할 수 있는 인간 등이 그러한 것들이다.

철학적 인간학은 역사에 의해 많은 교훈을 얻었으므로 오늘날 인간에 관해 과거보다는 훨씬더 풍부하고 더 완전하고 더 진실한 논의를 전개할 수 있어야 할 것이다. 그러나 사실이 그러한가? 나는 그렇지 않다고 대답한다. 그것은 다음과 같은 두 가지 이유에서이다. 첫째로는 인간 자신의 본성이 본질상 언제나 깊은 신비에 놓여 있기 때문이며, 둘째로는 철학적 지식의 본성은 누적적인 것이 아니기 때문이다.

3. 인간은 불가능한 가능성인가?

철학적 지식은 누적적인 것이 아니고 과학적 지식처럼 진보하는 것도 아니다. 그것은 또한 수학과 실험 과학이 그런 것처럼, 또 기술이 그런 것처럼, 한 세대에서 다른 세대로 자동적으로 전수될 수 있는 것도 아니다. 철학은 과학이라기보다는 오히려 지혜이다. 그것은 엄밀한 연구의 결과라기보다는 자유로운 사색의 결과이다. 그것은 금욕적 행위요, 절대적으로 인격적인 성취로서 언어적 매체에 의해서보다는 실천적 모범에 의해서 남에게 전달되는 것이다. 철학자는 정열적이고 헌신적으로 진리를 탐구하지만, 그 진리를 과학자처럼 명백하고 정확한 정식이나 수학적 법칙에 의해 남에게 전할 수는 없다. 철학자는 다만 다른 사람들로 하여금 일정한 방향을 보도록, 또 사물을 일정한 방식으로 보도록, 즉 가장 참된 것, 확실한 것, 진정한 것, 심원한 것이 있다고 그가 믿고 있는 그러한 방식으로 보도록 도울 수 있을 뿐이다. 철학자는 진리를 가르쳐 주지 않고 그것을 발견할 방법(길)을 시사해 줄 뿐이다. 철학은 과학보다는 지혜에 더 가깝고, 인격적·실존적 성격을 지닌다.

그러나 철학은 역시 진리에로 나아가는 길이므로, 사적이고 비밀스러운 것이 아니고 모든 사람들에게 개방되어 있는 공적(公的)인 것이다. 그리고 모든 사람이 스스로에 의해서나 어떤 정당한 안내에 의해서, 그 길을 걸어갈 권리를 갖고 있다.

그리하여 비록 철학이 (물리학이나 생물학이나 천문학 등처럼) 누적적·진보적 지식은 아니라고 하더라도, 철학적 인간학은 오늘날 (선험적 단계에서도 물론이지만) 특히 그 현상학적 단계에 있어서 인간에 관한 철학적 지식에 관한 한, 이미 얻어진 명확한 (과학의) 성과로부터 도움을 얻을 수 있다.

첫번째의 중요한 성과는 철학적 인간학의 한계에 관한 것이다. 철학적 인간학은 엄청나게 풍요하고 복잡한 존재를 다루기 때문에 그 결과는 실제로 정의될 수 없을 정도이다. "인간은 매우 광범하고 매우 다양하고 너무나도 여러 가지여서, 그에 대한 어떤 정의도 제한된 것임이 드러난다. 인간의 국면들은 너무나도 다양하다."[10]

---

10) M. Scheler, *La posizione dell'uomo nel cosmo* (*Man's Place in Nature*), tr. it., (Milan: Fabbri, 1970), 98면.

두번째의 성과는 철학자들에 의해서 제안된 두 마디로 된 많은 인간에 대한 정의들을 반성함으로써 얻어진다. 그러한 정의들은 다음과 같은 것들이다. "이성적 동물"(아리스토텔레스), "사슬에 묶인 프로메테우스"(소포클레스[Sophokles]), "타락한 영혼"(플라톤), "로고스의 영상"(필론[Philon]), "하느님의 모상"(오리게네스[Origenes]), "이성적 실체"(토마스 아퀴나스), "생각하는 갈대"(파스칼), "실체의 양태"(스피노자), "권력에로의 의지"(니체), "상징적 존재"(카시러), "소외된 존재"(하이데거), "육화된 영"(무니에[E. Mounier], 셸러[M. Scheler]), "유토피아적 존재"(블로흐) 등등.

이러한 정의들 중 비교적 괜찮은 것들로부터, 인간은 명백히 모순된 특질들을 자신 속에 갖고 있는 일종의 불가사의라는 것을 알 수 있다. 즉 그는 신적 존재이지만 타락하여 그 본래의 신성(神性)을 실현할 수가 없다. 그는 절대적 가치이지만 그 절대성을 실현할 수가 없는 것이다. 요컨대 그는 무한한 가능성을 갖고 있되 그것을 실현할 수 없는 것이다. 이런 이유로, 나는 인간을 "불가능한 가능성"이라 정의하는 것이 틀린 것은 아니라고 생각한다. 이 정의는 라이프니츠가 행한 유명한 신에 대한 정의에 의해 나에게 암시된 것이다. 즉 라이프니츠는 "신은 필연적인 가능성이다"라고 정의하였던 것이다. 이 정의를 제시한 뒤에 라이프니츠는 신의 존재를 다음과 같이 논증한다. 즉 어떠한 제한이나 모순도 포함하지 않은 가능성은 존재(실존)를 내포한다. 그런데 신은 정확히 말해 이러한 가능성이다. 따라서 신은 존재(실존)한다. 요컨대 "신은, 그가 만일 가능하다면 그는 반드시 존재하지 않으면 안 된다고 우리가 말할 수 있는 유일한 자인 것이다."

확실히 인간을 필연적 가능성이라고 말할 수는 없다. 그는 역사적 삶의 지평 안에서 실현될 수밖에 없으므로 다만 가능한 가능성일 뿐이다.

그러나 앞에 제시한 인간 정의들을 검토한 결과로, 우리는 인간 내에서 특별히 인간적인 어떤 것을 만나게 된다. 그것은 스스로 유한하면서도 무한한 것에로 나아가려고 하는 긴장, 초역사적 존재에로 나아가려

고 하는 긴장인데, 이것으로 말미암아 우리는 이 긴장이 과연 가능한
가능성인지 또는 불가능한 가능성인지, 순전한 유토피아인지 또는 종말
론적 실재인지를 스스로 자문해 보는 것이다. (그리고 이것은 철학적
인간학의 가장 중요한 문제인 것이다.) 우리는 인간 존재라는 절대적
가치, 그러면서도 스스로 절대화될 수 없는 것처럼 보이는 이 절대적
가치를 어떻게 생각해야만 하는 것인가? 그 자신 무한한 것에로 이끌
려지는 육화된 영(靈, spirit)임에도 불구하고 무한자에 이르지는 못하는
것처럼 보이는 이 존재를, 그리고 그 자신 무진장한 가능성의 원천임에
도 불구하고 그가 실현할 수 있는 모든 것을 다 실현할 수는 없는 이 존
재를 어떻게 생각해야만 하는 것인가?

그가 생각하고 말하고 기획하고 욕구하고 생산하는 모든 것에 있어서
끊임없이 그 자신을 초월해 나가면서도 그가 갈망하는 진리와 선(善)과
행복에 이르지는 못하는 이 신비로운 존재는 도대체 무엇인가? 우리는
아마도 우리 자신이 실재적인 또는 필연적인 가능성이 아니고 불가능한
가능성임을 알고 있지는 않은가? 인간 속에 파여 있는 깊은 분열, 즉
사고와 진리, 복지와 행복, 법과 정의, 이데올로기와 유토피아, 의욕하
는 의지와 의욕된 의지, 능동 지성과 가능 지성간의 분열을 우리는 어
떻게 해석해야만 하는가?

인간은 스스로를 하나의 거대한 기획으로 나타내는가? 또는 우리는
우리 자신이 불가능한, 결여되어 있는, 실패한 기획임을 알고 있는가?

우리는 이 책의 제 2 부인 형이상학적 부분에서 이 중요 문제에 대한
합리적인 해답을 찾고자 시도할 것이다. 그리고 제 1 부에서는 인간적
가능성*의 문제에 대한 견실한 기초를 마련하는 데 필요한 자료들을 수
집하기 위해 인간의 중요한 활동들을 주의깊게 고찰할 것이다. 인간의
고유한 많은 활동들을 충분히 검토한 후, 우리는 셰익스피어처럼 이렇
게 태연스럽게 외치지는 않을 것이다. "인간이란 얼마나 묘한 작품인

---

* 많은 사상가들은 이 순서를 뒤바꾸어서 "가능적 인간", "가치적 인간"
  등의 표현을 사용한다.

가! 그의 이성은 또 얼마나 고귀한 것인가! 그의 능력은 얼마나 무한한가! 그의 형상과 동작은 또 얼마나 민첩하고 찬탄할 만한 것인가! 그의 행위는 천사와 같지 않은가! 그의 이해력은 또 신과 같지 않은가! 그는 세상의 아름다움이며 동물들의 모범이다!"[11] 그러나 인간의 활동을 연구하면서 우리는 사르트르(J.P. Sartre)가 말하였듯이, 인간이란 "공허한 정열"이 아니라 가능한 가능성이라는 결론을 내릴 타당한 단서를 만나게 될 것이다.

❧ 참고문헌

Asimov, I., *La vita e l'energia* (*Life and Energy*), tr. it., Bologna: Zanichelli, 1970; Canguilhem, G., *La conaissance de la vie* (*The Knowledge of Life*), Paris: Vrin, 1969; Crick, F., *Of Molecules and Men*, Seattle: Univ. of Washington Press, 1966; Jones, H., *The Phenomenon of Life: Towards a Philosophical Biology*, New York: Harper & Row, 1966; Ludwig, G., *Scienza della natura e visione cristiana del mondo* (*The Science of Nature and a Christian Vision of the World*), tr. it., Milan: Massimo, 1982; Marcozzi, V., *Caso e finalità* (*Chance and Finality*), Milan: Massimo, 1976; Monod, J., *Il caso e la necessità; saggio di filosofia naturale della biologia contemporanea* (*Chance and Necessity: Essay of Natural Philosophy of Contemporary Biology*), tr. it., Milan: Mondadori, 1970; Rush, J.H., *L'origine de la vie* (*The Origin of Life*), Paris: Payot, 1959; Sermonti, G., *Le forme della vita* (*The Forms of Life*), Rome: Armando, 1981; Sermonti, G., *L'anima scientifica* (*The Scientific Soul*), Rome: Dino, 1982; R. Virchow, *Vecchio e nuovo vitalismo* (*Old and New Vitalism*), Bari: Laterza, 1969.

---

11) W. Shakespeare, *Hamlet*, Act II, Scene II.

제 1 부

인간 활동의 현상학

———— ❋ 제 1 장 ❋ ————

생명

   인간(어린이, 소년, 성인, 여자, 노인 등)은 매우 활동적인 존재이다. 비록 어느 정도의 활동성은 어디에나―즉 하늘에도, 땅에도, 그리고 우리의 지구에도(여기에서도 동물계와 식물계뿐만 아니라 무기계에도)―있다고 하더라도, 인간은 엄청난 활동성 즉 이 세계의 어떤 다른 존재의 활동성보다 엄청나게 뛰어난 활동성을 갖고 있다는 것을 인정할 필요가 있다.

   인간의 활동은 다양하다. 즉 인간의 활동은 생물학적·감정적·논리적·기술적·문화적·사회적·경제적·정치적·종교적(등)인 활동들을 포괄한다.

   인간이 무엇인가를 알아 낼, 그리고 그의 존재의 신비로운 깊이를 탐지할 길은 하나밖에 없는데, 그것은 그의 활동 또는 행동을 연구하는 방법이다. 그의 행동으로부터, 그의 여러 행동들의 성질과 차원으로부터, 우리는 그것들의 근원인 인간 존재 자체에로 소급해 갈 수 있고, 인간 존재의 위대성, 그 성질, 그 차원, 그 숭고성, 그 가능성을 미루어 알 수 있다.

   인간적 활동의 모든 형태들 중 가장 기본적이고 근본적인 것이면서 동시에 가장 복잡하고 가장 풍요한 내용을 가진 것으로 나타나는 것은 생명(삶)이다. 인간 존재에 대해서 생명은 본질적인 것이다. 생명은 그 자신의 존재를 위기에 빠뜨림이 없이는, 즉 파괴함이 없이는 중단될 수 없는 그러한 활동인 것이다.

다른 인간적 활동에 대해 생명이 갖는 1차적・근원적・근본적 성격을 고려할 때, 인간적 활동에 대한 우리의 연구가 생명 현상의 연구로부터 시작한다는 것은 당연하다.

이 현상의 연구는 인간에 대해 특별한 중요성을 갖는다. 왜냐하면 그 문제의 해결에 그 자신의 일체의 세계관이, 즉 그 자신의 세계상, 그 자신이 철학적・윤리적・종교적・정치적・문화적・교육적 차원에서 사물을 보는 방식이 의존해 있기 때문이다. 사실, 생명을 기계론적으로 (즉 우연이나 필연의 결과로) 해석하거나 활력론적으로 (즉 영적 세계로부터 나온 원초적* 형상으로) 이해하는 것은 정면으로 상반된 윤리적・종교적 규범에 따라 각 개인의 삶을 영위함을 의미한다. 이러한 까닭으로, 생명에 대한 연구가 냉정하고 무관심적인 태도로 행해질 수는 없는 것이다. 내기에 건 돈이 너무나도 엄청난 것이다!

1. 활력론인가? 기계론인가?

생명이란 무엇인가?

이 물음은 언제나 인간의 마음 속에서 일어났었지만 아직도 그에 대한 확정적이고 명백한 해답에는 이르지 못하였다. 모든 시대의 학자들은 대립된 두 진영으로 갈라졌는데, 어떤 사람들은 생명을 물질로 환원될 수 없는 절대적으로 독자적인 현상으로 간주하였다. 이것이 곧 활력론의 진영이다. 또 다른 사람들은 생명을, 물질 속에 그것이 나타나기 위한 충분한 이유를 갖고 있는 물질의 파생적 현상으로 간주하였다. 이

---

* "창시적인"(originating) 또는 "원초적인"(original)이라는 말이 문법적으로는 더 적합할지 모르지만, 그 둘 중 어느 쪽도 정확한 의미를 전달해 주지는 않는다. 따라서 세 가지 말들이 다 옳을 수 있다.

것은 기계론의 진영이다.

a) 활력론

고대와 중세의 전기간에 걸쳐, 그리고 근대의 상당 기간 동안, 철학자와 과학자들의 일반적인 경향은 생명을 물질로는 환원될 수 없는 독자적이고 근원적인 현상으로 간주하는 것이었다. 그들은 생명의 기원을 일자(一者), 누스(Nous), 이성, 신, 천사적 지성, 영(靈)에로 환원시켰다. 어떤 사상가들—예를 들어 아리스토텔레스—은 생명을 근원적 현상으로 즉 근원적인 실체적 형상들 중의 하나로 간주하였다.* 이러한 근원적 형상에는 보통 "활력적 원리"(생명 원리)라는 이름이 붙여졌다. 18세기—이때 기계론이 이미 유럽 전역에 퍼지기 시작했다—의 활력론의 가장 강력한 대변자 중의 한 사람이었던 바르테즈에 의하면 인간의 활력적 원리는 "인간의 신체에 있어서 일체의 생명 현상을 일으키는 원인"이었다. 이 원인의 이름은 별로 중요한 것이 아니고 각자의 선호에 따라 결정될 수 있다. 나로서는 이미 히포크라테스(Hippocrates)에 의해 사용된 적이 있었던 작용인(作用因, impetum faciens, 그리스어의 to enormòn)이라는 말을 선택하고 싶다.[1]

활력론자가 그들의 입장을 지지하기 위해 제시하는 주요 이유들은 다음과 같다.

—생명적 유기체의 기계에로의 환원 불가능성   살아 있는 유기체에는 자신의 유기체를 스스로 구성함, 스스로 보존함, 스스로 통제함, 스스로 수리함 등의 현상들이 있는데, 이런 현상들은 기계에는 전혀 나타나지 않는다. "기계의 경우에 그것의 구성은 외부의 힘에 의한 것이

---

* "사물"(thing)이라는 말은 독자에게 매우 부적합하게 들릴 것이다. "대상"(objects)이라는 말이나 "존재"(beings)라는 말을 그 대신 쓸 수 있을 것이다. 비록 이 두 가지 말이 원저자 자신의 용어법에서 그 특유한 의미를 갖고 있지만 말이다.

1) P.J. Barthez, *Nouveaux éléments de la science de l'homme* (*New Elements of the Science of Man*), (Paris, 1778).

고, 기계공의 정교한 능력을 전제한다. 그것의 보존도 기계공의 끊임없는 감독과 보살핌을 필요로 한다. 그리하여 주의와 감독의 소홀로 말미암아 어떤 복잡한 기계가 완전히 망가지게 되는 그런 어떤 시점이 분명히 있다. 마찬가지로 기계는 그것의 통제와 수선을 위해서도 인간 활동의 주기적인 개입을 필요로 한다. 물론 자기 통제 장치가 있기는 하다. 그러나 이러한 것은 인간에 의하여 첫번째의 기계에 첨가된 두번째의 기계에 불과하다. 자동적 통제 장치나 자동적인 전자 기계의 제작은 인간의 기계에 대한 관계를 상당한 정도로 바꾸기는 하지만 그 의미 자체를 변경시키지는 못한다. "[2]

　—기계와 생명적 유기체의 동작의 차이　　기계는 다만 이상적 조건하에서만 작동을 (그것도 때로는 완벽하게) 한다. 즉 모든 것이 잘 되어 있을 때에 그것은 작동을 하는 것이다. 그와 반대로 살아 있는 유기체는 엄청난 적응 능력을 가지고 있다. "계산에 의해 만들어진 기계는 계산의 규범들을 증명해 준다. 즉 동일성, 항상성, 예견성 등의 합리적 규범들을 말이다. 반면에 살아 있는 유기체는 어떤 경험적 원리에 따라 작용한다. 생명 (삶)은 경험이다. 즉 환경을 개선하고 이용하는 것이다. 그것은 문자 그대로 시도이다. "[3]

　—기계는 인간의 발명품이지만 생명은 그렇지 않다.　　인간은 살아 있는 유기체를 모방해서 기계를 발명해 내지만, 결코 기계가 살아 있는 유기체의 완전성에 이르지는 못한다. 그러므로 역사적 관점에서 보나 존재론적 관점에서 보나 기계는 생명적 유기체에 비해 나중의 것이다. 먼저 생명이 있었고 그 다음에 물질이 생겨났다. 그러므로 생명은 기계로부터 나올 수도 없고 기계로 환원될 수도 없다. 다른 한편으로 "만일 인간이 기계에 불과하고 또 기계와 같은 것이라면, 인간이라는 동물을 기계로 만들기 위한 인간의 그 많은 노력들은 어째서 있게

---

2) G. Canguilhem, *La connaissance de la vie* (*The Knowledge of Life*), (Paris: Vrin, 1969), 166면.

3) 같은 책, 118면.

되는 것일까? "[4]

─활력론의 끊임없는 재활성화   생물학의 부단한 새로운 발견─심지어 가장 최근의, 또 가장 현저한 발견─에도 불구하고 활력론은 사라지기는커녕 끊임없이 부활된다. 활력론의 논거를 영원히 무효화시키는 것처럼 보였던 실증주의의 승리 후에, 활력론은 베르그송(H. Bergson), 딜타이(W. Dilthey), 제임스(W. James), 셸러(M. Scheler), 하이데거(M. Heidegger) 등의 저술에 의해 부활되고 번창하게 되었으며, 활력론을 다시금 없애고자 했던 신실증주의의 실패 후에 활력론은 테야르 드 샤르댕(P. Teilhard de Chardin), 폴라니(M. Polanyi), 세르비에(J. Servier), 칸귀렘(G. Canguilhem), 루(W. Roux), 세르몬티(G. Sermonti), 그리고 그 밖의 많은 과학자들 때문에 새로이 권위를 얻게 되었다.

b) 기계론

수학과 과학의 승리는 17세기에 들어와서 처음에는 몇몇 철학자들─예를 들어 데카르트(R. Descartes)와 가상디(P. Gassendi) 등─그리고 그 다음에는 많은 과학자들로 하여금 고전 물리학의 모델이나 물리학 일반의 모델을 생물학에 적용함으로써 활력론을 폐기하고 그 대신에 기계론적 생명관을 대치하도록 유도하였다. 갈릴레이 식 역학에 대한 열정은 이른바 "의학적 기계론자"(Iatromechanicists)의 조류를 불러일으켰다. 그들은 살아 있는 유기체에 있어서 기계와 유사한 체계를 확인하고자 하였다. 의학적 기계론자들은 최초의 "기계론자"였고 기계론자라는 이름이 정확히 적용될 수 있는 유일한 사람들이었다. 그들 중 갈릴레이(G. Galilei)의 제자인 보렐리(G.A. Borelli)는 뉴턴(I. Newton) 자신에 의해 만유인력 이론의 선구자의 한 사람으로 인정되었던 겸손한 천재였다. 그러한 보렐리가 동물의 신체에 대해 그 뼈는 지렛대와 같고, 그

---

4) 같은 책, 87면.

심장은 펌프와 같으며, 그 폐는 풀무와도 같은, 잘 고안된 기계라고 말하였다.

살아 있는 유기체와 기계간의 유비(類比), 특히 시계(時計)의 유비는 데카르트와 라이프니츠(G.W. Leibniz)에 의해서도 제안되었는데 우리의 시대에 이르기까지 굉장한 성공을 거두었다. 그러나 과학의 발달과 더불어 새로운 그리고 더 정교한 기계론적 이론들이 생겨났다. 오늘날 가장 많이 추종되는 이론은 분자 생물학의 이론인데, 그것은 생명을 어떤 유형의 분자들의 특별히 복잡한 배열로 간주한다.

기계론자들이 그들의 주장을 뒷받침하기 위해 가장 잘 끌어대는 논거는 다음과 같은 것들이다.

—활력론은 그것을 지지하는 증거를 갖고 있지 못하고 다만 미신과 편견일 따름이다.   영국인들이 그들의 성(城)이 보이지 않는 귀신으로 가득 차 있다고 믿고 있듯이, 활력론자도 살아 있는 유기체 안에 어떤 영혼이 살고 있다고 생각한다. 활력론은 과학적으로 증명될 수 없는, 어떤 은폐되어 있는, 신비적인 힘을 꾸며 만들어 낸다. "정확한 지식은 활력론의 적이다. "5)

—활력론은 의인관(擬人觀)의 희생물이다.   "활력론은 우리가 생명적 존재이고 우리 자신이 그 연구에 하나의 대상으로서 연루되어 있다고 느끼고 있기 때문에, 생명에 대한 우리의 연구에 방해가 된다. 활력론의 해체는 천계의 연구에 있어서의 의인관을 없애기 시작하였던 코페르니쿠스적 혁명의 계승이다. 따라서 물리적 세계의 연구로부터 점차로 우리가 활동하고 있는 곳(지구)을 특권적인 장소로 보는 의인관적 유형이 제거되었다. 이제 우리는 우리가 활동하고 있는 생명의 영역이 특권적인 곳이라는 생각을 버려야 함을 말하고 있다. 이것을 적극적인 형태로 말한다면, 자연의 (인간에 대한) 무관심성의 저 위대한 원리를 언제나 보다 고차적인 방식으로 긍정하고 채택하자는 것이다. "6)

---

5) F. Crick, *Of Molecules and Men* (Seattle: Univ. of Washington Press, 1966), ix 면.

　―활력론은 기존의 종교적 관념과 어떤 정치적 제도에 대한 이데올로기적 지지물이다.　　활력론은 부르주아 세계의 이데올로기적 상부구조의 일부분을 이루고 있으며, 자본가 계급의 이익을 지지하고 옹호하는 역할을 수행한다.

　앞의 두 논증 그룹을 검토해 본 결과, 기계론자와 활력론자간의 논쟁은 현실에 대한 서로 다른 접근법들 즉 과학적·실험적 접근법과, 철학적·체험적 접근법간의 논쟁임이 분명하다. 전자는 자연 과학의 규범을 중요시하여 실험적 검증과 객관적 확증이 가능한 것(즉 물리적이고, 물질적이고, 감각적이고, 계량 가능한 것)만을 참된 실재로 인정한다. 그것은 인식의 어떤 패러다임을 정해 놓고 사물이 그것과 맞지 않는 한 만족하지 않는다. 따라서 그 패러다임과 일치하지 않는 것을 참된 실재로 인정하기를 거부한다. 이와 반대로 두번째의 접근법은 그러한 전제들을 갖지 않는다. 그리고 절대적으로 개방적이고자 하며, 사실을 있는 그대로 보고 받아들이고 인정하고자 한다. 비록 그것이 애매하고 신비적이고 감지할 수 없고 "검증 불가능"한 것일지라도 말이다.

　우리가 활력론과 기계론은 무엇보다도 사물에 대한 두 가지의 상이한 접근법이며, 따라서 사물에 대한 두 가지의 상이한 관점이라는 것, 그러므로 그것들은 흔히 믿고 있듯이 반드시 서로 대립되고 충돌되는 두 입장일 필요는 없다는 것을 고려한다면, 동일한 학자가 (과학적 연구를 할 때에는) 기계론자가 되고 (철학적 연구를 하여 생명 현상을 보다 철저히 그리고 만족스럽게 설명하고자 시도할 때에는) 활력론자가 될 수 있다고 결론짓는 것은 정당한 일이다.

　활력론과 기계론간의 만남―활력론자가 가능하다고 보는 그러한 만남―은 기계론자가 활력론에 반대하여 내세우는 논거들이 아무런 근거가 없다고 한다면, 아직도 가능하다고 말할 수 있다. 그러나 사실이 그러할까?

---

　6) D. Insolera, Introduction to F. Crick, *Uomini e molecole*, tr. it., (Bologna: Zanichelli, 1970), 44면 (Italian edition of *Of Melecules and Men*).

첫번째의 논거, 즉 활력론은 그것을 지지할 증거가 없고 다만 미신일
따름이라는 논거는 지탱될 수 없다. 사실 생명체 내에 그것을 살아 있
게 하는 어떤 특수한 것이 있다는 것을 인정하는 것은 완전한 미신도,
자의적인 환상의 산물도 아닌, 절대로 명백한 사실인 것이다. (영혼
[soul], 영[spirit], 아트만[Atman], 또는 그 밖의 어떤 다른 이름으로
불리는) 그 어떤 것이 사라지면 그 생명체 전체가 해체된다는 것은 진
실이다. 영국인들은 그들의 성이 해체되고 붕괴될 때 귀신이라는 것을
만들어 내었다. 활력론자는 그 정반대의 일을 한다. 그들은 영혼이 붕
괴되면 그 생명체라는 전(全)성채가 무너지게 되기 때문에 "영혼"을 인
정하는 것이다.

두번째의 논거, 즉 활력론은 의인관의 소산이고 따라서 그것은 자기
중심주의와 꼭 같은 종말을 맞게끔 되어 있다는 주장은 첫번째 논증보
다도 타당성이 적다. 활력론은 인류라는 종(種)의 특권의 문제가 아니
라 진실의 문제이다. (의인관적 요소를 많이 내포하고 있는) 지구 중심
주의(천동설)는 잘못되었다는 것이 밝혀졌고, 지구 주위를 태양이 도는
것이 아니라 거꾸로 태양 주위를 지구가 회전한다는 것을 고려하게 되
었을 때, 천계 중심주의(지동설)에 그 자리를 양보하지 않으면 안 되었
다. 이와 같이 활력론도, 생명체가 물질계에 봉사한다―그 반대가 아
니고―는 것이 참임이 밝혀질 때에만, 기계론에 그 자리를 양보해야
할 것이다. 그러나 바로 그러한 증거가 결여되어 있는 것이다. 그리고
여기서 말해지고 있는 것은 불가능하고 불합리한 증거임을 모두가 알고
있다.

세번째의 논거에 대해서는 기계론을 쉽게 반박할 수 있다. 만일 이데
올로기적 상부 구조가 언제나 특정의 정치적 제도를 옹호하기 위한 수
단이라면 이러한 것은 역시 기계론에 대해서도 타당하다. 사실 마르크
스주의자들은 자본주의자들보다 훨씬더 공공연한 방법으로, 공산주의에
대한 이데올로기적 수단으로서 기계론을 지지하는 것이다. 또 막스 셸
러가 예리하게 폭로했듯이, 기계론은 부르주아 세계에 봉사하기 위해서

도 똑같은 역할을 수행한다. 셸러는 다음과 같이 말한다. "새로운 생물학적 기계론은 공리주의적 도덕들에 깊이 뿌리내리고 있다. 다윈(C. Darwin)의 적자 생존—기관은 이를 위한 유용한 수단이 된다—의 이론, 유기적 생명계의 전체적 모습을 불충분하게 그리고 있는 맬서스(T. R. Malthus)의 전제, 그리고 그 밖에 이러한 유형의 다른 이론들은 특정한 소시민적 편견과 가치를 유기적 영역에 투영한 것에 불과한 것이다. 성장과 발전의 모든 유기적 과정들이 개체적·일반적 진화의 영역에서는 1차적 원인의 적극적 힘을 갖지 못하고 다만 우연히 유용한 것의 보존 과정의 부수적 현상일 따름이라는 사실, 그리고 이와 더불어 선택에 의한 제거라는 완전한 소극적인 활동, 이 모든 것은 다윈이 그의 이론 활동에서 의거했던 기본적이고 유기적인 자연 이해—이것은 그의 탁월한 관찰의 결과도 그의 논증의 결론도 아니고 다만 그의 잠재적인 선천적(a priori) 편견일 따름이다—의 이론적 결과일 따름이다. 이 새로운 유형의 인간 안에는 일하려는 의지가 원동력을 이루는데, 이에 의하면 세계는 그 앞에 규정되어야 할 것으로 나타나며, 생명과 더불어 완전히 기계론적인 방식으로 생각된다. 그에 의하면 새로운 유형의 인간은 그의 번창하는 국면에도 불구하고 그를 죽음으로 몰아가는 본능에 의해 이끌려, 살아 있고 계량할 수 없는 것보다는 죽은 것, 계산할 수 있는 것, 따라서 덜 무서운 것을 선택한다. 그것은 아우어바하(Auerbach)가 확실하게 생명을 정의했듯이 '불가능한 것'을 향한 긴장일 것이다. 대담성, 용기, 힘에의 의지에 대해서 뿐만 아니고 희생, 즉 선(善)과 공평무사한 사랑에의 용의에 대해서도 회의적으로 된 후에, 이 새로운 유형의 인간이 스펜서(H. Spencer)의 정의에 의하지 않고서 어떻게 생명을 이해할 수 있겠는가? 즉 특별히 복잡하고 역학의 법칙에 따라 계산될 수 있는 특수한 경우로서, 적응 현상으로서 이외에 어떻게 생명을 이해할 수 있겠는가?"[7]

---

7) M. Scheler, *La posizione dell'uomo nel cosmo* (*Man's Place in Nature*), tr. it., (Milan: Fabbri, 1970), 127~128면.

생명에 대한 과학적 접근법과 철학적 접근법이 공존할 수 있다는 것
을 확정한 후에, 그리고 철학적 접근법이 다만 동일한 생명 현상에 대
한 더 심오한 연구 이상의 것을 원하지는 않는다는 것을 인정한다면,
우리는 철학자로서 삶 자체가 무엇인지를 알아 내기 위해서, 그리고 살
아 있다는 것이 인간에게 무엇을 의미하는지를 알기 위해서, 무엇보다
도 삶의 현상을 밝혀 낸 과학적 자료들을 부지런히 그리고 성실히 모으
기 위해 과학에 향해야 한다. 그러나 그것은 과학에 의해 얻어진 성과
에 근거해서 우리가 이 생명 현상에 관한 철학적 반성을 시작하기 위해
서인 것이다.

2. 생명에 대한 과학적 지식

과학적 입장에서 생명은 물질의 특수한 조직 현상이다. 분자 생물학
에 의해 확실히 밝혀진 바에 의하면, 살아 있는 물질은 분자 구조상의
상이하고 훨씬 복잡한 방식에 의해서 살아 있지 않은 물질과 구별된다.
즉 살아 있지 않은(비유기적인) 물질은 매우 간단한 분자들로 구성되어
있는 것이다. 예를 들어 하나의 물 분자는 하나의 산소 원자와 두 개의
수소 원자로 이루어져 있다. 그와 반대로 살아 있는(유기적인) 물질은
매우 복잡한 분자들로 구성되어 있다.

살아 있는 물질의 분자들은 그 99%가 탄소, 수소, 산소, 질소와 같
은 네 가지 기본 요소들에 속하는 원자들의 결합으로 이루어져 있다.
이 원자들의 결합의 결과로 각각 탄수화물, 지방, 단백질, 핵산이라고
불리는 유기적 구성물들이 생겨난다. 이것들 각각은 생명적 사이클의
조화로운 균형 속에서 매우 특수한 임무를 수행한다. 탄수화물과 지방
은 세포의 에너지의 주 공급원이다. 유기적 물질의 분자들의 결합 또는
종합은 효소라는 특수한 형태의 단백질의 자극과 인도에 의해 일어난
다. 효소란, 모든 세포가 분해 또는 종합하지 않으면 안 될 물질에 의
해 산출하게 되는 매우 복잡한 화학적 분자이다. 효소는 확고한 계획에

따라 어떤 물질을 받아들여서 그것을 가공하는 진정한 화학 공장이라고
할 수 있다. 그 활동 능력은 정말 탁월한 것이다. 예를 들어 리파아제
(지방을 잘 분해시키는 효소) 한 분자는 0도에서 1분간 5백만 분자의
지방을 만들어 낼 수 있다.

　핵산에 관해서 말한다면, 유전자를 보존하고 전달하는 임무가 핵산에
속해 있는 것이다. 이러한 기능을 수행하는 산(酸)은 DNA(deoxyribo-
nucleic acid)라고 불리어진다. 이 산의 분자들은 모든 생명체의 모든 세
포 속에 적절한 수로 늘어난다. 예를 들어 쥐의 경우에 각 세포는 70
cm 길이의 코드(cord)를 형성하기에 충분한 DNA 분자들을 갖고 있다.
또 인간의 경우에 각 세포는 2 m 가량의 코드를 형성하기에 충분한
DNA 분자들을 갖고 있다. 그렇다면 만일 우리가 우리의 신체의 모든
세포들의 DNA 분자들을 함께 모은다면, 그것들은 태양계의 직경에 비
교될 만한 길이에 이르게 될 것이다. 이리하여 DNA의 분자들은 무수
히 많은 기능들을 등록할 수 있는 능력을 갖고 있는 것이다. 예를 들어
"단 하나의 정자 세포 안에 포함되어 있는 DNA 분자들을 사용해서, 우
리는 각기 서로 다른 약 5백권의 큰 책들을 가득 채울 수 있을 것이
다."[8]

　DNA 분자들을 무수히 포함하고 있는 곳은 핵 염색체이다. 그것들은
유전 인자에 의해 서로 결합되어 있는 연쇄를 이루고 있는데, 유전 인
자는 (개체이건 종이건간에) 생물의 유전적 특질의 저장소 기능을 하는
분자이다. 그러므로 DNA와 유전 인자는 생물의 여러 종들간에, 그리
고 나아가서 생물과 무생물간에 명확한 구별을 지어 준다. 예를 들어
개구리의 DNA는 그 유전적인 정보에 있어서 지렁이의 DNA보다 훨씬
풍부하다. 개구리의 알, 그것의 태아 등 요컨대 그 모든 발전 단계에
있어서 개구리는 지렁이보다 언제나 더 발달되어 있다. 왜냐하면 개구
리는 지렁이의 DNA가 아니라 개구리의 DNA를 포함하고 있는 세포들

---

8) F. Crick, 앞의 책, 59면.

로 구성되어 있기 때문이다.

최소의 살아 있는 유기체는 세포이다. 최근 몇 년 동안의 연구는 세포가 하나의 작은 세계, 즉 과거의 생물학자들이 생각할 수 있었던 것보다 훨씬더 복잡한 질서를 갖고 있는 나름대로의 하나의 세계를 이루고 있다는 것을 밝혀 내었다. 세포핵과 염색체 등과 같은 이미 알려져 있었던 미시적 구조물 외에, 전자 현미경은 리보솜(ribosomes), DNA 등의 보다더 미시적인 구조물들을 밝혀 냈다.

그러나 최근 수년 동안에 핵 생물학은 세포 자체에 대한 보다 정확한 지식에 있어서 뿐만 아니라 세포를 이루는 요소들의 구조에 대한 지식에 있어서도 엄청난 발전을 하였다. 우리는 종종 잡지나 보고서 같은 데에서 세포의 이 부분 또는 저 부분을 만들어 내었다는 것을 읽게 되고, 결국에는 인간의 손에 의한 생명의 창조도 기대할 수 있게 되었다. 가장 최근의 발견들 중에서, 우리는 위스콘신에 있는 매디슨 대학의 몇몇 학자들에 의해 실험실 안에서 합성된 인공적인 유전 인자와 리오좀(lyosome)의 경우를 주목해 본다. 물론 우리가 여기서 한 일은 다만 미미한 것에 불과하다. 즉 인간의 모든 세포가 각기 46개의 염색체를 포함하고 있다는 것, 그리고 모든 염색체의 각각에는 적어도 15만 개의 유전 인자가 있다는 것을 생각해 볼 때 그렇다는 말이다. 더구나 앞에서 말한 미국 학자들에 의해 합성된 유전 인자는 단지 77개의 뉴클레오티드(nucleotides)만을 포함하고 있을 뿐이지만 인간 세포의 유전 물질은 약 30억 개의 뉴클레오티드를 가진다—비록 그 모두가 다 활동하는 것은 아니지만 말이다—는 것을 우리는 유의하고자 한다. 그러나 그러한 것이 확실히 중요하고 의미 있는 진보인 것은 사실이다. 또 하나의 중요한 성취는 뉴욕의 록펠러 대학의 학자들에 의해 이룩된 것으로서, 리보뉴클레오시스 효소(enzyme ribonucleosis) 즉 리보핵산의 분열에 선행하는 효소—이것은 우리가 알고 있는 것처럼 유전 정보체(genetic code), 즉 세포가 재생산될 때 생겨나는 코드(code)를 전달해 주는 사자(使者)의 역할을 하는 화학적 분자이다—를 실험실에서 만들어 낸 것이다. "리보뉴클레오시스 효소"의 화학적 구조는 124개의 아미노산이 꼬여 있는 연쇄로 되어 있는데, 그것은 인간에게 알려진 것 중 최소의 효소이다. 최대의 효소는 1만 개의 사슬을 가진 연쇄로 되어 있다.

이러한 독창적 발견들로 말미암아 우리가 생명의 합성의 단계에 가까이 가고 있는 듯한 착각을 해서는 안 된다. "명백히 밝혀진 것은, 세포는 매우 복잡한 존재이고 따라서 우리 인간이 엄밀한 의미에서 생명을 창조하기는 쉽지 않다는 사실이다. 다른 한편으로 우리가 어떤 기계적 조직을 연구하여 그것이 무엇으로 만들어져 있고 그것이 어떤 방식으로 작용하는지를 조사할 때에는, 비교적 단순한 화학적 물질들을 사용해서 그것을 직접 합성해 내는 데 별 어려움이 없는 것처럼 보인다."[9]

이러한 것과 그리고 그 외의 다른 것들이 살아 있는 물질에 관해 분자 생물학이 확정한 사실들이다. 그런데 그러한 것이 생명이 무엇인지를 설명하는 데 충분한 것인가? 과학은 다만 생명 현상이 물질 세계에 나타날 수 있기 위해 어떤 물질적 조건들이 필요한지를 확정할 수 있을 따름이다. 그러나 생명은 그런 것과는 전혀 다른 것이다. 그런 식의 설명은 마치 단테(A. Dante)의 《신곡》(Divina Commedia)이 3악장으로 되어 있고, 각 악장은 33개의 악곡으로 이루어져 있으며(정확히 말한다면 연극편은 34개의 노래로 되어 있지만), 각각의 악곡은 또 40개의 셋잇단음표를 포함하고 있으며, 또 각각의 셋잇단음표는 또 각각 11개의 음절로 된 3행을 포함하고 있다고 말하는 것과 같다. 생명은 결코 특별히 복잡한 분자 구조로 환원될 수는 없는 것이다. 비록 과학이 밝혀 낸 것처럼, 그것이 매우 복잡한 어떤 분자 구조가 존재할 때에만 나타난다는 것이 사실이라 하더라도 말이다.

요컨대 과학은 생명이 무엇인지를 알지도 못할 뿐더러 알 수도 없다. 오늘날 이러한 사실이 바로 과학자들 자신에 의해 인정되고 있다. 그들 중에서 우리는 특별히 세계적 명성을 떨친 이탈리아 생물학자인 세르몬

---

9) F. Crick, 앞의 책, 56~57면.

티에 대해 언급하고자 한다. 세르몬티는 《과학적 영혼》(*The Scientific Soul*)이라는 그의 저술에서 다음과 같이 말하였다. "생명을 DNA-단백질로 정의한다는 것이 우리를 환원주의의 유혹에 빠지게 해서는 안 된다. 즉 생명의 성질들, 그 기능들, 그 형태들은 결코 단순히 DNA-단백질의 근본 구조로부터 이끌어져 나오지는(설명되지는) 않는다. 또 생명을 그런 식으로 규정하는 용어들로부터 이끌어져 나오는 것도 아니다. 물론 그런 식으로 환원해 보려는 시도들이 있기는 했지만 별로 성공을 거두지는 못했다. 우리에게는 (이상한 일이지만) 바로 이 분자 생물학의 황금 시대가, 그것도 그 생물학이 최대의 성과를 거두고 있는 바로 그때에, 생물학을 위기에 빠뜨리는 것처럼 보인다. 많은 생물학자들은 DNA가 모든 것을 설명해 주고, 유기체는 DNA에 포함되어 있는 정보들을 함께 모으기만 하면 모든 것을 할 수 있으며, 바이러스를 아는 것이 곧 생물학을 아는 것으로 되고 그 밖의 모든 다른 것들은 여분의 것이라는 확신을 갖고서, (정통적 의미의) 동물학, 식물학, 유전학, 생리학 등을 깡그리 잊어버렸다. 그들은 생명체들이 실제로 살아 있는 것이지 (실험실 안에서) 모델의 형태로 있는 것이 아니라는 것을 잊어버렸다. DNA는 생명체 또는 심적 과정의 개체 발달사에서의 분화나 차별화 등을 설명해 내지 못한다. 오늘날의 생물학은 생명의 구성 요소만을 주제로 삼으면서, 생명체의 다양성과 복잡성의 문제는 손도 못 댄 채 그대로 내버려 두고 있다. 분자 생물학적 연구 이후 생물학은 오늘날 그것의 대상과 그것의 연구 방법을 다시 찾고 개선해야 할 필요에 직면해 있다. 오늘날 생물학에는 실험실과 (살아 있는) 자연과의 연관을 다시 정립할 필요가 대두해 있다. 그것도 특수적인 것을 보편적인 것에 따라, 또 구체적인 것을 추상적인 것에 따라 다루기 위해서가 아니라, 표현의 다양성과 변전성이 음악의 세계에서처럼 살아 있는 유기체의 근본적 양태이기 때문에 그렇게 해야 하는 것이다. 우리는 다시금 자연적 생명의 수단들의 질서와 다양성, 그리고 이 생명체들로부터 나오는 다양한 조화를 높이 평가하는 법을 배워야 한다."[10]

　따라서 생명 자체가 무엇인가를 알기 위해서 우리는 철학적 문제의
영역으로 들어가야 한다.

3. 생명 현상에 대한 철학적·심층적 해석

　철학적 관점에서 볼 때 생명이란 무엇인가?

　이 물음은 아직은 생명을, 이미 가장 단순한 생명체 안에도 나타나
있는 그처럼 풍요하고 복잡하며 경이로운 생명을 다루고 있지는 않다.
(그리고 그 점을 분명히 해둘 필요가 있다.) 사실 생명 현상이 생물과
무생물을 철저히 구별하고 있다는 것을 알기 위해서는 한 송이의 꽃이
나 하나의 미생물을 보기만 하면 된다. 한 송이의 꽃이나 하나의 미생
물 속에 일어나고 있는 것은 생명 현상에 대한 훌륭한 실례가 되며, 따
라서 생명 그 자체의 특징을 알기 위해서는, 그러한 것들을 주의깊게
연구하기만 하면 된다.

　생명 현상에 1차적으로 접근하기 위해서 우리는 무생물과 생물을, 예
를 들어 한 조각의 대리석과 한 마리의 개를 서로 비교해 볼 수 있다.

　대리석 조각은 움직이지 않고 고정되어 있으며, 반응도 없고 변화도
없으며, 성장하거나 줄어들지도 않고, 외부의 영향을 받지 않는 한 파
괴되거나 부서지지 않는다. 반대로 개는 움직이고 다른 물질을 섭취하
며 동화하고, 발전(성장)하며, 다른 개들을 생산하고 번식하며, 빛이나
소리 또는 다른 물체와의 접촉에 대해 반응하고, 짖고, 화내고, 물며,
…병이 나서 죽는다. 이러한 간단한 현상 분석만으로도 생물과 무생물
은 본질적으로 상이한 성질들을 갖고 있다는 것과 또 그것들을 서로 대
조함으로써 생명에 대한 어떤 관념을 이끌어 낼 수 있다는 것을 알 수
있다.

　생명의 특징은 다음과 같다.

---

10) G. Sermonti, *L'anima scientifica* (*The Scientific Soul*), (Rome: Dino, 1982),
　　152~153면.

—성장하고, 주위 환경의 물질을 섭취하여 그것을 자신의 유기적 물질 구조에 따라 재조직할 수 있는 능력.

—감수성, 또는 외적 자극에 반응할 수 있는 능력.

—개개의 종에 따라 그 자신을 재생산할 수 있는 능력. [11]

성장, 재생산 및 감수성이 운동의 형태들이므로 철학자들은 일반적으로 생명을 운동의 일종으로 정의한다. 러쉬는 "생명의 본질은 변화, 과정, 그리고 지속적 활동"이라고 말한다. [12] 아시모프는 생명이 "힘을 발휘할 수 있는 능력"으로 구성되어 있다고 한다. 아시모프는 다음과 같이 말한다. "식물조차도 일련의 힘들을 방출한다. 즉 꽃이 필 때라든가, 싹이 빛을 향해 더 높이 뻗어날 때라든가, 뿌리가 물을 찾아 땅 속 깊이 파고들 때 같은 경우가 바로 그러하다. 어떠한 돌도 생명을 갖지 못한 어떤 물체도, 가장 단순한 생명체라도 갖고 있는 이러한 힘을 발휘할 수 없다. 이러한 것은 우리에게 경험에 의해 확증되었다. 그래서 우리는 '생물'과 '무생물'의 구별은 힘을 발휘할 수 있는 이 능력에 있다는 가정으로써 우리의 논구를 시작할 수 있을 것이다. 그리고 우리는 죽음을 이 능력의 상실로서 규정할 수 있을 것이다."[13]

토마스 아퀴나스에 의하면, "생명이라는 이름은 스스로 움직이는 능력과 외부의 어떤 작용에도 그 자신을 적응시킬 수 있는 능력이 자연적으로 속해 있는 물체에 붙여지는 것이다."[14] 그리고 니체에 의하면, 생명은 "상승"이요 "부단한 생성"이다. 그리고 베르그송에 의하면, 생명은 "예외적인 충동"인데, 이것에다 그는 "생명적 충동"이라는 이름을 붙였다.

그러나 생명을 특징짓는 계기는 그저 아무러한 운동이 아니라 매우

---

11) F. Crick, 앞의 책, 64면 참조; J.H. Rush, *L'origine de la vie* (*The Origin of Life*), (Paris: Payot, 1959), 12면.

12) J. H. Rush, 앞의 책, 16면.

13) I. Asimov, *La vita e l'energia* (*Life and Energy*), tr. it., (Bologna: Zanichelli, 1970), 4면.

14) *Summa theologiae*, I, 18, 2.   ·

특수한 어떤 성질을 가진 그러한 운동인 것이다. 생명 운동은 그 기원
상 자발적인 것이다. 즉 그것은 외부로부터 시작되지 않고 내면으로부
터 시작된다. 그러나 그것이 절대적으로 자발적인 것은 아니다. 즉 생
명 활동은 모든 관점에서 볼 때 절대적으로 자발적인 것은 아니다. 그
와 반대로 그것은 많은 외적인 요인들, 조건들, 원인들에 의존해 있다.
그럼에도 불구하고 이러한 외적인 요인들과 원인들은, 만일 그 존재가
살아 있는 것이 아니라면, 그것들만으로는 생명적 활동을 만들어 낼 수
가 없다.

생명 운동은 그 귀착점에서 내재적인 것이다. 이 말은 행위자와 구별
되는 (행위의) 수동자에 있어서 일어나는 외향적 행동과 대립해서 한
것이다. 내향적 행위에서는 행위자가 자기 자신에게 행동을 한다. 즉
행위자 자신이 그의 행위의 귀착점으로 된다. 그러나 우리가 다시 거듭
해서 확정해 두어야 할 것은 이러한 내향성도 절대적인 것이 아니라는
점이다. 변화와 운동이 있는 경우 우리는 스스로 다음과 같은 형이상학
적 근본 원리에 직면해 있음을 알게 된다. 즉 움직여지는 것은 그 어느
것이나 어떤 다른 것에 의해 움직여진다. 그러나 생명체의 경우에 우리
는 이 원리를 어떻게 고집할 수 있겠는가? 아리스토텔레스가 제시한
해결책은 다음과 같다. 즉 생명체의 경우에는 한 부분이 다른 부분을
움직인다. 왜냐하면 생명체란 상이한 기관들을 가지고 있는 유기체이기
때문이다. 그러나 만일 우리가 그 부분들을 (전체론적 관점에서) 동일
한 생명체의 부분들로서 볼 때에는, 그 생명체의 운동과 활동은 생명적
주체 안에서 행해진다는 것을 알 수가 있다.

이리하여 생명은 본질적으로 활동인 것이다. 그러나 만일 그것을 인
정한다면, 즉 생명 운동이 외적이 아닌 내적인 원인에 의한 활동임을
인정한다면, 그럴 경우에는 만일 내적인 원리, 즉 그 운동을 일으키는
내적 근원을 인정하지 않는다면, 그 운동은 설명될 수 없을 것이다. 생
명 현상의 이 내적 원리에 대해서 옛부터 철학자들과 보통 사람들은 영
혼[15]이라는 이름을 붙였다.

토마스 아퀴나스에 의하면 진상은 다음과 같은 것이다. (그런데 이
점에서 그는 아리스토텔레스와 많은 다른 그리스의, 그리고 그리스도교
의 철학자들, 특히 그 중에서도 알베르투스 마그누스[Albertus Magnus]
의 가르침을 반복하였을 따름이다.) "생명 활동의 모든 원리가 다 영혼
이 아닌 것은 분명하다. 만일 그렇다면, 시각의 원리로서의 눈이 곧 영
혼이 될 것이기 때문이다. 그리고 이와 같은 논리가 영혼의 다른 기관
들에 대해서도 똑같이 적용될 것이다. 오히려 생명의 제1원리는 우리가
영혼이라고 부르는 것이다. 그런데 비록 신체가 생명의 한 원리로 생각
될 수 있을지라도(예를 들어 동물에 있어서 심장이 생명 원리인 것처럼
말이다) 신체적인 것은 그 어떤 것도 생명의 제1원리로는 될 수가 없
다. 왜냐하면 생명의 제1원리로 되는 것, 즉 생명체로 되게 하는 것이
물체로서의 육체에 속하지는 않기 때문이다. 왜냐하면 만일 그렇다면
모든 물체가 다 생명체 또는 생명 원리로 되어야 할 것이기 때문이다.
그러므로 생명체는 물체로서는 생명체 또는 생명 원리로 될 수가 없다.
그런데 생명체라는 것이 실제로 존재하므로, 그것은 그 능동인(能動因)
이 되는 어떤 원리에 의해 살아 있는 존재로 되는 것이다. 그러므로,
생명의 제1원리로 되는 영혼은 육체 자체가 아니고, 육체의 활동 원인
이다."[16]

그러므로 영혼은 생명 활동의 궁극적 원리인 것이다. 그러나 식물,
동물, 인간의 경우에 각기 매우 상이한 생명 운동이 있다는 것을 고려
할 때, 과거의 많은 철학자들이 그렇게 했듯이 식물적, 감각적, 지성적
영혼 등의 세 가지 주요한 유형의 영혼을 구별하는 것이 정당한 것처럼
보인다. 우리는 토마스 아퀴나스에게서 이러한 구분이 명시적으로 나타
나 있는 것을 볼 수 있다. 그는 다음과 같이 말하였다. "세 가지의 영

---

15) 이 말은 어원상으로는 바람(그리스어의 anemos)을 의미하기도 하고 또
　　한 피로부터 분리된 것(그리스어의 anaima)을 의미하기도 한다.
　　Cassiodoro, *De anima*, IV, 4 참조.
16) *S. Theol.*, I, 75, 1.

혼을 구분하는 이유는, 여러 영혼들은 그들의 생명 활동이 각기 물리적 사물의 운동보다 우월한 그 방식에 따라 서로 구별된다는 사실 안에 있다. 사실 육체는 영혼보다 열등하며 영혼에게 질료 또는 도구로서 봉사한다. 그러므로 신체적 존재성을 훨씬 넘어서기 때문에 그것을 표현하는 데 있어 물질적인 기관을 조금도 필요로 하지 않는, 그러한 영혼의 활동이 존재한다. 그것이 곧 이성적 영혼의 활동이다. 그 밖에 또 하나의 영혼의 작용이 있는데, 이것은 앞서의 것보다는 열등한 것으로서, 무생물적 물체에 의해서가 아니라 살아 있는 (물질적) 기관에 의해 표현되는 것이다. 그것은 감각적 영혼의 작용이다. … 영혼의 활동들 중 가장 저차의 것은 신체 기관을 통해서 일어나되 어떤 물리적인 성질에 의해서 일어나는 것이다. 그러나 이것조차도 물질적 존재의 작용을 능가한다. 왜냐하면 물체의 운동은 외면적 운동에 의해 일어나기 때문이다. 그러나 반면에 그러한 것이 영혼의 모든 작용에는 공통된 것이다. 왜냐하면 모든 살아 있는 존재는 어떤 방식으로 스스로 움직이기 때문이다. 이리하여 식물적 영혼의 작용이 나타나게 된다."[17]

4. 생명의 기원

우리는 생명의 기원에 대한 문제에 있어서도 과학적 논의와 철학적 논의의 구별을 견지한다. 다만 이 경우에는 논술의 순서를 바꾸어서, 과학적 논의 대신에 철학적 논의로부터 시작하고자 한다.

생명의 기원 문제는 철학적으로는 별로 중대한 문제가 되지 않는다.

우리는 앞에서 생명의 궁극적 원리는 영혼이라는 것을 확정하였다. 그런데 비록 우리가 이 원리의 궁극적 본성과 그 기원을 아직 탐구하지는 못했다고 하더라도 다음의 한 가지 사실은 분명하다. 즉 영혼의 기원이 밑바닥에, 즉 물질에 있을 수는 없다는 사실 말이다. 왜냐하면 만

---

17) *De Anima*, II, 4.

일 그렇다면, 그것은 그 자신을 포함하지 못할 것이다. 그 이유는 물질의 (전부가 아니고) 일부분만이 영혼을 가지고 있기 때문이다. 그렇다면 영혼은 위로부터, 즉 어떤 예지적 존재의 활동에 의해 기원한다는 것을 인정할 필요가 있다. 최근의 연구는 이러한 가설을 입증해 주는 것처럼 보인다. 인간이 생명을 합성해 내는 데 성공한다는 것이, 영혼이 어떤 예지적 존재에 의해 생겨난다는 명제를 반대하는 것이 아니라 오히려 지지해 준다. 즉 인간은 예지적 존재인 것이다.

이 예지적 존재가 생명을 창조하는 방식은 (그것이 직접적 창조에 의한 것이든 간접적 창조에 의한 것이든, 또는 계획적 개입에 의한 진화를 통해서든 자발적 생성에 의한 진화를 통해서든) 아직 최종 결정이 내려지지 않은, 논란의 여지가 많은, 의심스러운 문제이다.

그와 반대로 우리가 과학의 영역 속으로 들어서면 문제는 한층더 복잡해진다. 여기에서는 생명의 기원 문제는 오늘날 과거의 그 어느 때보다도 더 불확실한 것이고 따라서 최종적인 해결에의 전망이 전혀 없는 것처럼 보인다. 이리하여 노벨 의학상 수상자인 크릭은 다음과 같이 말한다. "진짜 어려운 점은 실제로 일어났던 일을 보여주는 실험적 증거가 벌써 오래 전에 사라졌다는 사실이다. 그리하여 우리에게 주어져 있는 것은 기껏해야 우리가 오늘날 보고 있는 유기체 안에 있는 극소량의 얼어붙은 역사의 단편일 뿐이다. 이것이 과학적으로 사태를 매우 어렵게 하는 것이다. 왜냐하면 이론은 무성한데도 그것을 입증 또는 반증할 사실은 적기 때문이다. 나는 이 문제가 과학 고유의 방식으로 발전해 가기보다는 거의 신학적인 문제로 될 것이라고 예언할 수 있다. 여러 학파들이 각기 여러 가지 상이한 이론들을 갖고서 등장하고 또 각자의 입장이 열렬히 옹호되지만, 그것들 중 어느 하나의 것을 선택할 수 있을 만큼 충분한 사실들은 없다. 아마도 이 분야에 종사하는 과학자들은 새로운 이론을 제시하는 데 어느 정도의 자제력을 가져야 할 것이고, 그보다는 오히려 증거를 찾기 위해 더 큰 노력을 해야 할 것이다. 그 문제가 증명되지 않은(황당한) 이론들의 늪 속으로 절망적으로 빠져들게 하지 않기 위해서 말이다."[18]

생명의 기원 문제에 대해서 과학자들(또 그 밖의 많은 사람들)이 여러 가지 해결책을 제시했는데, 그것들은 다음과 같은 네 가지 근본 유형으로 나누어질 수 있다. 1) 신에 의한 직접적 창조, 2) 신에 의해 정해진 계획에 따른 진화, 3) 자발적인 생성, 4) 순수한 우연에 의한 생성 또는 진화.

첫번째 해결책 즉 신에 의한 직접적 창조라는 입장은 원래 종교적 심성에 고유한 것이지만, 과거의 많은 과학자들—4, 5 가지의 생명적 원형의 기원을 신에 의한 직접적 창조 행위에서 찾았던 다윈을 포함해서—에 의해서도 지지를 받았으며, 오늘날의 일부 과학자들—특히 세르비에—에 의해서도 열렬히 옹호되고 있다.

세번째의 해결책 즉 자발적 생성의 입장은 근대 초기에 도입되어 예기치 않게 전(全)과학계를 정복하였는데 거기에는 데카르트, 뉴턴 같은 학자들도 포함되어 있었다. 이 해결책에 의하면, 생명은 무생명적인 물질에서 살아 있는 물질로 자발적으로(저절로) 변형됨으로써 생겨난다고 한다. 이 이론이 나왔을 때에 신학자들은 예수회 신부 니덤(J.T. Needham)과 더불어, 자발적 생성 이론이 반드시 창세기의 창조론과 모순되는 것은 아니라는 판단에서 그에 대해 강력한 반대를 하지는 않았다. 창세기에는 하느님이 땅과 물에게 식물과 동물을 생겨나게 하라고 명령하는 것이 나온다. 그렇다면 그러한 생성 과정이 중단되지 않고 끊임없이 계속된다고 생각하는 것은 하등의 이단이 아니다.

자발적 생성 이론에 대한 공격은 17세기에 그 이론을 처음 논의하기 시작해서 그것을 점점더 활발해져 가는 논의의 대상으로 삼았던 바로 그 과학자들의 연구에 의해 야기되었다. 그 첫번째 공격은 이탈리아 과학자 레디(F. Redi)로부터 나왔는데, 그는 살코기를 (파리가 못 들어갈 정도로 빽빽한) 보호망 밑에 두고 그것이 부패할 때에 거기에서 벌레가

18) F. Crick, 앞의 책, 70면.

저절로 생겨나지는 않는다는 것을 증명해 내었다. 그러나 그는 많은 파리가 그 빽빽한 보호망 위에 앉아서 거기에다 작은 흰 알들을 많이 낳았음을 관찰하였다. 이 간단한 실험은 레디로 하여금 조그마한 벌레들의 이른바 자발적 생성―관찰의 오류가 아니고서는―은 일어나지 않는다는 것을 확신하게 하였다. 그 이후 잇달아 행해진 수도원장 스팔란차니(L. Spallanzani)와 파스퇴르(L. Pasteur)의 실험들도 동일한 결론에 도달하였다. 그리하여 자발적 생성 이론은 단호하게 폐기되어 버렸다.

20세기에 생명이 물질로부터 우연적으로 생성된다는 이론이 여러 과학자들에 의해 거듭해서 제안되었다. 간단히 말해서 이 이론은 여러 화학적 요소들의 우연적인 결합을 통해서 최초의 살아 있는 세포가 만들어졌다는 것이다. 일련의 DNA 분자들에 의해 형성된 유전 정보체, 즉 생명의 유전을 확고히 보존하고 있는 유전 정보체가 즉각적으로 고정화된다. 그러나 우리에게 알려져 있는 이 모든 다양한 생물체들간의 차이는 어떻게 생겨난 것인가? 그것은 그들에 의하면 순전히 우연에 의해 일어난 것일 뿐이다. "오랜 기간의 생성과 선택의 과정을 거치면서, 처음에는 여러 가지의 다양한 가능성들을 갖고 있었던 한 분자의 DNA가 드디어 어떤 특정의 분자 체계와 결합하게 되는데, 이것이 우리가 (예를 들어) 개미라고 부르는 유기체의 세포를 이루게 된다. 그런데 그 DNA는 항상 같은 것을 재생하고, 항상 같은 분자와 결합하고, 그리하여 항상 (다른 것이 아닌 바로) 개미의 세포 속에 나타난다. 그럼으로써 우리는 그것이 개미의 DNA라고 말하는 것이다."[19]

a) 우연에 의한 생명의 기원

우연에 의한 생명의 기원 이론의 가장 단호한 옹호자는 프랑스 생물학자 자크 모노이다. 《우연과 필연: 현대 생물학의 자연 철학에 대한 연구》[20]라는 그의 유명한 논저에서, 그는 생명 자체와 전생명계는 순수

---

19) D. Insolera, 앞의 책, 42면.

20) J. Monod, *Il caso e la necessità: saggio di filosofia naturale della biologia contempo-*

우연에서 생겨났음에 틀림없다고 주장한다. 자연에는 그 어떤 "계획"
도, 그 어떤 "의도"도 존재하지 않는다. 자연 중에서 "계획", "의도",
"방향" 따위를 인정하는 것은 다만 원시적인・의인관적인・미신적인 정
신 태도를 나타내 보이는 것일 따름이다. 과학의 편에 서 있는 사람은
누구나(그들이 모노처럼 과학에 대한 확신을 갖고 있다면) 어떤 특정한
목표를 지향하는 운동 법칙을 주장하는 종교적 관념을 부정할 뿐 아니
라 다만 "순수 우연"에 의해 생명체를 설명하지 않는 모든 철학 이론들
도 당연히 부정한다.

　모노에 의하면 생명은 순수한 우연에서 기원된다. 즉 최초의 DNA,
다시 말해 최초의 생명체의 유전 정보체가 형성되었던 데에서 기원된
다. DNA는 이 존재의 구조를 항상 그리고 확정적으로 고정시키는 능
력을 가지고 있다. 그리고 여기에서 그 존재의 필연성이 나오는 것이
다. 그런데 우연은 생명의 시초뿐 아니라 그 이후의 과정에도 개입한
다. 사실 모노에 의하면, 최초의 DNA 속에(나중의 DNA에서도 그러
하지만) 과오가 일어날 수 있고, 이 과오에 영향받은 개체가 그 영향을
받지 않은 개체에 비해 유리한 장점을 얻었다면 더 쉽게 번식하고, 드
디어는 다른 것들을 대치하기에 이른다. 이처럼 과오가 우연에 의해 증
대되고 선택과 도태 작용이 행해진다. 이리하여 선택 작용에 의해 지지
되고 증대되는 "무수한 과오들"에 의해, 모든 생명 형상들, 즉 그들의
복잡한 조직, 구조, 기관을 가진 (그리고 지성, 양심, 의지 등의 인간
의 탁월한 능력들을 포함한) 모든 생명 형상들이 구성되는 것이다.

　초월적인 어떤 존재를 인정하고, 이 초월자와의 관련에서 삶의 의미
를 찾고 또 "가치"를 확정하는 데 익숙해 왔던 현대인들에게는 이러한
사상이 매우 불안한 것이 될 것임은 당연하다는 것을 모노도 인정한다.
그러나 이들 현대인들은 "이 세계를 일체의 예외적인 것을 인정하지 않
는, 그리고 일체의 객관적인 가치도 결여되어 있는 존재"로 생각하는

---

　　ranea (*Chance and Necessity: essay of natural philosophy of contemporary biology*),
　　tr. it., (Milan: Mondadori, 1970).

데 익숙해져야 한다. [21] 모노는 다음과 같은 말로 끝을 맺는다. "그 옛날의 동맹 관계는 깨어졌다. 드디어 인간은 자신이 우연히 그 속에 들어가 있게 된, 냉정하고 광막한 우주 속에 있다는 것을 알게 되었다. 그의 의무는—그의 운명이 그런 것처럼—그 어느 곳에도 씌어 있지 않다. "[22]

이처럼 극단적인 이론에 관해 무엇을 말할 수 있겠는가? 그것에 관해서는, 생명과 생명적 존재들의 질서는 우연에서 기원된다는 명제도, 또한 이 입장의 강령으로 되어 있는 "자연의 객관성"의 원리도 논란의 여지가 있다고 할 수 있다.

그 이론이 주장하는 바는 다음과 같은 것이다. "우연만이 생명계의 일체의 새로운 현상, 일체의 창조의 기원이다. 진화의 거대한 과정의 근원에는 순수 우연이, 우연만이, 그리고 절대적인 (그러나 맹목적인) 자유가 있다. 오늘날 생물학의 이 중심 관념은 더 이상 가설로 제출되는 많은 가능성들 중의 하나는 아니다. 그것은 현실과 맞는, 그리하여 관찰과 경험이 확증해 주는 유일한 것이다. "[23]

그런데 오늘날 이러한 주장은 모노에 못지 않게 경험과 과학의 이름으로 발언하고 있는 많은 과학자들의 전폭적인 지지를 받고 있지는 못하다. 더구나 그것은 다음과 같은 두 가지 이유에서 우리가 동조할 수 없는 주장이다. 첫째로 어떤 것을 설명할 때에 우연에 도피구를 찾는다는 것은 설명을 거부하는 것에 다름아니기 때문이다. 즉 "누가 이 유리를 깨뜨렸느냐?"라는 물음에 대해 내가 그것은 우연히 깨어졌다고 대답하는 경우처럼 말이다. 둘째로 우연으로부터, 즉 비합리적인 것으로부터 합리적인 것이 기원된다는 것은 부조리한 것이다. 그런데 (우연적인) 진화 과정에서 이성적 존재인 인간이 나타난다는 것이다.

"과학적 방법의 초석은 자연의 객관성의 요청이다. 즉 궁극 목적, 다

21) 같은 책, 136면.
22) 같은 책, 143면.
23) 같은 책, 96면.

시 말해 '계획'에 의한 현상의 해석에 의해 '진실한' 인식에 도달할 수
있다는 가능성의 고려를 철저히 부정하는 것이다"[24]라는 모노의 이론의
기초적 원리는 어떤 것의 "의미"와 의도를 파악할 수 있는 가능성을 일
체 배제하는 절대적인 환원적 원리이다. 그런데 그것은 궁극적으로는
모노 자신의 행동과도 모순된다. 왜냐하면 그는 그 자신도 우연과 필연
의 산물이면서도 생명의 기원을 연구함에 있어서, 그 (연구) 목적을 제
시하고 확실히 이 거대한 모험의 의미를 추구하고 있기 때문이다. [25]

b) 창조에 의한 생명의 기원

생명의 기원에 관한 다윈의 진화설 ― (거기에는 또 여러 가지 변양들
이 있다―이 누렸던 엄청난 성공과 거창한 인기에도 불구하고, 한 세
기에서 다음 세기를 넘어오면서, 생명의 기원에 관한 전통적인 창조설
이 아직 극복되지 못하고 있다. 사실 이러한 설명 방식을 지지하는 과
학자와 철학자의 수가 현재 우리의 눈앞에서 나날이 증가하고 있다. [26]
최근에는 미국에서 진화론을 거슬러 창조론을 옹호하는―이 경우 실제
로는 언제나 민주적이지는 않은 그러한 수단들을 사용하면서 말이다―
믿을 만한 정치 운동 단체가 결성되었다.

창조론의 가장 권위 있는 옹호자의 한 사람은 프랑스 과학자 장 세르
비에이다. 그는 진화론을 지지하려고 시도하는 논거들이 아무런 가치도
없다고 하면서 진화론을 격렬하게 반대한다. 세르비에는 다음과 같이

---

24) 같은 책, 29면.
25) 모노의 또 다른 비판적 고증에 대해서는 다음의 저술들 참조. M.
Oraison, *Il caso e la vita* (*Chance and Life*), tr. it., (Turin: SEI, 1971); V.
Marcozzi, *Caso e finalità* (*Chance and Finality*); (Milan: Massimo, 1976); V.
Tonini, *La vita e la ragione* (*Life and Reason*), (Rome: Bulzoni, 1973).
26) M. Scheler, "Tentativi per una fillosofia de vita" (Attempts For a Philosophy
of Life), in *La posizione dell'uomo nel cosmo* (*Man's Place in Nature*), tr. it., (Milan:
Fabbri, 1970), 123~156면 참조; G. Sermonti, *Le forme della vita* (*The Forms
of Life*), (Rome: Armando, 1981).

말한다. "만일 이따금씩 학자들이 바이러스 형태의 생명을 창조할 수
있다고 생각한다면, 그들은 다만 자발적 생성의 옛 이론을 한두 세기
동안 연기할 뿐이다. 그들이 냉동실에서 만들어 내고자 하는 바이러스
는 '쥐'의 직접적 후손이다. 즉 16세기의 철학자들의 견해에 의해 쥐가
더러운 셔츠가 씨앗 무더기와 접촉하는 데서 생겨난다는 식의 환상의
후손인 것이다. 단백질의 합성도 생물의 재생의 신비를 풀 수 없다. 생
물학자들은 그들의 실패를 설명하기 위해서, 실험실에서의 재창조가 불
가능한 그런 까마득히 먼 옛날 즉 '지구의 초기에는' 생명의 화학적 합
성이 가능했었노라고 말하지만, 그러한 것은 그들 자신도 인정하듯이
검증될 수가 없다. 따라서 근본적으로는 그것은 '태초에 하느님의 얼이
물 위에 떠돌고 있었다'는 창세기의 말씀을 되풀이해서 말하는 것과도
같다. 그렇다면 거기에서 탐구니 과학이니 증거니 하는 말을 할 수 있
겠는가?"

"물리학적·화학적 연구 결과들은 환상적인 것이다. 그것들은 단편적
이며, 우리의 연구 대상으로 되어 있는 그 미지자인 생명을 이해하는
데 있어서의 우리의 무지를 서툰 솜씨로 위장하고 있을 뿐이다. 생명은
오랜 세기의 연구에도 불구하고 어떤 과학의 이론 체계도 물질로써는
해명할 수 없는 것이다."

"우리는 물질이 생명의 기원이라는 것을 선천적으로 확정하였지만,
이 경우 단 한순간도 이 출발점이 거짓일 수 있다는 것, 그리고 아마도
그 정반대의 명제가 오히려 사실을 보다 잘 설명할 수 있을 것이라는
것을 생각해 보지는 않는다."[27]

"현재의 우리의 지식 수준에서는, 생명이 결코 실험실 안에서 물질로
부터 나오지는 못한다. 오히려 그와 반대로 물질이 생명으로부터 나올
수 있다는 것을 우리는 오늘날 확정할 수가 있다."[28]

---

27) J. Servier, *L'uomo e l'invisibile* (*Man and the Invisible*), tr. it.. (Turin: Borla,
    1967), 16~17면.
28) 같은 책, 19면.

　앞의 성찰들로부터 세르비에는 다음과 같은 결론을 도출한다. "인간의 동물에 대한 관계는 생명의 물질에 대한 관계와 같아서, 아주 새로운 상태이다. 만일 생명으로부터 물질에로의 이행이 가능하다면, 그리고 만일 인간이 때때로 동물에 근접한 상태로까지 갈 수 있다면, 그와 반대되는 과정 즉 물질로부터 생명에로의, 또 동물로부터 인간에로의 이행 과정, 다시 말해서 열등한 것으로부터 우수한 것으로 나아가는 그러한 과정을 지지할 수는 없다."[29]

　"자연 중의 그 어떤 것도, 그의 코스를 따라 흘러가는 강물과 같은 연속적인 진화, 즉 무기적인 것으로부터 유기적인 것에로, 또 식물적인 유기체로부터 동물적인 유기체에로, 그리고 동물적인 유기체로부터 의식적 존재에로의 연속적 진화를 우리에게 확증해 주지는 못한다. 우리는 확실히 그것들간에, 또한 현재로서는 우리가 경험할 수 없는 관계들을 가지고 있는, 앞의 것들과 병행하는 차원들을 구별한다. 인간과 원숭이간의 유사성은 그들간의 차이점만큼이나 많다. 그 어떤 것도 우리로 하여금 그것들 중의 어느 하나를 다른 것들 때문에 사라지도록(간과하도록) 하게끔 허용하지 않는다."

　"아마도 생명, 물질, 그리고 인간간에는 정신적 이행이 있을 것이다. 아마도 인간은 정신적 차원에서 동물을 도울 수 있을 것이다. 마치 모든 사람이 다른 개인들에 의해 도움을 받고 있다고 믿듯이 말이다. 이러한 것들은 감각적 경험에 의거한 것이 아니기 때문에, 또한 감각적 경험에 의해 반박될 것을 두려워할 필요가 없는 신앙 개조이다."[30]

　생명의 기원에 관한 신의 직접적 창조의 이론과 그 반대 이론, 즉 순수 우연, 또는 자발적 생성의 이론 사이에 중도를 취하는 한 이론은 많은 그리스도교 사상가들이 공표하는 것이다. 그 이론은 생명은 계획적 진화에 의해 생겨난다고 말한다. 그 이론은 진화는 신에 의해 미리 확정된 계획에 따라 진행된다는 것, 그리고 신은 물질이 원래 갖고 있는

---

　29) 같은 책, 28면.
　30) 같은 책, 29∼30면.

힘으로부터 생명이 어느 시점에 물질에서 나오도록 마련해 두었다는 것
을 주장한다.

철학적으로 볼 때 이 이론은, 모든 결과는 그에 합당한 원인을 갖고
있다는 원리를 존중하고 있다는 점에서 수용될 수 있는 것처럼 보인다.
그리고 신은 여기에서 확실히 직접적 또는 간접적으로 개입을 하는 자
인 것이다.

그러나 과학자들은 생명의 기원을 신에 의해 계획된 진화에 의해 설
명하는 입장을 계속 지지할 충분한 이유들도 갖고 있다. 첫째로 모든
것을 물질로부터 자동적으로 이끌어 낸다고 하는 유물론의 주장이 불합
리하다는 것이요, 둘째로 도처에, 더욱이 생명계에 풍부히 나타나 있는
저 놀라운 질서가 있다는 것이다. "그러므로 생명체가 무생명적 물질로
부터 기원되었다고 생각하는 것은, 만일 그것이 유기적 질서의 온전한
원리에 따라 행해진다면, 과학적으로 합리적이라고 하겠다. 그러므로
유물론이 물질 자체의 '진화'에 대해 지나친 가치를 인정해서, 진화 자
체에 의해 논리적으로 보다더 일반적인 것(유기적인 질서)이 논리적으
로 보다 특수적인 것(무기적인 질서)으로부터 나온다고 주장하는 것이
유물론에 대해 특별히 어려운 점이 되고 있다. 유물론 또는 변증법의
둘러대는 구실은 뮌히하우젠 남작의 이야기처럼 더 이상 설득력이 없
다. 즉 이 남작은 수렁으로부터 그 스스로 몸을 빼어 나왔노라고 주장
하였던 것이다. 이처럼 물질에 내재해 있는 모순이 새로운 형태를 향해
서, 즉 무기적인 것으로부터 유기적인 것에로 나아가게끔 되어 있다고
하는 유물 변증법의 주장 역시 그 남작의 주장처럼 터무니없는 것이다.
자연 과학은 점점 보다 자세히 유기적 질서를 알게 되고 따라서 유기적
질서의 생성을 알게 될 것이다. 그러나 이제 생명의 기원이나 생명의
발전은 찬탄할 만한 질서에 따라 행해지고 있다고 말할 수 있다. …유
기계에서의 질서는 언제나 우리의 경탄을 자아낸다. 꽃 위에 앉아 있는
벌 하나만 보더라도 그렇다. 그러나 이 질서는 원자의 세계에서도 그에
못지 않게 놀라운 것이다. 다만 유기적 영역에서처럼 그렇게 명백히 눈

에 띄지 않을 따름이다. 질서는 언제나 신비로운 것이다. 질서가 존재한다는 사실만으로도 벌써 하나의 신비이다."[31]

5. 인간의 삶(생명)

인간은 살아 있는 존재이다. 이것은 우리가 이 장의 첫머리부터 줄곧 인간 고유의 성질로 간주해 왔던 확실한 사실이다. 사실 인간은 그 정의상 살아 있는 존재인 것이다. 실제로 살아 있는 것으로 분류될 수 있는 많은 것들이 있지만, 우리가 볼 때에는 인간만큼 삶(생명)을 충만하게 가지고 있는 것은 없는 것처럼 보인다. 다른 한편으로 우리는 인간에게서 생명을 박탈한다는 것과 그에게서 존재를 박탈한다는 것은 같은 것임을 알고 있다. 이것은 인간이 본질적으로 살아 있는 존재임을 의미한다. 즉 생명은 인간의 본질의 일부를 이루고 있는 것이다. 그러므로 인간을 이해하기 위해서는 생명이 무엇인지를 이해해야 한다.

그러나 우리가 이때까지 해왔던 생명 일반에 대한 연구는 인간 존재를 그다지 밝혀 주지 못한 것 같다. 철학은 다만 우리에게, 인간에게는 내적인, 자기 스스로 생산하고 자기 스스로를 유지해 주는, 매우 풍요하고 다양하며 강력한 활동이 주어져 있다는 것을 말해 주었을 뿐이다.

일반적으로 말해서 우리는 생명 현상에 관해서 과학이 수집해 온 정보를, 그것이 우리에게 확실하고 분명하다고 생각되는 한에서 긍정적으로 평가하였던 것이다. 우리가 어떤 과학 이론들을 부정했던 것은 다만 그것들이 사이비 이론이었기 때문이다. 이리하여 몇몇 과학자들이 생명이 우연에서 기원되어 나왔다고 말했을 때, 우리는 그것이 문제에 대한 해결책을 제시하는 것이 아니라 오히려 눈을 감고 사실을 직시하기를 거부하는 것이기 때문에 그들에 동의할 수 없었던 것이다.

그러므로 만일 우리가 인간을 생명의 창을 통해서 이해하고자 한다

---

31) G. Ludwig, *Scienza della natura e visione cristiana del mondo* (*Science of Nature and a Christian vision of the World*), tr. it., (Milan: Massimo, 1982).

면, 우리는 과학에 의해 우리에게 주어진 아직도 매우 빈약한 지식으로
만족할 수도 없을 뿐만 아니라 또한 철학이 이제껏 우리에게 제공해 왔
던 근소하고 빈약한 지식으로도 만족할 수가 없다.

생명의 창을 통해서 인간을 이해하기 위해서는, 생명 일반 즉 (연체
동물에서 인간에 이르기까지의) 모든 생명체가 가지고 있는 성질들을
고려해서는 안 되고, 생명 자체를 고찰해야만 한다. 인간을 특징짓는
것은 그저 일반적인 삶(생명)이 아닌 인간의 삶이다. 따라서 우리가 인
간 존재에 대한 진정한 이해에 도달하기 위해서는 이러한 인간적 삶으
로부터 출발해야 할 것이다.

살아 있는 인간(homo vivens)은 그를 특징짓는 독특한 유형의 삶 즉
자기 자신을 의식하는 삶이라는 것에 의해 다른 (살아 있는) 존재들과
명백히 구별된다. "인간은 과학에 의해 생명(삶)으로부터 분리되어 있
으면서 바로 그 과학에 의해 다시 생명과 결합되고자 노력하는 그러한
생명체이다."[32]

인간의 삶은 동물과 식물의 삶과는 본질적으로 다른 것이다. 일상어
에도 어떤 사람이 동물적인 삶을 살고 있다고 할 때 그러한 인식이 나
타나 있다. 플라톤은 쾌락을 인간 생활의 목적으로 삼는 것은 인간을
저차적 동물로 낮추는 것이라고 선언하였다.

인간의 삶은 그것이 도달한 정신적 수준과 그것이 성취한 사회적 차
원에 의해서 동물의 삶으로부터 구별된다. 이런 까닭으로 우리는 정신
적 생활, 지적 생활, 감정적 생활, 사회적 생활, 정치적 생활 등을 언
급하는 것이다.

나아가서 인간의 삶은, 그가 삶에 대해 취하는 새로운 태도에 의해서
특징지어진다. 인간은 자신에게 삶의 문제를 제기하고, 삶의 아름다움
을 찬미하고, 그의 삶의 방식을 개선하고자 원하고, 그의 삶을 가두고
있는 시간적·공간적인 제한을 초월하려는 경향이 있다. 그는 완전한

---

32) G. Canguilhem, 앞의 책, 86 면.

삶의 관념을 가질 수 있으며, 그가 불타는 열망을 갖는 것도 이러한 삶에 대해서이다. 인간은 그 자신의 삶의 지배자여서 그것을 상당한 정도로 통제·지배·완성할 수 있다.

마지막으로 인간의 삶은 그 엄청난 풍요성과 다양성에 의해 특징지어진다. 동물들은 가장 발달한 동물들조차도 언제나 똑같은 일을 할 따름이다. 즉 그들은 먹고, 마시며, 새끼를 낳는다. … 그리고 그들은 언제나 똑같은 이 일들을 매우 단조롭게 똑같은 방식으로 할 따름이다. 그와 반대로 인간은 매우 다양한 삶을 살아간다. 인간도 잠을 잔다. 그러나 그들은 또한 필요한 경우에는 몇 날 몇 일을 잠자지 않고 버틸 수 있다. 그들도 먹고 마신다. 그러나 그들은 매우 다양한 음식을, 그것도 매우 다양한 방식으로 먹고 마신다. 인간은 또한 자신의 여가 시간을 다양한 방식으로 이용한다. 즉 그들은 연구하고, 작업하고, 사고하고, 기도하는 등의 다양한 활동으로 시간을 보낼 줄 안다.

결론적으로 말해서 인간의 삶은 고도의 정신적 수준에 도달한(그러면서도 끊임없이 그 수준을 넘어서 나아가려는) 그러한 종류의 것이다. 그의 눈길은 언제나 앞을 향하고 있다. 그러므로 그의 진정한 의의는 오로지 그가 지향하고 있는 목표를 발견함에 의해서만 파악될 수 있다. 인간의 삶의 최종 목표는 무엇인가? 그것을 찾아내는 것은 아직은 너무 이르다. 이 어려운 문제에 대해 해답을 시도하기 전에 인간에 관해 연구해야 할 많은 다른 문제들이 있기 때문이다. 그러나 다음과 같은 사실만은 확실하다. 즉 인간의 삶의 궁극적 의미는 밑으로부터 또 과거로부터 파악될 수 있는 것이 아니다. 왜냐하면 인간의 삶은 언제나 높은 곳과 미래를 지향하고 있기 때문이다.

우리가 지금까지 살펴본 것에서 나오는 또 하나의 결론은 인간의 삶이라는 이 특수한 현상은 그 모든 풍요함과 다양함이 다 고려될 때에만 비로소 인간 자신의 존재를 이해되도록 해줄 수 있다는 것이다. 즉 개개인(이 소년, 이 아이, 이 노동자, 이 기능공, 이 농부 등등)에 의해 표현되는 바로 그러한 삶, 개인이 살고 있는 사회적·문화적 환경에 의해 부과되어져 있는 모든 제약들을 넘어서고자 하는 그 풍요함과 다양함이 다 고려될 때에만 비로소 인간 자신의 존재를 밝혀 줄 수가 있다는 것이다.

인간의 삶은 비록 인간이 살아가기 위해 필요한 최소한도의 조건들을 미리 지정해 놓은 정확한 유전 정보체에 의해 어느 정도로는 통제되기도 하겠지만, 그럼에도 불구하고 살아 있는 인간의 DNA에 의해 정해져 있는 제한을 끊임없이 철폐해 가고 있다. 삶은 인간에게는 이미 정해져 있는 어떤 것이라기보다는, 전적으로 탐구하고 찾아내고 실현시켜 갈 수 있는 가능성인 것이다. 인간의 삶은 영원한 것과 초월적인 것을 지향하는 그러한 삶, 그리하여 온갖 힘을 다하여 시간적 · 공간적인 제한을 넘어서고자 하는 그러한 삶이다. 그러나 인간으로 하여금 그러한 고상한 삶의 수준에 도달하도록 해줄 길(방법)이 있는가? 또는 그러한 고상한 삶이란 인간이 도달할 수 없는 수준의 것이요 환상적인 환영은 아닌가? 영원한 초월적인 삶이란 순수한 신화요 불가능한 가능성인가? 또는 그것은 인간에 대해 실현될 수 있는 가능성인가?

이것은 중대한 문제로서, 이미 이 책의 서론 부분에서 제시되었으며, 그 이후로도 이 책의 현상학적 부분의 모든 곳에서 끊임없이 되풀이되어 나타나는 문제이다. 그러다가 형이상학적 부분에서 우리는 최종적으로 인간을 직접 다루고자 결심하게 되며, 또한 앞의 물음에 대해 결정적인 해답을 찾아내고자 시도하게 될 것이다.

⚜ 참고문헌

Asimov, I., *La vita e l'energia* (*Life and Energy*), tr, it., Bologna: Zanichelli, 1970;
Canguilhem, G., *La conaissance de la vie* (*The Knowledge of Life*), Paris: Vrin, 1969:

Crick, F., *Of Molecules and Men*, Seattle: Univ. of Washington Press, 1966; Jonas, H., *The Phenomenon of Life: towards a philosophical biology*, New York: Harper & Row, 1966; Ludwig, G., *Scienza della natura e visione cristiana del mondo* (*The Science of Nature and a Christian Vision of the World*), tr. it., Milan: Massimo, 1982; Marcozzi, V., *Caso e finalità* (*Chance and Finality*), Milan: Massimo, 1976; Monod, J., *Il caso e la necessità: saggio di filosofia naturale della biologia contemporanea* (*Chance and Necessity: essay of natural philosophy of contemporary biology*), tr. it., Milan: Mondadori, 1970; Rush, J.H., *L'origine de la vie* (*The Origin of Life*), Paris: Payot, 1959; Sermonti, G., *Le forme della vita* (*The Forms of Life*): Rome: Armando, 1981; Sermonti, G., *L'anima scientifica* (*The Scientific Soul*), Rome: Dino, 1982; R. Virchow, *Vecchio e nuovo vitalismo* (*Old and New Vitalism*), Bari: Laterza, 1969.

---※ 제 2 장 ※---

지식

    인간은 전적으로 독특하고 식물이나 동물과는 본질적으로 다른, 그리하여 훨씬더 풍요하고 복잡한 생명(삶)을 향유하고 있다. 그리고 그로 하여금 현저히 우월한 삶을 가지도록 해주는 기관은 두뇌이다. 이 기관의 덕택으로 인간은 스스로 향상할 수 있으며, 세계와 의식적으로 관계할 수 있고, 세계를 표상하고 재현할 수 있으며, 그것을 변형시킬 수도 있고, 또 그의 노동을 통해 세계를 그 자신의 필요에 종속시킬 수도 있다. 이러한 이유로 어떤 인류학자들은 인간을 두뇌가 특히 발달한 동물이라고 말했던 것이다. [1]

---

  1) 두뇌가 인식 작용을 관할하는 기관이라는 것은 최근에야 비로소 발견되었다. 고대 이집트인들은 간과 위가 정신적·지적 작용을 책임지고 있는 기관이라고 생각하였다. 고대 그리스인들은 사고의 기관이 무엇이어야 하는지에 대해서 매우 불확정적이었다. 그러다가 그들은 내장 즉 위에서 사고와 감정의 안정된 거처를 찾게 되었다. 중세에서는 심장이 모든 지적·감성적 작용의 고유한 기관으로 선정되었다. 16세기에 이르러서야 비로소 데카르트로부터 그의 반성 작용 이론과 더불어, 두뇌의 진정한 기능에 대한 최초의 통찰을 갖게 되었지만, 19세기의 파블로프(I.P. Pavlov)만이 데카르트의 이론에 대해 과학적 설명을 할 수 있었다. 오늘날의 우리에게는 명백하고 확실한 것처럼 보이는 것이 무정견(無定見)의 편견들의 전통을 힘들여 제거해 낼 수 있었던 근대 과학의 힘든 성과였다. 오늘날 두뇌

인간뿐만 아니라 동물도 두뇌를 갖고 있지만 동물의 대뇌 피질은 인간보다는 훨씬 작고, 그렇기 때문에 동물의 기억 능력은 인간보다 훨씬 작다.[2]

두뇌에 의해 우리는 여러 가지 종류의 지식을 얻는데, 이 지식들은 근본적으로 다음과 같은 두 가지 유형으로 환원될 수 있다. 첫째, 인간이 동물들과 공유하고 있는 감각적 차원의 지식과 둘째, 인간 특유의 이성적 차원의 지식이다. 그런데 이 두 차원은 명확하게 구별되어 있는 두 영역 또는 차원이 아니고 서로 밀접히 연관되어 있다. 그리하여 이성적 차원의 기능은 감각적 차원의 기능에 의해 현저히 제약되어 있고 그 역도 또한 사실이다.

무엇보다도 이러한 밀접한 연관 때문에 비록 감각적 지식이 인간 특유의 것은 아니지만 그에 대해 알아보는 것이 반드시 필요하다. 그것은 인간의 전체를 인식하기 위해서도 그렇고, 또 인간 특유의 이성적 지식의 기능을 이해하기 위해서도 그러하다. 그러나 감각적 지식에 대해서는 비교적 간단하게 다룰 것이다. 이성적 지식을 보다 깊이 다루기 위해서 말이다.

에 대한 연구는 엄청난 진보를 하였지만, (Virno 교수처럼) 두뇌 연구에 평생을 바친 바로 그 과학자들이 두뇌가 아직도 탐험되어야 할 대륙이고, 아마도 우리의 신체 중 가장 잘 알려지지 않은 부분이라는 것을 고백하고 있다. 우리는 한편으로는 매우 정교한 계산기나 전자 "두뇌"를 만들어 내고 있지만, 인간 누뇌의 기능에 대한 연구에 있어서는 아직도 선사 시대의 단계에 머물러 있다. 이 점에 관해서는 R. & R. Balbi, *Lungo viaggio al centro del cervello* (*Long Voyage to the Center of the Brain*), (Bari: Laterza, 1981) 참조.

2) 두뇌와 지식간의 관계 문제에는 아직도 밝혀져야 할 여지가 많다. 그러나 이 관계는 세포 구조와 생명간의 관계와도 비슷한 것 같다. 세포 구조 자체는 생명이 아니고 다만 불가결한 물리적 (신체적) 기관일 뿐이다. (왜냐하면 그것이 생명 작용을 발전시킬 수 있기 때문이다.) 이처럼 두뇌 기관은 그것만이 인식 활동을 수행한다는 점에서 인식의 불가결한 신체 기관이기는 하지만…그것이 인식 (지식) 자체인 것은 아니다.

1. 감각적 지식

감각적 지식은 감관(시각, 청각, 촉각, 상상력 등)에 의해 얻어지는 지식이다. 그것은 물질적 사물을 그의 특수성에 있어서 인식한다. 감관은 언제나 사실로부터 실재의 또는 외견상의 물질적 대상들을 수집하되, 이것들을 그 특수성에 있어서 하나의 전체적 대상으로서 또는 한 부분 또는 한 국면으로서 수집한다. 이리하여 예를 들어 나는 이 색깔 또는 저 색깔을 보고 이 나무 또는 저 나무를 보되, 색깔 일반 또는 나무 일반을 보지는 않는다. 또 이 또는 저 호각 소리를 듣지만 호각 소리 자체를 듣지는 못한다. 또 이 차 또는 저 차를 상상해 볼 수는 있지만 차 자체를 (상상 속에서) 그려볼 수는 없다.

감각적 지식을 얻기 위해서 인간은 시각, 청각, 미각, 후각, 촉각 등 5개의 외관(外官) 전체를 사용한다. 그것들이 외관이라고 불리는 이유는, 그 작용이 수행되는 기관이 신체의 외면에 있기 때문이다. 외관은 그 생리학적 기능에 의해서 뿐만 아니라 지각된 대상에 의해서도 서로 구별된다. 즉 각 감관은 사물에 있어서의 상이한 국면을 지각한다. 예를 들어 시각은 색채를, 청각은 소리를, 미각은 맛을 지각하는 식으로 말이다.

외관 외에 인간은 (많은 다른 동물들처럼) 4개의 내관(內官) 즉 공통 감각, 기억, 상상, 그리고 본능을 가진다. 공통 감각은 외관들이 따로따로 지각한 자료들을 모으고 통일한다. 예를 들어 눈은 주어진 한 사물이 희다는 것을 지각하고, 미각은 그것이 달다는 것을 지각하며, 촉각은 그것이 낱알 또는 분말 모양이라는 것을 지각한다. 이 경우 공통 감각은 이 자료들을 결합하여 설탕의 심상(image)을 만들어 낸다. 상상력은 공통 감각에 의해 얻어진 자료들을 보존해 두었다가 그에 상응한 대상이 없을 때에도 그것을 재생한다. 따라서 그것은 실제와는 다른 방식으로 그 자료들을 조합할 수도 있다. 예를 들어 상상력은 인간의 상(像)과 말의 상을 분해한 후 그것들을 재조합해서 켄타우로스의 상을 만들 수도 있다. 기억력은 과거에 얻어진 자료들을 의식에 떠오르게 하되, 그것들의 시간적 의미는 그대로 보존한다. 기억력은 과거의 능력으로서, 사물과 사건을 과거의 것으로서 지각한다. 그리하여 예를 들어 나의 스승의 상은, 내가 학교에 가던 첫날 그를 보았던 것과 같은 방식으로 나에게 떠오르는 것이다. 또는 나는 나의 첫영성체 때의 빵을 기억한다. 본능 또는 평가적 능력은 유용성의 관점에서, 또는 해로운 것인가 위험한 것인가의 관점에서 사물들을 본다. 예를 들어 새끼양은 그의 늑대 상 속에서 늑대가 새끼양의 삶에 대해 갖는 위험을 즉각 알아차린다.

토마스 아퀴나스는 정당하게도 외관의 지각에 관한 한 인간과 동물간에는 아무런 차이가 없다는 것을 알았다. 사실 외적인 감각적 사물은 그 양자에 비슷한 변화를 일으킨다. "그러나 인간과 동물의 지향(의향, intentions)에 관해서는 차이가 있다. 왜냐하면 다른 동물들은 어떤 자연적 본능에 의해 이 지향들을 지각하지만, 그 반면에 인간은 관념의 연합에 의해 그것들을 지각하기 때문이다. 따라서 다른 동물들의 경우에 자연적 평가력이라고 불리어지는 능력은 인간의 경우에는 인식적 능력이라고 불리어지는데, 이것은 어떤 종류의 연합에 의해서 이 지향들을 발견해 내는 것이다. 따라서 그것은 또한 특수적 이유라고도 불리어지는데, 의학자들은 그에 대해 어떤 특정한 기관, 즉 머리의 중간 부위를 할당시킨다. 왜냐하면 그것은 마치 예지적 이성이 보편적 지향들을 서로 비교하듯이 개별적 지향들을 서로 비교하기 때문이다. 기억력에 관해서 말하자면, 인간은 다른 동물들이 과거를 갑자기 기억해 낼 때와 같은 식의 (자연적인) 기억 능력을 갖고 있을 뿐만 아니라, 개개의 지향들을 사용함으로써 과거의 기억을 조직적으로 되살리는 회상 능력도 갖고 있다."[3]

감각적 지식 일반에 관해서 보면 두 가지 중요한 문제가 있는데, 그

---

3) St. Thomas, *Summa Thelogiae*, I, q. 78, a. 4.

첫째 것은 감각적 자료를 지각하게 해주는 생리학적 과정에 관한 것이
고 그 두번째 것은 그 자료의 객관적 가치에 관한 것이다.

감각적 자료가 얻어지는 생리학적 과정의 문제에 있어서는 세 가지의
중요한 해결책이 나왔는데 그것은 동화(同化), 진동(振動), 그리고 모방
이다. 동화의 이론에 의하면 우리가 달이나 집이나 말(馬) 따위와 같은
것들에 대한 의식을 갖는 것은 이러한 물체들의 파편이 우리의 감관에
의해 포착되고 보존되기 때문이다. 이것은 아낙사고라스(Anaxagoras)와
원자론자들의 이론이다. 진동설에 의하면 사물들은 전자파를 방출하는
데 이것이 우리의 감각 기관에 진동을 일으키고, 이것이 또 감각 기관
안에서 대상의 상의 구성을 규정한다는 것이다. 이것은 19세기부터 오
늘날에 이르기까지 많은 과학자들이 지지해 왔던 입장이다. 다른 한편
으로 모방설에 의하면, 사물은 우리의 감관 속에서 그들 자신의 상을
환기시키고, 이 사물들을 이 국면 또는 저 국면에서 모방 또는 재현하
는 이 상들에 의해 (외적 및 내적) 감관은 사물들 자체에 대한 지식을
얻게 된다는 것이다. 이 이론은 고대와 중세와 그리고 근대 초기에 많
은 지지를 받았었고, 오늘날에도 그에 대한 권위 있는 지지자들이
있다.

감각적 지식의 객관적 가치의 문제를 올바로 해결하기 위해서는 그것
의 생리학적 측면과 지향적 측면을 따로따로 구별해서 고찰하는 것이
필요하다. 생리학적 관점에서 감각적 지식은 분명히 객관적인 어떤 것
—즉 인식 주관의 내면에서 일어나는 어떤 것—이다. 그와 반대로 지
향적 관점에서 감각적 지식은 매우 지향적인 특성을 갖는다. 즉 그것은
인식 주관의 주의를 그와는 다른 어떤 것, 또는 적어도 그 지각 작용과
는 다른 어떤 것에 향하게 한다. 이러한 것은 가장 극단적인 관념론자
나 경험론자에 의해서도 부정된 적이 없다. 예를 들어 버클리는 다음과
같이 말한다. "나의 관념을 지배할 수 있는 나의 능력에 관해서, 나는
감관에 의해서 지각된 관념들은 나의 의지에 의존하지 않는다는 것을
명심해 두어야 한다. 대낮의 밝은 빛에서 내가 나의 눈을 뜰 때에는,

내가 보고 안 보고를 결정하는 것 또는 어떤 대상이 나의 시야에 나타
날 것인지를 결정하는 것 등이 나의 능력에 속해 있지 않다. 청각과 다
른 감각의 경우도 마찬가지이다. 그러한 감관에 각인된 관념들은 내가
마음대로 만들어 낸 것이 아니다."[4]

그러나 이러한 것이 감관에 의해 주어진 자료들의 진실성을 해결하는
것은 아니다. 이 감관들은 얼마든지 부정확하고, 불명확하고, 부적합한
자료들을 우리에게 제공할 수도 있다. 예를 들어 곧은 막대기를 굽은
것으로 보이게 한다든가 하는 따위처럼 말이다. 그럼에도 불구하고 아
리스토텔레스나 아우구스티누스나 토마스 아퀴나스 그리고 많은 다른
철학자들과 함께, 감관은 우리를 속이지 않는다고 말할 수 있다. 감관
은 진리에 대해서도 오류에 대해서도 직접적으로 책임을 지지는 않는
다. 왜냐하면 진리와 오류는 감관에 관련되지 않고 판단 능력으로서의
지성에 관련된 것이기 때문이다. 감관에 의해서 주어진 자료들을 잘 생
각해 보고 적절히 검토하지 않음으로써 오류에 빠지는 것은 지성이다.

앞에서 우리는 감각적 지식은 인간과 동물 양자에게 다 있다고 말하
였다. 그러나 이 지식이 양자에게 똑같은 방식으로 주어져 있지는 않다
는 것을 확증하기는 쉬운 일이다. 우선 단일의 감관에 관해서 볼 때,
우리는 인간보다 뛰어난 지식을 갖고 있는 동물이 있다는 것을 알고 있
다. 예를 들어 개는 인간보다 뛰어난 청력을 갖고 있고, 박쥐는 인간보
다 뛰어난 촉각을 갖고 있으며, 삵괭이는 인간보다 예리한 시력을 갖고
있다. 그럼에도 불구하고 전체적으로 볼 때에는 (그리고 단일의 감관의
개별적 사용에 있어서도) 인간이 일체의 동물을 능가한다. 왜냐하면 무
엇보다도 인간은, 어떤 동물도 즉 인간보다 뛰어난 시력, 청력, 촉각을
갖고 있는 동물조차도 지각할 수 없는, 감각을 획득할 수 있는 도구를
개발하는 법을 알고 있기 때문이다.

---

4) G. Berkeley, *Trattato dei principi della conoscenza umana* (*Treatise on the Principles of Human Knowledge*), tr. it., (Florence: Sansoni, 1933), n. 29.

2. 상상력의 기능

인간이 사용하는 4가지의 내적 감관 중에서 가장 중요한 것은 의심할 나위 없이 상상력이다. 이 능력으로써 인간은 외적 감관에 의해 얻어진 지각들을 보존하고, 그가 필요로 할 때 그것들을 재현시키고, 그가 원하는 대로 그것들을 (재)결합한다. 그러므로 상상력은 다음과 같이 정의될 수 있다. "상상력은 심상(心像)을 산출하고, 보존하고, 재생하고, 창조하는(비본래적인 뜻으로) —심지어는 심상 자체가 대응해 있는 대상의 현존과 독립해서—능력 또는 심적 활동이다. 이 능력 또는 활동은 심상을 형성할 수 있는 바로 그 능력 때문에, 또한 구상력(構像力)이라고 불리어 왔다. "5)

예를 들어 이러한 상상력으로써 우리는 엠파이어 스테이트 빌딩의 영상을 우리의 마음에 떠올릴 수 있을 뿐 아니라 엠파이어 스테이트 빌딩과 같은 마천루들만으로 이루어져 있는 도시를 편안한 마음으로 떠올릴 수도 있다. 상상력은 우리가 과거에 지각했던 그대로의 세계를 재현하는 데 만족하지 않고 그것과는 다른, 또는 그것보다 더 나은 세계를 고안해 낼 수도 있다. 상상력은 본성상 자유로운 창조자이다.

이 능력에 속해 있는 것으로 인정되는 4가지 기능이 있는데, 그것은 각각 몽상적 상상력, 미적 상상력, 실천적 상상력, 그리고 사변적 상상력이다.

무엇보다도 잠잘 때에 발휘되는 그리고 대부분의 꿈을 만들어 내는 몽상적 기능에 있어서 상상력은 모든 종류의 상들을 쉽사리 결합시키는데, 이 경우 우리는 그것을 통제할 능력이 없다. 수면과 가수(假睡) 상태의 환상성은 그것들이 가능하게 하는 예기치 못한 상들의 결합으로써 이따금 우리를 놀라게 한다. 그러한 결합은 모든 형태와 모든 정도의 환상적인 것, 경이적인 것, 비현실적인 것들에 의한 대상들, 사실들,

---

5) *Enciclopedia filosofica (Philosophical Encyclopedia)*, 제1판, 제2권, col. 264.

이야기들, 모험들의 진실하고 현실적이며 창조적인 종합인 것이다.

미적 또는 예술적 기능으로서의 상상력은 영상들의 조화로운 결합을 얻게 되는데, 이것은 예술가의 정신 상태를 새로운 형식으로 설명하고 있으며 감상자에 있어서도 그와 비슷한 감정을 환기시키는 작용을 한다. 예술 창조에서는 (그것이 진정한 경우에는) 상상력의 작용이 진실로 창조와 발명과 전체적 종합으로 되는 것이다.

실천적 기능으로서의 상상력은 사상을 제공해 주거나 사상을 논리적으로 완성시켜 준다. 구체적 문제들에 대한 어떤 해결책들(예를 들어 경제 계획이나 전투 계획을 세울 때 등)은 정확한 계산이나 냉정한 추리에 의해서가 아니라 상상력의 민첩한 직관에 의해서 마련된다. 논리적인 체계적 사고도 동일한 결론에 이르게 하겠지만 시간은 훨씬더 많이 걸린다. 예를 들어 작전 계획을 준비하는 장군은 상상력을 충분히 활용한다.

사변적 기능으로서의 상상력은 과학, 철학, 그리고 신학의 지적 구성물의 형성에 기여할 수 있다. 이들 영역에서는 모든 작업이 상상력에 의해 마련된다. 특히 가설을 형성하는 단계에 있어서나 그 뒤에 그것을 설명하는 단계에서 상상력의 도움을 받는 것이다. 신학, 형이상학, 그리고 심지어는 물리학의 위대한 진리들은 지성에 의해 엄밀하게 형성되겠지만, 상상력이 그 진리들을 우리의 눈앞에 구체적인 형태로 나타나도록 하기 위해 신화나 상징이나 상들을 만들어 내는 일에 성공을 한 뒤에는 우리에게 보다 잘 이해된다.

인간 지식의 전체적 배열에 있어서의 상상력의 중요성에 관해서, 철학자들의 의견은 결코 일치되어 있지 않다. 흄(D. Hume)과 같은 사람들은 상상력을 지식의 주요 원천으로 보았다. 흄에 의하면 모든 수학적·기하학적·과학적인 지식이 얻어지는 것은 상상력에 의해서라고 한다. 상상력은 어떤 항상적인 일반적 법칙(즉 관념 연합 법칙)에 따라 작용하는데, 이것이 경험적 세계의 안정된 구조를 구축하게 한다. 예를 들어 상상력은 불의 열이나 물의 습기에 관련되는 여러 가지 감각들을 연합하면서, 불이 물체를 태우고 물이 물체를 젖게 한다는 생각에 이르게 되는 것이다.

다른(대부분의) 철학자들은 상상력을 감각과 이성 또는 지성의 중간에 위치해 있는 것으로 보았다. 아리스토텔레스주의자들과 칸트주의자들은 상상력의 활동을 합리적 지식의 본질적 계기로 보았는데, 이 경우 그들은 상상적 상을 지성이 개념을 추상해 낼 자료로 보기도 하였고(아리스토텔레스의 경우), 또는 그러한 상을 지성의 분류(범주)에 앞서는, 또는 그것을 가능하게 하는 감각적 지각의 첫번째의 가공물로 보기도 했다(칸트의 경우).

나의 판단으로는 상상력은 매우 중요한 능력이며, 그것은 동물에서보다는 인간 안에서 더 다양하고 더 활발하게 활동하는 것이다. 그러나 그 가치는 인식론적·사변적이라기보다는 실천적·목적론적인 것이다. 물론 상상력이 인식의 영역에서도 중요한 역할을 한다. 왜냐하면 그것은 감각과 이성을 매개시켜 주기 때문이다. 그러나 그 중요한 역할은 어디까지나 실천적인 것이다. 왜냐하면 상상력은 인간의 꿈, 기획, 유토피아적 비전으로써 인간을 부단히 움직이고, 그로 하여금 그가 이미 도달한 모든 유한한 지평을 그의 사고나 그의 행동으로써 넘어서도록 하는 자기 초월의 충동을 유지시켜 주고 있기 때문이다. 또한 상상력은 인간을 무제한적인 가능성으로 되게 하는 데 중대한 기여를 한다. 이리하여 인간이 과연 실재적인 가능성인가, 아니면 불가능한 가능성인가 하는 물음이 일어나게 된다. [6)]

---

6) 최근에 어떤 학자들은 인간을 상상적 존재로 정의하였다. 콕스에 의하면 인간은 환상으로 말미암아 "현재로부터 해방되어 미래를 예견할 수 있는 능력을 갖게 되었다고 한다. 인간은 과거를 재형성하고 전혀 새로운 미래를 창조한다. 환상이야말로 인간 공통의 특성이다. 환상으로부터 발명하고 개선하는 인간의 능력이 성장해 나온다. 환상은 인간의 창조성의 가장 풍요로운 근원이다"(H. Cox, *The Feast of Fools*, Cambridge, Mass.: Harvard Univ. Press, 1969, 59면). 환상은 상상보다 더 많은 것을 말해 준다. 상상은 보통은 잠겨 있는 그러한 상황들의 문을 열어제치는 데 국한되지만,

3. 지성적 지식

　감각적 지식과 상상적 지식 외에 인간은 또한 다른 형태의 지식을 가지는데, 그것은 앞서의 두 경우처럼 감각적인 것을 그 대상으로서 갖거나 특수적이고 구체적인 질료를 대상으로 삼지 않고, 보편적인 것과 추상적인 것을 대상으로서 갖는다.

　인간의 마음 속에서 이러한 다른 형태의 지식이 있다는 것은 많은 사실들에 의해 입증된다. 무엇보다도 그것은 인간이 보편 개념을 갖고 있다는 것에 의해 입증된다. 예를 들어 인간은 이 사과 또는 저 사과, 이 책 또는 저 책, 이 소나무 또는 저 소나무를 알 뿐 아니라 사과 자체 (일반), 책 자체, 소나무 자체를 인식한다. 뿐만 아니라 인간은 선 (善), 덕(德), 스포츠, 노동, 사회 등의 관념들도 가지는데, 이런 것들은 모두 어떤 질료적인 것 또는 구체적인 것을 가리키지 않고 어떤 보편적인 것, 추상적인 것을 지시한다. 또한 지성적 지식은 판단하고 추리하는 능력에 의해 그 존재가 입증되고 있다. 사람들은 "무거운 사물들은 떨어진다", "불은 타오른다", "유리는 비록 투명하지만 뚫고 들어갈 수 없는 것이다" 등과 같은 판단, 보편 명제, 또는 일반 법칙을 형성한다. 인간은 추론한다. 그는 어떤 다른 관념에 관해 반성함으로써 어떤 관념에 도달한다. 그는 어떤 다른 사물의 존재로부터 어떤 사물의 존재에 도달한다. 지성적 지식에 대한 결정적 증거로서 우리는 과학을 마음에 떠올리게 된다. 사람들은 그들의 지식을 체계적인 형태로 조직하는 법을 안다. 인간은 자신의 지식을 논증의 필요에 따라 구분하고 분류함으로써, 실재의 여러 영역들에 대한 일반적 이론을 (과학이 원하

　　어디까지나 이미 알려져 있는 세계에 속해 있다. 그와 반대로 환상은 우리를 전혀 다른 세계로 이끌어 들인다. "우리는 사회적 투쟁(생활)의 규칙뿐 아니라 일상적 '현실'의 구조 전체도 유보(판단 중지)한다." 환상 속에서 우리는 우리의 이상적 자아가 될 뿐 아니라 전혀 다른 사람으로 되는 것이다. 우리는 우리의 능력과 우리의 지각의 제한을 철폐하는 것이다(같은 책, 62면).

는 대로) 얻어 낸다.

a) 지성적 지식의 기원

감각적 지식의 경우에는 그것을 산출하는 그 고유의 능력이 있었다. 예를 들어 소리는 청각 능력에 의해서 지각되고 색채는 시각 능력에 의해서 지각되는 식으로 말이다. 우리가 지금 막 기술했던 지성적 지식에 대해서도 그렇게 되어야 한다. 즉 우리는 보편 관념, 판단, 추리, 그리고 체계적 지식을 우리의 마음 속에서 생겨나게 하는 근원을 찾고자 한다. 이러한 것들의 근원은 무엇인가?

이 물음에 관해서 철학자들은 심각한 의견 대립을 보이고 있다. 어떤 철학자들(특히 플라톤주의자들)은, 지성적 지식은 인간에 의해 산출된 것이 아니고 보다 높은 원천으로부터 받아들여진 것이라고 주장한다. 다른 철학자들(예를 들어 아리스토텔레스주의자들과 칸트주의자들)은 그것은 인간 지성의 활동의 소산이라고 말한다.

플라톤주의자들(플라톤, 아우구스티누스, 데카르트, 라이프니츠, 말브랑슈[N. de Malebranche], 로스미니[Rosmini], 지오베르티[Gioberti] 등)이 지성적 지식의 신적 기원을 뒷받침하기 위해 끌어대는 두 가지 이유가 있다. 첫째는 인간 지식에 확고한 기초, 절대적인 보증—일체의 회의를 물리칠 수 있는—을 주고자 하는 욕망이요, 둘째로는 보편 개념과 진리가 갖고 있는 성질들 즉 절대적 필연성, 불변성, 그리고 보편성은 유한하고 가변적인 인간의 마음이 보장할 수 없는 것처럼 보이는 성질들인 것이다. 아우구스티누스가 그의 《자유 의지론》[7]의 유명한 구절에서 전개한 이에 관련된 논증을 소개한다. "만일 진리가 우리 인간의 마음과 같은 성질의 것이라면, 그것도 우리의 마음처럼 변전할 것이다. 왜냐하면 우리의 마음은 진리를 어떤 때는 보다더 분명히, 그리고 또 어떤 때는 보다 덜 분명히 보는데, 이러한 것은 그것이 변전한다

---

7) *De libero arbitrio*, II, c. 13, n. 34.

는 것을 의미하기 때문이다. 그러나 진리는 언제나 불변적인 것으로 머물러 있다. 그것은 우리가 그것을 보다더 명백히 본다고 해서 증대되는 것이 아니고 여전히 그 본래의 모습대로 있다. 그리하여 그것은 계속해서 시선을 그것에게 고정시키고 있는 자들을 비추며, 반대로 시선을 다른 데로 돌리는 자들은 몽매(蒙昧)의 벌로써 처벌한다. 더욱이 우리는 진리를 통해 우리의 지식을 판단하되, 이 진리를 판단에 회부하지는 않는다. 예를 들어 우리는 우리의 마음이 마땅히 그러해야 할 만큼 이해하지 못하고 있다고, 또는 우리의 마음이 마땅히 이해해야 할 것을 이해하지 못하고 있다고 말한다. 더욱이 우리의 마음은 영원한 진리에 근접해 가고 그것과 접촉함에 따라, 진리를 조금씩 조금씩 점차적으로 더욱더 이해하게 되는 것이다. 그러므로 만일 진리가 우리의 정신보다 못한 것도 아니요 우리의 정신과 대등한 것도 아니라면, 그것은 우리의 정신보다 더 높고 더 고귀한 것일 수밖에 없다." 아우구스티누스에 의하면 영원한 진리는 신적인 조명(照明)에 의해 우리의 마음 안에 주입되었다는 것이다. 말브랑슈와 로스미니도 역시 아우구스티누스와 같은 견해를 갖고 있다. 그와 반대로 플라톤은 인간의 마음은 지상으로 강생하기 전에 전세(前世)에서 이데아를 직관하고 있었다고 가르쳤다. 그래서 현세에서의 그것의 임무는 망각했던 그 이데아에 대한 직관을 회상하는 일이다. 데카르트와 라이프니츠도 지성적 지식은 우리의 마음에 본유적(本有的)인 것이라 한다. 즉 우리가 태어날 때부터 신에 의해서 우리 마음 속에 부여된 것이라고 한다.

아리스토텔레스와 토마스 아퀴나스는(그리고 이들의 수많은 제자들은), 지성적 지식의 기원에 관한 플라톤적 설명 방식이 옳다고 생각하지 않는데, 그것은 주로 다음과 같은 세 가지 이유에서이다. 첫째, 우리는 그러한 지식에 대한 우리의 외부에 있는 기원을 알 수 없다. 둘째, 그러한 외적 기원설은 우리의 지성적 지식의 결함이나 그 점진성들을 설명할 수 없다. 셋째, 그것은 지성적 지식의 근원을 인간 이외의 것에서 찾고 따라서 인간으로부터 명백히 그의 가장 고귀하고 가장 독창적인 활동을 박탈하는 꼴이 되기 때문이다.

다음에 소개하는 글은 토마스 아퀴나스가 플라톤적 입장을 반박하기 위해서 내놓은 그의 비판이다. 플라톤적 입장은 부당하다. "왜냐하면 첫째로 만일 영혼이 모든 사물에 대한 지식을 본성적으로 갖고 있다면, 영혼이 그러한 지식을 갖고 있다는 것을 모를 정도로 그러한 지식의 존재를 그렇게 오래도록 잊고 있었다는 것은 불가능한 일이다. 왜냐하면 그 누구도 그가 본성적으로 아는 것을 잊고 있을 수는 없기 때문이다. 예를 들어 플라톤주의자들이 주장하듯이 전체는 부분보다 크다라든가 그 밖에 그와 유사한 판단들의 경우에서처럼 말이다. 그러한 것은 우리가 앞에서 증명했듯이, 영혼이 신체와 결합된다는 것은 자연스러운 (본성적인) 일이라는 것을 생각할 때, 특히 더 불합리한 것처럼 보인다. 왜냐하면 어떤 것의 자연적 활동이 그것에 자연적으로 속해 있는 것에 의해 전면적으로 방해받는다는 것은 불합리하기 때문이다. 둘째로 이 플라톤적 견해의 거짓됨은 만일 어떤 한 감각이 없다면, 그 감각에 의해 파악되는 것에 대한 지식도 없다—예를 들어 태어날 때부터 장님인 자가 색채에 대한 어떤 지식도 가질 수 없는 것처럼 말이다—는 사실에서 분명히 드러난다. 만일 영혼이 모든 가지적(可知的)인 것들에 대한 본유 관념 (본유적 상)을 갖고 있다면, 그러한 일은 일어나지 않을 것이다. 그러므로 우리는 영혼은 본유적 형상에 의해 물질적 사물을 알지는 않는다는 결론을 내려야 할 것이다."[8]

오늘날 플라톤의 입장에는 더 이상 지지자가 없다. 그러나 그 이유는 적어도 부분적으로는 아리스토텔레스와 토마스 아퀴나스가 그것을 논박하기 위해 끌어들였던 논거와는 다르다. 그 중요한 이유는 근대적인 견해인 실재의 세속화로서, 이것은 이 세계의 현상을 설명하는 데에 초세계적인 존재를 끌어들여야 한다는 요청을 막는다. 오늘날 우리는, 이 세계 내에 일어나고 있는 것의 원인은 세계 자체의 영역 내에서 찾아지

---

8) *S. Theologiae*, I. 84, 3; 또한 article 5 참조.

고 따라서 인간 안에서 일어나고 있는 것의 원인도 세계 내에서, 무엇보다도 인간 안에서 발견된다는 확신을 갖고 있다. 또 하나의 다른 이유는 우리의 지식이 결국 플라톤과 아우구스티누스가 생각했듯이 절대적 확실성, 불변성, 그리고 영원성 등의 특성을 갖고 있지 않다는 사실적 증거이다. 오늘날 우리는 과거의 그 어느 때보다도 우리 지식의 한계를 절실히 의식하고 있다. 우리는, 인간의 지식은 모든 경우에 있어서 유한하고 가변적이며, 부분적이고 상대적이라는 것을, 따라서 그것은 상당히 의심스럽다는 것을 알고 있다.

오늘날의 상황이 바로 그러하다. 그리하여 인간의 지식이 지성적 성격을 갖고 있다—즉 감각과 상상력에 환원될 수 없다—는 사실을 인정하고, 또한 그러한 지식의 선천적 기원의 가능성—초세계적 원인의 개입에 의한—을 부정한다면, 우리는 그러한 지식의 원천은 인간 안에서 발견된다는 결론을 내리지 않을 수 없다. 이 근원은 지성 또는 이성 또는 정신이라고 불리어진다. 이 능력에 의해 인간은 감관에 의해 그에게 제공된 자료들로부터 보편적 관념, 보편적 판단, 그리고 지식 체계들을 추출해 낸다. 이 작업에는 세 가지의 작용들이 참여하는데, 그것은 개념화 작용, 판단 작용, 그리고 추리 작용이다. 지성은 개념화 작용을 통해 보편 개념을 추상해 내고, 판단 작용을 통해 두 개념을 결합 또는 분리시키고, 추론 작용을 통해 이미 아는 것으로부터 새로운 지식을 이끌어 낸다.

아리스토텔레스와 스콜라 철학자들은 지성에 있어서의 두 가지 기능, 즉 능동적 기능과 수동적 기능을 구별하는 것이 보통이다. 지성은 그 능동적 기능에 있어서 보편적 개념을 만들어 내고 그 수동적 기능에 의하여 그것을 받아들이고 보존한다. 능동적 기능을 수행하는 지성은 능동 지성이라고 불리우고, 수동적 기능을 수행하는 지성은 가능 지성이라고 불리운다.

여기에 토마스 아퀴나스가 능동 지성의 존재를 어떻게 논증하는지를 소개한다. "능동 지성도 인정하는 것이 필요하다. 사실 가능 지성은 지성적 형상(개념)들에 관련시켜 볼 때 가능성의 상태에 있으므로, 가능 지성을 활동하게 하는 것이 지성적 형상이라는 것은 필연적이다. 그러나 현실적으로 존재하고 있지 않는 것이 어떤 것을 활동하게 할 수는 없다. 그런데 지성적 형상은 그것이 가능 지성에 의존하고 있는 한, 그 자신의 존립성을 가질 수는 없다. 즉 지성적 형상으로서 존재할 수는 없다. 사실 가능 지성이 배우는 것은 많은 사물들의 추상체이고, 많은 사물들 안에 현존해 있는 것이다. 그런데 그러한 것이 자연의 영역에서는 존재하지 않는다. 그러므로 가능 지성이 지성적 형상에 의해 움직여져야 한다면, 그것은 먼저 어떤 지성에 의해서 가지적(可知的)으로 되어야 한다. 그런데 이 존재(가능 지성)는 그 스스로 존재할 수는 없으므로, 가능 지성 외에 가능 지성을 활동하게 하는 지성적 형상을 활동시키는 능동 지성을 상정할 필요가 있다. 능동 지성은 질료로부터, 그리고 개별화의 원리인 물질적 조건으로부터 지성적 형상(보편 개념)을 추상해 내어 이들을 모은다. 이러한 일이 가능한 이유는, 보편자의 본성은 그 자체 안에 자신을 여러 개체들 속에 복수로서 존재하게끔 하는 그런 요소는 갖고 있지 않고 따라서 개별화의 근거는 보편자 자신의 외부에 있기 때문이다. 그러므로 지성은 개별화적 조건 없이도 보편자를 받아들일 수 있다. 즉 모든 개체들에 동일한 어떤 것으로서의 보편자를 말이다. 이와 같은 이유로 지성은 특수적 차별로부터의 추상에 의하여, 그것이 추상되어 나온 많은 형상들에 동일하게 존재하는 어떤 것으로서 본질을 받아들인다. "⁹⁾

b) 지성적 지식의 성질

지성적 지식은 여러 가지 성질들에 의해 특정지어지는데, 그 중 어떤 것은 과거의 철학자들에 의해 중요시되었고, 다른 어떤 것은 오늘날의 철학자들에 의해 중요시되고 있다. 그러나 가장 중요한 성질들은 보편

---

9) *De anima*, c. 4.

성, 세계성, 전망성, 인격성 및 역사성이다. 이것들을 하나씩 하나씩 간단히 고찰해 보기로 하자.

—보편성.   지성적 지식 안에서 인정되고 있는 첫번째 성질은 보편성이다. 감관이 언제나 우리에게 이 걸상 또는 저 걸상, 이 책 또는 저 책, 이 사람 또는 저 사람, 즉 언제나 특수적 대상을 제시해 주는 반면 지성은 우리에게 걸상 일반, 책 일반, 인간 일반, 즉 보편적 대상을 제시해 준다.

여기에서 우리는 다시금 우리의 마음이 어떻게 이러한 성질을 가지는 관념을 갖게 되는가 하는 문제에 되돌아오게 되는데, 이것은 바로 우리가 앞에서 다루었던 문제인 것이다. 우리는 여기에서는 다만 보편 개념의 존재는 다음과 같은 경험주의적 원칙, 즉 우리의 마음 속에는 사물들 안에 이미 존재하고 있는 것이 아닌 것은 존재할 수 없다는, 그리고 사물들이 각기 개별적이므로 그에 따라 그 관념들도 각기 개별적이라는 그러한 경험주의적 원칙을 받아들이지 않는 한, 설명될 수 없다는 것만을 말해 두고자 한다.

사실 지성적 지식의 보편적 성격은 서로 다른 경향에 속하는 철학자들에 의해 광범한 지지를 받아 왔다. 즉 플라톤주의자들과 아리스토텔레스주의자들에 의해서, 그리고 칸트주의자들과 관념론자들에 의해서, 유심론자들과 마르크스주의자들에 의해서, 다같이 말이다. 우리는 여기에서 플라톤과 마르쿠제(H. Marcuse)의 견해에 대해 언급하고자 하는데, 그것은 시대적인 점에서나 정신적인 점에서 그 두 사람의 차이가 현격하기 때문이다.

그의 대화편 《향연》의 유명한 구절에서 플라톤은 미(美)의 이데아의 보편적 성격을 다음과 같이 묘사하고 있다. "미는 영원한 것이어서 성장하지도 쇠퇴하지도 않으며, 줄어들지도 기울지도 아니한다. 그리고 이 관점에서는 아름다우나 저 관점에서는 추하지도 않다. 한 시점에서, 한 관계에서, 한 곳에서는 아름다우나 다른 시점에서, 다른 관계에서, 다른 곳에서는 추하지도 않다. 또한 어떤 사람들에게는 아름다우나 다른 사람들에게는 추하거나 한 것이 아니다. 또 미는 얼굴이나 손이나 다른 어떤 신체의 부분의 생김새에 있는 것도 아니요, 말(言)이나 지식의 형태에 있는 것도 아니요, 인간 외의 어떤 다른 존재, 예를 들어 동물이나 하늘이나 땅이나 어떤 다른 곳에 있는 것도 아니다. …"[10]

한편 마르쿠제는 그의 유명한 《1차원적인 인간》[11]이라는 저술에서, "그 개념을 다음과 같은 심리 상태, 즉 내용과 의미는 동일하지만 그럼에도 불구하고 직접적 경험의 실재적 대상에 관해서는 상이한 그러한 심리 상태의 표현으로 정의하였는데, '동일하다'는 것은 그 개념이 동일한 것을 지시하고 있기 때문이요 '다르다'는 것은 그 개념이 직접적 경험 안에 나타나지 않으면서도 그 사물을 '설명해 주는' 다른 사물들의 연관 내에서 그리고 그 빛 안에서 그 사물을 파악한 반성의 결과이기 때문이다. "[12] 그렇게 정의한 뒤에 마르쿠제는 "만일 그 개념이 특수한 어떤 구체적 사물을 지시하지 않는다면, 만일 그 개념이 언제나 추상적이고 일반적인 것이라면, 이러한 일은 그것이 하나의 특수적인 사물 이상의 것을 포함하고 있기 때문에 일어나는 것이다. 그 개념은 또 특수적인 사물에 있어서 본질적인 어떤 조건 또는 보편적인 관계─이 사물이 구체적인 경험적 대상으로서 나타날 수 있는 형식을 결정해 주는 관계─를 포함하고 있다. 만일 어떤 구체적 사물의 개념이 우리의 마음의 분류, 조직, 추상 작용의 소산이라면, 이러한 심적 과정들이 우리를 이해에로 이끌어 가는 것은, 그것들이 특수적 사물을 그것의 보편적인 조건과 관계 내에서 재조직하고 그렇게 함으로써 이 사물의 실재에 이르기까지 그것에 대한 직접적 경험을 넘어서기 때문이다. "[13] 보편적 지식의 한 예로서 마르쿠제는 "임금이 너무 낮다"(마르크스주의자에게 적

---

10) *Symposium*, 210 e~211 b.

11) H. Marcuse, *Uomo a una dimensione* (*One Dimensional Man*), tr. it., (Turin: Einaudi, 1969).

12) 같은 책, 122면.

13) 같은 책, 122~123면.

합한 예이다.)는 명제를 분석한다. "이 명제의 주어는 '임금' 일반이지, 특정한 직업을 갖고 있는 특정한 노동자의 특정한 보수가 아니다. 그 명제로 자기 표현을 하고 있는 사람은 그의 개인적 경험 이외의 것에 대해서는 생각할 수 없었다. 그러나 그가 자기의 생각을 표현하는 형식에 있어서 그는 개인적 경험을 넘어서고 있다. …즉 그 명제는 추상적인 것이다. 그것은 어떤 특수적 사례로 대치할 수 없는 일반적 조건에 관련된다. 그것의 의미는 '전이적'(轉移的)이다. 즉 그것은 특수적 사실들에 대한 기술적 언급을 넘어선다. 즉 그것은 어떤 특수적인 사례의 의미와 반대되는 것이다. "[14]

개념은 여러 사물들이 공통으로 가지는 한 성질을 표현하고 드러낸다. 그러나 이 사물들은 그 보편 개념에 의해서 표현되는 성질 외에 많은 다른 개개의 성질들을 갖고 있다. 개념은 개별적 사물들의 개별적 성질들에서 추상된 것이기 때문에 보편적이다. 다시 말해서 많은 개별적 사물들에게 연관될 수 있고 적용될 수가 있다. 그 반면에, 그 보편 개념이 지시되고 적용되는 사물들 자체는 사실은 때때로 구체적이고 개별적이며 상호 교환이 불가능한 것이다. 개별적 사물들은 실제로 언제나 특이하고 반복 불가능한 것이다. [15]

개념은 보편적이요 사물은 특수적이라는 사실은 중세의 철학자들간에 격렬한 논쟁을 불러일으켰다. 어떤 철학자들은 플라톤의 모범을 따라서 보편 개념은 실제로 그에 상응한 보편적인 것이 존재할 때에만 참되다고 주장하였으며, 그렇게 함으로써 그들은 보편적 실체의 실존을 정립하였다. 다른 철학자들은 지식이 참되기 위해서는 우리의 마음 속에 있는 것(관념)과 우리의 마음 바깥에, 자연 속에 있는 것 사이의 정확하고 완전한 일치가 있어야 한다는 근본 전제에 입각해서, 정반대의 결론을 이끌어 내었다. 그것은 실제로는 우리는 보편 개념을 갖고 있지 않

---

14) 같은 책, 129면.
15) E. Coreth, *Antropologia filosofica* (*Philosophical Anthropology*), tr. it., (Brescia: Morcelliana, 1978), 80면 참조.

고 다만 특수적 관념만을 갖고 있으며, 보편성은 개념의 성질이 아니라
말의 성질이며 보편은 소리를 내는 바람(flatus vocis)이라는 것이다. 첫
번째 입장의 대표자는 샹포의 윌리엄(William)이었고 로스켈리누스
(Roscelinus)는 두번째 입장의 대변자였다. 오랫동안의 격렬한 논쟁이
있은 후에, 보편적 지식은 부정될 수 없는 사실이며 비록 천상계(天上
界)나 그 밖의 다른 어떤 곳에 독립적으로 존재하는 보편적인 실체가 존
재하지 않는다고 하더라도 같은 말을 할 수 있다는, 즉 보편적 지식은
참되다는 인식에 이르게 되었다. 확실히 보편 개념은 특수자 속에 존재
하는 모든 것을 반영하지는 않는다. 특수자는 정의될 수 없을 정도로
다양하고 다채로운 성질들을 갖고 있는 것이다. 그러나 보편 개념이 특
수자에 대해 반영하는 것에 있어서는—그것이 그 본질이든, 본질들 중
의 하나이든, 또는 우연적 성질들 중에서 하나이든간에 말이다—그것
은 참되다. 예를 들어 초록의 개념은 목초지의 초록에도, 숲의 초록에
도, 식물이나 셔츠의 초록에도 해당되기 때문에 보편적인 것이다. 그리
하여 그것은 이 식물에게도, 이 숲에게도, 이 목초지에게도, 이 셔츠에
게도 참인 것이다. 비록 이들 사물의 각각에는 초록이라는 빛깔 이외의
것들도 많이 있지만 말이다.

보편 개념은 추상적이라고 말해지는데, 그것은 두 가지 이유에서이
다. 첫째로는 그것이 추상 과정을 통하여 특수적 사물들로부터 추상된
것이기 때문이요, 둘째로는 그것에 의해서는 개별자만이—그것도 부분
적으로만—표현되기 때문이다.

—지향성.   지향성은 그 자신 외의 다른 어떤 것을 지시하고,
(외적) 대상을 향하는 지식의 성질을 의미한다. 이 개념의 뜻은 ～에로
향한다는 라틴어의 어원에 이미 명백히 나타나 있다.

이러한 특징은 데카르트에 이르기까지는 결코 의심되지 않았는데, 데
카르트가 비로소 관념을 우리의 인식의 직접적 대상으로 생각하기 시작
하였다. 그 이후로 이 명제는 모든 근대 철학의 모범처럼 되었다. 버클
리, 흄, 칸트(I. Kant), 피히테(J.G. Fichte), 헤겔(G.W.F. Hegel) 등은

지식을 자기 의식, 즉 주관의 그 자신에 대한 반성으로 해소해 버렸다. 이제 지식은 더 이상 존재에로의 문도 아니고 사물의 표상도 아니게 되었다.

그런데 지향성은 지난 백 년 동안에 현상학자들과 실존 철학자들, 특히 브렌타노(F. Brentano), 훗설(E. Husserl), 셸러, 그리고 하이데거 등의 저술들에 의해 재발견되었다.

하이데거는 그의 《존재와 시간》(*Being and Time*)에서, 그 자신 안에 폐쇄되어 있는 의식이라는 관념은, 현존재(Dasein)가 매순간에 자신을 넘어서고 자신을 초월하도록 하는 초월 작용이 해체되는 순간에만 나타난다는 것을 논증한다. 인간의 실존을 확고히 해주는 것은 하이데거에 의하면 이러한 자아의 초월 작용, 바깥으로 향하는 이 작용, 존재에로의 이러한 개방 작용이다. 그러나 현존재를 사물에로 향하는 이러한 출구로부터 분리시키고자 하는 근대적인 사고 방식에 의해서 의식은 완전히 그 자신 위에 근거해 있게 되고 자족적인 것으로 되고 말았다. 일체의 다른 진리가 환원되는 이 의식의 진리성은 확실성으로, 즉 "자아"의 자기 자신에의 현전성(現前性)에 의해 측정되는 확실성으로 규정된다. 그러므로 진리의 정도를 드러내 주는 것은 의식의 자기 자신에 대한 투명성이다. 이러한 것이 주관주의의 존재론인데, 이것은 존재론을 완전히 붕괴시키고 존재론을 망각에 빠뜨리게 하는 역할을 한다. 하이데거는 이러한 입장의 철저한 반전을 수행하는 것을 자신의 철학의 계획으로 삼으면서, 이때까지 주관주의의 과오에로 이끌어 갔던 모든 일탈 작용들을 비난하였다. 주관주의의 과오는 인식의 지향성을 부정하면서 (헤겔과 그리고 관념론자들과 더불어) 현상과 현상된 것과의, 또는 의식과 존재와의 동일성과 일치성을 주장하는 것이다.

칼 포퍼(K. Popper)도 우리의 마음을 가득 채우고 있는 인식 세계에 대한 흥미로운 연구에 의해 인식의 지향성을 긍정하기에 이르렀다. 포퍼는 관념, 판단, 추리, 문제, 가설, 이론 체계들에 의해 가득 채워져 있는 이 세계는 물리적 세계로부터도, 또 의식의 세계로부터도 명백히 구별된다는 것을 밝혔다. 포퍼는 다음과 같이 주장하는 사람들, 즉 "이러한 모든 존재들은 그 본질상 상징적 또는 언어적 표현이거나 주관적인 심적 상태, 또는 어떤 방식으로 행위하는 행동 성향이다. 뿐만 아니라 이러한 모든 존재들은 한낱 의사 소통의 수단, 즉 다른 사람에게서 어떤 방식으로 행동하도록 하는 행동 성향이나 (자신과 비슷한) 심적 상태를 환기시키기 위해서 사용하는 상징적 또는 언어적 수단에 불과하다"[16]고 선언하는 사람들에 대해서 인식의 두 측면을 구별한다. 그 하나는 주관적 측면 즉 인식의 작용이요, 다른 하나는 객관적 측면 즉 인식의 산물이다. 이들은 밀접하게 연관되어 있는 두 측면으로서, 전자는 본질적으로 후자에 향해져 있으며 후자에 지향해 있어서, 전자의 주목이 언제나 후자에 집중되어 있는 것이다. 사고(인식)의 산물은 주관적인 것이 아니고 객관적인 존재이다. 사실 지식은 그 누가 그것을 지식으로 인정하든 인정하지 않든 그것과는 전혀 상관없이 존립하는 것이다. 이 지식은 매우 객관적이어서 포퍼는 "그것은 인식자가 없는 인식이고, 인식 주관이 없는 인식이다"[17]라고 단호하게 주장하게 된다. 인식에 대한 잘못된 주관주의적 접근법의 중요한 논거들 중의 하나는, 한 권의 책은 만일 그것을 읽는 사람이 없으면 아무것도 아니라는 견해이다. 그것이 읽혀서 이해됨으로써만 그것은 진실로 책으로 될 수 있다는 것이다. 그러나 포퍼에 의하면 그것은 잘못된 견해이다. "한 권의 책은 비록 (오늘날 흔히 그렇듯이) 그 누구에 의해서도 읽혀지지 않는다고 하더라도 여전히 책인 것이다. …그리하여 우리는 (볼차노[B. Bolzano] 처럼) 플라톤적인 제3의 세계 자체, 문제 상황 자체, 이론 자체, 논증 자체 등등이 존재한다고 말할 수 있다. 그리고 나는 비록 이 세계가 인간의 소산이기는 하지만, 인간에 의해 산출되고 이해되지 못하였던, 그리고 앞으로도 그렇게 되지 못할 많은 이론들이 더 있다고 주장한

---

16) K. Popper, *Epistemologia, razionalità e libertà* (*Epistemology, Rationality, and Liberty*), tr. it., (Rome: Armando, 1972), 9면.

17) 같은 책, 11면.

다. "[18]

　그런데 이미 토마스 아퀴나스가 그 당시에, 인식에 있어서 인간은 다만 자기의 (마음 속에 있는) 인상에 대한 의식만을 가질 따름이라는 주관주의적 인식관을 명쾌하게 비판하였던 것이다. 그의 판단에 의하면 그러한 견해는 적어도 다음의 두 가지 이유에서 그릇된 것이다. "첫째로, 우리가 이해한 것이 학문의 대상이므로, 만일 우리가 이해하는 것이 다만 우리의 마음 속에 있는 지적 형상에 불과하다면, 모든 학문은 우리의 마음 바깥의 대상을 다루지 못하고 마음 안의 지적 형상만을 다루는 것으로 될 것이다. 이리하여 플라톤주의자의 가르침에 의하면 모든 학문은 이데아에 관한 것인데, 이 이데아를 그들은 즉각적으로 이해한다고 생각한다. 둘째로 주관주의적 인식관이 그릇된 이유는 그것이 우리에게 보이는 그대로가 참이요, 따라서 서로 모순된 것들도 동시에 참이라고 주장했던 고대 소피스트들의 견해에 도달할 수 있기 때문이다. 왜냐하면 만일 우리의 인식 능력이 그 자신의 인상만을 알 따름이라면, 그것은 이것에 대해서만 판단할 수 있을 따름이기 때문이다. 그런데 한 사물은 인식 능력에 각인된 인상에 따라서 나타난다. 따라서 우리의 인식 능력은 언제나 그 자신의 인상 자체에 대해서만 판단한다. 이리하여 모든 판단이 다 참인 것으로 된다. 예를 들어 만일 미각이 그 자신의 인상만 지각한다면, 정상적인 미각을 가진 사람이 꿀이 달다고 지각할 때에 그는 올바로 판단하는 것이 되고, 미각이 정상적이지 않은 사람이 꿀을 쓰다고 지각할 때에도 이 판단은 역시 마찬가지로 참이 된다. 왜냐하면 각자가 자신의 미각에 각인된 인상에 따라서 판단하기 때문이다. 이와 마찬가지로 일체의 견해들도 다 똑같이 참인 것으로 된다. 또 일체의 생각들도 그러하다. 그러므로 지성적 형상은 지성에 대해서 인식 수단의 관계에 있다. …따라서 시각이 보는 수단은 가시적 사물과 비슷한 것이다. 그리고 인식된 사물과 비슷한 것 즉 지성적 형

---

18) 같은 책, 19~20면.

상은 지성이 그것으로써 인식을 하는 그러한 형식이다."[19]

　—세계성.　　　세계성은 우리의 인식이 세계와 관계를 가지는 특성, 즉 세계적 관련성을 가리킨다.

　이 성질은 지향성의 필연적·논리적인 결과이다. 지식은 본질적으로 존재에로의 출구이자 존재에로 향하는 경향이다. 그리고 이 출구에서 나타나는 존재는 세계이다.

　이러한 것은 물질적 대상 이외의 대상을 가질 수 없는 감각적 지식에 대해서만 명백할 뿐 아니라 지성적 지식에 대해서도 그러하다. 그럼에도 불구하고 지성적 지식에 대해서 그 세계적 성격을 인정하지 않는 두 중요한 철학적 경향들이 있으니, 그것은 곧 플라톤주의자들과 관념론자들이다. 플라톤주의자들은 지성적 지식이 너무나 섬세하고 순수하고 청정무구하고 절대적인 것이어서 (불순한) 세계와 혼잡해 있을 수 없다고 생각했기 때문이요, 관념론자들은 지식이 대상으로서 주관 자신 이외의 어떤 다른 것도 인정하지 않는다고 생각했기 때문이다.

　그러나 지식의 세계성—이것은 이미 아리스토텔레스에 의해 공공연하게 표명되었다—은 현대 철학에 의해 새로이 인정되었는데, 그것은 인간의 지식의 범위를 이 세계의 사물들에 국한시키는 실증주의, 신실증주의, 구조주의 등의 사상 경향들에 의해서 뿐만 아니라 그 밖에 실존주의적 경향과 인격주의적 조류들 등에 의해서도 인정된다.

　인간 지식의 이러한 근본적 성질은 바르보틴(E. Barbotin)에 의하여 그의 《인간의 인간성》(The Humanity of Man)이라는 저술 안에서 훌륭하게 설명되어 있는데, 여기에서 바르보틴은 인간의 시선과 세계간의 양극성을 다루고 있다. 그는 마음과 같이 말한다. "나의 봄은 그 무엇을 봄이요, 이 무엇은 항상 나의 감각적·지성적 지평 안에 놓여 있다. 나의 눈이 정복하고 해석하고 찬탄하는 세계는 나의 보는 행위와 분리될 수 없다. 요컨대 나의 봄과 나의 세계간의 이러한 공속성이 나의 존재

19) S. Theologiae, I, 85, 2.

의 역사인 것이다. 즉 그것은 나의 생애의 첫 시기에 시작되어서, 청소
년기와 장년기 동안에 강력하고 깊이 있는 변전을 거쳐서 노년기에 고
정되고, 죽음과 더불어 그치게 된다. 따라서 이 죽음이라는 것은 곧 세
계와 나 자신간의 관계의 단절인 것이다. 이러한 상황에 대한 이유는
만일 나의 보는 행위가 나를 나의 바깥 세계로 던진다면 내가 보고 있
는 세계는 나에게 되돌아오기 때문이다. 세계는 나의 보는 행위를 중심
으로 해서 형성되고, 나의 보는 행위에서 세계는 끊임없이 다시 태어나
는 것이다. 그것은 나의 얼굴 위에 반영되고, 그것은 또 나의 용모를
형성한다. 얼굴은 말과 손처럼 선원과 농부와 등산가와 도시인들의 각
각에 있어서 현저한 차이를 드러낸다. 태양이 항상 그것에 드러나 있는
얼굴에 그을림의 흔적을 남기듯이, 우리의 보는 행위와 사고하는 행위
도―그것이 감각적인 것이든 지성적인 것이든 상관없이―그러한 변형
시키는 영향을 우리에게 미친다. 예를 들어 플라톤은 이데아를 언제나
생각하고 있는 사람은 이데아를 모방하게 되고 그리하여 어느 정도로는
이데아와 같게 된다고 말하였다. 이처럼 모든 사람은 그가 진실이라고
생각하고 있는 것의 모습으로 변형되는 것이다. 나의 존재 방식에 따라
서 나는 세계를 보는 것이다. 다른 한편으로 내가 세계를 보는 방식에
따라서 나의 존재가 형성되는 것이다. 어떤 때는 그 세계가 내가 처음
에 그것에 대해서 그리고 나 자신에 대해서 부여했던 의미를 확증해 준
다. 또 어떤 때에 그 세계는 그러한 의미를 부정하고 나로 하여금 그것
을 수정하도록 한다. 이리하여 존재한다는 것은 보는 신체와 보여지는
세계간의 이러한 교호 작용에 의해 그 자신으로 된다는 것이다. 우리의
얼굴은 모두가 세계의 거울이다"(254면).

　―전망성.　　근래에 와서 명백히 부각된 인간 지식의 한 성질은
전망성이라는 성질이다. 이것은 그 말의 1차적 의미에 의하면, 전체의
대상을 어떤 하나의 인상 속에 포섭할 수 없다는 것을 가리킨다. 그 이
유는 그 대상이 많은 국면들을 갖고 있기 때문이며, 또한 그 대상을 바
라보는 자는 모두가 스스로 어떤 특정한 관점에 서 있어야 하므로 그것

을 전체적으로 지각할 수는 없기 때문이다.

전망성은 그것의 보다 깊은 의미에 의하면 인간의 지식이 결국은 실재에 대한 부분적 지식밖에 얻을 수 없다는 것을 지시한다. 이러한 성질로 말미암아 아무리 야심찬 철학 체계라 할지라도 언제나 하나의 전망, 하나의 관점일 수밖에 없고 따라서 존재 전체를 완전하게 파악하지는 못하고 존재의 한 측면만을 나타낼 따름인 것이다.

인간 지식의 이러한 성질이 물론 과거의 철학자들에 의해 무시되었던 것은 아니지만, 그들은 거의 오로지 신에 대해서 논의할 때에만 이러한 특징을 고려했던 것이다. 그들은 인간 지식의 전망성은 인간적 관점이어서 유한하고 불완전하다고 말하였다. 스피노자(B. Spinoza)는 사유와 연장(延長)을 인간의 정신이 신적 실체에 대해서 가질 수 있는 유일한 두 관점이라고 생각하였다.

일체의 인간 지식의 전망성을 밝히는 일에 오늘날의 몇몇 철학자들은 큰 성공을 거두었다고 할 수 있는데, 특히 사르트르, 리쾨르(P. Ricoeur), 가다머(H.G. Gadamer), 쉴레벡스(E. Schillebeeckx) 등이 그러하였다.

사르트르는, 실재 또는 세계는 언제나 처음부터 어떤 상황에서 주어지도록 되어 있다는 것을 밝힌다. 즉 어떤 관점이 없는 지식, 이른바 "순수한" 지식이라는 것은 모순된 것이다. 왜냐하면 그러한 지식은 "원칙적으로 세계 바깥에 놓여 있는 세계에 관한 지식"[20]으로 될 것이기 때문이다. "연루된" 지식, 즉 의식에 대해서 필연적인 제약이 되며 의식으로부터 분리시킬 수 없는, 어떤 상황 속에 있음으로부터 출발하는 그러한 연루된 지식 외에 어떤 것도 존재하지 않는다. "인간적 존재란 '거기 있음'을 의미한다. 즉 '거기 의자 위에', 또는 '거기 책상에', '거기 산의 정상에' 있음을 의미한다. 그리고 이러한 각기의 위치는 각자의 전망과 차원을 갖고 있는 것이다. 이러한 것은 존재론적 필연성이

---

20) J.P. Sartre, *L'essere e il nulla* (*Being and Nothingness*), tr. it, (Milan: Il Saggiatore 1964), 384면.

다. "[21] 세계는 개개의 사물들이 그렇듯이 특정한 국면들에 있어서 주어진다. 그것은 결코 그 자신의 전체적이고 무제약적 모습을 보여주지 않고, 다만 "어떤 위치(상황)로부터 보여진 것"으로서, 따라서 결코 동시적으로 주어질 수 없는 무한한 가능성들 중의 한 부분에 있어서 또 한 국면에 있어서 보여진 것으로서만 나타날 따름이다. 만일 우리의 의식이 모든 가능한 관점들로부터 동시적으로 세계에 이를 수 있다면, 그것은 세계를 초월하게 되고 세계 내의 모든 것으로부터 분리되어질 것이고, 따라서 더 이상 세계의 의식일 수 없게 될 것이다. 따라서 세계 자체, 즉 명백한 질서를 가진 전체로서의 세계도 사라지고, 그 대신 미분화된 즉자성(en-soi), "원시적 불분명 상태", "무차별적인 것들의 동일성", "이름도 붙일 수 없고 사고될 수도 없는 잔여(residuum)", 아무런 의미도 질서도 없는 순전한 "사물성"(thing-ness)만이 나타나게 된다. 사르트르는 다음과 같이 말한다. "내가 서 있을 어떤 장소도 갖지 않는다는 것은 있을 수 없다. 만일 그렇다면 세계와의 관계에 있어서 나는 세계를 넘어서 있는 상태에 있게 되고 이 경우 세계는 더 이상 그 어떤 방식으로도 나타나지 않게 된다."[22]

사르트르의 앞의 논의 중에는 즉자적인 세계, 즉 불명확하고 아무런 꼴도 갖추고 있지 않으며, 비합리적인, 따라서 매우 논란의 여지가 많은 즉자적인 세계라는 개념이 나와 있는데, 이것은 결국 관념론적 영향으로부터 생겨난 것이라 하겠다. 그럼에도 불구하고 그러한 것이 우리의 지식이 본질적으로 전망적 성격을 지니고 있다는 기본적 진리를 훼손하지는 못한다.

리쾨르는 인간 인식의 전망성으로부터 그의 전철학 체계를 세웠는데 그는 다음과 같이 인간 의식의 전망성을 효과적으로 묘사한다. "나는 어떤 곳에 태어난 것이다. 일단 내가 '세계 안에 놓여지게 되면', 나는 그 뒤로는 세계를 내가 스스로 선택하지도 않았고 내가 나의 기억 속에

21) 같은 책, 같은 면.
22) 같은 책, 592면.

서 되살릴 수도 없는 이 장소로부터 나오는 여러 가지의 변전과 변천의 연속을 통해서 지각하게 된다. 그 경우 나의 관점은 나 자신으로부터 분리되어서, 외부로부터 나를 지배하는 운명처럼 된다."[23] 그러므로 철학도 어떤 관점으로부터 구성된 반성일 수밖에 없다. 그러므로 "선입견이 없는 철학은 존재하지 않는다. … 철학은 선입견에 의한 사고이다. 당신에 대한 나의 임무는 시작하는 것이 아니라 언어에 의해 상기시키는 것이다. 즉 시작할 수 있도록 상기시키는 것이다."[24]

리쾨르의 이러한 사상들에서 우리는 지식의 전망성에 관한 그의 처음의 사상—이것은 반박될 수 없는 것처럼 보인다—과 "철학은 선입견에 의한 사고이다"라는 그의 명제를 서로 구별할 필요가 있다. 나는 이 명제는 지지하기 어렵다고 생각한다. 왜냐하면 그것은 철학의 고유한 대상, 즉 궁극적 근거, 전제 중의 전제를 탐구하는 일에 배치(背馳)되기 때문이다.

우리는 이러한 전망성이 지식의 부정될 수 없는 성질이며 우리의 손을 뻗쳐서 그것을 잡기 어렵다고 생각한다. 뿐만 아니라 우리의 판단으로는, 우리가 인간 지식의 한계나, 오류 가능성, 그 상대성 등에 관해서 말할 때, 이 사실들을 잘 명심해 두는 것이 중요하다고 생각한다. 세계를 둘러싸고 있는 광범위한 신비의 영역은 우리의 지식의 전망성 안에서 그 궁극적인 설명을 얻게 된다. 그러나 우리는 이러한 전망성을 회의주의의 "트로이의 말"로 간주하려는 경향이 있다. 그러나 사실은 전망성이 우리의 지식을 근본적으로 훼손하지는 않는다. 우리는 이러한 견해에 있어서, 쉴레벡스가 우리는 우리의 전망성을 알고 있으며, 또한 우리는 그것을 절대자를 향한 부단한 긴장을 통해 넘어서고자 노력한다고 말하였을 때, 그와 전적으로 의견을 같이한다. "유한하고, 제한되고, 언제나 변하는 그러한 관점—한 마디로 해서 역사적 관점—으로부

---

23) P. Ricoeur, *Finitudine e colpa* (*Finiteness and Guilt*), tr. it., (Bologna: Il Mulino, 1970), 95면.

24) 같은 책, 624~625면.

터 인식을 하면서 우리는 사실상 절대자에로의 출구를 갖고 있는데, 절대자에로 나아가는 것은 우리에게는 이 길 외에는 없는 것이다. 이러한 견해에 대해서 진리가 변한다(즉 한때는 참이었던 것이 오늘날에는 더이상 참이 아니다. 비록 진리에 대한 우리의 표현은 변하지 않으며 오래되어 낡은 것으로 되지도 않지만 말이다)고 말하는 것은 잘못된 일이다. 끊임없이 변하고 발전하는 것은 실재에 대한 우리의 관점이다. 따라서 우리의 지식은 내면으로부터 성장한다고 말할 수 있다. 인간의 모든 지식은 동시에 절대자를 향해 있지만, 특정한 관점에 의해 제약된 채로 절대자를 향하는 것이다. 그러나 우리가 지식의 이 '전망성'을 알고 있다는 사실이 곧 우리가 상대주의를 피하기 위해 사용하는 증거인 것이다. "25)

　—인격성.　　　앞에서 지식에는 본질적으로 세계성이라는 속성이 있다는 것, 즉 그것이 지향성 다시 말해 반드시 대상, 사물, 세계에 관련되어 있다는 그러한 성질을 갖고 있다는 것이 밝혀졌다. 그러나 그와 동시에 우리의 지식은 언제나 인간적인 지식, 즉 인간의 척도에 의해, 그리고 인간의 필요와 그의 환경과 문화에 따라 형성된 그러한 지식인 것이다. 인간의 지식은 세계성만을 갖고 있는 것이 아니라 또한 인격성도 갖고 있다. 인식은 언제나 인식하는 자의 인식되는 존재에의 인격적 참여, 다시 말해서 인간 존재와 (그에 의해) 인식되는 사물들의 세계와의 상호 침투 또는 상호 작용에 의해서 수행된다. 예를 들어 우리는 단지 운전 안내서만 읽고서 실제로 차를 운전하는 법을 익힐 수는 없는 것이다. 우리는 운전에 필요한 동작들을 반자동적으로 행할 수 있는 습관을 형성할 때까지, 다시 말해 운전의 기본적인 동작들이 우리의 제 2의 천성이 될 때까지 동작 하나하나를 연습하지 않으면 안 된다. 그때에 비로소 우리는 차를 운전할 줄 안다고 말할 수 있다.

　이러한 것은 가장 추상적이고 보편적인 학문적 인식에 대해서도 타당

25) E. Schillebeeckx, *Révélation et théologie* (*Revelation and Theology*), (Brussels: CEP, 1965), 225면.

하다. 폴라니는 이 점을 그의 명저 《인격적 지식》(*Personal Knowledge*)에
서 분명히 밝혔다. 이 유명한 저서에서 폴라니는, 과학은 관찰을 통해
만인에 의해 확인될 수 있는 전적으로 객관적인 명제들로만 이루어져
있다는, 널리 퍼져 있는 편견을 반대한다. 그는 과학적 지식에도 인격
적 요소가 상당히 많이 포함되어 있다고 말한다. 그 결과로 "우리는 여
러 정밀 과학들의 가능성과 서열을 평가할 수 있는데, 이것은 인간의
능력과 기술에 많이 의존하는 기술 과학들에 대해서는 한층더 타당하
다. 이러한 모든 과학들에 있어서 인식 작용은 가치 평가를 내포한다.
그리고 사실에 대한 일체의 지식에 수반되는 이 인격적 요소는 주관성
과 객관성의 차별을 철폐한다. "²⁶⁾ "화학도, 생물학도, 그리고 의학도들
에 의해 소요된 그 많은 시간은 과학이 얼마나 스승으로부터 제자에로
의 기술과 기능의 전수에 의존하는지를 명백히 증명해 준다. "²⁷⁾ 과학적
지식에 있어서의 인격적 참여에 대한 또 하나의 증거는 "지적인 만족이
나 다른 사람을 설득하려는 욕구나 인격적(개인적) 책임감이 수반되지
않은 (엄밀한 의미에서의) 객관적 관찰이란 존재하지 않는다는 사실이
다. "²⁸⁾ 그러므로 우리는 "이른바 객관주의적 태도가 우리의 진리 개념
을 완전히 허위화시켜 버렸고, 우리가 알 수 있고 증명할 수 있는 것을
지나치게 중요시했으며, 우리가 알기는 하지만 증명할 수는 없는 것—
이러한 지식이 우리가 증명할 수 있는 모든 것의 근저에 있고 그것을
보증해 주는 것임에도 불구하고 말이다—을 모호한 표현들로써 은폐해
버렸다. 우리의 지식을 증명될 수 있고 따라서 명백히 표현될 수 있는
그러한 작은 부분에 국한시킴으로써, 객관주의는 우리의 정신의 전체적
존재를 규정하는 선비판적인(acritical) 선택 작용을 무시해 버렸고, 또
한 우리로 하여금 이 중요한 선택 작용을 인정할 수 없도록 해버렸
다. "²⁹⁾

---

26) M. Polanyi, *Personal Knowledge* (London: Routledge, 1962), 17면.

27) 같은 책, 55면.

28) 같은 책, 27면.

　앞에서 인용된 폴라니의 언명들은 그 이전에 베르그송, 딜타이, 하이데거, 마르셀(G. Marcel), 리쾨르, 무니에(E. Mounier), 가다머, 그리고 그 밖의 많은 다른 사람들에 의해 표명되었던 관점, 즉 인간 인식이 완전히 과학적·실험적 지식에로 환원될 수는 없다는 견해를 확증해 준다. 사실 과학적 지식은 많은 것들을 알게 할 수 있지만 그럼에도 불구하고 그것은 다만 사물과 대상만을 알게 해줄 수 있을 따름이다. 즉 그것은 결코 인격에까지 미칠 수는 없다. 그것은 설명하는(erklären) 데는 능숙하나 이해하는(verstehen) 데는 무능하다. 그러나 다행히도 우리에게는 설명을 하는 것이 아닌 지식이 주어져 있다. 즉 (아마도 완전하게) 직관을 하는 인식, 또는 막연하게 지각하는 인식, 또는 깊이 있게 이해하는 인식, 또는 사물을 순수 대상이라는 그것의 죽은 객관성에 있어서가 아니라 그것의 약동하는 생명성에 있어서 파악하는 인식, 또는 개체적인 것을 그것의 신비스러운 내밀성에 있어서 파악하는 인식 등이 우리에게 주어져 있는 것이다. 과학은 삶을 무시하고, 내밀의 영역 바깥에 머물러 있다.

　물론 존재에 대한 과학적 접근도 정당하다. 그리고 사물의 설명될 수 있는 측면에 대한 지식을 얻기 위한 정확한 방법을 추구하려는 과학자들의 노력도 정당한 것이다. 그러나 그러한 형태의 지식을 이상화(절대화)하고 그것을 다른 지식의 가치를 평가하는 척도로 삼는 것은 중대한, 그리고 조잡한 과오이다. 사실 "가장 진정한 지식은 가장 '객관적'이지 않은 지식이다. 즉 대상의 가장 외적인 국면이 개입하기 때문에 그 내적인 핵심이 가장 알려지지 않는 그러한 객관적 지식이 아닌 것이다. 객관적 지식이란 쉽사리 발견될 수 있는 기호들의 체계인 것이다. 그와 반대로 가장 깊은 지식을 얻을 수 있는 것은, 그 속에 내가 인격적으로 참여하지 않고서는 대상이 그 자신을 설명하고자 하지 않는 그러한 지식이다. 그러한 지식은 나의 삶과 나의 경험에 밀접히 관련되어

---

29) 같은 책, 286면.

있는 것이지만 그렇다고 해서 실용주의적인 것은 아니다. 왜냐하면 우리의 인식 작용은 그것이 관련되어 있는 경험을, 이 말의 그리스도교적인 의미에서 초월하기 때문이다. 따라서 그것은 보다 정신적인 존재 형식을 상정하게 한다. 또한 그러한 종류의 지식은 관념론의 붕괴 이후 정신 생활을 책임 있는 행동으로부터 분리하였던 그 분열에 종지부를 찍는다. "30)

─역사성.   현대적 사고에 의해 강조되었던 또 하나의 지식의 특성은 바로 역사성이다.

인간이 단순한 관객이나 대리인이 아니라 행위 주체로 관여해 있는 사건들의 연속으로 이해되는 역사는 그리스적 개념이 아니고 그리스도교적 개념이다. 왜냐하면 그리스적 사고에서는 인간적 사건들은 운명에 의해 결정되는 것이었기 때문이다. 그러나 인간이 행하는 모든 것, 인간이 생각하는 모든 것, 인간 존재의 모든 것에 있어서 인간의 역사성의 의식이 뚜렷하게 된 것은 비교적 최근의 일이었다. 중세 동안에는, 그리고 심지어 근대 초에서조차도 "역사에 대한 철학적·신학적 반성은 역사적 사고의 객관적 형태에 묶여 있었다. 즉 역사의 구체적인 계기를 고찰하면서 그 안에서 여러 시기들을 구별하고, 그것의 구조를 탐구하고, 역사적 사건들의 기원과 목표를 궁극적으로 이해하고자 노력하는 그러한 객관적 형태의 역사적 사고에 묶여 있었다. 어떤 의미에서는 역사에 대한 그러한 사고 방식의 주체는 역사 바깥에 있다고 할 수 있다. 즉 인간은 초역사적 입장에 서서 거기에서 사건들의 계기를 이해하고

---

30) E. Mounier, *Cristianità nella storia* (*Christianity in History*), tr. it., (Bari: Editrice Ecumenica, 1979), 96면. 다른 사상가들이 인격성의 관점에서 지식에 관해서 말한 것을 살펴보건대, 하버마스는 지식을 (인간적) 관심의 관점에서 설명하고 있다. 하버마스에 의하면, 인간적 관심에서 생겨나지 않은 지식이란 없다는 것이다. 이때의 "관심"은 그에 의해서, 인류의 가능한 재생산과 자기 형성의 특정한 근본 개념들에 고유한, 즉 노동과 상호 교섭에 고유한 근본적 방향으로 정의된다. J. Habermas, *Conoscenza ed interesse* (*Knowledge and Interests*), (Bari: Laterza, 1970), 193면.

판단하고자 한다. 그러나 그때 그는 아직 그의 사고의 역사적 제약성을 깨닫지 못하고 있다. 요컨대 역사를 연구하는 주체에 대해서, 그 자신의 역사성이 아직 명백한 문제로 되지는 않았던 것이다. 그렇게 문제로 되는 것은 역사에 대한 주체적 사고를 현실화함으로써 비로소 가능하다. 즉 우리의 지식의 선천적 조건에 대한 선험적 반성이 (이 문제를 전적으로 비역사적 방법으로 제기하였던 칸트와는 달리) 우리의 사고의 역사적 제약성까지 그 자신의 문제 영역으로 끌어들임으로써, 비로소 인간의 역사성이 명백히 문제로 되는 것이다. "[31]

인간에 있어서 역사성의 중요성과 의미를 최초로 밝혔던 학자들 중의 한 사람은 슈펭글러였다. 《서구의 몰락》이라는 그의 유명한 저서에서, 그는 다음과 같이 말하였다. "역사로서의 세계를 그 자연으로서의 세계라는 반대적 입장과 대립시켜서 생각해 보고 바라볼 때에, 거기에는 이 지상의 인간 존재의 새로운 국면이 나타나 있음을 알게 된다. 그러나 그것의 (실천상으로나 이론상으로나) 엄청난 중요성에도 불구하고, 아직은 이 국면(역사성)은 인식되지도, 자각되지도 못한 채 있다. 그것을 막연하게 느꼈던 적은 있지만, 또 어쩌다 그것을 멀리서 힐끗 바라본 적은 있었지만, 그 누구도 아직은 그 문제에 심각하게 직면해서 그 모든 의미를 다 구명해 내지는 못하였다. "[32]

가다머에 의하면, "역사적 의식에 대한 파악의 현상은 아마도 근대 이후 우리가 겪은 계몽들 중 가장 중요한 것일 것이다. 그것의 정신적 영향은 아마도 우리 지구의 표면을 괄목할 정도로 바꾸어 놓은 자연 과학의 성취에 대해 우리가 인정하는 그러한 영향을 능가할 것이다. 현대인을 특정짓는 역사적 의식은 이전의 어떤 시대에도 나타나지 않았던 특권(또는 아마도 부담)이다. "[33]

31) E. Coreth, 앞의 책, 166면.
32) O. Spengler, *The Decline of the West*, ed. Helmut Werner (London: George Allen & Unwin Ltsd, 1961), 31면.
33) H. Gadamer, *Il problema della coscienza storica* (*The Problem of Historical*

지식의 역사성이라는 말로써 우리는 우리의 지식이 각기의 시대의 특징으로 각인되어 있다는 그 성격을 가리킨다. 그러므로 지식의 역사성을 주장하는 것이, 지식이 인식 주관이 속해 있는 역사적 시대에 의해 객관적으로 변한다는 것을 의미하지는 않는다. 예를 들어 20세기 사람의 지식은 12세기나 15세기 사람의 지식과 다르다는 것을 의미하지는 않는다. 그러한 식의 역사적 영향은 명백한 것이고 논란의 여지가 없는 것이다. 지식의 역사성은 무엇보다도 인간의 인식 능력 자체가 시간과 더불어, 즉 문화와 그리고 그것의 다양한 산물들의 변천과 더불어, 심각한 내적인 변화를 입는다는 것을 의미한다. 인식론적 역사성의 옹호자들에 의하면, 과거는 인식 주관 안에 축적되어 있어서 그의 인식 능력을 형성하며, 따라서 우리의 인식의 모든 산물에 그 영향을 미친다는 것이다. 그러므로 인간의 마음은 아리스토텔레스가 생각했던 것처럼 그 위에 아무것도 씌어 있지 않은 백지와 같은 것이 아니고, 이미 어떤 형태를 갖고 있는 그런 기저층(基底層)인데, 이것은 물론 아직은 존재의 관념이나 칸트적인 카테고리나 데카르트의 본유 관념이나 아우구스티누스의 영원한 진리와 같은 것을 갖고 있는 것이 아니고 다만 과거의 유산을 갖고 있을 따름이다.

인간적 지식의 역사성에 대한 의식은 인식론을 대폭적으로 수정하게 한다. 인식은 이제 더 이상 (고대의, 그리고 근대의 실재론자들과 실증주의자들과 신실증주의자들이 생각했듯이) 존재에 대한 직접적인 인식으로 생각될 수 없다. 또 (관념론자들이 말했듯이) "주관"으로부터의 창조로 이해될 수도 없다. 인식은 상황에 대한 해석으로 생각된다. 인간과 같은 역사적 존재는 그 자신과 그리고 다른 사람들을 해석에 의해 이해하는 것이다. 인식은 본질적으로 해석적·해석학적 행위이다. 이 경우 인간은 필연적으로 해석학적 순환의 일부를 이룬다. 인간에게는 과거에 의해, 그가 수용하여야 할 전통이 주어지게 되며 그는 이것을

Consciousness), tr. it., (Naples: Guida, 1969), 27면.

해석하고, 다시금 다른 사람들에게 전해 주게 되는데, 이 다른 사람들도 역시 그들 나름대로 해석 작용을 수행하는 것이다.

인간이 역사적 존재를 (그리고 어느 정도로는 자연적 존재도) 해석할 수 있는 것은 다음과 같은 두 가지 이유에서이다. 즉 첫째로 역사는 본질적으로 그 자체 운동이며 또 운동중에 있으므로, 거기에는 변하지 않고 남아 있는 것과 변하는 것이 있기 마련이다. 그러므로 전통이 원래의 의미에로 소급하기 위해서는 그 발전의 여러 단계를 거쳐야 한다. 둘째로 과거는 나에 대해서 외적인 것이 아니다. 따라서 비록 그것이 직접적으로 나의 현재의 삶의 일부를 이루게 되지는 않는다고 하더라도 그것은 역시 해석에 의해서 나의 주관의 깊은 곳의 일부를 형성하는 것이다. 나는 전통의 상속자이다. 이 경우 전통은 단순히 축적된 지식이 아니고 실제로 나의 삶의 일부를 이루어서, 나의 관점과 나의 기도, 그리고 나의 (사물을) 보는 법과 나의 행위하는 법을 결정한다.

여기에서, 해석학의 개념이 최근의 사상가들에 있어서 전혀 새로운 의미를, 즉 전통적인 것보다 훨씬더 광범하고 풍요한 의미를 갖게 된다는 것이 분명해졌다. 해석학은 이제 더 이상 그리스와 라틴의 고전들과 성서 작가들의 어려운 문헌들, 또는 구전된 전승(傳承)들의 해석과 설명에 국한되지 않는다. 그것은 역사에 의해 우리에게 전해진 모든 것에까지 확대된다. 즉 주랑(柱廊), 오벨리스크, 무덤, 교회, 성(城), 옷, 미라, 그림, 악곡, 문학 작품, 철학 저술, 신학 서적, 정치적·군사적 사건 등의 모든 것이 해석학의 대상으로 되는 것이다.

해석학 또는 해석학적 인식은 어려운 작업이다. 그러나 우리의 인식이 언제나 다소간 해석 작업이라는 것을 아는 것은 우리에게 왜 우리의 지식이 그렇게도 어렵고 복잡한 것으로 보이는가에 대한 근본적 이유들 중의 하나를 알게 하는 셈이다.

오늘날 새로운 해석학을 이해하는 세 가지 중요한 방법들이 있다. 그것은 정신 분석적 방법, 실존주의적 방법, 그리고 마르크스주의적 방법이다. 프로이트(S. Freud)에 의해 (그리고 부분적으로는 또한 구조주의자들에 의해) 발전된 정신 분석적 방법은 이론, 구조 또는 개인이나 사회의 행동 방식 등을 그 자체에 있어서 또 과거의 빛에 의해서 분석하는 것이 아니라—물론 이것도 완전히 배제되지는 않지만—"심층", 무의식, 잠재 의식의 빛에 의해서 분석할 필요를 역설한다. 정신 분석적 해석학의 임무는 우리가 우리의 내부의 깊은 곳에 갖고 있는 이러한 기저를 폭로하는 것이다.

하이데거와 다른 실존주의 철학자들에 의해 고안된 실존주의적 방법은 심층의 방향으로도 과거의 방향으로도 나아가지 않고 미래로 나아간다. 그것은 인간은 본질적으로 자기 자신의 바깥에 있는 자, 탈자적(脫自的) 존재요 전적으로 미래에로 던져져 있는 존재이기 때문이다. 그런 까닭으로 인간 존재를 미래의 빛에 의해 해석해야 되는 것이다.

마지막으로 마르크스주의적 방법은 인간—개인이든 사회이든간에—의 근본 구조는 경제적인 것이고 따라서 역사에서 일어나는 일체의 것은 경제적 방법으로 읽혀지고 해석된다는 가정에서 나오는 것이다.

우리가 보기에는 이 세 가지의 유명한 해석학들이 비록 아무리 흥미롭고 유익한 것이라 하더라도, 만일 그것들을 고립화시키고 절대화시켜서 그것이 마치 그 스스로의 힘으로 인간이라는 신비를 밝혀 낼 능력이 있는 것처럼 생각한다면 결정적으로 잘못된 것이다. 그 셋 중 어떤 것도 그렇게 할 수 없다. 인간이라는 신비에 접근하기 위해서는 (이 책의 제2부에서 보게 되겠지만) 해석학적 형이상학을 동원하여야 한다. 이것도 역시 심처의 형이상학이기는 하지만, (정신 분석에 의해 탐구되는) 심리학적 심처가 아니고 존재론적 심처이다. 즉 인간의 모든 차원들이 (즉 경제적 차원도 문화적 차원도, 과거의 차원도 미래의 차원도) 그 안에 뿌리박고 있는 그러한 존재론적 심처인 것이다.

새로운 해석학의 대가들 중의 한 사람인 한스 가다머는 다음과 같은 세 가지 원리에 근거한 그의 해석 이론을 만들어 내었다. 즉 1) 우리의 지식은 언제나 특정한 물음 또는 사실에 대해 반응하려는 시도이다. 2) 모든 역사적 문헌들은 그것이 어떤 형태의 것이든간에 이 물음들에 주어졌던 반응들을 기록한 것 이외의 아무것도 아니다. 3) "선입견"(선행적 지식) 없는 지식이란 없다. 그런데 이 선입견이라는 것은 한 시대에서 다른 시대로 바뀌면서 변하는 것 말고도, 또한 무엇보다도 한 문화적 지평에서 다른 문화적 지평으로 바뀌면서 변천하는 것이다. 그런데 가다머는 이런 까닭으로 과거의 이해가 불가능하다고는 보지 않았다. 왜냐하면 언어 — 즉 모든 문서의 기본적인 전달 매체 — 가 상이한 문화적 지평들간의 교량이 되기 때문이다.[34]

그런데 하버마스(J. Habermas)는 가다머가 사회적 연결의 한 요인으로서의 그리고 문화들간의 교량으로서의 언어의 중요성을 지나치게 과장하였다는 이유로 그를 비난하였는데, 그것은 충분한 근거가 있는 것이었다. 사회적·문화적 연결의 이러한 단순화와는 반대로, 하버마스는 그것의 복잡성을 강조한다. 그러한 연결의 역할을 하는 것으로는 언어 외에도 노동이 있고, 또 "무엇보다도 지배"[35]라는 것이 있다.

다른 한편으로 언어의 이해의 토대로서의 기능을 절대화하기 위해서는 언어를 플라톤주의적으로, 즉 인간 위에 있는 어떤 것, 모든 인간을 묶어 주는 불변적이고 영원한 어떤 것으로 이해해야만 한다. 그러나 그러한 것은 매우 논거가 빈약하고 근거가 없는 가정이다. 사실 언어는 인간의 작품인 것이다. 그것은 그의 문화의 본질적 요소이고, 따라서 지식처럼 — 사실은 지식보다 한층더 그러하지만 — 역사의 거세고 격렬한 흐름에 의해 유전된다. 그러므로 가다머가 믿었듯이, 언어가 인간을 역사성의 위험으로부터 건져 줄 구원의 역할을 하는 것은 아니다. 고정(固定) 기구는 그와는 다른 것이다. 즉 그것은 역사 자체이다.

사실 역사의 본성 즉 역사성의 본성은 시간의 본성과 다른 것일 수

---

34)　H. Gadamer, *Verità e metodo* (*Truth and Method*), tr. it., (Milan: Fabbri, 1970) 참조; *Ermeneutica e metodica* (*Hermeneutics and Methodics*), tr. it., (Turin: Marietti, 1973).

35)　J. Habermas, *Logica delle scienze sociali* (*Logic of the Social Sciences*), tr. it., (Bologna: Il Mulino, 1970), 263면.

없다. 그런데 베르그송이 밝혔듯이 시간은 본질적으로 지속이다. 그러므로 역사는 상이한 사건들의 계기라기보다는 사실들과 행위들의 전승이며, 따라서 그 본질적 의미는 기본적 요소, 즉 모든 가능한 변천들에도 불구하고 공통적인, 그러한 기본적 요소의 영속(永續)인 것이다. 역사는 서로 떨어져 있고 서로 분리되어 있는 사건들의 순전히 우연적인 계기가 아니라, 동일한 근본적인 실체의 흐름 또는 전달이다. 역사는 원자론적이고 우연적인 생성이 아니라, 유기적 발전—비록 그것이 언제나 직선적이고 연속적인 것은 아니라 하더라도—인 것이다.

결론적으로 말해서 우리는 우리의 지식에는 시간의 낙인이 찍혀 있다는 것을 인정한다. 우리는 또한 시간이 (과거, 현재, 미래라는) 세 "단계"를 갖고 있듯이, 우리의 지식도 세 차원, 즉 과거, 현재, 미래의 차원(기억, 지각, 예기)을 갖고 있다는 것을 확정한다. 나아가서 우리의 지식은 이 세 가지 단계를 상당한 정도로 지배할 수도 있다. 왜냐하면 우리의 인식 작용은 그 시선을 과거의 지평과 미래의 지평에로까지 확장하고 또한 영원에로까지 나아갈 수 있기 때문이다. 이리하여 다른 점에서도 그렇지만 이 점에서도 인간은 동물에 비해 훨씬 우월한 존재임이, 또한 자기 자신을 끊임없이 넘어서는 (초월하는) 존재임이 드러나는 것이다. 인간은 미완성된 존재이고, 완결되지 않은 장(章)이며, 특정한 장소와 그리고 역사상 특정한 순간으로부터 나왔지만 시간적·공간적 제한을 넘어 미래를 지향해서 나아가는 순례자임이 드러난다. 이것은 불가능한 가능성인가? 이에 대해서는 이 책의 제 2 부에서 살펴보게 될 것이다.

c) 지성적 지식의 여러 차원들

세 가지의 중요한 지성적 지식의 차원들이 우리에게 주어져 있는데, 그것은 곧 일상적 지식, 과학적 지식 그리고 철학적 지식이다.

일상적 지식은 이성의 시대 이래로 별로 힘들이지 않고, 그리고 수학적 연구나 그 밖의 어떤 특정한 연구 없이 얻어질 수 있는 그러한 (사

물에 대한) 지식이다. 그것은 이성적 사고에 의한 것이라기보다는 양식
(良識)에 의한 지식으로서, 논리나 미리 마련되어 있는 어떤 계획에 의
해 규정되기보다는 삶의 여러 상황이나 여러 계기에 의해 규정되는 것
이다. 이러한 지식은 겉보기에는 피상적인 것 같지만, 사실은 매우 심
오한 것일 수 있다. 특히 인생의 궁극적 문제에 관한 한에서는 말이다.
이러한 문제에 있어서는 "자그마한 노부인"의 해답이 많은 철학자들의
해답보다 더 심오하고 더 지혜로울 수도 있다. 그리고 진리란, 정의란,
선이란 무엇인가 등과 같은 문제들에 관해서, 그 "자그마한 노부인"은
많은 과학자들보다 더 명백하고 더 타당한 생각들을 쉽사리 가질 수 있
는 것이다.

　과학적 지식은 실재의 특정한 국면들에 대한 질서정연하고 체계적인
지식이다. 그런데 그것은 본질적으로 단편적이고 특수적인 지식이다.
그것은 그것이 취급하는 국면에 관해서는, 정확성과 체계성과 범위에
있어서 일상적 지식을 능가한다. 그리하여 예를 들어 의학, 생물학, 천
문학, 물리학 등에 관해서 이 분야를 전공하는 과학자들은 보통 사람보
다는 훨씬 많이 알고 있다(또는 알고 있어야 한다). 그러나 이 과학적
지식이라는 것은 언제나 제한되어 있고(또 그렇게 되고자 스스로 원한
다), 그리고 전체적으로 볼 때에 또한 피상적이기도 하다. 즉 그것은
사물과 역사 안으로 깊이 파고 들어갈 수는 없다. 왜냐하면 그 목적은
단지 현상들간의 항존적 관계를 연구하는 것이고, 그것이 연구하는 존
재 영역은 단지 물질적인 것이며, 그것이 따르는 방법은 설명의 방법이
지 이해의 방법이 아니기 때문이다. 이런 까닭으로 하이데거는 "과학은
알지 못한다"라고 선언할 수 있었던 것이다. 요컨대 과학은 많은 것을
설명할 수는 있지만, 삶이 무엇인지, 시간이 무엇인지, 역사가 무엇인
지, 의식이 무엇인지, 진리가 무엇인지, 자유가 무엇인지, 존재가 무엇
인지 등을 알지는 못한다. 과학은 많은 것을 알고 있고 또 인간에 대해
서도 과거보다는 엄청나게 많이 알고 있지만, 그럼에도 불구하고 인간
이란 무엇이며, 인격이란 또 무엇이며, 사랑, 덕, 정의, 선 등은 또 무

엇인지를 과거보다도 훨씬 이해하지 못하고 있다. 과학은 목적을 이해하지 못하고 기껏해야 수단만을 연구할 수 있을 따름이다.

이미 그리스인들, 로마인들, 그리고 중세인들에 의해 시작되었던 과학적 지식은 근대에 들어와서 인간이 비로소 정확하고 엄밀한 방법을 고안해 내고 고가의 연구 장비를 발명해 내었을 때에, 비로소 장족의 발전을 하기 시작하였다. 이제 과학의 발전은 점점더 센세이셔널한 성공을 거두어 가고 있다. 과학이 거둔 성공의 위대함과 엄청난 양은 18세기에, 과학이 점차로 인간과 자연을 둘러싸고 있는 모든 신비들을 해결할 것이고, 그런 식으로 해서 과학은 드디어는 철학과 종교를 대체하게 될 것이라는 느낌을 불러일으켰다. 그때가 곧 이성주의, 계몽주의, 그리고 실증주의의 시기, 즉 과학의 전지 전능함이 굳게 믿어졌던 시대였다.

오늘날 아직도 과학 지식으로써 모든 것을 설명할 수 있다고 믿는 과학자들이 더러 있다(예를 들어 프로이트나 모노 등). 그러나 사실 그들은 아무것도 제대로 설명하지 못하는 그러한 이론들—리비도(libido)의 이론이나, 우연과 필연의 이론 등과 같은—만 양산하고 있을 따름인 것이다. 다른 한편으로 거의 모든 과학자들은, 그들이 비록 많은 것을 정확하게 설명할 수는 있지만 그럼에도 불구하고 과학 지식으로써 일체의 것을 다 설명할 수는 없다는 것, 그리고 가장 중대한 문제, 궁극적인 문제에 대해서는 그것을 해결할 수도 없거니와 그것을 올바르게 표현(정식화)할 수조차 없다는 것을 인정하고 있다. 이러한 문제들에 관해서는 보통 사람들이 일상적 지식의 양식으로써 과학보다 더 분명하고 더 확실한 생각을 가질 수 있는 것이다.

철학적 지식은 지성적 지식의 세번째 차원이 된다. 그것의 연구 영역은 지식, 존재, 그리고 의욕에 관한 궁극적 문제들인데, 이에 상응해서 또한 인식론, 형이상학, 윤리학이라는 철학의 세 분야가 있게 된다. 철학의 방법은 "순수 이성적 사고"이다. 그리고 그 자료는 일상적 지식에 의해서 주어지거나 과학적 지식에 의해서 주어진다. 철학은 순수 사실 그 자체에로 나아가서 그것의 본질을 탐구하고 그에 대해 순수한 절대적인 인식을 얻으려는 인식 활동이다. 과학이 지성의 아 프리오리한(선천적인) 모델에 따라 현상을 파악하려고 하는 데 반해서, 철학은 사물의 자연적인(본성적인) 법칙에 따라 "적절하게" 일을 해나간다.

철학에 있어서 문제 중의 문제, 신비 중의 신비는 곧 인간이다. 인간이 무엇인지를 아는 것, 나아가서 무한자를 향해 나아가려는 이 가능성이 불가능한 것인가 또는 실현될 수 있는 가능성인가를 알아 내는 것, 이것이야말로 철학의 가장 중대한 과제인 것이다.

❧ 참고문헌

Brentano, P., *Psychologie vom empirischen Standpunkte* (*Psychologie From an Empirical Point of View*), Vienna 1874; Brunner, A., *La conaissance humain* (*Human Knowledge*), Paris: Aubier, 1943; Buber, M., *I and Thou*, tr. eng., Edinburgh: Clark, 1937; Cassirer, E., *Das Erkenntnisproblem in der Philosophie und Wissenschaft der neuren Zeit* (*The Recognition of the Problem of the Philosophy of Knowledge in Modern Times*), Berlin 1906, 제 3 권, tr. it., Turin: Einaudi, 1958, in 제 4 권; De Finance, J., *Essai sur l'agir humain* (*An Essay on Human Action*), Rome: Gregoriana, 1962; Ducoin, G., "L'homme conscience de soi selon saint Thomas d'Aquin" (The Self-consciousness of man according to St. Thomas Aquinas), in *Sapientiae Aquinatis* (*Knowledge of Aquinas*) 1956, 243~254면; Fabro, C. *Percezione e Pensiero* (*Perception and Thought*), Milan: Vita e Pensiero, 1941; Fabro, C., *La fenomenologis della perceizione* (*The Phenomenology of Perception*), Milan: Vita e Pensiero, 1941; Gadamer, H.G., *Il problema della conscienza storics* (*The Problem of Historical Consciousness*), tr. it., Naples: Guida, 1969; Gadamer, H.G., *Verità e metodo* (*Truth and Method*), tr. it., Milan: Fabbri, 1972; Gadamer, H.G., *Ermeneutica e metodica* (*Hermeneutics and Methodics*), tr. it., Turin: Marietti, 1973; Galieret-Granjon, N., "La théorie operatoire de la conaissance" (The Operatory Theory of Knowledge), in *La pensée*

(*Thought*), n. 152, August 1970, 38~54면; Gilson, E., *Realisme thomists et critique dela conaissance* (*Thomist Realism and a Critique of Knowledge*), Paris 1939; Husserl, E., *Linguaggio e conoscenza scientifica* (*Language and Scientific Knowledge*), tr. it., Padua: Classics of Philosophy, Radar 1967; Husserl, E., *Idee per una fenomenologia pura* (*Ideas for a Pure Phenomenology*), tr. it., Turin: Einaudi, 1965; Jacques, E., *Introduction au problème de la conaissance* (*Introduction to the Problem of Knowledge*), Louvain 1953; Katsoff, L.O., *Logic and the Nature of Reality*, The Hague: Nijhoff, 1956; Langlois, J., "La categorie moderne de l'histoire et le thomisme" (The Modern Categories of History and Thomism), in *Dialogue ?* Canadian Philosophical Review 1968, 66~67면; Lonergan, B., Insight. *A Study of Human Understanding*, 제 4 판, London: Longman's, 1963; Lotz, J.B., *Las Urteil und das Sein* (*Judgement and Being*), Monaco 1957; Marcuse, H., *L'uomo a una dimensione* (*One-Dimensional Man*), tr. it., Turin: Einaudi, 1967; Maritain, J., *Distinguer pour unir ou les dégrés du savoir* (*Distinguishing to Unite, or the Degrees of Knowledge*), 제 5 판, Paris: Desclée, 1958; Pieper, J., *Verità delle cose* (*The Truth of Things*), tr. it., Milan: Massimo, 1981; Ricoeur, P., *Finitudine e colpa* (*Finiteness and Guilt*), tr. it., Bologna: Il Mulino, 1970; Van Steenberghen, F., *Epistémologie* (*Epistemology*), Louvain 1945.

———— ❋ 제 3 장 ❋ ————

자기 의식과 객관성

이때까지 우리는 인간 인식 전반에 대해 살펴보았으며, 또한 지성적 지식의 몇 가지 중요한 특징들과 그 근본적 차원들을 고찰해 보았다. 그런데 지성적 지식에 있어서 우리가 적절히 밝히지 못한 두 가지 국면이 더 있는데, 그것은 자기 의식과 객관성으로서, 이것들은 인간의 지식과 동물의 지식을 서로 구별하려고 할 때 가장 중요시되는 국면들이다. 사실 동물은 대상을 알고 자신을 알지만, 자기 의식에도 객관성에도 이르지 못한다. 왜냐하면 그들은 그들 자신을 인식 주관으로부터나 인식 객관으로부터 구별할 줄 모르기 때문이다. 이러한 것은 인간 지식의 전유물이다.

1. 자기 의식

인간은 두 가지 종류의 의식, 즉 직접적 의식과 반성적 의식을 가진다. 전자의 것은 동반적(同伴的) 의식이라고도 불리어진다. 동물도 이러한 종류의 의식은 갖고 있다. 그러나 동물은 반성적 의식을 갖고 있지 못하다.

a) 동반적(수반적) 의식

지향적 행위에 있어서 인간은 보통 대상은 명백히 인식하되 자기 자신은 그렇게 인식하지 못한다. 그의 주의력은 대상에 완전히 사로잡혀 있는 것이다. 이리하여 내가 한 채의 집을 볼 때, 나의 주의력은 그 집에 향해져 있지, 내가 그 집을 보고 있다는 것에 향해져 있지는 않다. 그러나 그럼에도 불구하고 우리의 일체의 인식 작용은—다른 행위도 마찬가지이지만—인식 주체에 대한 암묵리의, 간접적인, 수반적인 인식을 수반한다. 메를로 퐁티, 폴라니, 사르트르와 같은 현상학자들은 이러한 현상을 훌륭하게 기술하였다.

메를로 퐁티는 다음과 같이 말하였다. "보는 작용은 보여지는 사물 안에서 성취되고 실현된다. 그 자신을 파악하고 있다는 것은 그것(보는 작용)의 본질에 속한다. 사실 만일 그렇게 하지 못한다면 그것은 어떤 것의 봄도 아닐 것이다. 그러나 그 자신을 애매하고 모호한 방식으로 파악하는 것도 그것의 본질에 속한다. 왜냐하면 그것은 (아직) 그 자신을 완전히 소유한 것은 아니고 따라서 그 자신으로부터 빠져나와 보여진 사물 안으로 도피해 버리기 때문이다."[1]

폴라니는 여기서 말해지고 있는 수반적 의식의 현상을 설명하면서, 우리가 망치로 못을 박을 때 일어나는 일을 예로 든다. "우리가 못을 박기 위해 망치를 사용할 때, 우리는 못과 망치에 주의를 기울이지만 각기 다른 방식으로 그렇게 한다. 우리는 못을 내려치는 작용의 결과를 유심히 살펴보고서는 그 못을 가장 효과적으로 박을 수 있도록 망치의 방향을 조정하려고 한다. 우리가 망치를 내려칠 때 우리는 그 손잡이가 우리의 손바닥에 충격을 준다는 것에 주의하지 않고 망치가 못대가리를 옳게 쳤다는 데에 주의를 하는 것이다. 그러나 어떤 의미에서, 우리는 분명히 우리의 손바닥과 망치를 쥐고 있는 손가락들에 느껴지는 감각에도 신경을 쓰고 있다. 이 감각이 우리로 하여금 망치를 효과적으로 다

---

1) M. Merleau-Ponty, *The Phenomenology of Perception*, tr. eng., (London: Routledge & Kegan Paul, 1962), 385면, 또한 382면도 참조.

3. 자기 의식과 객관성　III

루도록 이끌어 가며, 이 경우 우리가 못에 대해 기울이는 주의는 이 감각과 같은 정도로 주어지는 것이지만 다만 그 주의의 방식이 서로 다를 뿐이다. 그 차이는 다음과 같이 말할 수 있다. 즉 후자는 못처럼 우리의 주의의 대상이 아니고 다만 그 수단이라고 말이다. 손에 느끼는 감각은 그 자체로서 주목되지는 않는다. 우리는 (물론 그 감각에 신경을 쓰면서도) 어떤 다른 것을 주목한다. 나는 나의 손바닥 안의 감각에 대하여 부차적인 의식을 갖고 있는데, 이것은 나의 못박는 동작에 대한 나의 중추적 의식 속으로 사그러드는 것이다. "[2]

이러한 간접적 형태의 자아 의식의 존재는 하이데거와 사르트르에 의해서도 주장되었다. 그러나 사르트르가 그의 실례들을 통해서 메를로 퐁티처럼 보는 작용에 수반되는 자기 의식을 주장하는 반면에[3], 하이데 거는 간접적 자기 의식의 현상의 보편성을 밝히고자 한다. 즉 그러한 자기 의식은 도처에, 즉 듣는 작용에도, 말하는 작용에도, 인식하는 작용에도 나타나 있다는 것이다. [4]

그런데 이러한 형태의 자기 의식의 정확한 내용은 무엇인가? 그것은 어떤 점을 향해서 작용하는가? 그것은 그 주체의 전체에로 향해져 있는가? 또는 특수한 차원 즉 그 순간의 작용에 연루되어 있는 그 차원에로 향해져 있는가?

앞에서 인용한 두 구절에서 우리는 메를로 퐁티도 사르트르도 직접적 자기 의식의 직접적 내용으로서, 특정한 순간의 행위(작용)에 연루되어 있는 주체의 그 부분을 내세우고 있다는 것, 즉 그 자신을 의식하는 것은 시각이요 손(등)이라는 것을 살펴보았다. 그러나 이 두 현상학자들은 이러한 종류의 자기 의식이 그러한 특수적 기능의 능력을 넘어서 주체 전체에로 나아간다는 것을 인정한다. 그러나 이 주체가 정확하고 명

---

2) M. Polanyi, *Personal Knowledge*, (London: Routledge & Kegan, 1962), 65면.
3) J.P. Sartre, *The Transcendence of the Ego*, (New York: The Noonday Press, 1957), 49면.
4) M. Heidegger, *Sein und Zeit* (*Being and Time*). M.

확한 어떤 것으로 생각되지 않고 비확정적이고 혼란된 어떤 것으로 여겨지고 있다. 메를로 퐁티에 의하면 간접적 자기 의식의 내용을 이루는 것은 주체의 전시간성—이 경우에도 연대적(年代的) 구별은 없다—이다. 따라서 그는 이러한 것을 비시간적 내용이라 일컫고 그것을 "과거를 현재에로 끌어오고 미래를 선취함으로써 모든 시간에 관해 추정될 수 있는 것이요, 따라서 시간의 관점에서 결코 초월적인 것이 아닌 것"이라고 정의하였다. 즉 "비시간적인 것은 (시간 속에서) 획득되어진 것이다."[5] 메를로 퐁티는 비시간적인 것의 실례로서 반 고호(Van Gogh)의 그림을 보는 것을 든다. 그렇게 봄으로써 "반 고호의 그림은 내 안에 영원히 새겨지게 되고 그리하여 내가 돌이킬 수 없는 한 걸음이 내디뎌진 셈이다. 그리하여 비록 내가 보았던 것과 정확히 닮은 그림을 더 이상 보지 않는다고 하더라도, 이제부터 나의 모든 미적 체험은 반 고호의 그림을 본 사람의 그것으로 될 것이다."[6] 이것으로부터 메를로 퐁티는 "우리가 보았던 것은 언제나 우리 안에 머물러 있으며", 또한 그것은 부수적 의식의 내용의 일부를 이룬다는 결론을 이끌어 낸다.[7]

현상학자들은 부수적 자기 의식의 내용에 대한 분석에 의해서 이러한 형태의 지식의 중요한 특징들을 확정할 수 있었다.

무엇보다도 그것은 부수적·동반적 지식이다. 즉 그것은 대상에 관련되는 명백한 지식과 동시에 행해진다.

둘째로, 그것은 비위치적(non-positional) 지식이다. 그것은 주체를 그 자신 앞에 내세워서 그것을 대상화할 수 있게끔 하지는 못한다. 그러므로 그것은 불확실하고, 비확정적이며, 애매한 지식이다.[8]

나아가서 그것은 직접적 지식, 즉 지성적 형상의 매개 없이 얻어진

5) M. Merleau-Ponty, 앞의 책, 407면.
6) 같은 책, 같은 면.
7) 같은 책, 같은 면.
8) J.P. Sartre, 앞의 책, 45면; M. Polanyi, 앞의 책, 55면.

직접적 지식이다. 그러므로 이러한 형태의 자기 의식 안에 주체가 그 자신에게 객관으로서 나타나지는 않는다는 전제하에, "자아"와 직접적 자기 의식의 내용은 같은 것으로 된다. ("자아가 존재한다는 것과 그 자신을 의식한다는 것은 의식에 대해서는 동일한 것이다. "[9])

지성적 형상의 부재는 수반(동반)적 의식이 혼란스럽고 애매하며, 메를로 퐁티가 말하듯이 "조용하면서도 부정할 수 없는 것"[10]이라는 사실에 대한 궁극적 이유가 된다.

다른 하나의 특징은 자발성이다. 동반적 의식은 어떤 강제도, 어떤 의식적 집중도 요구하지 않는다. 그것은 주체가 어떤 지향적 활동을 할 때마다 나타나는 것이다. 동반적 자기 의식이 언제나 의식적 집중과 어떤 강제를 필요로 하는 반성에 비해 절대적으로 우월한 것은 바로 이 때문이다. [11]

마지막으로 사르트르는 이러한 형태의 지식에 고유한 특징으로 보았지만 다른 현상학자들은 모두 인정하지는 않았던 한 특징이 있는데, 그것은 비인격성이다.

프랑스의 실존주의자 사르트르에 의하면 동반적 자기 의식은 비인격적인 것이어서 "나"인 주체에 속하지 않는다. "그것은 그 자신에 대해 그 자신의 대상으로 되지 못하기 때문이다. 그것의 대상은 그 본성상 그것 바깥에 있다. 이것이 곧 의식이 동일한 작용에 의해 대상을 정립하고 파악하는 이유가 된다. 의식은 그 자신을 다만 절대적인 내재성으로서 인식할 따름이다. 그런데 우리는 이렇게 묻는다. 그러한 의식 안에서 '자아'에 대한 여지가 있는 것일까? 그 대답은 명백하다. 분명히 그렇지 않다는 것이다. "[12] 사르트르는, 내가 책을 읽을 때 나는 나에

---

9) J.P. Sarte, 앞의 책, 462면.

10) M. Merleau-Ponty, 앞의 책, 418면.

11) "암묵리의 cogito(내가 생각한다는 것), 즉 내가 나 자신에게 현전(現前)해 있다는 것은 실존 자체이기 때문에 일체의 철학에 선행하는 것이다." M. Merleau-Ponty, 앞의 책, 419면. 또한 G. Marcel, *Le mystère de lêtre* (*The Mystery of Being*), 제1권, (Paris: Aubier, 1951), 59면 참조.

대한 의식을 갖고 있는 것이 아니고 책에 대한 의식을 갖고 있다고 말
한다. "내가 책을 읽고 있는 동안 책에 대한 의식, 소설의 주인공에 대
한 의식은 있지만, '나'(자아)는 이러한 의식 속에 들어 있지 않다. 그
것은 다만 대상의 의식이고, 그 자신에 대한 비위치적 의식이다. 그런
데 나는 이러한 결과들을 논문의 주제로 삼아서 비반성적 의식 안에 자
아라는 것은 없었다고 선언할 수 있다."[13] "나는 책을 읽는다"는 문장
에서의 "나"라는 말은 사르트르에 의하면, 전혀 그 내용이 공허한 것이
다. "그것은 어쩔 수 없이 공허할 수밖에 없는 공허한 개념일 따름이
다." 그 대신 정확히 말하자면 우리는 "나는 이 책에 대한 의식을 가진
다"고 말해서는 안 되고, "이 책 안에 의식이 있다"고 말해야 할 것이
다. 그런 뒤에 사르트르는 다음과 같이 결론짓는다. 인격적(개인적) 삶
은 다만 반성적 차원에서만 존재한다. 비반성적 차원에서는 삶은 아직
도 비인격적 성격을 갖고 있다.[14]

　그러나 사르트르와는 반대로 다른 현상학자들은 동반적 자기 의식을
가장 인격적인 지식의 형태로 본다. 왜냐하면 그것은 "자아"에 가장 직
접적으로 그리고 가장 깊이 관여하기 때문이다. 메를로 퐁티, 마르셀,
하이데거는 동반적 자기 의식에 대해서보다는 반성적 자기 의식에 대해
서 그 인격적 성격을 부정하려고 한다. 왜냐하면 반성적 자기 의식에는
주체와 객체간의 구별이 이미 나타나 있고 따라서 주체를 객체로 환원
시킬 위험이 나타나 있는 반면에 동반적 자기 의식의 경우에는 그러한
일이 일어나지 않기 때문이다.

　우리가 보기에는 메를로 퐁티, 마르셀, 하이데거, 그리고 폴라니가
옳고 사르트르가 그른 것 같다. 사르트르의 주장은 현상학적 관찰의 성

---

12) J.P. Sartre, 앞의 책, 41면.

13) 같은 책, 46, 47면.

14) 같은 책, 53면. 동일한 이론이 사르트르의 《상황》(*Situations*, Paris,
　　1947)과, 《존재와 무》에서도 펼쳐진다. 특히 《존재와 무》에서 사르트르
　　는 의식을 무로 보는 유명한 이론을 전개한다. *L'être et le néant* (*Being and
　　Nothingness*), (Paris, 1947), 128면 참조.

과가 아니고, 관념론적 성격을 지닌 일종의 형이상학적 선택―즉 이에 의하면 존재는 상황적 존재와 동일시된다―의 결론일 따름이다. 사르트르로 하여금 인격적인 "자아"는 의식의 대상으로 되지 않는 한 나타나지 않는다고 말하게 한 것은 바로 이러한 견해인 것이다.

b) 반성적 자기 의식

반성적 자기 의식이란 인간이 그의 주의를 세계로부터, 즉 사물이나 대상으로부터 자기 자신에게로, 즉 자신의 작용, 자신의 행위, 자신의 존재에로 향하게 하는 인식 계기를 말한다. 예를 들어 내가 책을 보고 있을 때 나의 주의력은 책에 향하지 않고 내가 책을 보는 행위에 쏠려 있는 것이다. 이처럼 나 자신에로 주의를 되돌림으로써 나는 일종의 자기 의식 상태를 실현하는데, 이것은 반성적 자기 의식이라는 명칭을 붙일 만하다.

이러한 형태의 의식이 앞서의 것과 어떤 점에서 다른가? 그 특성은 무엇인가?

첫번째 특징―이것은 모든 현상학자들이 다 같이 강조하는 것이다― 은 주체에 대한 반성을 객체에 대한 지각으로부터 분리시킬 수 없다는 것이다. 반성적 자기 의식에서 주의는 1차적으로 주체에 향하지만 이 경우 객체로부터 주의를 완전히 떼어 놓는 것은 아니다. 그러므로 주체가 직접적으로 관찰되기는 하지만 객체도 또한 막연한 방식으로 함께 고려되는 것이다. 이리하여 내가 나의 주의를 책으로부터 나 자신에게로 옮길 때, 책은 나의 시야로부터 완전히 사라지지 않고 거기에 남아서 나의 자기 의식의 배경 혹은 지평을 이룬다. 그리하여 메를로 퐁티는 "(자기의) 사고에 대해 생각하는 유일한 길은 (자기 아닌) 어떤 것을 먼저 생각하는 것이다"[15]라고 말하였다.

방금 말한 것으로부터 귀결되는 다른 하나의 특징은, 반성적 자기 의

---

15) M. Merleau-Ponty, 앞의 책, 396면.

식이 주체를 완전하게는 파악할 수 없다는 것이다. 그것은 주체의 개개의 행동들, 능력들, 작용들을 파악할 수 있으며 주체가 이 또는 저 능력을 갖고 있으며 이 또는 저 완전성(장점)을 갖고 있음을 알 수 있지만, 결코 주체의 전존재를 완전히 파악할 수는 없다. 이것은 우리가 앞에서 살펴보았듯이, 반성적 자기 의식은 언제나 그것의 작용이 불가피하게 결부되어 있는 대상에 의해 그것에게 부과되어 있는 지평의 궤적에 따라 이루어지기 때문이다.

반성적 의식에 있어서의 주체의 완전한 파악의 불가능성에 관해서 메를로 퐁티는 다음과 같은 훌륭한 기술을 하였다. 나는 다만 매우 중요한 의미를 지닌 한 구절을 인용하는 데 그치고자 한다.

어떤 편견으로부터도 해방된, 절대적인 자기 명증성이 가능하기 위해서, 그리고 나의 사고가 그 자신의 근거에로까지 뚫고 들어가서, 행동중에 있는 그 자신을 파악하고 "자기 자신의 그 자신에 대한 순수 현전성(現前性)"에 도달할 수 있기 위해서 (칸트의 용어법을 빌린다면) 그것은 고정된 존재가 되지 않고 철저한 활동으로 되어야 한다. 그리고 스콜라 철학자들의 용어법을 빌린다면, 그 형식적 실재는 그 객관적 실재 안에 포함되어야 한다. 또한 말브랑슈의 용어법을 빌린다면, 그것은 (사물에 대한) "지각"이나 "느낌", 또는 진리와의 "접촉"임을 그치고, 진리에 대한 순수 "관념"이나 "관조"로 되어야 한다. 바꾸어 말하면, 나는 객관적인 나 자신으로 되지 않고, 순수하게 그리고 단순히 나 자신을 인식하는 자로 된다는 것이 필요하며, 또한 세계도 순수히 그리고 단순히 내 앞의 대상으로 되기 위해서는 내 주위에 막연히 존재하기를 그쳐야 한다. (우리가 우리의 취득물에 의해 무엇인지, 그리고 이 선행적으로 존재하는 세계가 무엇인지를 묻는 것을 잠시 중단할 능력을 우리는 갖고 있는데, 그것이 우리의 결정론으로부터 자유를 보장해 주기에 충분하다.) 나는 나의 눈을 감고 나의 귀를 막을 수 있다. 그럼에도 불구하고 나는 보기를 그치지는 않는다. 그것이 다만 내 눈앞의 어두움일 뿐이라 하더라도 말이다. 나는 또한 듣기를 그치지는 않는다. 그것이 다만 정적일 따름이라 하더라도 말이다. 같은 방식으로 나는 내가 취득했던 의견들과 신념들을 괄호 속에 넣을 수 있다. 그러나 내가 무엇을 생각하고 무슨 결정을 내리든간에 그것은 언제나 내가 그 전에 믿었고 또 행했던 것의 배경에서 그렇게 하는 것이다. [16]

반성적 자기 의식의 마지막 특징은 어떤 공적 성격을 갖고 있다는 것이다. (물론 이 공적 성격이 다만 부분적인 것이기는 하지만 말이다.) 이러한 반(半) 공적 성격에 대한 이유가 두 가지 있다. 무엇보다도 앞에서 이미 증명한 것처럼 반성적 자기 의식은 특수적 행위와의 관련 속에서만 자기를 실현할 수 있다. 그런데 우리의 행동의 대부분은 공적인 것이다. "자아"는 그 자신에 대해서 존재하지만, 대개의 경우 또한 그것을 볼 수 있고, 만질 수 있으며, 들을 수 있는 (등등) 다른 이들에 대해서도 존재한다. [17]

둘째로, 반성적 자기 의식은 우리가 만나게 되는 다른 사람들에 의해서 말해진 것도 고려한다. 사실 우리는 우리 자신을 보다 잘 알기 위해 다른 사람에게 향하는 것이다. [18]

요컨대 이러한 것들이 오늘날의 위대한 철학자들 중의 몇몇 사람들에 의해, 현상학적 방법을 자기 의식의 연구에 적용함으로써 얻어진 성과들이다.

이제 이러한 결과들이 인간학 즉 인간에 대한 전체적 해석에 대해 갖는 의미의 분석에로 나아가기로 하자.

첫번째로 고려해야 할 것은 인간만이 이러한 형태의 자기 의식을 갖고 있다는 사실이다. 즉 인간만이 그 자신에 대한 의식을 그 자신의 존재로부터 분리시킬 수 있고 자신의 존재를 탐구할 수 있다. 물론 다른 동물들도 인식을 한다. 그들도 자기 자신을 알며, 그들의 주위에 있는 사물들을 안다. 그러나 그들은 진정한 의미에서 그들 자신도 그 주위의

---

16) 같은 책, 395면.
17) J.P. Sartre, 앞의 책, 94~95면.
18) M. Heidegger, 앞의 책, 117면.

사물도 안다고 할 수 없다. 왜냐하면 그들은 그들 자신을 그들 자신으로부터, 또 사물로부터 분리해 낼 수 없기 때문이다. 사실 동물은 그 주위의 사물들, 즉 그의 "환경"과 하나로 되어 있다. 테야르 드 샤르댕이 잘 말했듯이, 동물들도 물론 인식을 하고 의식을 가지지만 인간만이 그 자신이 알고 있다는 것을 알며, 자신이 의식을 가지고 있음을 아는 것이다.

  인간은 그 자신의 존재를 영위(수행)할 수 있을 뿐 아니라 그렇게 하는 그 자신의 행위에 대해 반성할 수도 있다. 그는 이러한 일을 그 자신의 존재로써 할 수 있다. 그는 그의 주의를 일체의 다른 것으로부터 오로지 그 자신에게 향하게 할 수도 있다. 그는 그 자신을 다른 사물들의 지평으로부터 분리시켜서, 1차적으로 그 자신의 "자아"를 부각시키고 그것을 특수한 연구의 주제로 삼을 수도 있다. 자기 반성은 그 자신을 대상으로서 다룰 수 있는 인간의 특수한 능력을 가리킨다. 그러나 이러한 일은 철학자들이 철학적 인간학을 해나가는 동안에만, 또는 과학자들이 사회학이나 심리학(등)을 해나가는 동안에만 일어나는 것은 아니다. 자기 의식은 모든 사람에게서 언제나 발견되는 그리고 우리가 매우 자주 사용하는 그러한 인간 지식의 차원이요 성질이다. 예를 들어 우리가 치통을 앓고 있다고 하자. 우리는 이때 우리의 병을 문제삼고 있지만은 않다. 우리는 (다른 동물들처럼) 그 고통을 느끼고 있는 것이다. 그리고 우리는 우리의 상태를 면밀하게 검토한다. 그리하여 우리는 어느 이가 아픈지를 스스로 묻는다. 그리고 그 고통의 원인이 무엇인지, 그리고 치료책이 있는지를 묻는다. 이러한 절차는 간단한 생물학적 문제로부터 고도의 정신적 문제에 이르기까지, 모든 문제에 대해서 해당된다.

  자아 의식은 부분적인 것일 수도 또 전체적인 것일 수도 있다. 즉 그것은 우리 존재의 어떤 측면이나 우리의 어떤 활동을 면밀하게 음미할 수도 있고, 우리의 존재 전체를 다룰 수도 있다. 우리의 존재 전체에 대해서 우리는 암묵리의 의식과 명백한 의식을 갖고 있다. 암묵리의 의식은 언제나 혼란된 것이고 부정확한 것이다. 후자는 점점 풍요화되어서 어느 시점에 이르러서는 우리는 우리 자신이 무한자에로 나아가는 한 가능성임을 알아차리게 된다.

이러한 특수한 능력은 인간 지식이 도달할 수 있는 최고도의 투명성과 정신성을 나타낸다. 사실 보편적 지식처럼, 자아 의식도 고도의 정신적 작용인 것이다. 각기 상이한 사조와 상이한 역사적 시기에 속한 많은 철학자들이, 자아 의식—단지 흄이 생각했던 것처럼 미세한 원자적 지각들의 연합으로 생각되지 않고 진정한 성찰의 능력으로서 생각되는—은 비물리적인 행위임을 인정하였던 것이다. 그리고 실제로 그것은 맞다. 만일 자기 의식이 그 자신의 작용과 그 자신의 존재에로 돌아와서 그것을 직접적으로 고찰한다면, 그러한 일은 자기 이해 작용이 전적으로 투명하다는 것을 의미하는데, 이러한 것은 곧 정신의 특성인 것이다. [19]

그런데 자아 의식의 범위는 어디까지인가? 그것은 인간에 있어서 어떤 것을 지시하는가? 우리가 자기 의식을 체계적으로 반성해 볼 때 우리는 우리의 존재에 대한 어떤 정보를 거기에서 얻는가?

우리의 존재의 규정에 대한 가장 중요한 성과들은 다음과 같다.

—인간은 자기 의식적 존재이다. 즉 인간은 그 자신을 생각하는 존재이다(데카르트, 피히테, 테야르 드 샤르댕, 쇼넨베르크[Schoonen-

---

19) 토마스 아퀴나스는 그의 《명제 주석서》(*Commentary to the Sentences*)에서, 지성적 원리의 정신적(영적) 성격은 다음과 같은 것에서 나타난다고 말하였다. "지성은 그 자신을 인식하며, 또 스스로 그의 활동이 신체 기관을 통해 일어나는 어떤 능력(virtue)에 국한되기 때문에, 아비켄나(Avicenna)에 의하면, 신체 활동을 통해 활동하는 어떤 능력에 있어서, 능력과 그의 대상을 매개해 주는 어떤 기관이 있어야 한다는 것이다. 시력은 눈을 통해 일어날 수 있는 것을 제외하고는 아무것도 알지 못한다. 그러므로 신체 기관이 어떤 능력과 그의 본질 사이에 있을 수 없다면, 신체 기관을 통해 작용하는 어떤 매개적 능력이 그 자신을 인식한다는 것은 불가능하다"(In II *Sent*, 19, 1, 1).

berg]).

　─인간은 신체를 가진 존재이다. 즉 인간은 자신이 신체를 가지고 있음을 안다. 그의 모든 자기 의식적 행위들은 신체를 통해서 이루어진다(바르보틴, 아리스토텔레스, 메를로 퐁티, 마르셀).

　─인간은 사회적 존재이다. 그는 그 자신이 다른 사람과 교섭중에 있음을 안다(부버[M. Buber], 바르보틴).

　─인간은 유한한 존재이다. 그는 그의 "자아"가 존재(자체이신 분)와 일치하지 않음을 안다(과르디니[R. Guardini]).

　─인간에 있어서, 그가 현실적으로 있는 모습과 그가 될 수 있는 모습 사이에는 현격한 차이가 있다. 그는 그가 현재 있는 모습은 그가 그렇게 될 수 있고 또 그렇게 되어야 할 모습의 전체가 아님을 의식하고 있다(하이데거, 블로흐[E. Bloch]).

　─인간은 자유롭다. 그는 그 자신이 그의 존재와 그의 삶과 그의 미래의 주인임을 알고 있다(사르트르).

　─인간은 여전히 제약되어 있는 존재이다. 그는 그의 존재와 그의 행위에 있어서 자연과 사회에 의존해 있다(스피노자, 마르쿠제).

　─인간은 또한 어느 정도로는 소외되어 있다. 그는 그 자신이 마땅히 있어야 할 모습과는 다르다는 것을, 아니 그 모습보다 나쁘다는 것을 느끼고 있다(틸리히[P. Tillich], 하이데거, 불트만[R. Bultmann]).

　─인간은 물질, 시간, 공간, 그리고 세계를 초월해서 무한한 자, 영원한 자, 절대적인 자에로 향해져 있다(플라톤, 아리스토텔레스, 플로티누스, 피히테, 바르보틴, 부버, 헤셸[A. Heschel]).

　결론적으로 우리는 과르디니와 더불어, 자아 의식은 인간 존재의 진실을 알려 주는 자라고 말할 수 있다. 사실 자아 의식은 존재에 확실히 나타나 있음, 존재에 개입하는 행위를 나타내는데, 여기에서 자아 의식의 적극적 본성과 일관성이 나오게 된다. 이것은 우리 자신을 존재 자체와 동일시하는 것을 배척함을 의미한다. 이리하여 투명한 인식은 한편으로는 인간 자신을 존재 자체와 동일시하지 말고 구별해야 한다는

것을, 그리고 다른 한편으로는 인간 자신이 존재 자체로부터 연원해 나
왔다는 것을 보증해 준다. 이에 의해 그 자신에 있어서의 자아의 행위
의 직접적 경험은, 자아의 그 자신 속에 있어서의 또는 그 자신으로부
터의 근본적 기초를 드러내면서, 그 행위 자체의 존재론적 조건을 밝혀
준다. 즉 존재에로 던져진 어떤 것 안에서의 자아의 행위, 즉 자아의
존재 자체와의 비동일성은 피조물의 지시자임을 밝혀 준다는 말이다.

   인간은 자신으로부터 스스로를 성찰하면서, 그 자신에 대해, 그의 자
아가 그의 모든 존재론적 조건에 있어서 근본적으로 "주어져 있는 것"
임을 밝혀 준다.

   이리하여 과르디니는 다음과 같이 말했다. "나는 본질적으로 나인 것
이 아니고 나는 나에게 '주어져 있는' 것이다. 그러므로 나는 나 자신을
받아들였던 것이다. 나의 존재의 원리―존재론적 의미에서의 '원리'가
아니고 그 뿌리와 원인이라는 의미에서, 즉 본질적 의미에서의 원리―
는 나 자신에 속해 있지는 않다. 더구나 나는 앞의 문제에 관련된 결단
의 필요없이 단순히 존재하지는 않았다. 그러한 충족성과 결정은 다만
신 안에서만 있다. 그러므로 나의 존재의 원리에는 어떤 창시적 요인
이, 즉 나를 나 자신에게 준 어떤 분이 속해 있는 것이다. 즉 절대적으
로, 그리고 특정한 방식으로 말이다. 즉 단지 인간으로서 나를 준 것이
아니라, 이 민족에 이 시대에 이러한 유행에 이러한 기질에 속해 있는
이 인간으로서 나를 (나 자신에게) 준 어떤 분이 말이다. 다시 말해 일
회적으로 내 안에서만 주어져 있는 저 궁극적 규정들에 이르기까지, 즉
나를 나 자신으로 만든 이 특수한 모습, 그리하여 내가 행하는 일체의
것 안에서 내 자신을 인식하고 나의 이름 안에서 표현되는 그 특수한
모습에 이르기까지 나를 (나 자신에게) 준 어떤 분이 나의 존재의 원리
에 속한다는 것이다. "[20]

---

20) R. Guardini, *Die Annahme seinern selbst* (*How I Accept Myself*), (Würzburg:
     Werkbund, 1960), 11면.

2. 객관성

지난 수십 년 동안에 지식의 객관성 또는 비객관성에 대해 많은 논의가 행해졌는데, 그 논의들은 종종 다음 두 가지의 서로 다른 것들을 혼동하였다. 그 두 가지 중 첫째 것은 지식의 타당성의 기준의 의미에서의 객관성인데, 이 경우에는 객관성이란 명백성, 정확성 그리고 검증가능성을 의미한다. 그리고 두번째 것은 주관으로부터 떨어져서 (초연적인 입장에서) 대상 자체를 인식하려는, 지성적 지식의 경향으로 이해되는 객관성이다.

첫번째 의미의 객관성은 특정한 유형의 지식의 무리에만 적용되는데, 이러한 지식은 실험 과학과 수학의 영역에서만 성립한다. 종교적 지식(신에 관한 지식)과 형이상학적 지식은 이러한 관점에서는 객관적 지식으로 간주될 수가 없다.

두번째 의미의 객관성은 어떤 인식 내용으로부터도—즉 그것이 물질적인 것이든 비물질적인 것이든, 주관 외의 것이든 주관 내의 것이든 간에—얻어질 수 있는 것이다.

앞에서 우리는 지식이 지향적 성격을 갖고 있음을 증명하였다. 즉 우리의 인식은 마음의 인상들이나 상태들에 향해 있지 않고 대상 자체에 향해져 있는 것이다. 그러므로 지향성을 인정함으로써, 우리는 또한 우리의 지식의 객관성도 시인한 셈이다. 그러나 지향성이라는 것 안에는 객관성이 다만 암묵리에 나타나 있다는 것을 말해 둘 필요가 있다. 즉 거기에서는 객관성이 막연한 체험의 수준에 머물러 있어, 분명한 주제로 되지는 못하였다. 객관성이 분명히 드러나기 위해서는 대상을 주관으로부터 분리시키고 그것을 실제로 주관 앞에 놓여진 객관으로 되게해주는 어떤 행위가 필요하다. 지성적 지식만이 이러한 분리 작용을 할수가 있고 주관과 객관간의 구별을 할 수가 있다. 인간만이 객관화의 능력을 가진다.

동물은 그러한 능력을 갖지 못한다. 그들은 반성적 지식 즉 자기 의식을 갖지 못하듯이, 그들 자신과 그들이 지각하는 대상을 떼어 놓아서, 대상을 객관화시키고 그것을 객관적으로 볼 수 있는 능력도 갖고 있지 못한다. "동물은 어떠한 '대상'도 갖고 있지 않다. 즉 동물의 삶은 그의 환경에 몰아적(沒我的)으로 빠져들어 있어서, 그 환경을 마치 달팽이가 자기 집을 짊어지고 다니듯이 그가 어디로 가든지 언제나 자기의 불변의 구조물로서 갖고 다니되, 이 환경을 대상화할 수는 없다. 인간 특유의 다음과 같은 일, 즉 사물을 멀찍이 떼어 놓고서 바라본다는 것, 그리고 '환경'을 (자신의 생명 작용과) 분리시켜서 '세계'로 만든다는 것, 이러한 일을 동물은 해낼 수가 없고, 또한 감정과 충동에 둘러싸여 있는 저항 중심체를 '대상'으로 변화시킬 수도 없다. …동물은 그의 생명적 상태에 상응하는 생명적 현실에 또는 그 현실 속에 너무나도 밀착되어 있으므로 이 생명적 현실을 객관화해서 파악할 수 없다고 나는 말하고자 한다."[21]

객관성과 자기 의식은 지성적 지식에만 있는 특성들이다. 그리고 또한 객관성과 자기 의식을 주제적으로 파악할 수 있는 능력도 지성적 지식에만 있는 능력이다.

(자기 의식 외에) 객관성에도 정신성―그것이 지식의 정신성이든 그 지식을 가지는 존재의 정신성이든간에―의 뚜렷한 표지가 나타나 있다. 그리하여 셸러는 다음과 같이 잘 해명해 주고 있다. "정신은 객관성의 능력, 즉 사물의 성질 자체에 의해 규정될 수 있는 능력이다. 온전한 객관성의 능력이 있는 생명체만이 정신을 가지고 있다. 좀더 분명히 말한다면, 그의 바깥에 있는 사물과 또한 그 자신과 교섭함에 있어서 원칙적으로 (그의 지능까지도 포함해서) 동물과 그 행동 방식이 정반대인 자만이 정신의 담지자가 될 수 있다. …동물의 경우에는―그것이 고등 동물이든 하등 동물이든간에―그것이 수행하는 모든 행동과 모든 반응―나아가서 그의 '지능적인' 행동조차도―은 그의 신경 계통

21) M. Scheler, *Man's Place in Nature*, tr. eng., (Boston: Beacon Press, 1961), 39면.

의 생리적 상태—여기에는 물론 심적 측면에서 본능, 충동 및 감각적 지각이 속해 있다—로부터 출발한다(시작된다). 본능과 충동에 대해서 흥미가 없는 것(중요하지 않은 것)은 아예 주어지지 않고, 또한 주어져 있는 것도 동물에게는 다만 그의 원망이나 혐오에 관련된 저항 중심체로서만 주어져 있다. 그러므로 그의 환경에 대해서 동물이 행하는 행동의 드라마의 제1막은 언제나 생리적·심적 상태에서 출발한다. 이때 환경의 구조는 동물의 생리학적 특성에, 그리고 간접적으로는 그의 형태학적 특성에, 나아가서 정확한 기능적 통일성을 이루고 있는 그의 충동 구조 및 감관 구조에, 정확하고 완전하게 딱 맞추어져 있다. 그리하여 동물이 그의 환경으로부터 식별하고 파악할 수 있는 일체의 것은 그의 환경 구조의 확실히 정해져 있는 울타리의 한계 안에 있다. 동물의 행동의 드라마의 제2막은 그의 반응(행동)에 의해서 그의 주도적인 충동의 목표를 향하여 환경을 실제로 변경시키는 어떤 조치이다. 제3막은 그와 함께 변경된 생리적·심리적 상태이다.… 그러나 정신을 가진 존재의 경우는 이와는 전혀 다른 것이다. 그러한 존재는 (그가 자신의 정신을 사용할 때는 또는 사용하는 한에서는) 앞서의 것과는 정반대되는 형식의 행동을 할 수 있다. 이 새로운 드라마 즉 인간의 드라마의 제1막은 다음과 같다. 즉 그의 행동은 대상으로 높여진 직관적·표상적 복합체의 순수한 내용에 의해서 '동기지어지게' 되는데, 이러한 것은 원칙적으로 인간의 신체 기관의 생리적·심리적 상태로부터 독립해서, 또한 그의 시각적·청각적 영역 안에 나타나 있는, 충동 체계에 의해 규정되는 환경 내의 감성적 외면으로부터 독립해서 이루어진다. 그 드라마의 제2막은 인격적 중심에서 나오는, 충동의 자유로운 억제 또는 억제되었던 충동(및 이에 상응한 반응)의 해방이다. 제3막은 한 사실의 대상성을 독자적 가치를 지닌 것으로서 그리고 궁극적인 것으로서 체험함으로써, 그것을 변경시키는 일이다. 그러한 행동의 형식은 원칙적으로 환경의 구속을 떨쳐 버린 '세계 개방성'의 형식이다.… 이러한 행동은 일단 본질 구조상으로 나타나면, 그 본성상 무한히 확장될 수가

있다. 즉 그것은 현전하는 사물들의 '세계'가 펼쳐져 있는 한도까지 확
장될 수가 있다. 이처럼 인간은 무제한하게 세계 개방적으로 행동할 수
있는 존재이다. 그리고 인간이 된다는 것은 정신의 힘으로 세계 개방성
에로까지 높여진다는 것이다. "[22]

이러한 무한한 가능성은 인간의 위대한 가능성이다. 그러나 우리는
여기에서, "정신"의 세계—이것만이 그러한 무한한 개방성을 가능하게
해줄 수 있다—에는 결코 도달할 수 없는 한낱 비현실적인 가능성을 말
하고 있는 것일까? 또는 우리는 가능한 가능성 앞에 직면해 있는 것일
까? 이 물음에 대해서 셸러는 인간은 신의 병든 동물이어서 신만이 치
료해 줄 수 있는 자라고 응답한다. 그것은 타당한 제안으로서 우리는
이 책의 제 2 부에서 그것을 본격적으로 다루게 될 것이다.

✤ 참고문헌

Fabro, C., *L'anima* (*The Soul*), Rome: Stadium, 1955; Merleau-Ponty, M., *The Phenomenology of Perception*, tr. eng., M. London: Routledge & Kegan Paul, 1962; Penati, G.C., *L'anima* (*The Soul*), Brescia: La Scuola, 1983; Polanyi, M., *Personal Knowledge*. London: Routledge, 1960; Ryle, G., *Lo spirito come comportamento* (*The Spirit as Behaviour*), tr. it., Turin: Einaudi, 1953; Sartre, J.P., *L'être et le néant* (*Being and Nothingness*), Paris: Gallimard, 1943; Sartre, J.P., *La transcendence de l'Ego. Esquisse d'une description phénoménologique* (*The Transcendence of the Ego. Exposition of a Phenomenological Description*), Paris: Vrin, 1966; Scheler, M., *Man's Place in Nature*, tr. eng., Boston: Beacon Press, 1961.

---

22) 같은 책, 37~39면.

제 4 장

자유

인간은 모든 생물과 더불어 생명을 공유하고 있다. 즉 그는 동물과 더불어 감각적 지식, 그리고 그 자신의 필요와 근본적 욕망에 부응하는 사물들에 대한 본능적 경향을 공유하고 있다.

인간은 인식적 차원에서, 그를 (세계에 대해서나 그 자신에 대해서나) 전면적으로 개방적이게끔 해주는 지성에 의하여 동물 및 다른 하등 존재와 구별되고 욕구적 차원에서는 그로 하여금 개방적 입장에서 자신의 존재의 실현을 위해 보다 적합하다고 생각하는 것을 자유롭게 선택하게 해주는 의지 능력에 의하여 동물 및 다른 하등 존재와 구별된다.

인간은 지성적 존재임을 넘어서 또한 매우 자유로운 존재이다. 그러므로 자유는 인간의 우수성과 고귀성을 나타내는 또 하나의 명칭이며, 인간의 신비를 들여다보게 하는(그렇게 함으로써 인간에 대한 보다 올바르고 보다 완전하고 보다 적절한 이해를 얻기 위해서) 또 하나의 커다란 창인 셈이다.

1. 자유 문제의 영속성

자유가 인간의 특권이요 근본적 성질이라는 일견상의 명백한 증거에

도 불구하고, 자유 문제는 실천적 영역에서나 이론적 영역에서나 언제
나 중대하고 복잡한 문제가 되어 왔다. 그것이 실천적 영역에서 복잡한
문제로 되었다는 것은 종종 외적 상황들, 즉 사회적·경제적·정치적·
문화적 사정들이 실제로 자유라는 이름과 권리에 합당한 것이 되지 못
해서, 그 안에 있는 개인적 인간이 자유를 행사할 수 없는 수가 많기
때문이다. 과거에도 현재의 이 순간에도 세계의 많은 곳에서(동에서도
서에서도), 그리고 사회주의 국가나 자본주의 국가를 막론하고, 많은
사람들을 속박하는 억압적인 정치적·사회적·경제적 상황이 존재한다.
그런데 자유 문제는 이론적 영역에서도 언제나 민감한 문제였었다. 사
실 선택의 자유(곧 자유 의지)라는 것은, 엄격한 결정론적 성격을 갖는
자연 법칙에 위배되기 때문에 순수 자의적인 것이요 심지어 불합리한
것이기도 한 것처럼 보인다. 그런데 만일 (오늘날 대부분의 과학자와
철학자가 생각하고 있듯이) 인간이 진화론이 설명하고 있는 식으로 자
연의 문제로 된다면, 우리에게 자유로움의 인상을 주는 의식의 증언에
도 불구하고 자유는 한낱 환상이라는 결론을 내리지 않을 수 없다는 것
은 분명하다. 이러한 이유로 실제적 (즉 정치적·사회적·경제적) 영역
에서는 모든 형태의 압제가 사라졌을 때에도 철학적 차원에서는 자유
문제가 언제나 남아 있게 될 것이다. 그러므로 윌리엄 제임스가 다음과
같이 말했을 때 그는 정당하였다. "자유 의지의 문제에 대해서는 이미
오래 전에 말할 수 있는 것은 다 말해졌으며, 따라서 어떤 새로운 논자
도 이미 우리 모두가 들어 왔던 낡은 논의를 재탕하는 것 이상의 일은
할 수 없다는 견해가 오늘날 일반화되어 있다. 그러나 그것은 전적으로
잘못된 생각이다. 사실 나로서는 이 주제보다 덜 낡아빠진 주제를 알지
못한다. 즉 이 주제보다 더 새로운 지반을 개척하고 나아가서 의지 자
유론과 결정론간의 논쟁이 진정으로 무엇인지, 숙명과 자유 의지가 무
엇인지에 대한 우리의 이해를 깊게 할 더 유리한 가능성을 가진 주제를
알지 못한다."[1]

1) W. James, *The Dilemma of Determinism*; C. Lamont, *Freedom of Choice Affirmed*

그러나 주제에 대한 본격적 논의에 들어가기에 앞서, 먼저 자유라는
개념의 정의에 관해서 합의해 두는 것이 좋을 것이다. 일반적으로 "자
유"라는 개념은 "강제의 결여"를 의미하는 것으로 생각된다(스콜라 철
학자들이 그렇게 말하였다). 그런데 이 경우 강제는 여러 가지 원인에
서 나온 것일 수 있는데, 이러한 원인의 다양성으로부터 여러 가지 형
태의 자유가 구별되어 나온다. 그 중 가장 중요한 것들은 신체적 자유
(신체적 강제로부터의 해방), 도덕적 자유(포상, 처벌, 법, 협박 등처
럼 도덕적 질서를 억압하는 힘들의 강제로부터의 해방), 심리적 자유
(의지로 하여금 특정한 방식으로 행동하게끔 하는 다른 정신 능력—지
성이나 정열 등—의 의지에 미치는 압력으로부터의 해방), 정치적 자
유(정치적 압제로부터의 해방), 사회적 자유(사회적 결정으로부터의 해
방) 등이다.[2]

심리적 자유는 보다 정확히 정의해서 행동의 조건은 다 갖추어져 있
지만, 어떤 일을 하는 쪽 또는 하지 않는 쪽을 선택할 수 있는 인간의
능력이라 할 수 있다. 그것은 의지가 여러 가지의 가능한 것들 중의 어
느 하나를 선택할 수 있는 능력을 가짐으로써 상황을 통제할 수 있음을
가리킨다. 우리는 이번 장에서는 모든 다른 형태의 자유의 기초가 되는
이 자유를 다루게 될 것이다.

2. 자유 문제의 역사

그리스 철학은 자유 문제에 대해서는 많은 다른 근본적 문제들에 대
해서처럼 중요한 해답을 제시하지 못했다고 가끔 사람들은 말해 왔다.
이리하여 도뎅(H. Daudin)은 다음과 같이 말하였다. "철학사 전체를 개
관해 볼 때, 어떤 문제들은 철학의 초기부터 그리고 모든 시대에 걸쳐

(Boston: Beacon Press, 1969), 15면에서 재인용.
2) C. Gurvitch, *Determinismi sociali e libertà umana* (*Social Determinisms and Human Freedom*), tr. it., (Rome: Città Nuova, 1974) 참조.

서 철학의 연구 대상이 되어 왔음을 알 수 있다. 개념 철학의 근원으로서의 감각적 지식의 진실성 문제라든가, 도덕의 근원으로서의 인간적 삶의 방향 문제 (Gorgias) 등이 그러하였다. 그러나 의지의 자유의 문제는 그렇지 않았으니, 이 문제는 고대 말기의, 그리고 중세 전체의 그리스도교 철학에서는 다루어지지 않았던 것이다. 그런데 근대에 와서는 자유 문제가 점유하는 영역은 끊임없이 확대되고 있다. 그 반면에 그것을 해결하려는 시도들은 점점 다양하게 되고 심지어 서로 상충되어 가고 있다. "3)

그리스 사상가들이 자유 문제를 만족하게 다룰 수 없었던 세 가지 중요한 이유가 있다. 첫째로는 그리스 사상은 모든 것을 인간보다도 그리고 신보다도 우월한 절대적 의지 또는 운명, 즉 의식적으로 또는 무의식적으로 인간의 행동을 규정하는 그러한 운명에 종속되어 있는 것으로 생각했기 때문이다. 이런 까닭으로 인간은 그들의 행동에 대한 책임으로부터 면제되어 있다. 메넬라오스(Menelaos)는 헬레네(Helene)를 용서하였다. 왜냐하면 그녀는 운명에 의하여 파리스(Paris)의 매력에 홀리도록 강제되었기 때문이었다. 둘째로는 그리스적 사고 방식에 의하면, 인간은 자연의 일부를 이루고 있으며 따라서 모든 자연을 지배하는 일반적 법칙에 종속되어 있으므로 이러한 자연 법칙과 달리 행동할 수는 없기 때문이다. 셋째로는 인간은 역사의 강력한 영향에 종속되어 있는데, 역사란 그리스인들의 사고 방식에 의하면 순환 운동으로서 모든 것이 거기서는 주기적으로 반복되는 것이었기 때문이다.

자유 문제는 중세의 그리스도교 시대중에 새로운 차원을 갖게 되고 큰 관심을 불러일으켰다. 따라서 이 그리스도교 세계에서는 운명이라는 것은 더 이상 존재하지 않게 되고 그 대신 섭리하는 그리고 사랑하는 아버지로서의 신이 등장하게 되었다. 자연과 역사가 이제 더 이상 인간 위에 군림할 수는 없고 오히려 인간에 봉사하는 처지로 된다. 이리하여

---

3) H. Daudin, *La liberté de la volonté* (*The Freedom of the Will*), (Paris: Presse Universitaire de France, 1950).

아우구스티누스는 "인간 안에는 의지의 자유로운 선택 능력이 존재한다
는 것을 우리에게 계시해 주는 성서의 신이 존재한다"고 선언하였던 것
이다. 4)

그런데 2000년에 걸친 자유에 관한 그리스도교적 철학적 성찰에서,
이 문제는 언제나 같은 방식으로 다루어진 것도 아니었고 또 항상 동일
한 해결책이 나온 것도 아니었다.

교부 시대와 중세 시대 중에 이 문제는 신 중심적 입장에서 고려되었
다. 자유는 무엇보다도 인간과 신간의 관계의 문제였고, 따라서 이러한
관점에서 다음과 같은 물음이 제기되었다. 왜 신은 인간을 자유롭도록
창조하였는가? 인간이 이 (자유라는) 선물을 남용할 것을 알면서도 말
이다(아우구스티누스). 신이 모든 것의 원리요 궁극적 원인이라면 인간
이 자유롭다는 것은 어떻게 해서 가능한가?(토마스 아퀴나스)

근대에서 신 중심적 입장은 인간 중심적 입장에 그 지위를 넘겨준다.
인간은 그의 자율을 의식하게 되고, 따라서 자유는 이제는 더 이상 신
과의 관계에서 문제가 되지 않고 다만 인간의 다른 능력들(무엇보다도
정열)과의 관계에서, 또한 사회와의 관계에서 문제가 된다. 근대의 이
러한 자유에 관한 연구로는 스피노자, 데카르트, 흄, 셸링(F.W.J.
Schelling), 프로이트 등의 연구가 있고 그 밖의 많은 다른 학자들의 정
열에 대한 연구들이 있다. 개인과 사회의 관계에 대한 연구로는 마르크
스(K. Marx), 콩트(A. Comte), 밀(J.S. Mill) 등의 연구가 있다.

현대에는 사회화 현상과 이것이 초래한 결과들이 자유를 무엇보다도
사회적 관점에서 고찰하도록 하였다. 그래서 오늘날의 문제는 다음과
같다. 우리는 오늘날의 사회 안에서 어떤 방법으로 아직도 자유로울 수
있는가? 즉 정치적 제도, 통신 수단, 기술의 산물 등이 모두 강력한
억압의 수단으로 되어 버린 오늘날의 사회 안에서 말이다. 자유는 오늘
날 더 이상 세계 밖의 어떤 힘이나 인간 안의 어떤 힘에 의해 위협받지

---

4) *De gratia et libero arbitrio* (*On Grace and Free Will*), c. 2; PL 44, 882.

않고 인간 자신에 의해 만들어진 인간적·사회적 힘—이것이 오늘날 인간 자신에 거슬리게 된다—에 의해 위협받게 된다. 오늘날 문제는 진보와 자유를 조화시킬 길을 찾아내는 것이다.

3. 중요한 해결책들

여기에서 우리는 오랜 시기에 걸쳐 자유의 문제에 대해 제시되어 왔던 가장 중요한 해결책들을 대략적으로 살펴보기로 한다.

무엇보다도 인간이 자유롭다는 사실 자체를 부정하는 결정론적 해결책이 있다.

결정론은 여러 가지 방법으로 정당화될 수 있는데, 그 논거는 인간의 본성 자체에 본유적인 것이거나 또는 그것과는 관계 없는, 말하자면 외면적인 것이다. 이러한 이유로 결정론의 두 가지 형태 즉 외면적 결정론과 본유적 결정론이 있게 된다. 그러나 이 두 결정론 자체가 여러 가지의 소구분으로 나누어진다.

첫째로 외면적 결정론에는 두 가지 형태가 있다. 그 하나는 신화적 결정론이고 다른 하나는 신학적 결정론이다. 전자는 인간이 자유롭다는 것을 신화적 이유에서 부정한다. 즉 운명, 별, 악령 등등이 인간이 그 자신의 행동의 주인이 되지 못하게 방해한다. 이것은 그리스 철학의, 그리고 몇몇 중세 사상가들의 결정론이다. 후자는 인간이 자유롭다는 것을 신학적 이유에서 부정한다. 즉 신의 전능함이 인간의 자유의 행사를 위한 여지를 남겨 두지 않는다는 것이다. 이것은 이슬람교와 개신교 신학의 입장이다.

본유적 결정론에는 네 가지 형태가 있다. 즉 생리학적 결정론(이것은 롬브로소[C. Lombroso]와 많은 근대 과학자들에 의해 옹호되는 입장인데, 의지의 활동을 인간 신체의 조직 세포들간의 어떤 화학적 조합에 대한 단순한 반응으로 본다), 사회학적 결정론(이것은 구조주의자들, 마르쿠제, 그 밖의 많은 사람들에 의해 주장되는 입장인데, 이에 의하면 인간의 행동은 사회로부터 개인에 행사되는 압력에 의해 결정된다는 것이다), 심리학적 결정론(이것은 라이프니츠, 프로이트 등에 의해 옹호되는 입장인데, 라이프니츠, 소크라테스, 플라톤에 의하면 의지 작용은 전적으로 지성 및 그의 지식에 의해 규정된다는 것이다. 그리고 프로이트에 의하면 의지 작용은 무의식의 본능에 의해 결정된다고 한다), 형이상학적 결정론(이것은 스피노자와 쇼펜하우어[A. Schopenhauer]에 의해 확정된 것으로서, 인간 의지를 절대적 의지 또는 신적 실체의 한 운동 또는 한 양태로만 해석한다) 등이 있다.

이와 반대로 비결정론적 해결책은 인간의 자유를 긍정한다. 그러나 이러한 입장에도 몇 가지 종류가 있다.

인간이 자유롭다는 사실의 증명 가능성에 관한 인식론적 문제에는 요청적 입장과 단언적 입장이 있다. 요청적 입장은 칸트의 입장으로서, 인간은 확실히 자유롭지만 이 사실을 이론적으로 증명할 수는 없다고 주장한다. 단언적 입장은 아리스토텔레스, 테르툴리아누스(Tertullianus), 아우구스티누스, 안셀무스(Anselmus), 토마스 아퀴나스, 로크(J. Locke)의 입장으로서, 인간은 자유롭고 나아가서 이것은 결정적인 증거를 제시할 수 있는 진리라고 주장한다.

존재론적 영역 즉 인간의 자유와 그의 깊은 본성간의 관계에 관한 문제에 있어서도, 두 가지 입장이 있다. 그 하나는 대부분의 사상가들이 지지하는 것으로서, 자유는 인간의 본질적 성질이라고 주장한다. 다른 하나는 데카르트에 의해 제안되고 사르트르에 의해 옹호되는 입장으로서, 자유는 그 자체로 인간 본성의 본질이라고 주장한다.

4. 자유의 존재

나의 생각으로는 앞에서 제시한 여러 해결 방안들 중 가장 믿을 만한 것은 인간은 자유롭지만 그럼에도 불구하고 자유는, 비록 그것이 인간 본성의 한 부분을 이루기는 하지만 결코 인간 본성 자체와 동일시될 수 없다고 하는 해결 방안이라고 여겨진다.

인간의 행위에 있어서 자유의 존재를 증명하기 위해서 우리는 많은 논거를 댈 수 있다. 사실 철학사에서 이 많은 논거들이 채용되었었다. 어떤 사상가들은 의식의 증언을 끌어대었는데, 이에 의하면 우리는 행위를 자유롭게 시작할 수 있고, 또 그것을 자유롭게 중단할 수 있으며, 일단 행위가 이루어지면 그것에 대해 책임이 있다는 것이다. 또 어떤 사상가들은 인간 존재의 지성적 본질을 끌어대는데, 이에 의하면 인간은 사물을 어느 정도 지배할 수 있으며, 또 이 사물들이 그에게 제시하는 갖가지 가능성들을 어느 정도 지배할 수 있다는 것이다. 마지막으로, 또 어떤 사상가들은 자유의 부정이 초래할 불합리하고 파국적인 결과를 그 논거로 끌어댄다.

자유의 존재를 주장하는 가장 설득력 있고 역사적으로 가장 중요한 문헌으로서, 나는 오리게네스(Origenes), 토마스 아퀴나스, 데카르트, 칸트, 헤겔, 사르트르의 저술을 인증하고자 한다.

오리게네스는 자유[5]에 관한 논저를 쓴 (그리스도교 세계에서 뿐만 아니라 전세계에서) 최초의 저술가들 중의 하나였다. 그리고 "오리게네스가 《원리론》에서 우리에게 남겨 준 자유 의지론은 그리스도교적 고대가 우리에게 남겨 준 가장 체계적이고 가장 심오한 논저이다."[6] 오리게네스에게 이 문제는 근본적인 것이었다. 왜냐하면 "그의 모든 우주론적이고 인간학적인 개념들은 그노시스학파의 결정론과는 반대로, 자유로운 존재자에 의해 내려지는 자유로운 선택에 의거해 있기 때문이다."[7] 그런데 이러한 것은 인류의 역사에 대해서 뿐만 아니라 우주 전체에 대해서도 중요한 결과를 초래하였다.

오리게네스에 의하면 자유 의지는 이성적 존재자의 본성 자체를 이루

---

5) 《원리론》(De principiis) 제 3 권 제 1 부 전체가 그것에 대한 것이다.

6) M. Simonetti, in Origene, I principi (Origen, The Principles), tr. it., (Turin: UTET, 1968), 364면, note 1.

7) 같은 책, 364면.

는데, 이에 의하면 이 이성적 존재자들 중 그 누구도 강제에 의해 행위하도록 강요될 수는 없다. "이들 정신들이나 영혼들(또는 이 이성적 존재를 그 밖의 무엇이라고 부르든간에) 중 그 누구도 강제에 의해서나 그들의 자유 의지에 반해서 그들의 의도와 달리 행위할 수는 없다. 그렇지 않다면 그들은 그들의 본성으로부터 멀어지게 될 것이다."[8] 오리게네스는 계속해서 다음과 같이 말한다. "창조주는 그에 의해서 창조된 지성적 존재자들에게, 그들이 그들 자신의 선을 행하고 그것을 그들 자신의 의지로 보존하도록 하기 위해 자의적이고 자유로운 행위 능력을 부여하였다. 그러나 선을 보존하는 데 있어서 태만이나 나태와 그리고 보다 좋은 것들에 대한 혐오나 부주의는 선으로부터 떨어져 나가는 출발점이 된다. 그리고 선으로부터의 분리는 악으로 빠지는 것 이외의 다른 것이 아니다. 왜냐하면 악은 선의 결여이기 때문이다."[9]

오리게네스에 의하면 창조 작용에서는 모두가 동일한 완전성을 부여받았던 이성적 존재자들의 차별성은 자유 의지의 사용에 달려 있다고 한다. 그러한 차별화로부터 신적 지혜는 우주의 질서를 끌어내었다. 사실 "우주의 창조주이신 신은 선하고, 의롭고, 전능하다. 그가 그 자신이 창조하고자 했던 것, 즉 이성적 존재자들을 그의 권능으로 창조하였을 때(창세기 1:1), 그는 그 자신 즉 그의 선함 외에는 다른 어떤 창조의 동기도 갖지 않았던 것이다. 그리고 그 분은 그가 창조해야만 했던 것의 원인이고, 또 그의 안에는 변화의 가능성도 또 능력의 제한성도 없으므로, 그는 그가 창조한 모든 것을 동등하게 그리고 유사하게 창조하였다. 사실 그의 안에는 변화와 다양의 원인은 존재하지 않는다. 그러나 이성적 존재자에게는 자유 의지가 부여되어 있으므로, 의지와 자유는 그들 모두를 신을 모방함으로써 진보하게끔, 또는 그러한 일을 게을리함으로써 퇴보하게끔 몰아 간다. 바로 이러한 것이 (앞에서 이미 말했듯이) 이성적 존재자들에 있어서 차별성의 원인인데, 그것은 창조

8) 같은 책, 235~236면.
9) 같은 책, 318면.

자의 의지나 판단에서 나오는 것이 아니고 우리들 각자의 자유 의지에서 나오는 것이다."[10]

오리게네스 이래로 자유 문제는 언제나 그리스도교 사상가들의 철학적 반성의 중심에 놓여 있었다. 니사의 그레고리우스(Gregorius), 성 바질(Saint Basil), 성 아우구스티누스, 성 안셀무스, 그리고 다른 누구보다도 성 토마스 아퀴나스는 모두 이 자유 사상을 특별한 방식으로 그리고 독창적 관점에서 다루었다. 토마스 아퀴나스에 관해서 말한다면, 그는—그의 모든 주요 저작에 있어서 그리고 특히 그의 두 논문, 즉 "능력론"(De potentia)과 "악론"(De malo)에 있어서—자유의 존재와 자유의 본성 문제를 다루었던 것이다.

자유의 존재에 관해서 그는 무엇보다도 (이미 오리게네스와 알렉산드리아의 클레멘스[Clemens]에 의해 말해졌으며 이따금 아우구스티누스에 의해서도 인증되는) 자유의 부정이 초래하는 불합리한 결과들을 논한다. 인간 의지가 필연에 의해서 행위에로 나아간다고 말하는 자들과는 반대로 토마스 아퀴나스는 다음과 같이 말한다. "이러한 견해는 철학 외부에 있는 사람들의 것이다. 왜냐하면 그것은 신앙에 반할 뿐 아니라 도덕 철학의 모든 원리들을 뒤집어 엎기 때문이다. 실제로 만일 우리가 필연적으로 행위하는 것이라면, 숙고, 권면(勸勉), 명령, 칭찬, 비난 등은 무효화될 것인데, 이러한 것들은 도덕 철학이 존재하는 이유가 되는 것들이다. 도덕 철학이 전제로 하는 원리들을 무효화하는 그러한 견해들은 외적 입장이라고 불리어진다. 마치 아무것도 움직이지 않는다는 언명이 자연 철학의 기초를 파괴함으로써 외적 입장이라고 불리어지듯이 말이다."[11] 인간의 행위가 별에 의해 결정된다고 말하는 자들에 대해서, 토마스 아퀴나스는 다음과 같은 매우 예리한 말을 한다. "어떠한 능력도 그것이 어떤 소용을 갖지 않는 한, 어떤 사물에 주어져 있지 않다. 그런데 인간은 그에 의해 행해지는 모든 것들—그것이 외적인 사

10) 같은 책, 324~325면.
11) De malo, c. 6.

물들을 사용하는 것이거나 내적인 정열들을 품는 것 또는 물리치는 것
이건간에―에 관해 숙고하고 판단할 능력을 갖고 있다. 그런데 이러한
일은 만일 우리의 선택 작용이 우리의 통제를 벗어나 있는 천체에 의해
일어나는 것이라면 전혀 쓸모없을 것이다. 그러므로 천체가 우리의 선
택 행위의 원인이 될 수는 없다."[12] 그러나 성 토마스가 인간 행위의
결정에 있어서 자유의 존재를 정당화하는 가장 깊은 이유는 다른 것으
로서, 그 근거에 그가 주목하게 된, 그리하여 결국 그가 물리치게 된
사물들의 한계와 소멸을 평가할 인간의 능력을 갖고 있다. 여기에 그의
훌륭한 논변을 소개한다. "인간은 필연에 의해 선택하지는 않는다. 그
리고 이것은 존재하지 않을 수 있는 것은 필연적으로 존재하지는 않기
때문이다. 그런데 선택하지 않을 수도 또 선택할 수도 있는 이유는 인
간에 있어서의 이중의 능력으로부터 추정된다. 왜냐하면 인간은 의지할
수도 또 의지하지 않을 수도 있으며, 행위할 수도 또 행위하지 않을 수
도 있기 때문이다. 또한 인간은 이것을 의욕할 수도 또 저것을 의욕할
수도 있으며, 이것을 할 수도 또 저것을 할 수도 있기 때문이다. 이러
한 것에 대한 이유는 이성의 능력 바로 그 안에 있다. 왜냐하면 의지는
이성이 선한 것(좋은 것)으로 파악하는 것을 지향하기 때문이다. 그런
데 이성은 의지하는 것, 행위하는 것을 선으로 파악할 수 있을 뿐 아니
라 의지하지 않는 것, 행위하지 않는 것을 선으로 파악할 수도 있다.
또한 모든 특수적 선에 있어서 이성은 어떤 선의 한 국면과 어떤 선의
결여―이것은 악의 국면을 가진다―를 고려할 수 있다. 그리고 이 점
에서 이성은 특수적 선들 중 어떤 한 선을 선택되어야 할 것으로 또는
피해야 할 것으로 파악한다. 오로지 완전한 선―이것은 행복 자체이다
―만이 이성에 의해 악으로, 또는 어떤 점에서 결여되어 있는 것으로
생각될 수 없는 것이다. 따라서 인간은 필연적으로 행복을 의욕하는 것
이고, 따라서 그는 행복하고자 바라지 않을 수도 없으며 또한 불행하고

---

12) *Contra Gentiles* III, c. 85.

자 욕구할 수도 없다. 그런데 선택은 목적에 관한 것이 아니라 수단에 관한 것이므로 그것은 (행복 자체인) 완전한 선에 관한 것이 아니라 다른 특수적 선들에 관한 것이다. 그러므로 인간은 필연적으로 선택을 하는 것이 아니고 자유롭게 선택을 하는 것이다."[13]

근대 철학의 아버지인 데카르트는 또한 새로운 자유 개념의 아버지이기도 하였다. 그의 철학의 내재론적 전제—즉 나는 생각한다 고로 나는 존재한다는 원리—로 말미암아 자유는 더 이상 선의 선택이 아니라 순수하고 단순한 선택 행위, 즉 개인의 자발적인 자기 규정으로 이해된다. 사실 지식과 사랑과 가치의 객관적 세계가 사라지면서, 의지는 단순한 자발성으로 변전된다. 데카르트에 있어서 자유는 이제 더 이상 (이전의 사상가들에 있어서처럼) 지성과 의지간의 조화로운 협동의 결과가 아니고, 다만 행위하려는, 행동하려는 맹목적 의지의 표현일 따름이다. "행위하라, 행위하라, 행위하라!" 이것은 뒤에 관념론자 피히테 (그는 근대 사상가들 중 자유의 가장 강력한 옹호자 중의 한 사람이었다)의 모토가 되며, 이 명제가 이미 데카르트의 내재주의에 포함되어 있었던 것이다.[14]

확실히 데카르트적 관점에서는 (중세 철학에서보다 더) 자유가 인간 (및 신)의 완전성들의 서열에 있어서 첫번째 것이었다. 그는 그의 《철학 원리론》(*Principles of Philosophy*) 제 1권에서 말하기를, 자유는 인간의 최대의 완전성인데, 그 까닭은 인간의 지성은 유한한 반면에, "광범한 영역을 가진다는 것이 의지의 본성에 속하고, 인간의 총체적 완전성은 의지에 의해—즉 자유롭게—행위함으로써, 그리하여 어떤 특별한 방식으로 그의 행위의 주인이 되고 따라서 그것으로 말미암아 칭찬받을 가치 있는 자로 됨으로써 달성된다"(n. 37).

데카르트에게는 인간이 이러한 완전성을 천부적으로 갖고 있다는 것은 명백한 일이었다. 사실 "우리 안에 있는 자유…에 관해서 말하자

---

13) *S. Theologiae* I/II; q. 13; a. 6.

14) 니체는 행동 의지로부터 권력 의지에로 논리적으로 나아간다.

면, 우리 안에서 그것보다 더 명백하게 그리고 더 완전하게 우리가 이
해할 수 있는 것은 없을 정도로, 그것은 우리에게 명확한 것이다"(n.
41). "우리의 의지에 자유가 있고 또 우리가 많은 것들에 대해 동의할
수도 또 동의하지 않을 수도 있다는 사실은 매우 명백하므로, 그것은
우리 안에 본래 있는 제1의, 그리고 일반적인 관념들 중의 하나라고
간주될 수 있다. 그리고 이러한 사실은, 조금 전에 우리가 일체의 것을
다 의심하고자 했을 경우, 우리가 우리를 창조하신 어떤 강력한 자가
어떻게 해서든지 우리를 속이고자 한다고 생각해 보았을 때, 매우 명백
한 것이었다. 그럼에도 불구하고 우리는 우리 안에 근본적으로 검토된
그리하여 확실한 것들이 아닌 한 믿기를 거부할 자유가 있다는 것을 경
험하였던 것이다. 그리고 그때 의심스럽게 보였던 것들보다, 그 자체에
의해서 더 잘 인식되고 더 잘 통찰되는 것은 아무것도 없다고 하겠다"
(n. 39).

칸트와 더불어 사변적 이성의 대부분의 힘은 무너져 버렸지만 그렇다
고 해서 그것 때문에 자유의 힘이 약화되었던 것은 아니고 오히려 자유
는 사변적 영역에서 상실했던 모든 것을 인간에게 회복시켜 주기까지
하였다. 칸트는 자유를 "그 스스로에게 법칙을 부여할 수 있는 의지의
능력"으로, 그리하여 현상계처럼 필연의 법칙에 종속되지 않는 능력으
로 규정하였다.

칸트의 생각으로는 자유에 대해서는 그 어떤 결정적 증거도 제시될
수 없었다. 왜냐하면 예지계(즉 물자체계)는 이론 이성을 완전히 넘어
선 것이기 때문이다. 현상계와 예지계를 구별하고 자유에 대한 결정적
증거를 제시할 수 있는 것은 실천 이성의 몫이었다. 현상계만이 자연적
필연의 법칙에 종속되어 있고 그 반면에 예지계는 자유의 영역인 것이
다. "자연적 필연─이것은 주체의 자유와 공존할 수 없다─은 시간의
제약 아래에 있는 것들, 따라서 현상적인 것으로서의 행위 주체의 규정
에만 관여한다.… 그러나 다른 한편으로 그 자신을 또한 물자체로서도
의식하고 있는 동일한 행위 주체가 자신의 존재를…시간의 제약 아래

에 있지 않는 것으로서 의식하고, 따라서 자신을 이성 자신에 의해 정해지는 법칙에 따라서 규정되는 자로서 인식하고, 그의 이러한 존재 방식에서는 그에게 있어서 그의 의지의 규정에 선행해 있는 그 어떤 것도 없다는 것을 의식한다. "[15] 그런데 "이성적 존재자로서 그리고 예지계에 속해 있는 자로서, 인간은 그 자신의 의지의 원인을 자유의 이념하에서만 생각할 수밖에 없다. 감각적 세계의 규정된 사물들로부터의 독립성 (우리의 이성은 이것을 그 자신에게 돌리지 않으면 안 된다)이 곧 자유이기 때문이다. 이러한 자유 개념과 밀접하게 관련되어 있는 것이 자율 개념이다. 또 이 자율의 개념에는 보편적인 도덕 원리가 밀접하게 결부되어 있는데, 이러한 보편적 도덕 원리는 마치 자연 법칙이 모든 현상들의 기초에 놓여 있듯이, 이성적 존재자의 일체의 행위들의 기초에 놓여 있는 것이다. "[16]

관념론에서는 그것의 모든 표현 형태에 있어서(즉 피히테의 실천적 관념론에서도, 셸링의 미적 관념론에서도, 또한 헤겔의 논리적 관념론에서도) 자유의 기치가 당당히 나부끼고 있다. 또 관념론자들에게는 (그들의 사고의 독아론적 전제에도 불구하고) 자유의 사회적 차원을 중요시하였다는 공적이 인정된다.

헤겔에 의하면 "자유는 정신의 본질, 다시 말해서 정신 자신의 실체이다. "[17] 그런데 이 위대한 진리는 사실은 그리스도교에 의해서 처음으로 획득된 것이었다. 세계 전체가 이 자유의 관념을 가진 것은 아니었다. 즉 아프리카와 동방 세계는 자유의 관념을 갖지 못하였다. 그리고 그리스인들과 로마인들, 따라서 플라톤과 아리스토텔레스와 스토아 학도들도 자유의 관념을 갖지 못하였다. 그들은 그와 반대로, 인간은 다

---

15) I. Kant, *Critica della ragione practica* (*Critique of Practical Reason*), tr. it., (Bari: Laterza, 1924), 116 면.

16) I. Kant, *Fondamenti della metafisica delle costumi* (*Fundamentals of the Metaphysics of Customs*), tr. it., (Florence: Valecchi, 1925), 116면.

17) G.W.F. Hegel, *Enciclopedia delle scienze filosofiche* (*Encyclopedia of the Philosophical Sciences*), tr. it., (Bari: Laterza, 1951), 442 면 (n. 482).

만 그 출생에 따라서만(즉 아테네인이든가 스파르타인이든가 등등의 시민으로서만) 자유로울 따름이거나, 아니면 성격이나 교양에 의해서 자유롭거나 철학에 의해서 자유롭다고(이리하여 노예도 비록 쇠사슬에 묶여 있기는 하지만 자유로울 수 있다고) 생각하였다. 자유의 관념은 그리스도교에 의해 세계 안에 들어오게 되었는데, 그리스도교에 있어서는 개인 그 자체가 절대적 가치를 갖고 있으며 신의 사랑의 대상으로서 정신적 존재로서의 신과 밀접한 관계를 갖도록 되어 있으며 따라서 이 신의 성령이 그의 안에 머물도록 되어 있다. 즉 인간은 그 자체 완전히 자유롭도록 되어 있는 것이다. [18)]

헤겔에 있어서 자유는 고립된 개인의 추상적 성질일 수는 없었다. 민족 안에서가 아니고서는 자유가 있을 수 없다. 인간에게 있어서 자유는 다만 실체로서의 정신의 발전 과정 내에서, 역사적 제도의 매개에 의해서만 가능하다. "자기 자신을 자유로운 자로 인식하는 실체는…민족의 정신으로서 실재한다. 이러한 정신을 추상적으로 분리시킨 것이 고독한 개인들인데, 정신의 직접적 지배력은 이들의 독립성에 의거한다. 그러나 사고하는 자로서의 개인은 그 실체를 자기 자신의 본질로 인식한다. 개인은 그러한 정신 상태에서는 실체의 한 우유성(偶有性)이기를 중지한다. 한편으로는 그러한 개인은 실재의 최종적이고 절대적인 목표로서의 실체를 이미 성취된 것으로 생각한다. 그리고 다른 한편으로는 그 자신의 활동을 통해 이 최종의 목표를 실현하지만 이 목표는 단지 원래의 그 자신일 따름이다. 이리하여 개인은 선택적 반성 작용 없이 그 자신을 그의 의무로서 실현하게 된다. 그리고 이러한 필연성 내에서 개인은 그 자신을 그의 실재적 자유로서 가지게 된다." [19)]

이렇게 볼 때 국민들은 그들의 개인적 기도들을 사회적 총체에 통합시키고, 그렇게 함으로써 또한 그들 국가의 정신(이른바 민족 정신)과 일치시키는 것을 배워야 한다. 그러한 목적의 실현은 국가가 떠맡아야

---

18) 같은 책, 442~443 면.
19) 같은 책, 461 면(n. 514).

한다. 국가는 이리하여 보편과 특수, 객관과 주관의 화해의 장(場)이다. 즉 국가는 구체적 자유의 실재인 것이다.

일반적으로 보아 사르트르의 사상은 헤겔의 사상과 일치된다고 할 수 있다. 사르트르에 있어서도 "인간은 자유롭도록 선고되어 있다." "대자적 존재(의식)는 자유 때문에 그 자신의 존재와 그 자신의 본질을 벗어나 있다. 자유로 말미암아 대자적 존재로서의 인간은 언제나 그에 대해서 말해질 수 있는 것과는 다른 자이다. 왜냐하면 그는 적어도 그 자신의 명칭을 벗어나 있는 자이기 때문이다. 즉 그는 그에게 주어져 있는 이름, 그의 것으로 인정되어 있는 성질들을 넘어서 있는 자이기 때문이다.…인간 안에서는 실존이 본질에 선행하며 본질을 제약한다고 말하는 것, 또는 그와 반대로 헤겔의 공식에 따라서, '본질은 현실적으로 되어진 것'이라고 말하는 것은 그에게는 오로지 다음의 한 가지 사실 즉 인간이 자유롭다는 사실을 말하는 것일 따름이다. 내가 나의 행동을 유발시키는 동기를 의식하고 있다는 단순한 사실로부터, 이 동기는 이미 나의 의식에 대해 초월적 대상으로 되어 있는 것이고 그런 한에서 그것은 나의 의식 외부에 있는 것이다. 내가 그것을 붙잡으려 하더라도 그것은 허사이다. 나는 나의 실존 자체에 의해 그것을 넘어서는 것이다. 나는 어쩔 수 없이 언제나 나의 본질을 넘어서, 나의 행위의 동기와 유인(誘因)을 넘어서 존재하도록 되어 있다. 즉 나는 자유롭도록 선고되어 있는 것이다. 이것은 나의 자유에 대해서는 자유 그 자체가 아닌 그 어떤 다른 제한도 있을 수 없다는 것을 의미한다. 또는 달리 표현한다면, 이것은 우리에게는 자유롭기를 그만둘 수 있는 자유는 없다는 것을 의미한다."[20]

뒤에서 사르트르에 의한 자유와 인간 본질간의 동일시에 대해 상세히 논의하겠지만, 여기에서 우선 우리는 인간이 행하는 모든 것 속에 자유가 나타나 있다는 그의 말에 동의할 수 없음을 밝혀 둔다.

---

20) J.P. Sartre, *L'être et le néant* (*Being and Nothingness*), (Paris: Gallimard, 1943), 515면.

자유의 존재에 관한 이 성찰을 끝맺기 전에, 우리는 다시 한번 간단히 이미 여러 번 강조했던 한 논의를 논급하고자 한다. 그것은 인간 의지의 구조 자체에 관련된 논의이다. 인간 의지는 우리가 앞에서 살펴보았듯이 지성과 병행해 있는 능력이다. 지성의 목적이 진리, 그것도 이러한 또는 저러한 진리가 아니고 진리 자체 즉 절대적 진리이듯이, 의지의 목적도 선이지만, 이러한 또는 저러한 특수적 선이 아니고 절대적이며 보편적인 선인 것이다. 인간 의지가 그 완전한 만족 즉 그의 행복과 평화를 찾을 수 있는 것은 다만 이 절대적 선 안에서 뿐이다. 그것이 이러한 선에 마주칠 때에만, 그것은 그 선의 항거할 수 없는 매력으로부터 빠져나올 수 없고 따라서 그것을 필연적으로 따를 수밖에 없게 되는 것이다. 그런데 실제로는 지성은 의지에 대해서 결코 절대적·보편적 선의 자격이 있는 선을 제시해 주지 않고 다만 특수한, 제한된, 불완전한 선, 따라서 거절 또는 배척될 수 있는 선을 제시해 줄 따름이다. 여기에 왜 인간 의지가 자유로운지의 이유가 있다. 즉 그것이 가능적으로 보편적(절대적) 선에로 향해져 있다는 것, 따라서 그것이 이 세계의 어떠한 구체적인 선에 대해서도 만족을 느끼지 못한다는 것 속에 말이다.

5. 자유의 본성

자유의 본성을 이해하기 위해서는 무엇보다도 자유로운 행위가 어떻게 행해지는지를 살펴보는 것이 필요하다. 예를 들어 내가 어떤 다른 일이 아니고 책 읽기를 선택한다면, 내가 이 결정에 이르게 된 과정은 어떠한 것인가?

토마스 아퀴나스와 많은 다른 사상가들은 자유로운 행위에 있어서 세 가지의 원리적 계기를 구별하고 있는데, 그것은 곧 숙고, 판단, 그리고 선택이다.

첫번째의 숙고는 얻으려는 대상 또는 행하려는 행위에 관한 탐지 또는 연구의 단계이다. 두번째의 판단은 평가의 단계이며 세번째의 선택은 결정의 단계이다. 보통은 이 세 단계들간의 구별이 명확하지만 어떤 경우에는 이 세 단계들이 서로 인접해 있고 서로 혼용되어 있는 수도 있다.

자유로운 행위는 먼저 행해지기 바라는 것이 알려지기를 요구한다. 따라서 그것은 행해지기 바라는 행위와 얻어지기 바라는 대상에 대한 주의 깊은 검토를 포함한다. 이것이 우리가 정상적으로 하는 일이다. 예를 들어 우리가 백과 사전을 사고자 한다면 우리는 그 대상을 확인해 본다. 즉 과연 그것이 좋은 것인지, 그 가격이 어느 정도인지 등등을 말이다. 이리하여 충분한 정보를 얻었으면 우리는 찬·반을 평가한다. 즉 백과 사전을 사는 것이 가치 있는 일인지 아닌지를 말이다. 그러나 적극적 평가가 곧바로 행위의 실행 또는 대상의 선택을 의미하지는 않는다. 왜냐하면 여기에서 말해질 수 있는 것은 아직은 추상적 평가일 따름이고 따라서 이 특정한 순간에 있어서의 나와 직접 관련되지는 않기 때문이다. 선택이 판단에 뒤따라 행해지기 위해서는 그 판단이 실천적인 것일 필요가 있다. 만일 그 판단이 이러한 실천적 성격을 지닐 때에는 선택 작용이 행해지게 되는 것이다.

선택 행위에서 종결되는 자유로운 행위는 이리하여 복합적 행위요 지성과 의지간의 대화의 소산이다. 사실 "선택 작용에서는 다음과 같은 두 가지 것이 일치한다. 즉 하나는 인식적 능력이요 다른 하나는 욕구적 능력이다. 인식적 능력의 편에서는 숙고가 요구되는데, 이 숙고에 의해 우리는 어떤 것이 다른 것보다 낫다고 판단하게 된다. 욕구적 능력의 편에서는 욕구(의지)가 숙고의 판단을 받아들일 것이 요구된다. 그러므로 아리스토텔레스는 선택 행위가 원칙적으로 욕구적 능력에 속하는지 인식적 능력에 속하는지 확실히 결정짓지는 않았던 것이다. 즉 그는 선택 행위는 '욕구적 지성이든가 또는 지성적 욕구이다'라고 말하였던 것이다."[21]

---

21) S. Theologiae, I. q. 83, a. 3.

또한 토마스 아퀴나스는 자유로운 행위는 본질적으로 지성에 의존하면서 실체적으로 의지에 속한다고도 말한다. 이 말의 의미를 그는 다음과 같이 설명한다. "선택이라는 말은 이성 또는 지성에 속해 있는 측면과 의지에 속해 있는 측면을 동시에 포함하고 있다.… 그런데 두 가지 것이 하나를 만들어 내기 위해 협동할 때에는 언제나 그들 중 하나는 다른 것에 대해 형식적인 것이다. 따라서 니사의 그레고리우스는 다음과 같이 말하였다. '선택은 욕구만의 것도 또 숙고만의 것도 아니고 이둘의 결합이다. 왜냐하면 우리가 동물이 영혼과 육체로 구성되어 있다고 말하듯이, 그리하여 동물이 단순한 육체도 또 단순한 영혼도 아니고 그 두 가지로 구성되어 있다고 말하듯이, 선택에 관해서도 또한 그러한 것이기 때문이다.' 그런데 우리는 영혼의 작용에 관하여 본질적으로 어떤 습관의 힘에 속해 있는 한 행위는 (보다 낮은 것은 보다 높은 것에 의해 규정된다는 법칙에 따라) 보다 높은 능력 또는 형상으로부터 그 형상 또는 그 본질을 받아들인다고 말하지 않으면 안 된다. 이리하여 만일 한 사람이 하느님을 사랑하기 위해 인내의 행위를 수행한다면 그 행위는 실질적으로는 인내의 행위이지만 형식적으로는 사랑의 행위인 것이다. 그런데 어떤 의미에서 이성이 의지에 선행하고 의지를 규제한다는 것은 분명하다. 의지는 이성의 능력에 따라—왜냐하면 인식 능력이 대상을 욕구 능력에 제시해 주기 때문이다—그의 대상에 향하는 것이다. 따라서 의지가 그 자신에게 좋은 것(선)으로서 제시된 어떤 것에 향하는 행위는 이성에 의해 그 목표에로 향하도록 지정된 것이므로 질료적(실질적)으로는 의지의 작용이지만 형식적으로는 이성의 작용이다. 그러한 문제에 있어서, 그 행위의 실체는 보다 높은 능력에 의해 부과된 질서와 비교할 때 질료로 된다. 따라서 선택 행위는 실체적으로는 이성의 작용이 아니라 의지의 작용이다. 왜냐하면 선택 작용은 선택된 선을 향하는 영혼의 어떤 운동 안에서 행해지기 때문이다. 따라서 그것은 분명히 욕구적 능력의 작용이다."[22]

---

22) 같은 책, I/II, q. 13, a. 1.

결론적으로 말해서 자유는 인간이 그 자신을 어떤 행위에로 결정하고 그것의 원인이 되도록 규정하는 능력—그 행위가 그의 삶에 미칠 결과를 고려한 뒤에 그렇게 하는 것이지만—이다.

자유로운 행위에 대한 토마스 아퀴나스의 예리한 분석으로부터 다음과 같은 결론이 나온다. 즉 자유로운 행위는 매우 복잡하고 동적이며 힘 있는 것이어서, 어떤 중세 사상가들이 말하였듯이 대립된 가능성들 앞에서의 절대적인 중립성에 성립하는 것이 아니라 오히려 모든 대립된 가능성들을 찬·반간에 신중히 검토한 끝에 그 중의 하나를 책임감을 가지고 선택하는 데에 성립한다. 비록 그러한 행위가 두 가지 능력 즉 지성과 의지의 협동에 의해 생겨나는 것이지만, 우리는 그것을 하나의 작용이라고 말하는 것이다. 그리고 토마스 아퀴나스의 훌륭한 예에 따라서, 우리는 이 자유로운 행위에서 실체적(질료적) 요소와 형식적(본질적) 요소를 서로 구별할 수 있다. 전자는 의지에 상응하고 후자는 지성(지식)에 대응한다.

인간은 자유로운 행위의 주체이다. (비록 이 경우 다른 주체들로부터의 도움을 배제하지는 않는다고 해도 말이다. 즉 인간은 절대적인 존재도 고립적인 존재도 아니고, 본질적으로 사회적인 존재인 것이다.) 자유로운 행위의 원인이 되는 자는 그것을 수행하는 개인적 인격이지 신도 천사도 악마도 아니고, 별도 자연도 사회도 사회적·정치적 구조도 아니며, 또한 무의식이나 그와 비슷한 어떤 다른 것도 아니다. 이것은 확고하고 부정될 수 없는 점이다. 자유가 인간에게 주어진 선물이라는 것이 확고부동한 사실이듯이 말이다. 그것은 확실히 광대한 자연의 전 영역에서 매우 독특한 선물인 것이다. 이 세계의 모든 다른 존재들은 그것을 갖지 못한 채 인간만이 그것을 갖고 있는 것이다.

이러한 부정할 수 없는 사실들로부터, 인간은 자연의 결정론적 법칙에 종속되어 있지 않다는 결론이 논리적으로 그리고 확실하게 도출된다. 자연은 결정론의 영역이다. (그런데 하이젠베르크[Heisenberg] 이후로 결정론도 수정되었다.) 반면에 인간은 자유의 영역이다. 그런데 이러한 사실이 자유로운 행위가 인과 법칙에 따르지 않는다는 것을 의미하지는 않는다. 그러나 자유가 인과 법칙의 이름으로 부정될 때에는 엄청난 혼란이 일어나는 것이다. 원인은 고려되지 않고 결과만이 고려된다. 그리고 만일 원인 없이 일어나는 것은 없다고 말하면서 자유를 부정한다면 다른 혼란이 또 일어난다. 그러나 문제는 결과에 있지 않고 원인에 있다. 자유로운 행위에 있어서 특별한 것은 바로 원인 속에 있다. 그것은 자연 속에 어떤 전혀 새로운 것, 즉 그 자유로운 행위를 수행하는 자의 의지에 전적으로 의존하는 어떤 전혀 새로운 것을 끌어들이기 때문에 자유로운 것이다. 자유로운 행위는 원인이 없는 행위가 아니라 자유로운 원인의 결과인 것이다.

여기에서 이 문제는 전혀 다른 국면을 맞는다. 자유로운 행위가 존재하며 그것이 자연에 의해서가 아니라 인간에 의해서 생겨난다는 것, 그리고 자유로운 행위의 가능 근거를 인간 안에서, 인간 존재 안에서 찾아야 한다는 것을 고려할 때…, 그리고 인간이 자연으로서 즉 신체로서 자유로운 행위를 수행하지는 않는다면, 이 행위의 시원은 정신에 있다는 결론은 필연적인 것이다. 그리고 또한 이로부터 결국 정신만이 가장 으뜸되는 것이요 원하는 곳으로 자유롭게 움직일 수 있는 자라는 결론이 나오게 된다. 왜냐하면 정신은 물체성의 무게, 물질의 무게로부터 해방되어 있기 때문이다.

그러므로 자아 의식과 객관성과 같은 차원에서, 자유도 인간의 정신적 차원의 (혼동될 수 없는) 명확한 표지가 된다.

그러므로 자유는 인간으로 하여금 그 자신의 행위의 주인과 주체로 되게 하는 능력이다. 그것은 최고의 능력이지만 또한 매우 위험한 능력이기도 하다. 인간의 수중에서 그것은 두 가지 성격을 갖는 무기인 것이다. 즉 그것은 선을 위해서도 또 악을 위해서도 사용될 수가 있다. 그것은 인간에게 그 자신의 교화, 상승, 발전, 온전한 실현을 위해서 봉사할 수도 있지만 그것은 또한 그와 정반대의 결과를 얻는 데 봉사할 수도 있다. 즉 그 자신의 존재를 비천하게 하고 비하시키고 절멸시키는

데 쓰일 수도 있다. 자유를 잘 사용하면 인간은 영웅도, 성인도, 인류의 은인도 될 수 있다. 그러나 그것을 잘못 사용하면 인간은 마약 중독자, 기생충적 인간, 테러리스트, 인류의 적도 될 수 있다.

자유의 이러한 깊은 불확실성 때문에 많은 사상가들은 자유의 영역에서 여러 가지 구별을 도입했다. 아우구스티누스는 큰 자유(libertas maior)와 작은 자유(libertas minor)를 구별하였다. 작은 자유는 시초적 자유로서 대립된 가능성들 중에서 선택할 수 있는 능력이며, 따라서 악을 행할 수 있는 능력도 알고 있는 것이다. 큰 자유는 궁극적이고 최종적인 자유로서, 선의 영역에서 작용하고 의지의 고유한 대상—이것은 바로 이 선이다—에 대응하는 것이다. 그런데 정의상 선은 신 자신이므로, 진정한 자유는 그 자신을 신의 의지에 적응시키는 자유이다. 이리하여 큰 자유는 작은 자유를 신의 수중에 넣는 데에 성립한다.

블롱델(M. Blondel)은 의욕하는 의지와 의욕된 의지를 서로 구별한다. 의욕된 의지는 의지의 작용에 의해 실제로 그 자신을 실현한 의지이다. (이것은 언제나 변천하고, 불만족스럽고 불완전한 것이다.) 의욕하는 의지는, 의지가 그의 자유로운 행위를 수행할 때 느끼는 긴장 즉 무한자로 나아가려는 경향이다. 인간은 의욕하는 의지를 의욕된 의지와 일치시킬 수 없기 때문에 언제나 불만족스러운 것이다.

다른 한편으로 에리히 프롬(E. Fromm)은 소극적 자유와 적극적 자유를 서로 구별한다. 적극적 자유는 자발적으로 자기 자신을 실현하는 자유이고, 소극적 자유는 압제, 필요, 권위 등으로부터의 해방이다.

또한 Calogero는 여러 가지 가능성들 중에서 선택할 수 있는 능력(이것은 도덕적 가치의 조건이며, "그것은 모든 가치와 가치의 결여의 어머니이다.")인 전제된 자유와 선을 선택할 수 있는 능력이며 자유를 올바로 사용할 수 있는 능력인 이상적 자유를 구별한다.

나의 견해로는, 이러한 구별들은 근본적 문제 즉 자유의 존재와 본성에 관한 한, 그 모두가 엄밀하게 인간학적 입장보다는 윤리적 입장에 있기 때문에, 우리에게 별 도움을 주지 못한다고 여겨진다.

인간학의 영역에서 논란의 여지가 없는 확실한 사실은, 인간이 자유로우며 이 자유로운 행위는 지성(지식)과 의지의 밀접한 공조의 소산이라는 것이다.

자유는 인간에게 주어진 위대한 능력이다. 인간은 세상에 갓 태어났을 때에는 겨우 태아, 즉 믿을 수 없을 만큼 큰 기획—그 태아를 최대한으로 발전시키고 그 가능성을 완전히 실현시켜 나갈 커다란 기획—에 대한 작은 스케치에 불과한 것이다.

인간은 이 자유로써 단지 자기 자신의 행위의 주인일 뿐 아니라 자기 자신의 주인이기도 한 것이다. 즉 그는 그 자신의 존재의, 보다 정확히 말해서 그가 앞으로 될 것의 주인인 것이다. 즉 그는 스스로 정직한 시민도, 부지런한 노동자도, 너그러운 부인도, 근면한 어머니도 될 수 있으며, 그와 반대로 그 자신 안에 폐쇄되어 있는(자폐적인), 이기적인, 인색한, 싸움 좋아하는, 거만한, 탐욕적인, 불쾌한, 교만한 인간도 될 수가 있다.

인간이 그의 생애의 초기부터 이 귀중하고 위대한(그러나 동시에 미묘하고 위험한) 능력을 고려한다는 것은 좋은 일이다. 왜냐하면 그때에는 그는 그의 인격을 형성하도록 창조주가 그에게 부여한 그의 삶을—그것이 길든 짧든 간에—최대한으로 완성시킬 수 있기 때문이다. 이러한 자유의 능력 외에, 인간은 자신의 삶의 계획을 잘 마련할 양심을 가져야 하고, 또 인간 기획(man-project)—이것을 실현하기 위해 자유의 선물이 주어진 것이다—을 가져야 한다. 인종, 언어, 종교, 대륙을 넘어서 모든 인간에게 타당한 인간 기획, 즉 온전한 인간성의 기획이 있다. 자유가 있어야 하는 목적은 바로 이 기획을 실현하기 위해서인 것이다.

이러한 인간 기획—자유는 이것을 실현하기 위해 요구되는 것이다—이 진정한 인간 기획이 되기 위해서, 즉 참된 인간적인 것이 되기 위해서, 다음과 같은 세 가지를 고려할 필요가 있다. 첫째로 인간은 최고의 존재가 아니라 무한자에로 나아가려는 경향을 가진 가능성이라는 것,

그는 신의 피조물로서, 신의 형상에 따라 신과 유사하게 만들어진 존재라는 것, 따라서 인간 기획 내에는 신에로까지 상승해 갈 가능성이 새겨져 있다는 것이 고려되어야 한다. 둘째로 인간은 고립된 존재가 아니라는 것, 그는 천사도 아니고 라이프니츠의 단자도 아니며 그는 본성상 사회적 존재로서 사회 속에서 그의 이웃들과의 사귐을 통해 살아가고, 성장해 가고, 그 자신을 실현해 가도록 되어 있는 존재라는 것, 따라서 그 자신의 실현은 그 자신의 존재의 사회적 차원의 성장을 요구한다는 것이 고려되어야 한다. 즉 인간은 폐쇄되어 있는 "자아"가 아니라 개방되어 있는 "자아"요, 부버가 말했듯이 "너에 마주 서 있는 나"이어서 "나"의 성장은 "너"의 성장과 정비례하게끔 되어 있다. 하이데거 식 표현을 쓴다면, 인간 존재는 그냥 거기에 있는 것(Dasein)이 아니라 (다른 사람들과) 더불어 있는 것(Mitsein)이고, 따라서 인간은 그의 자유를 다른 사람과 함께 그리고 다른 사람을 위해 사용하는 존재라는 것이 고려되어야 한다. 셋째로 인간은 육화된(신체와 더불어 있는) 정신이다. 즉 세계 내에 있다는 것이 그의 자연적 조건인 것이다. 이리하여 인간 기획은 자연 밖에서는 또는 자연을 거슬러서는 실현될 수 없고 자연 안에서 자연과 더불어서만 실현될 수가 있다. 자연은 인간의 적이 아니고 그의 중요한 그리고 충실한 하녀이다. 그러므로 인간의 자유는 자연에 거슬러서는 안 된다. 마치 그것이 신에, 또는 그의 이웃에 거슬릴 수 없는 것처럼 말이다.

  신과, 그의 이웃과, 그리고 자연과 조화를 이루면서 인간은 그 자신의 인격을 형성해 나가는 것이다.

6. 자유의 한계: 정열

  앞에서 자유의 존재에 관해 언급할 때, 우리는 사르트르의 자유관에 대해 논할 기회를 가졌었다. 그의 사상의 가장 독창적인 점은 자유의 무제약적인 무한한 능력에 대한 주장이다. 그런데 이 기이한 주장은 철학자들간에는 거의 공명을 얻지 못하고 있다. 오히려 인간의 의지가 자유롭지 않고 언제나 결정되어져 있다고 주장하는 자들의 수가 더 많다. 그러나 우리는 이 주장도 부정하기 어려운 많은 논증들에 의해 부정된다는 것을 살펴보았다.

인간은 자유롭지만 사르트르가 원한 것처럼 그렇게 무제한하게 자유롭지는 않다. 인간의 자유가 제한되어 있다는 사실은, 다음과 같은 논증들로부터 명백한 것임이 밝혀진다.

―자유는 인간 존재 자체와 동일시될 수 없고 다만 그의 근본적 성질들 중의 하나일 따름이다. 즉 자유는 그것에 못지 않게 근본적인 다른 성질들 즉 생명, 사고, 노동 등과 나란히 있는, 인간의 한 성질인 것이다. 그러므로 자유도 생명, 사고, 언어, 노동 등이 받고 있는 것과 같은 제약을 받는다. 즉 자유는 이러한 제약에 의해 제한되어 있다.

―인간은 신체적·사회적·성적(등의) 제약으로부터 자유롭지 못하다. 인간은 제멋대로 언어를 사용할 자유를 갖고 있지는 않다. 그렇지 않다면 언어는 더 이상 다른 사람들과 의사 소통을 한다는 그 고유의 목적을 달성하지 못하게 된다. 이러한 목적에 도달하기 위해서 언어는 그것에 부과되어 있는 의미에 따라서, 그리고 정해진 규칙에 따라서 사용되어야 한다.

―인간은 선을 지향하는 데 있어서 자유롭지 못하다. 만일 자유롭다면, 그것은 의지와 그 자신의 존재의 자살이 될 것이다. 왜냐하면 지성이 자연적으로 진리를 향하듯이 의지도 자연적으로 선을 향하기 때문이다. 의지가 선을 향하려는 경향은 필연적이지만, 이 필연성은 자연적인 것이지 강제된 것이 아니다. 자유는 선을 향하려는 자연적 경향의 지평 내에서 행사된다. 이 점에 관해서 토마스 아퀴나스는 다음과 같이 정당하게 언급하였다. "의지는 욕구되는 선으로서의 그 자신의 대상에 의해 동기지어지는 것 외에는 아무것도 하지 않는다."[23]

---

23) *De veritate* (*On Truth*), q. 14, a. 3.

―인간은 그 자신이 세계와 사회와 역사에 의존해 있는 상태로부터 결코 빠져나올 수 없다. 세계와 사회와 역사가 개인적 인간에게 미치는 영향력은 매우 명백하고 중대하므로 경향을 각기 달리하는 철학자들이 오늘날 한결같이 사르트르처럼 자유를 주장하기보다는 오히려 인간 의지가 놓여 있는 심각한 노예 상태를 비판하는 데 치중해 있다(예를 들어 레비 스트로스[C. Lévy-Strauss], 마르쿠제, 맥루한[McLuhan] 등).

―인간의 자유는 정열에 의해 제한되어 있다. 이 제약은 언제나 철학자들에 의해 고려되어 왔다. 철학사의 모든 시기에, 즉 그리스 철학 시대, 중세, 근대, 그리고 현대에, 정열에 관한 논저들이 있었던 것이다. 이러한 사실만으로도 정열이 어느 정도로 인간의 자유의 행사를 제약하는지를 알기 위해서 정열에 관한 연구가 얼마나 중요한지를 충분히 입증해 주는 증거가 될 것이다.

의지에 미치는 정열의 영향은 간과될 수 없다. 왜냐하면 그것은 우리가 매일처럼 우리 자신 안에서 체험하는 사실이기 때문이다. 그것은 다음과 같은 유명한 명제들 안에 기원한다. "나는 선을 보고 또 느끼지만 그럼에도 불구하고 나는 악을 따른다"(오비디우스[P. Ovidius Naso]). "내가 선을 원하기 때문에 내가 이것을 하는 것이 아니고, 내가 악을 미워하기 때문에 나는 이것을 하는 것이다"(사도 바울로[Paul]).

그러나 이러한 것이 우리의 결정에 얼마나 큰 영향을 미치는 것일까? 그것은 스피노자, 흄, 프로이트 등이 말했듯이, 우리의 자유를 깡그리 부정하고 우리를 완전히 정열의 노예로 만들어 버리는 것일까? 우리에게는 이러한 주장도 용납될 수 없는 것처럼 보인다. 왜냐하면 그것은 우리의 경험에 반대되는 것이기 때문이다. 경험에 의해서 우리는 정상적인 상황에서 비록 정열이 우리에게 강력한 영향을 미치기는 하지만 그와 동시에 우리는 정열의 공격을 물리칠 수 있기 때문에 정열의 노예는 아니라는 것을 알고 있다. 다른 한편으로 스피노자, 흄, 프로이트 등이 그들의 논거로 삼고 있는 논의는 증명될 수 없는 것들이다.

스피노자에 있어서 노예 상태는 무지에서 온 것이어서, 그것은 사물

을 "영원의 모습 아래에서" 봄으로써, 즉 인간사(人間史)를 신적 존재가
보듯이 봄으로써, 그리하여 자기 자신을 신의 의지와 일치시킴으로써
극복될 수 있다. 그러므로 의지에 대한 정열의 지배는, 스피노자가 그
의 《윤리학》제4권에서 말하려고 했듯이, 절대적인 것도 결정적인 것
도 아니다.

흄에 있어서 의지의 정열에 대한 노예 상태에 관한 명제는 이성의 일
체의 능력에 대한 자의적이고 불합리한 부정에 결부되어 있다. 흄은 이
성에 대해서 실천에 있어서의 어떠한 역할도 부정하고, 나아가서 이성
에 대해서 경험 과학의 전영역을 부정한다. 이리하여 일체의 경험적 지
식과 일체의 인간적 행위는 상상력과 본능의 소산으로 된다. 그러나 이
러한 것은 아무런 근거도 없는 한낱 허황된 주장일 따름이며, 이성에
대한 터무니없는 편견에서 나온 것일 뿐이다.

모든 인간의 행위는 리비도에 의해 결정된다는 프로이트의 이론에 관
해서 말한다면, 오늘날 그 이론에 대한 지지자의 수는 점점 줄어들고
있는 실정이다. 정신병 치료를 위한 프로이트의 유명한 방법인 정신 분
석이라는 것도 지난 몇 년 동안 심각한 위기에 빠졌다. 그에 대한 증거
로, 그 누구보다도 우리 시대의 가장 권위 있는 정신 분석학자의 한 사
람인 프롬의 증언을 들 수 있다. 그는 다음과 같이 말한다. "정신 분석
이 점점 위기 상태에 빠져들고 있다는 것은 분명하다. 이것은 지난 10
년간 한층더 분명해졌다. 이 위기는 정신 분석의 이론적 국면과 진료적
국면에 다 해당한다. 이론적 국면에서는, 리비도 개념과 쾌락 원리는
이미 극복된 것으로 생각된다. 그것도 프로이트학파 밖에 있는 정신 분
석가들에 의해서 뿐만 아니라, 프로이트의 수많은 추종자들, 특히 프로
이트 이론의 중심적인 추종자들 즉 에고 심리학자들에 의해서도 부정되
고 있는 것이다. 이들 역시 리비도 개념과 쾌락 원리가 신경 생리학의
최근의 증거와는 모순된다는 것을 인정하고 있다.… 고전적 정신 분석
의 이론적 무효성과 동시에, 그것의 진료적 성과에 대한 강한 불만이
주목된다. 이처럼 이미 비판된 이론과 더불어, 거의 변하지 않고 계속

되어 온 치료 수단과 더불어, 그리고 치료 가능성에 대한 낙천주의적 주장과 더불어, 정신 분석은 회의를 일으키기 시작했고(가끔은 다만 무의식적으로 말이다), 그리고 그 방법에 대한 신뢰를 상실하기 시작했다. 그러는 동안 그것에 환멸을 느낀 환자들의 수는 점점 증가하였다. "[24]

오늘날 미국에서는 프로이트 식의 정신 분석적 방법 대신 조건화적 치료법(또는 조건 반사적 치료법)이 점점 성공을 거두고 있다. 이것은 "인간의 감정적 문제는 그릇된 개인적 교육의 소산이다"라는 원리에 근거해 있는 이론인데, 그 목적을 "학습 과정을 정반대로 바꾸어서, 과거에 배웠던 바람직하지 못한 행위가 사라지도록 함으로써"[25] 정신 질환을 극복하는 데 두고 있다.

다른 한편으로 프로이트의 리비도 이론을 파괴하기 위해서는 인간의 감정 생활이 리비도에로 완전히 환원되지는 않는다는 것을 증명하여 리비도 이론의 포괄적 성격을 부정함으로써 족하다. 이것은 리쾨르가 인간의 세 가지 본질적 정열(즉 소유욕, 권력욕, 가치욕)이 "그 본성상 비개인적인 것임"을 증명함으로써, 매우 분명하게 해내었던 일이다.[26]

결론적으로 말해서 우리는 인간의 감정적 부분이 그의 다른 부분에 미치는 영향은—그것이 좋은 것이든 나쁜 것이든간에—현실적이며 깊은 것임을 인정할 필요가 있다. 그것은 모든 다른 인간적 활동에 색조(tonality)를 부여한다. 즉 그것은 인간의 활동을 촉진하기도 방해하기도 하고, 찬성하기도 반대하기도 한다. 왜냐하면 인간이 행하는 모든 것에는 반대되는 감정적 경향들(예를 들어 사랑과 미움, 기쁨과 슬픔, 희망과 공포 등)이 있기 때문이다.

24) E. Fromm, "The Present Crisis in Psychoanalysis", in *Praxis* (1967), 70~71 면.

25) J. Wolfe, (ed.), *The Conditioning Therapies* (New York: Holt & Winston, 1965), 10면.

26) P. Ricoeur, *De l'interpretation. Essai sur Freud* (*Of Interpretation. Essay on Freud*), (Paris: Seuil, 1965), 448 면.

그러나 정열의 이러한 강력한 압력에도 불구하고, 의지는 정상적인 상태에서는 자유롭고 인간의 모든 다른 능력들을 지배할 수 있는 것이다. 플라톤이 이미 말했듯이 (*Phaedo*, c. 28), 의지와 정열간의 투쟁은 의지가 정열에 직면했을 때에도 자유롭다는 사실에 대한 명백한 증거가 된다. 그러나 특수한 상황에서 어떤 사람들은 정열의 노예가 되는 경우가 있지만, 그때 그는 더 이상 정상적인 사람으로 간주되지 않으며 따라서 그는 보호소나 정신 병원이나 감옥에 수용된다.

토마스 아퀴나스는, 의지 그 자체는 결코 정열에 의해 규정될 수는 없다(비록 인간이 그의 유한성으로 인하여 그렇게 되는 수가 많지만)는 것을 분명히 하였다. 사실 "의지의 활동이 없고 정열이 일방적으로 지배하든가, 의지의 활동이 있고 이 의지가 정열의 충동을 반드시 따르지는 않든가 둘 중 하나이다."[27] 정열은 지성에 의해 의지에 제시되는 그의 대상을 통해, 간접적으로 의지에 영향을 미칠 수 있는 것이다.

7. 지성과 의지의 상호 관계

오늘날에는 지성과 의지의 상호 관계에 대한 논의는 별로 들리지 않는다. 그런데 과거에는, 즉 보는 것, 듣는 것, 노동하는 것 등의 구체적인 인간 활동이 별로 중요시되지 않았고, 따라서 인간이 오로지 사고와 의지에 의해서만 특징지어졌을 때에는, 지성과 의지의 우월성의 문제가 매우 활발히 논의되었고 때때로 격렬한 논쟁을 일으키기도 하였다. 어떤 사상가들(예를 들어 아우구스티누스, 보나벤투라[Bonaventura], 둔스 스코투스[J. Duns Scotus], 루터[M. Luther], 칸트, 쇼펜하우어 등)은 지성의 우월성을 주장했고, 반면에 또 다른 사람들(예를 들어 아리스토텔레스, 아비켄나, 알베르트 마구누스, 로크, 마리탱[J. Maritain] 등)은 의지의 우월성을 주장하였다.

---

27) *S. Theologiae*, I/II, q. 10, a. 3.

철학사에서는 토마스 아퀴나스를 주지주의자로, 또는 주지주의(主知主義)의 주요 대표자로 드는 것이 보통이다. 그 반면에 둔스 스코투스는 주의주의(主意主義)의 대표자로 간주된다. 그러나 우리가 사실을 보다 자세히 살펴볼 때, 그러한 규정 방법이 그들에게 정확히 맞지는 않는다는 것을 알 수 있다. 특히 토마스 아퀴나스의 경우가 그러하다.

스코투스는 의지의 지성에 대한 절대적 우위를 명백히, 그것도 몇 차례에 걸쳐 주장하였다. 그것은 무엇보다도 의지가 지성을 지배할 수 있기 때문이다. 둘째로는, 의지의 타락은 지성의 타락보다 더 중대하고 더 유해하기 때문이다. 셋째로는, 신을 미워하는 것(이것은 의지의 작용이다)은 신을 알지 못하는 것보다 더 나쁘기 때문이다. 마지막으로 (의지의 작용인) 사랑은 지식보다 우월한 선이기 때문이다.[28]

이와 반대로 토마스 아퀴나스의 입장은 훨씬더 복잡하다. 토마스는 지성이 우월한 측면도 있고 또 의지가 우위를 차지하는 측면도 있다는 것을 알았다. 그러나 일반적으로 말해서 우위는 지성에 돌아간다. 왜냐하면 "지성의 대상은 의지의 대상보다 더 단순하고 더 확실하기 때문이다. 즉 지성의 대상은 욕구되는 선의 관념 자체인데 반하여, 의지의 대상은 그것의 관념이 이미 지성 속에서 발견되는 그러한 욕구되는 선인 것이다."[29]

그러나 만일 그 두 능력이 특정한 대상과의 관련에서 생각되어질 때에는 의지가 지성보다 우위에 있을 수가 있다. "그 안에서 선이 발견되는 사물이, 그 안에서 그것의 지적 상(像)이 발견되는 영혼 자체보다 더 고귀할 때, 의지는 그러한 사물과의 관련에서 지성보다 우위에 있는 것이다. 그와 반대로, 그 안에서 선이 발견되는 사물이 영혼보다 하위에 있을 때에는, 그러한 사물과의 관계에서 지성이 의지보다 우위에 있게 되는 것이다."[30] 또한 작용인과의 관련에서, 의지는 지성보다 우위

28) E. Gilson, *Duns Scot (Duns Scotus)*, (Paris: Vrin, 1952), 591~601면 참조.
29) *S. Theologiae*, I, q. 82, a. 3.
30) 같은 책, 같은 곳.

에 있다. 왜냐하면 의지는 지성을 포함한 영혼의 모든 능력들을 지배하기 때문이다. "인간의 일체의 행위에서 우위는 의지에 돌아간다. 왜냐하면 의지는 가장 자유로운 것이어서 영혼의 모든 능력을 그의 행위를 위해 동원하기 때문이다. … 이리하여 예를 들어 지성은 의지의 작용에 따라 공부를 할 수도 있고 안 할 수도 있다. (그렇지 않을 경우에는 지성은 관능적 욕망에 따라 움직여야만 할 것이다.) 그리고 이러한 것은 걷거나 걷지 않거나, 또는 말하거나 침묵을 지키거나 하는 따위의 외적인 운동 능력에 대해서도 타당하다."[31] 이와 반대로 목적인과의 관계에서는 지성에 우위가 돌아간다. "이런 방식으로 의지를 움직이는 것은 지성이다. 왜냐하면 인식되어진 지적인 선은 의지의 대상이 되어 의지를 그 목표를 향해서 움직이게 하기 때문이다."[32]

칸트 이후의 현대 철학에서는 영혼의 이 두 능력의 우위에 관한 논쟁은 변모하였다. 즉 논쟁은 이제 지성과 의지에 대해서가 아니라, 이론과 실천, 그리고 진리와 행위에 대해서 벌어진다. 그런데 현대 사상가들의 일반적 경향은 이론을 실천에 그리고 진리를 행동에 종속시키고 따라서 행위와 행동을 절대적 가치를 지닌 것으로 높이는 것이다.

그러나 우리에게는 이론과 실천의 관계를 그런 식으로 이해하는 것이 불합리하게 생각된다. 우리의 현재의 삶의 조건에서는 이론과 진리가 우리의 행위의 궁극적 목표로 생각될 수 없다는 것이 사실이라 하더라도, 반성 없는, 진리 없는 행동이라는 것도 또한 빛이 없고 의미도 없는 맹목적인 것일 따름이다. 요컨대 실천을 지도하는 것은 이론이요 행동에 목표를 제시해 주는 것은 진리인 것이다.

그러므로 우리는 인간이 행동을 통해 자신을 실현한다는 것을 인정하지만, 일체의 행동들 중 첫째가는 것은 모든 다른 것들에게 질서와 의미를 부여해 주는 그러한 행동인 것이다. 그리고 그것은 인식적·이론적 행동이다.

31) In II *Sent.* d. 35, q. 1, a. 4.
32) *S. Theologiae*, I, q. 82, a. 4.

8. 결론

의지에 대한 연구는 우리로 하여금 의지가 인간을 본질적으로 규정하는 특징임을 확정하게 하였다. 즉 인간은 확실히 의욕하는 인간(homo volens)인 것이다. 인간이 모든 다른 존재들보다 우월한 것은 무엇보다도 그에게 의지가 주어져 있기 때문이다. 또 그에게 찬사와 함께 비난이 퍼부어졌던 것은, 그의 행위가 의지에 의해 지도되고 결정되기 때문이다.

그런데 앞에서 행한 우리의 연구가 흥미로웠던 것은 단지 그 연구가 우리로 하여금 의지가 다른 존재들과 대비해서 인간을 특징짓는다는 것을 알게 해주었기 때문만이 아니고, 또한 의지 안에서, 그리고 나아가서 정의적(情意的) 영역 전체 안에서, 우리는 인간 존재의 복잡함의 표지들을 살펴보았기 때문이기도 하다. 그리고 그러한 인간의 복잡함의 표지들은 우리가 이 책에서 제시했던 것으로 모두 규명된 것은 아니다.

의지와 인간의 정의 작용은 그것들의 언제나 성이 차지 않는 성격(무한한 욕구적 성격)으로 말미암아 우리를 놀라게 하였다. 우리의 의지는 그것이 현실적으로 이룩한 것 또는 획득한 것에 결코 만족하지 않는다. 의지 속에는 결코 진정되지 않는, 그 자신을 끊임없이 초월해 가려는 강한 충동이 있다. 의지는 언제나 계속해서 선택하거나 배척할 것이고, (어떤 일을) 행하거나 포기할 것이다. 그것은 계속해서 모든 사물과 모든 실현된 일들을 그것의 믿을 수 없을 정도로 막강한 권력으로써 지배할 것이다.

이러한 무한한 자기 초월 능력은 의지의 영역에서만이 아니라 정열의 영역에서도 분명히 나타난다. "위대한 정열 속에는 (그것이 무한한 행복욕에서 나온 것이 아니고서는) 그렇게도 많은 힘을 발산할 수가 없고, 인간을 그의 실제 능력을 넘어 고양시킬 수가 없고, 그로 하여금 그의 쾌락을 희생하고서 고통스럽게 살게 할 수는 없는 그러한 초월적 의도가 있는 것이다.… 그러므로 정열은 단순히 살려는 욕구가 아니라

행복하게 살려는 욕구와 결부되어 있음에 틀림없다. 사실 인간은 그의
모든 힘, 그의 모든 혼을 정열 속에 쏟아 붓는 것이다. 그에게는 욕구
외 대상이 중요하기 때문이다. "[33]

인간 의지의 자기 초월 현상에 의해 제기된 중요한 문제들과 고무적
인 제안들에 관해서는, 이 책의 제 2 부 즉 인간의 형이상학을 연구하기
로 계획된 부분, 다시 말해서 인간의 궁극적 존재에 대해 온전한 설명
을 하려는 부분에서 다시 다루게 될 것이다.

❖ 참고문헌

Aa. Vv., *La libertà* (*Freedom*), Naples: Dehoniane, 1980; Adler, M., *The Idea of
Freedom*, New York: Doubleday, 제2 권, 1957~1961; Berdjaeff, N., *De l'esclavage
et de la liberté de l'homme* (*On the Slavery and Freedom of Man*), Paris: Aubier, 1966;
Berthelemy, J., *Liberté de l'homme* (*The Freedom of Man*), Paris: Edition de l'Ecole,
1965; Blondel, M., *L'azione* (*Action*), Florence: Vallechi, 1921; Camilleri, P., *De
essentia metaphysica libertatis* (*On the Metaphysical Essence of Freedom*), Turin: SEI,
1950; Carvalho, M.J., *Dieu e liberté* (*God and Freedom*), tr. fr., Paris: Tequi, 1967;
Daudin, H., *La liberté de la volonté* (*The Freedom of the Will*), Paris: PUF, 1950;
Davidson, M., *The Free Will Controversy*, London: Watts & Co., 1942; De Finance,
J., *Existence et liberté* (Existence and Freedom), Paris: Vitte, 1955; Freire, P,. *L'
education practique de la liberté* (*The Practical Education of Freedom*), tr. fr., Paris: Cerf,
1971; Gurvitch, G., *Determinismes sociaux et liberté humain* (*Social Determinisms and
Human Freedom*), Paris: PUF, 1950; Hare, R.M., *Freedom and Reason*, Oxford 1963;
Henriot, J., *La condition volontaire: Elements pour une philosophie de la praxis* (*The*

---

33) P. Ricoeur, *Finitudine e colpa* (*Finiteness and Guilt*), tr. it., (Bologna: Il Mulino,
1970), 95면.

Voluntary Condition: Elements for a Philosophy of the Praxis), Louvain: Nauwelaerts, 1970; Lindworski, J., *L'educazione della volontà* (*The Education of the Will*), Brescia: Morcelliana, 1956; Maritain, J., *Du régime temporeal et de la liberté* (*On the Temporal Regime and on Freedom*), Paris: Desclée de Brouwer, 1933; Maritain, J., *Freedom in the Modern World*, New York: Scribners, 1936; Niel, H., ed., *La liberté. Approches scientifiques et theologiques* (*Freedom. Scientific and Theological Approaches*), Lethielleux 1963; Sartre, J.P., *Esquisse d'une théorie des émotions* (*Exposition of a Theory of Emotions*), Paris: Hermann, 1939; Sartre, J.P., *La nausea* (*Nausea*), Turin: Einaudi, 1952; Skinner, B., *Oltre la libertà e la dignità* (*Beyond Freedom and Dignity*), Milan: Mondadori, 1973; Zavalloni, R., *La libertà personale nel quadro della psicologia della condotta* (*Personal Freedom in the Framework of the Psychology of Conduct*), Milan: Vita a Pensiero, 1955.

제 5 장

언어

우리는 지성적 지식과 자유에 대해 논구하면서 인간 존재의 무제한한 개방적 성격을 확인하였다. 이에 의하면 인간은 무한자에로 나아갈 수 있는 존재라는 언명이 정당한 것처럼 보이기도 한다. 그러한 개방성의 덕택으로, 인간은 다른 정신적 존재들 즉 순수 정신적 존재들은 아니고 그 자신처럼 육화된 정신적 존재들과 교섭할 수 있는 것이다. 그가 이처럼 교섭할 수 있는 수단이 곧 언어이다. 인간이 그 자신을 사회적 존재로서 즉 남과 더불어 있는 존재, 또는 "너와 직면해 있는 나"로서 실현하는 것이 언어에 의해서인 만큼, 이 언어라는 매체의 중요성은 분명한 것이다. 또한 이로부터 이 특별한 인간적 활동에 대한 정확한 연구의 필요성도 생겨난다.

1. 인간의 상징적 차원

앞에서 올바로 말했듯이, 인간은 상징적 존재이다. 인간은 그를 둘러싸고 있는 환경을 지배할 기계적 수단을 창조해 내며, 또한 그와 함께 존재하는 다른 인간들과 의사 소통을 할 상징적 수단을 창조해 낸다. 이 상징적 수단들 중 가장 중요한 것이 언어인데, 이 경우 언어란 인간이 그의 이웃과 의사 소통할 수 있는 수단이 되는 문자적 또는 음성적 기호들의 총체를 가리킨다.

인간의 상징적 차원은 인간에게 고유한 것이어서, 인간은 언제나 그 차원을 지니고 있으며 결코 그러한 활동을 중지할 수 없다. 하이데거는 그의 한 언어 철학적 저술에서, "인간은 말하는 자이다"라고 하였다. "우리는 깨어 있을 때에도 꿈을 꿀 때에도 말을 한다. 우리가 말을 사용하지 않고 단지 (남의 말을) 듣거나 책을 읽을 때에도, 또 일에 열중하거나 게으름에 빠져 빈둥거릴 때에도, 우리는 말을 하는 것이다. 언어는 특수한 의지 작용에서 생겨난 것이 아니다. 인간은 본성적으로 말을 하는 존재라는 말이 있다. 또 인간은 식물이나 동물과는 달리 말을 할 수 있는 생물이라는 것은 참이다. 이 언명으로써 우리는 인간이 많은 다른 능력들과 나란히 또한 언어 능력도 갖고 있다는 것을 말하려는 것이 아니다. 우리가 말하고자 하는 것은 인간으로 하여금 바로 인간으로 되게 하는 것이 곧 언어라는 사실이다."[1]

2. 언어학(linguistics)과 의미론(semantics)의 구별

상징적 활동도 다른 활동이나 다른 대상처럼 과학적 탐구나 철학적 반성의 대상이 될 수 있다. 과학적 연구는 언어 현상을 과학적 방법에 따라 연구하는데, 그것은 본질적으로 실험적 검증의 방법이고 언어 활동을 지배하는 법칙에 대한 분석과 기술을 목적으로 삼는다. 정확히 말해서, 그러한 것은 과학적 언어학의 과제이고 따라서 간단히 언어학이라고 불리어진다.

이와 반대로 철학적 반성은 현상학적 방법 및 선험적 방법에 의거하며, 언어 현상에 대해 보다 깊고 보다 철저한 이해를 얻는 것을 목적으로 삼고 있다. 즉 언어를 그 자체에 있어서, 그리고 언어를 사용하는

---

1) M. Heidegger, *In cummino verso il linguaggio* (*Moving Towards Language*), tr. it., (Milan: Mursia, 1973), 27면.

인간과의 관계에 있어서, 또는 언어를 만들어 낸 사회와의 관련에 있어서, 또는 언어가 속해 있는, 또 언어가 그것의 본질적 요소로 되어 있는 문화와의 관련에 있어서 연구하되, 보다 깊고 보다 철저한 이해를 얻고자 하는 것이다. 언어를 연구하는 철학적 분과에는 의미론이라는 명칭이 붙여진다.

19세기 말까지만 하더라도 언어에 대한 과학적 연구와 철학적 성찰 즉 언어학과 의미론은 현저히 철학적인 성격을 띤 단일의 분과를 이루고 있었다. 이리하여 그리스인들(특히 플라톤, 아리스토텔레스, 스토아 학자들)의 언어에 관한 논저들은 본질적으로 철학적인 것이었지만 과학적인 요소도 포함하고 있었다. 이러한 것은 또한 아우구스티누스, 보에티우스(A.M.S. Boethius), 아벨라르두스(P. Abelardus), 토마스 아퀴나스, 윌리엄 오컴(W. of Ockham), 로크, 버클리, 라이프니츠, 헤르더(J.G. Herder), 그리고 훔볼트(W. von Humboldt)에 대해서도 타당하다.

언어학과 의미론간의 명확한 구별은 최근에 와서야 비로소, 그것도 우리 시대 최대의 언어학자 가운데 한 사람인 소쉬르(F. de Saussure)의 저술에 의해서 이루어진 것이다. 소쉬르에 의하면, 언어란 그 각각에 대상 또는 사상이 대응해 있는 말들의 연속이 아니고, 그에 대등한 소리들과 기호들의 결합인 것이다. 모든 개개의 기호의 가치는 그것들이 실제로 대상과 사상에 대응하고 있느냐에 달려 있지 않고, 그것들에 선행하는 또는 후속하는 다른 기호들과, 그것들이 그 일부분을 이루고 있는 언어 영역 전체의 나머지 부분들과 정합(整合)하느냐에 달려 있다. 그러므로 언어학은 만일 그것이 말하는 이의 의도나 지시된 대상에 대해 언급하지 않고 오로지 언어 자체만을 다루는 데 국한된다면, 독자적인 과학이 될 수 있다. 그러므로 그것의 대상은 언어 일반이 아니라 특정한 언어이다. 즉 형식적 요소들이 특정한 규칙에 따라서 여러 가지 방식으로 결합되어 하나의 특정한 언어적 통일체를 이루는데, 이때의 규칙은 그 언어적 공동체에 의해 의사 소통이라는 공통의 목적으로 확정된 규약들의 총체로서 그 공동체에 대해 타당한 것이다. 언어는 이 이론에서는 실제 사물이나 사상과는 관련 없이, 그 자체 독자적인 성음(聲音)들의 구조물로서 이해된다.

언어학 연구의 범위를 확정하면서, 소쉬르는 다음과 같이 언어를 정의한다. 즉 언어는 그것을 말하는 자들에 의해 직접적으로 이해되는 그러한 기호들의 체계를 이루는 성음들의 집단이다. 여기서는 단순한 단어들의 집합이 문제로 되는 것이 아니고, 그 안의 모든 요소가 오로지 전체와의 관련에서만 이해될 수 있는 그러한 총체가 문제로 된다. 단어들의 소리들은 하나의 성음 체계 속에 통합되기 전에는 전혀 무규정적인 것이다. 그러나 소쉬르는 각각의 언어가 발음되는 또는 발음될 수 있는 소리들의 계열들 중 각기 다른 차원을 사용한다는 것을 밝혔다. 그러므로 만일 유의미한 성음들의 한 유동체가 한 체계의 기초 위에서 다루어진다면, 그것은 제한된 수의 결합들 속에서 반복적으로 등장하는 제한된 수의 요소들로 분석될 수가 있다. [2]

3. 언어학적 전회(轉回)

언어학이 독자적 과학의 길로 나아갔다면, 의미론은 철학적 분과를 형성하는 길로 나아갔다. 이러한 일은 몇몇 독일 철학자들 즉 유명한 빈 학단의 회원들이 주도하여 이루어진 것으로, 이들은 철학의 기본적 문제는 존재에 관계되는 것(즉 형이상학적 문제)도 아니고, 진리에 관계되는 것(즉 인식론적 문제)도 아니며, 선에 관계되는 것(즉 윤리적 문제)도 아니고, 오로지 우리가 사용하는 말의 의미에 관계되는 것(즉 의미론적 문제)이라고 주장하였다. 그 이유는 모든 다른 문제들의 해결이 오로지 이 문제에 달려 있기 때문이라 한다. 빈 학단의 대표자인 비트겐슈타인(L. Wittgenstein)은 다음과 같이 말한다. "철학적 저술 안에서 발견되는 대부분의 명제나 문제들은 거짓이라기보다는 무의미하다.

---

2) F. De Saussure, *Cours de linguistique générale* (*Course of General Linguistics*), (Lausanne, 1910) 참조.

따라서 우리는 그러한 종류의 문제에 해답할 수는 없고 다만 그것이 무의미하다고 확정할 수밖에 없다. 대부분의 철학적 명제나 문제들은 우리가 우리 언어의 논리를 이해하지 못한 데에서 나온 것이다."[3] 즉 철학적 문제들은 사태 자체에서 나온 것이 아니라 언어적 혼란에서 생겨난 것이다. 따라서 그 문제를 해결하기 위해서는 언어에 대한 정확한 분석의 치료법을 사용하기만 하면 된다. 빈 학단의 이러한 주장으로부터 이른바 "언어학적 전회" 운동이 일어나게 되었는데, 이러한 경향은 오늘날의 철학의 지배적 성격으로 된다.

이러한 언어학적 전회는 점차로 철학의 전영역을 그의 지배 아래로 끌어들였다. 즉 형이상학에서 우주론까지, 윤리학에서 미학까지, 인간학에서 사회학에 이르기까지 모두 그의 지배 아래 들어가게 되었다.[4] 그런 뒤에 이 언어학적 전회는 신학의 영역에도 침투해서 이 영역을 완전히 점유해 버렸다. 이리하여 언어학적 문제는 오늘날 가장 활발한 논의의 주제가 되었다. 오늘날의 신학에서 가장 활발한 논의의 대상인 두 가지 주제가 현저하게 언어학적 문제라는 것은 결코 우연이 아니다. 그 중 하나는 신약 성서의 이야기들의 의미에 관한 것으로서, 그것들이 역사적인 것인가 신화적인 것인가 하는 문제이다. 다른 한 문제는 교리의 형식적 의미에 관련된 것으로서, 그 의미가 문화 초월적인 것인가 문화 내재적인 것인가 하는 것이다.

---

3) L. Wittgenstein, *Tractatus logico-philosophicus* (*Logical-Philosophical Treatise*), tr. eng., (Ithaca, N.Y.: Cornell Univ. Press, 1971), prop. 4.0016.

4) 철학의 전영역을 넘어서, 언어학적 전회는 모든 철학적 운동들과 오늘날의 일반적인 모든 사상적 운동들을 휘잡았다. "비트겐슈타인의 연구, 영국 언어 철학, 훗설에서 나온 현상학, 하이데거의 연구, 불트만학파 및 다른 신(新)성서 해석학파들의 연구, 신화·의식·신앙에 관한 비교 종교사적·인류학적·역사적 연구들, 이 모든 것들이 언어 연구 안에 얽혀 들어가 있다. 그리고 마지막으로 정신 분석도 또 언어 연구 안에 들어 있다." P. Ricoeur, *Dell'interpretation. Saggio su Freud* (*Of Interpretation. Essay on Freud*), tr. it., (Milano, 1966), 15면.

인간학적 전회는 아직도 일어나고 있는 중이며, 의미론적 문제 역시 계속해서 철학적 조명의 중심을 확고부동하게 차지할 것이다. 즉 만일 우리가 새로운 문화의 건설을 위한 기초를 방기하기를 원하지 않는다면, 따라서 오늘날의 문화의 이 엄청난 혼란에서 벗어나기를 원한다면, 모든 철학적 분과와 인간 인식 일반에 대해 형이상학을 가장 중요시해야 한다는 것을 깨닫지 못하는 한에서는 그렇다는 말이다.

이렇게 말한다고 해서, 내가 의미론적 문제를 중요하지 않은 2차적 문제에 불과하다고 말하려는 것은 아니다. 그와는 반대로 그 문제는 지금도 그러하거니와 앞으로도 계속해서 근본적인 문제가 될 것이다. 그 이유는 첫째로는 (우리가 앞에서 보았듯이) 인간은 본질적으로 상징적 존재이기 때문이요, 둘째로는 의미론적 관점이 우리가 존재를 고찰할 세 가지의 큰 관점들 중의 하나이기 때문이다. 그럼에도 불구하고, 의미론적 관점은 존재론적 관점—이것이 논리적으로는 첫째이다—의 뒤에 있는 것이고, 또한 인식론적 관점—이것은 논리적으로는 두번째이다—의 뒤에 오는 것이다.

이렇게 규정지은 후에, 나는 언어 철학이 도달한 가장 중요한 성과들에 주목하고자 하는데, 이 경우에 현대 철학에 의해서 성취된 것뿐만 아니라 고대와 중세의 철학에 의해서 성취되었던 것도 고려하게 될 것이다. 우리는 먼저 언어의 본질과 그 여러 성질들을 연구하게 될 것이며, 그런 뒤에 그 주요 기능들을 분석하게 될 것이다. 그리고 마지막으로 결론을 맺기 전에 우리는 종교적 언어와 그것의 가치에 대해 주목하게 될 것이다.

4. 언어의 본질과 그 성질들

언어는 그 정의상 인간이 음성적 또는 문자적 기호를 사용하여 그 자신의 감정, 욕구, 지식을 표현함으로써 다른 인간들(또는 다른 지성적 존재자, 예를 들어 신)과 소통하는 활동이다. 언어는 매우 인간적인 활

동이다. 동물적인 차원에서도 매우 기초적인 것이지만 아직 명확한 것
은 아닌 일종의 언어가 존재하는데, 이것은 어떤 특정한 상황—이것이
유익한 것이든 유해한 것이든간에—에서 동료들의 주의를 환기시키기
위해 작용하는 매우 기본적인 신호들로 구성되어 있다(이것이 곧 양,
개, 닭, 고양이 등의 언어이다). 이것은 자연이 동물들로 하여금 그들
의 기본적 필요를 충족시키게끔 그들에게 부여한 최소한의 언어이다.

인간은 그에게도 어머니인 자연에 의해 부여되어 있는 이 최소한의
언어로부터 출발해서, 명백한 소리들의 매우 복잡한 체계를 발전시켰는
데, 이것이 곧 여러 가지의 모국어들이다. 모든 모국어(프랑스어, 영
어, 러시아어, 독일어, 중국어 등)는 여러 가지로 결합될 수 있고, 또
무한히 많은 사상들과 감정들을 표현할 수 있는 수만 가지의 기초들을
포함하고 있다.

그러나 언어라는 광대한 영역에서 마주치는 엄청난 다양성과 다종성
에도 불구하고, 언어 활동이 일어나는 곳마다 언제나 재현되는 공통적
이고 기본적인 요소들이 존재한다. 이러한 본질적 요소들 없이는 언어
활동이 불가능하기 때문에, 그것들은 선험적 조건이라고 불리어진다.
이와 같은 선험적 조건으로서 세 가지가 있다.

─말을 하는(그리고 말을 함으로써 그 자신을 표현하는) 주체(화
자).

─말해지고 있는(즉 말에 의해 상징화되고 지시되는) 대상(객체).

─그를 향해 말을 하고, 또 말을 함으로써 그와 교제하기를 원하는
상대방(대담자).

이 세 가지 요소들 중 하나만 없어도 언어 활동은 중지된다. 사실 말
하는 사람이 없으면 언어란 존재할 수 없으며, 또한 아무것도 말할 것
이 없어도 언어 활동이 일어나지 않으며, 또 교제할 사람이 아무도 없
어도 언어 활동은 없다는 것은 명백한 일이다.

또한 언어의 중요 기능들은 그것의 본질적 요소들에 의존한다. 세 가
지의 주요 기능들이 있는데, 그것은 (대상에 관련되는) 표상적 또는 기

술적 기능, (주체에 관련되는) 표현적 또는 실존적 기능, 대화의 상대
방과의 교제적 또는 인격 상호간의 기능이다.

5. 언어의 주요 기능들

a) 기술적 기능

언어학적 전회의 창시자들과 그들의 직접적인 제자들 즉 신실증주의
자들은 모든 다른 기능들에 비해 기술적 기능에 특권을 부여했는데, 그
이유는 그들의 생각으로는 이 기술적 기능만이 사물에 대한 지식을 줄
수 있는 것이고, 다른 기능들은 기껏해야 감정을 표현하거나 환기시킬
따름이기 때문이었다. 또 그들의 견해에 의하면, 이 기술적 기능은 최
대한의 명료성, 정확성, 그리고 객관성을 지닌 과학적 언어에 의해서
그 전형적인 형태로 전화되는 것이었다. 다른 모든 언어들은 이 과학적
언어와 일치하는 정도에 따라서 그 가치의 정도가 결정된다. 이 과학적
언어가 탁월한 이유는 그것의 의미 기준—실험적 검증이라는—의 단순
성에 있다. 실험적 검증은 일련의 감각적 자료들로 번역될 수 있는 명
제에만 인식적 의미를 인정한다.

신실증주의적 경향은 곧 준열한 비판을 받았고 따라서 밀려나게 되었
는데, 그것은 신실증주의자들의 과학적 언어에 대한 도취 때문이라기보
다는(이 과학적 언어는 그 당시 즉 20세기 전반기에는 아직도 매우 빈
약한 것이었다), 오히려 경험적 검증이 의미에 대한 최고의 그리고 절
대적인 기준이라는 그들의 가정 때문이었다. 그것이 불합리할 뿐만 아
니라 모순된 가정이라는 것이 밝혀지게 되었는데, 그것은 경험적 검증
의 원리 자체는 경험적으로 검증될 수 없기 때문이다. 따라서 (한 가지
가 아니고) 다수의 검증 기준이 있으며 검증 기준은 언어의 유형에 따
라 다르다는 것이 밝혀졌다. 그러나 다른 한편으로 기술적 기능도 언어
에 속한다는 것이 인정되었다. 사실 기술적 기능은 절대로 부정할 수
없는 기능인 것이다. 왜냐하면 언어는 지향적 작용이고, 대상, 그것도

대부분의 경우 객관적인, 물리적·물질적 영역에 속하는 대상을 지향하고 있기 때문이다.

b) 교제적 기능

언어가 교제적 기능을 수행한다는 사실은 모든 사람이 찬동하고 인정하는 것이다. 사실 언어는 본질적으로 인간이 스스로 다른 사람들과 접촉하고 교제하기 위해 사용하는 수단인 것이다. 그런데 나는 여기에서 "교제"(communication)라는 말에다 인격주의 철학자들에 의해 그 말에 주어진 그 강한 의미를 부여하고자 한다. 인격주의 철학자들은 인간이 인격 상호간적 존재이며 대화적 존재이지, 세계의 다른 부분들과 유리되어 있는 섬이나 모나드(라이프니츠)가 아니며, 그와 반대로 다른 사람들과의 교제를 통해서 스스로를 실현해 나가는 존재임을 입증하였다. 인간은 그 자신 속에 폐쇄되어 있는 사물들과는 달리 개방되어 있다. 즉 만일 그가 다른 사람들에게 주고자 하고 또 다른 사람들로부터 받고자 원한다면, 다시 말해서 자기 자신을 (숨기지 않고) 드러내고자 원한다면 그렇다는 말이다. 언어는 우리의 순수 물리적이고 수동적인 존재 —단순한 공간 내적 존재—를 우리들을 서로 구속하는 능동적 존재로 바꾸어 준다. "나는 나 자신을 다른 사람들에게 내어 주는 행위를 통해서 나 자신 밖으로 나와 있는 정도만큼 다른 사람들에게 현전(現前)해 있는 것이다. 바꾸어 말하면, 말이란 주는 행위인 것이다. 사상과 감정을 교환함에 의해서 아니 그러한 것을 넘어서, 언어는 두 주체들 상호간의 교환에로까지 나아가려 한다. 기도중의 나의 말은 나를 신에게 굴복시키고 나를 신에게로 던진다."[5]

언어의 이러한 교제적 기능, 우리 자신을 남에게 또 남을 우리에게 나타나게 하는 이러한 능력은 라디오, 전화, 녹음기 등의 근대적인 이기에 의해 엄청나게 강화되었다. 오늘날 우리에게 소중한 사람이나 중

---

5) E. Barbotin, *The Humanity of Man*, tr. eng., (Maryknoll, N.Y.: Orbis Books, 1975), 149면.

요한 인물의 목소리를 녹음할 수 있게 된 것은 죽음이 우리와 죽은 이
들을 갈라 놓고 있는 것처럼 보이는 그 큰 간격을 현저히 완화시켜 주
고, 그들의 목소리를 다시 들을 수 있다는 것은 죽음이 우리와 죽은 이
들을 완전히 갈라 놓지는 못한다는 느낌을 우리에게 주기도 한다.

그러므로 언어의 근본적 기능은 교제(소통)의 기능인 것이다. 그럼에
도 불구하고 우리는 언어가 결코 우리로 하여금 이 교제 기능을 완전히
수행할 수는 없게 한다는 것을 인정하지 않을 수 없다. 서로 교환된 말
은 그 두 사람을 교제 속으로 밀어넣는다. 그것은 상호 교섭을 일깨워
주고 유지시켜 주고 확고하게 한다. 그러나 그와 동시에 그것은 또한
표현될 수 없는 어떤 것을 간직하고 있다. 그러나 이것은 인간의 (그의
의도나 자유에 있어서의) 표리부동함에서 기인하는 것이 아니고, 오히
려 그러한 것들을 말로 표현할 수 없다는 데에서 기인하는 것이다. 말
은 어느 정도로는 그것을 투시할 수 있지만 역시 핵심적 비밀을 그 자
신 안에 숨기고 있다. 말은 (그것의 진의는 언제나 실제로 말해진 것과
는 다르므로) 어쩔 수 없이 다의적(多義的)일 수밖에 없다. (만일 우리
의 언어가 완전하다면, 그것은 일의적[一義的]인 것으로 될 것이다.)
그래서 말은 그것을 듣는 상대방에게서 끝없는 질문을 유발시킨다. 말
은 정신을 만족시키지만 완전히 그렇게 할 수는 없다.

그 위에 언어가 애매한 측면을 지니고 있다는 것은 명백한 사실인데,
이것은 옛 철학자들, 특히 플라톤, 아리스토텔레스, 아우구스티누스 등
에 의해 되풀이해서 강조되었었다. 그것은 교화와 교육의 수단이기도
하지만 (소크라테스가 소피스트들에 대해서 폭로했듯이) 퇴화와 타락의
수단으로도 쉽게 쓰일 수 있다. 《존재와 시간》 중의 한 유명한 장에서,
하이데거는 인간의 본래성의 상실이 얼마나 언어에서 기인하는지를 논
하고 있다. 즉 대부분의 사람들은 스스로 판단하고 스스로 결정하지를
않고 그들이 다른 사람들로부터 들은 것에 따라서 생각하고 판단하고
결정한다. [6]

c) 표현적 기능

이처럼 언어는 기술적 또는 교제적 기능 때문에 중요한 것만이 아니고, 그것의 표현적·실존적 기능 때문에도 중요한 것이다. 사실 사물을 기술하고 우리의 감정과 사상을 다른 사람들에게 전달하는 것 외에도, 언어는 다른 사람들에게나 우리 자신에게 우리의 존재의 사실을 증명해 주는 데 기여하기도 한다. 가령 예를 들어 한 사람이 지진으로 말미암아 부서진 흙더미 속에 파묻혀 있다고 하자. 차차 며칠이 지나가게 되고 아무도 도우러 오지 않는다는 느낌을 갖게 되자, 그 사람은 공포와 절망에 사로잡히기 시작한다. 그는 누가 그의 소리를 듣게 되리라는 희망을 가지고 계속해서 소리치고 도움을 청한다. 기아와 갈증으로 기진맥진해져서 그가 이제 더 이상 소리칠 수 없게 되었을 때, 그는 갑자기 구조 대원들의 목소리를 듣게 된다. 그러자 그는 억지로 안간힘을 다해 겨우 들릴락 말락할 정도의 울부짖는 소리를 토해 낸다. 구조 대원들은 그의 소리를 듣고 격려의 말로써 응수한다. 그들은 가까이 오고 드디어 그는 구조된다. 이 경우에 말은 그 자체로서 불안감을 해소시키고 삶에 대한 그의 확신을 회복시키기에 충분한 것이다.

당황감과 절망감은 아무도 말하지 않을 때에도 엄습해 오지만, 너무 소란스럽고 시끄러울 때에도 엄습해 온다. 그런데 이러한 경우에도 우리에게 우리의 존재를 확인시켜 주고 우리의 마음을 진정시켜 주는 것은 어떤 목소리 즉 어떤 친숙한 목소리인 것이다. 군중 속에서 길을 잃은 어린이의 경우를 생각해 보라.… 어떤 순간에 그를 멀리서 부르고 있는 어머니나 아버지의 목소리를 듣는 것만으로도 그 아이에게는 충분하다. 그러면 그는 다시 평정을 회복하고 절망적인 울음은 기쁨의 미소로 바뀌게 된다.

그러므로 말은 나의 존재를 나 자신에게나 타인들에게 표현해 준다. 우리가 여기서 말하고 있는 것은 결코 막연하고 불확실하고 일반적인

---

6) M. Heidegger, *Essere e tempo* (*Being and Time*), tr. it., (Milano: Bocca, 1953), 140면.

증언이 아니라, 명확하고 정확하고 확실한 사실이다. 한 사람이 사용하는 말에서, 우리는 상대방이 농부인지, 선원인지, 상인인지, 변호사인지, 정치인인지, 형사인지(등등)를 쉽게 짐작할 수 있다. 또 환경에 따라서 또는 심리 상태에 따라서 동일한 사람의 말이 달라지기도 한다. 성을 낼 때에 우리는 특별한 음색(音色)을 내게 되고 특별한 유형의 말을 사용하게 되는데, 이것은 우리가 기도할 때에 사용하는 말이나 농담을 할 때에 사용하는 말과는 전혀 다르다. 언어로 하여금 그것을 사용하는 사람의 존재 방식과 완전히 일치하게 하는 것은 특별한 기술 즉 배우의 기술인 것이다. 그러나 배우들이 많은 사람들을 위해 하고 있는 일을, 우리도 우리들 각자인 각기의 인간을 위해서 하는 것이다.

  이처럼 기술적·교제적·표현적 기능들이 언어에 고유한 것이므로, 만일 어떤 이가 다른 기능들을 제쳐 놓고 한 기능에만 특권적 지위를 부여하여 그것을 절대화하고자 한다면 그는 과오에 빠지게 된다. 그런데 그러한 것이 바로 신실증주의자들(그리고 이들에 앞서서 스스로 과학적 방법에 도취되어 버린—비록 신실증주의자들보다는 덜 명백하고 덜 공공연한 방법으로이기는 하지만—모든 근대[현대] 철학자들)이 언어의 (상징적) 가치를 다만 기술적 기능에서만 인정했을 때 범한 과오였다. 사실 우리는 말을 할 때에 (비록 표현의 상징적 의미의 정도는 각기 상이하지만) 언어의 세 가지 기능을 다 사용하고 있는 것이다. 말은 명시적으로는 대상을 지향하고 부수적으로 주체를 지향할 수도 있으며, 그 역도 또한 가능하다. 이리하여 말하는 이 자신을 어떤 방식으로 지시하지 않고서 사실이나 사물이나 사람들에 대해 말한다는 것은 불가능하다. 반대로 우리는 또한 우리 자신을, 즉 우리 자신의 존재, 감정, 욕구, 정열 등을 기술하되 이러한 (주관적인) 것들을 어떤 형태의 객관적·기술적 언어에 의해 지시하지 않고서는 그렇게 할 수가 없다. 개인적 차원이 다만 객관적 차원을 통해서 보다 분명하고 명시적으로 나타나는가 또는 보다 덜 분명하고 보다 덜 명시적으로 나타나는가가 다를 뿐이다. 주의 깊게 듣는 사람이라면 그 두 가지 것들을 추정할 수가 있다. 이리하여 언어학적 차원에서도 객체와 주체는 밀접 불가분한 것이고, 따라서 객관성은 주관성 없이는 있을 수 없고 주관성도 역시 객관성 없이는 있을 수 없는 것이다.

하이데거는 앞에서 언급한 (언어의) 세 가지 기능에 네번째 기능을 첨가하였는데, 그것은 언어가 존재의 질서에 있어서 수행하는 존재론적 기능이다. 하이데거에 의하면, 인간의 언어가 있기 전에도 원초적 언어가 있었는데, 이것은 "존재"가 (그것으로써) 말하는, 그리고 그 자신을 사물들 안에서 나타내 보이는 그러한 말이다. "원초적 언어는 세계의 네 지역(땅과 하늘, 신과 인간)을 그 자신 안에 포함하고, 보존하고, 선사하고, 풍요하게 하며…그것들을 지탱해 주고, 돌봐 준다. 그 자신은 그대로 머물러 있는 채 말이다. 그러므로 그 스스로 존재하는 언어, 즉 사방(四方) 세계의 원초적 언어는 그의 영역 내에, 죽어야 할 존재로서 그 세계의 한 부분을 이루고 있으며 그 원초적 언어에 일치해서 말을 할 수밖에 없는 우리들 인간도 포함하는 것이다. "[7]

6. 종교적 언어

종교적 언어란 인간이 종교적 교제(통교)를 수행하기 위하여 발전시킨 상징적 활동을 말한다. 그것은 다른 상징적 특징들과 더불어 언어의 본질적 특징들을 공유하고 있지만 또한 그 자신의 특수한 성격들도 갖고 있다. 그러므로 종교적 언어를 올바로 기술하기 위해서는 그 안에서 언어 자체에 속하는 일반적 성질을 살펴보는 것으로는 충분하지 않고, 그것에만 고유한 성질들을 찾아내야 할 것이다.

물론 모든 다른 언어들처럼 종교적 언어도 전달적·표현적·기술적이라는 세 가지 기능들을 수행한다. 그러나 이 세 가지 영역은 다른 상징적 활동과는 상이한 상징적 영역을 갖는다. 즉 그것은 더 이상 세속적

---

7) M. Heidegger, *In cammino verso il linguaggio*, 20면.

영역이 아니고 성스러운 영역이다. 종교적 언어를 다른 언어와 외견상으로 구별시키는 것은, 그것으로써 인간이 시·공간과 역사를 초월한 분들—무엇보다도 먼저 신, 그 다음에는 천사들, 그리고 죽은 자들의 영혼들—과 대화를 할 수 있다는(또는 그런 능력을 가진다는) 사실이다. 종교적 언어는 우리가 "하늘 나라"에 사는 분들 또는 "정신적"(영적) 세계와 (또는 그에 대해서) 말하기 위해서 사용하는 언어이다.[8]

종교적 소통("하늘 나라"에 사는 분들과의 통교)을 위해서는 우리는 일반적인 언어와 더불어 어떤 특별한 성질들을 가져야 한다. 즉 표현적 기능에 있어서의 자신의 인격적 연루, 소통적 기능에 있어서의 찬미와 선교, 그리고 기술적 기능에 있어서의 상징성을 가져야 하는 것이다.

자신의 인격적 연루는 언제나 우리 자신이 연루되어 있는 어떤 것을 표현하는 언어인 종교적 언어의 가장 뚜렷한 특징이다. 종교적 언어는 과학적·법률적·정치적 언어들처럼 냉정하고 추상적인 언어가 아니다. 그것은 대상 자체만을 말하는 것이 아니고 말하는 주체가 "영적" 세계에 대해서, 특히 신에 대해서 갖는 관계도 표현한다. 따라서 그것은 반드시 그러한 세계를 대하는 화자의 태도에 대한 어떤 언급을 포함하고 있다. 그리고 그러한 종교적 언어를 사용한다는 것은 신과, 예수 그리스도와, 천사와, 사도들을 믿는다는 것을 의미한다. 그리고 이것이 바로 왜 오늘날 많은 사람들이 더 이상 정신(영적) 세계를 믿지 않으며, 종교적 언어를 사용하기가 그렇게도 어렵고 또 그 정당성을 인정하기가 그렇게도 어려운가에 대한 이유이다.[9]

통교적 기능의 영역에서 종교적 언어는 두 명의 중요한 대화자를 갖는데, 그들은 신(그리고 다른 "영적" 세계의 거주자들)과 인간이다. 우

8) 종교적 언어는 그 기원상으로도 다른 언어들과 구별될 수 있다. 오늘날 널리 지지를 받고 있는 견해에 의하면, 일상적 언어와 여러 가지 형태의 과학적 언어는 전적으로 인간의 작품이다. 그러나 종교적 언어에 대해서는 그렇다고 할 수 없다. 즉 종교적 언어는 (종교인들에 의하면) 언제나 신적인, 초자연적인, 영감적인 기원을 가진 어떤 요소를 포함한다.

9) D.D. Evans, *The Logic of Self-Involvement* (London, 1963) 참조.

리가 신에게로 향할 때에 사용하는 언어는 찬미의 성격을 띠고, 인간에게 향할 때에 사용하는 언어는 선교의 기능을 띠게 된다.

종교적 언어는 신이 우리를 위해 역사적으로 수행한 모든 것에 대한 찬미의 고백이고 "저 엄청난 빛나는 신비"(오토[R. Otto])인 신에 대한 예배이다. 신에 대한 찬미와 예배에서 신자들은 그들의 언어의 개념적 명백성을 희생시킨다. "신을 높이기 위한 특정한 말의 선택을 정당화하는 어떤 연관이 확실히 존재한다. 그럼에도 불구하고 찬미의 행위에 있어서 말은, 그것이 어떤 이유로 사용되든간에, 더 이상 우리 인간이 마음대로 할 수 있는 것이 아니다. 그것은 오로지 신 자신에게 향해져 있다. 이 경우 우리는 그 말이 (보통의 경우와는) 얼마나 다르게 변했는지를 생각하지도 않고, 또 우리의 말과 신 자신의 본질간의 유사성에 대한 이유를 보통의 논리로써 설명할 수도 없다. 오히려 찬미 행위에 있어서 우리의 말은 신에게 바쳐져 있는 것이고, 화자와 신간의 관계와 신의 구체적인 행위의 체험만이 (불확실하게나마) 우리의 말이 어떤 상태에 있었는지를 증명해 줄 수 있는 것이다."[10]

종교적 언어, 그 중에서도 특히 그리스도교적 언어는 모든 인류에 적용되는 구원의 선포를 포함하고 있으며 따라서 모든 사람들에게 전파될 필요가 있다. 이런 까닭으로 종교적 언어는 본질적으로 선교적 특질을 지니게 된다.

종교적 언어에 있어서 기술적 기능의 주된 대상은 신이다. 그리고 이 언어의 상징성은 바로 그러한 의도에서 나오는 것이다.

언어는 인간의 고안물이며, 무엇보다도 이 유한한 세계의 물질적 사물들 즉 가변적이고 불완전한 사물들을 지시하기 위해 인간에 의해 만들어진 수단이다. 그 반면에 우리는 신과 세계 사이에는 건널 수 없는 심연—즉 무한한 질적 차이—이 가로놓여 있다는 것을 알고 있다. 그러므로 우리의 언어는 이 신적 존재를 결코 적절하게 표현할 수가 없

10) W. Pannenberg, *Questioni fondamentali di teologia sistematica* (*Fundamental Questions of Systematic Theology*), tr. it., (Brescia, 1975), 209~210면.

다. 신은 비록 인간적 형상을 취하고 우리와 비슷하게 되었을 경우에도 (예수 그리스도의 경우처럼), 그 분은 여전히 이 세계의 모든 질서를 무한히 초월해 있다. 따라서 그 분 앞에서 우리의 언어는 언제나 전적으로 불완전한 상태에 있게 되는 것이다. 이러한 상황에 묶여 있는 것을 피하기 위해서 그리고 종교적 대상에 가능한 한 접근하기 위해서, 우리는 종교적 언어에 있어서 상징을 많이 사용하게 된다. 이 경우 상징이라는 것은 모상, 비유, 은유, 직유 등의 모든 것을 가리키는데, 인간은 이런 것들로써 (비록 매우 불완전한 방식으로이기는 하지만) "영적" 세계에 사는 분들이 어떤 분들인지, 그리고 그 분들이 어떤 일을 하는지를 설명해 보고자 시도하는 것이다.

상징에 의존한다는 것 자체가 인간을 의인주의의 위험으로부터 구해 주지는 못한다. 즉 끊임없이 모든 종교적 언어를 함정에 빠뜨리고, 많은 사상가들로 하여금 일률적으로 일체의 형식의 종교적 언어 "자체"를 비난하고 스스로를 고요한 신비주의 속에 가두도록 하였던 중대한 위험으로부터 말이다. 이러한 위험을 피할 수 있는 길이 단 하나 있는데, 그것은 종교적 언어에 대한 체계적 비판의 길로서, 이 작업은 인간 언어가 언제, 그리고 어느 정도로 신에 적용될 수 있는지를 정확하게 규정하는 이론인 비유에 의해 행해진다.

7. 결론

앞에서 살펴보았듯이 하이데거는 언어를 존재와의 관련에서 연구하였는데, 그때 그는 존재의 epiphany에서 나오는 원초적(근원적) 언어가 존재한다는 가정에서 출발하였다. 그런데 이 기지가 넘치는 생각은 비판받을 수 있는데, 그 이유는 존재와 언어간의 관계라는 것이 즉각적으로(쉽사리) 밝혀지는 게 아니기 때문이다. 그 반면에 언어와 인간간에는 직접적 관계가 있으니, 그것은 언어는 인간의 문화적 산물이요, 그것도 그 이후의 일체의 문화적 산물을 제약하는 한 근본적 산물이기 때문이다. 그러므로 언어는 인간 존재에 관한 한 epiphanic 한 존재인 것이다. 요컨대 언어 활동에 대한 연구를 통해서 우리는 다음과 같은 결론을 내리게 된다.

1. 언어는 인간을 동물로부터 명확히 구별시켜 준다. 즉 언어는 인간의 지적 우월성을 드러내 주고, 그에게 고도의 사회적인 삶을 살 수 있는 가능성을 부여해 주며, 그로 하여금 자연을 지배하고 이용하기 위한 (동물들에게는 전혀 알려져 있지 않은) 기술을 개발할 수 있도록 해준다. 이따금 우리는 동물의 언어에 대해서 말하기도 하지만 아마도 그것은 매우 부정확한 용어법일 것이다. 그러나 동물의 언어에 대해서 언급할 때, 언어의 기술적 또는 상징적 기능을 표현적 기능과 명백히 구별하는 것이 필요하다. 동물들에게도 (매우 제한된 방법이기는 하지만) 표현적 기능을 수행할 수 있는 언어가 주어져 있지만, 그것은 기술적 기능을 수행할 수는 없다. 동물들에게는 객관성이 결여되어 있으며, "대상"을 기술하고 그에 대한 정보를 교환할 능력도 결여되어 있다.

그러므로 언어 즉 말에 의해, 인간은 동물과는 무한히 떨어져 있는 존재로서, 세계에 대한 보편적이고 객관적인 개방성의 태도에 이를 수 있다. 이 점에 관해서 막스 셸러는 다음과 같은 적절한 논평을 하였다. "원시적인 말은 표현과는 전혀 다른 것이다. 말 안에서 나타나는 전혀 새로운 요소는, 말이라는 것은 표현처럼 체험에 관련되지 않고 무엇보다도 그리고 그 1차적 기능상으로 세계 내의 (객관적) 대상에 향해져 있다는 사실이다. 말은 많은 소리의 감각적 자료와도 또 체험·감정·정서 따위 같은 것들과도 전혀 관계 없는 어떤 것(즉 객관적 대상)을 '지시한다'. "[11]

2. 언어는 인간 존재의 복잡한 본성을 드러내 보여준다. 그것은 (어떤 다른 현상도 그렇게 할 수 없는 것이지만) 인간 존재에 있어서의 물리적인 측면과 개념적·정신적인 측면간의 보호 작용과 상호 의존성을 명

11) M. Scheler, *La posizione dell'uomo nel cosmo*(*Man's Place in Nature*), tr. it., (Milan: Fabbro, 1970), 100~101면.

백히 밝혀 준다. 바르보틴은 이 점과 관련하여, 다음과 같이 분명히 밝히고 있다. "지각될 수 있는 현상이며 소리를 내는 성음으로서의 말은 신체에 관련되어 있고 (그 성질을 과학적으로 연구할 수 있는) 신체적 특성을 갖고 있다. 말이라는 것은 그것을 지탱하는 생명의 숨결이 아닌가? 또는 그것을 다른 사람의 귀에 전달하는 공기가 아닌가? 그러나 말은 또한 그것이 나오는 신체에 완전히 환원되어질 수는 없다. 오히려 말이라는 것은 혼(anima) 또는 영(animus, pneuma)이라는 특수한 의미에서, 숨결인 것이다. 말은 신체와 영혼이라는 두 가지 근원에서 나온다. 또는 육화된 정신, 구체화된 영혼이라는 불가분의 그리고 단일의 근원에서 나오는 것이다. 그래서 말은 가장 본능적인 깊이에 있는 정서를 움직일 수 있는 능력도 있으며 또한 정신의 가장 높은 곳에 이를 수 있는 능력도 갖고 있다. 보다 정확히 말해서 화자의 지능이 살아 있는 물질인 목소리를 내면에서 형성하고, 그것을 각기 구별되는 독립된 말들로 발전시킨다고 할 수 있다. 정신—즉 지능과 자유—이 말을 생겨나게 하고, 그것을 만들어 내고, 그것을 통제하고, 그것을 그의 특권적 수단으로 사용하는 것이다."[12]

3. 마지막으로, 그것의 여러 가지의 현시 형태(무엇보다도 시적인, 신비적인, 그리고 종교적인 형태)를 연구해 본 결과 언어는 현실에 직면할 때 표현 능력의 본질적인 불가 소통성(incommensurability)을 드러내 보여주고, 또 끊임없이 자기 자신을 초월하며, 인간이 말한 모든 것, 말할 수 있는 모든 것을 초월하려는 인간의 경향을 폭로한다. "그 온전한 의미에서 이해되는 언어는 소리의 순수 물리적·감각적 차원을 언제나 초월한다. 발성된 소리와 씌어진 기호의 의미로서의 언어는 순수 감각적인 것을 항상 넘어서는 어떤 것이다. 이렇게 이해된 언어는 그 체제적 본성상 형이상학적인 것이다."

그러므로 인간의 언어를 과학의 테두리 속에 가두려는 시도는 실패하

---

12) E. Barbotin, 앞의 책, 150면.

기 마련이다. 마치 인간 존재를 오로지 과학적인 방법으로 나타내려는 모든 시도들이 잘못되었듯이 말이다. 언어적 인간(homo loquens)을 이해하기 위해서는 과학의 테두리를 넘어서 형이상학의 영역에로 나아가는 것이 필요하다.

⚜ 참고문헌

Antiseri, D., *La filosofia del linguaggio* (*The Philosophy of Language*), Brescia: Morcelliana, 1973; Ayer, A.J., *Language, Truth, and Logic*, New York: Dover, 1936; De Saussure, F., *Corso di linguistica generale* (*Course of General Linguistics*), tr. it., Bari: Laterza, 1968; Flew, A. & McIntyre, A., *Nuovi saggi di teologia filosofica* (*New Essays on Philosophical Theology*), Bologna: Dehoniane, 1971; Foucault, M., *Le parole et le cose* (*The Word and the Thing*) tr. it., Milan: Rizzoli, 1967; Gilson, E., *Linguistique et philosophie* (*Linguistics and Philosophy*), Paris: Vrin, 1969; Gusdorf, G., *La parole* (*The Word*), Paris: PUF, 1968 tr. it., *La filosofia del linguaggio* (*The Philosophy of Language*), Rome: Città Nuova, 1970; Heidegger, M., *In cammino verso il linguaggio* (*Moving Towards Language*), tr. it., Milan: Mursia, 1973; Lopez Quintas, A., *Estrategìa del Lenguaje y manipulaciòn del Hombre* (*The Strategy of Language and the Manipulation of Man*), Madrid: Narcea, 1979; Macquarrie, J., *Ha senso il parlare di Dio?* (*God's Talk*), tr. it., Turin: Borla, 1969; Mondin, B., *Il problema del linguaggio teologico dalle origini ad oggi* (*The Problem of Theological Language From Its Origins to Today*), 제2판, Brescia: Queriniana, 1975; Mondin, B., *Il linguaggio teologico* (*Theological Language*), Rome: Edizioni Paoline, 1978; Van Buren, P.M., *Alle frontiere del linguaggio* (*At the Frontiers of Language*), Rome: Armando, 1977; Wittgenstein, L., *Philosophical Investigations*, tr. eng., Oxford, 1953.

———— ❋제 6 장❋ ————

문화

문화는 언어와 노동과 함께 금세기에 인간의 신비를 보도록 열려진 또 하나의 거대한 창구이다.

확실히 인간은 언제나 문화를 창조해 왔다. 그는 단순한 자연적 존재가 아니고 본질적으로 문화적 존재이기 때문이다. 그러나 이 문제는 최근 수십 년 동안에 비로소 철학적 반성의 주제로 되었던 것이다. 이렇게 된 데에는 두 가지 중요한 이유가 있다. 첫째로는 과학으로서의 문화 인류학의 발전을 들 수 있는데, 문화 인류학은 문화가 문명의 발전에 있어서 그리고 국민 특성의 형성에 있어서 갖고 있는 가치와 기능을 밝혀 냈던 것이다. 둘째로는 얼마 동안(특히 최근에) 서양 문화권을 넘어서 전세계를 강타하였던 세기적 위기를 들 수 있다. 문화가 그 자체 무엇인지, 또 그것이 개인과 사회에 대해 어떤 의미를 가지는지에 대해 보다 철저히 연구하도록 촉진한 것은 무엇보다도 저 가공할 위기였던 것이다.

1. 정의

"문화"는 널리 사용되는 용어로서 엘리트적, 교육학적, 인간학적이라는 세 가지의 의미와 세 가지의 주요 용어법을 갖고 있다. 엘리트적 의미에서의 문화(교양)는 전반적 영역에서나 특정한 영역에서의 많은 양의 지식을 가리킨다. 예를 들어 한 사람이 아주 광범한 과학적·철학적·예술적·문학적 교양을 갖고 있다고 말한다든지, 단지 그는 "매우 교양이 많다"고 말할 때에는 그러한 뜻으로 사용된 것이다. 교육학적 의미에서의 문화(교양)는 인간의 교육, 형성, 개발을 가리킨다. 그것은 그리스어의 paideia로서, 인간(아동, 청년, 성인)이 그 자신의 인격의 온전한 실현과 완성에 이르게 되는 과정을 말한다. 마지막으로 인간학적 의미에서—이것은 금세기에 비로소 형성된 것이다—의 문화는 한 사회 집단, 한 종족, 한 민족, 한 국민을 다른 것들로부터 구별하고 있는 관습, 기술, 가치 등의 총체를 가리킨다. "그것은 한 사회에 고유한 삶의 양식이다."[1]

문화에 대한 마지막의 두 의미, 특히 세번째의 의미가 이 장에서 우리가 관심 있게 다룰 주제이다. 그러나 두번째 의미와 세번째 의미는 서로 밀접하게 연관되어 있다. 사실 문화는 인간 자체의 차원이요 성질이다. 그러므로 우리는 무엇보다도 먼저 문화적 존재로서의 인간을 간단히 다룬 뒤에 한 사회의 영혼으로서의 문화를 보다 자세히 논구하게 될 것이다.

2. 문화적 존재로서의 인간

인간이 단순한 자연적 존재가 아니고 문화적 존재라는 것은 이미 앞에서 여러 번 언급하였다. 이것은 다음과 같은 것을 의미한다. 즉 태어나는 순간에, 자연은 인간에게 인간으로서 최소한도로 필요한 것만을 주었을 뿐이고 그 대신 그에게 문화를 통해 그 자신과 그의 삶을 이룩해 나가고 자기 완성을 해나갈 과제를 부여하였다. 동물이 모든 것을

---

1) R.B. Taylor, *Elementi di antropologia culturale* (*Elements of Cultural Anthropology*), tr. it., (Bologna: Il Mulino, 1972), 27면.

자연으로부터 부여받아서, 그의 생애 동안 그의 DNA 속에 들어 있는 것을 정확하게, 본능적으로, 그리고 기계적으로 수행하는 것 이상의 일을 하지 않는 반면에, 인간은 자연으로부터 무한한 가능성을 지니고 있는 DNA를 부여받고 있다. 자연은 이러한 DNA로써 인간에게 한 기획을 맡기는데, 이 기획을 실천하고 완성하는 일이 인간의 일생의 과제로 되는 것이다.

고전적 철학(플라톤, 아리스토텔레스, 제논[Zenon], 플로티누스 등의 철학)은 인간을 자연적 존재로 보았다. 즉 자연으로부터 주어져 있으며, 거기에서 생물학적 법칙뿐만 아니라 도덕적 법칙도 이끌어 낼 그러한 불변적 본질로 이루어져 있는 존재로 보았다. "자연(본성)에 따라 행하라"는 것은 그리스 철학의 지상 명령이었다. 이것은 확실히 지성의 의지에 대한, 관조의 행위에 대한, 그리고 자연의 역사에 대한 우월성에 입각한 정적인 인간관이다.

그러나 근대 철학은 철저한 방향 전환을 하였다. 근대 철학은 더 이상 인간을 자연의 산물로 보지 않고 오히려 그 자신의 산물로 보았다. 인간은 그 자신의 창조물이다. 이것은 니체, 헤겔, 사르트르, 하이데거와 그 밖의 근대(현대) 철학자들의 주장이다. 그리고 그것은 또한 의지와 자유의 지식에 대한, 실천의 이론에 대한, 실존의 본질에 대한, 역사의 자연에 대한 우월성에 입각한 "역사적" 인간관인 것이다. 도덕적 차원에서는, 자기 자신의 가능성(잠재적 능력)을 실현시키는 것 이외의 다른 명령은 존재하지 않는다.

그런데 이렇게 극단적으로 대립하는 두 입장 사이에 중도적 입장이 있으니, 그것은 인간을 단순한 자연적 존재로도 보지 않고 또 단순한 역사적 존재로도 보지 않으며, 인간을 문화적 존재로 보는 입장이다. 이것은 다음과 같은 것을 의미한다. 즉 인간에 있어서 모든 것이 자연의 산물인 것도 또 역사의 산물인 것도 아니어서, 반쯤은 자연의 것이고 반쯤은 역사의 것인데, 역사와 자연의 이러한 합성체가 곧 문화라고 불리우는 것이다.

인간의 전체가 문화의 작품은 아니다. 인간 존재의 대부분은 자연으로부터 온 것이다. 그의 신체적·생물학적 차원 전체는 자연의 힘들에 의해 직접적으로 산출된 것이다. 모태 내에서 열 달 동안 잉태되어 있다가 빛을 보게 된 저 조그마한 인간은 자연이 그의 부모의 몸 속에 넣어 둔 생식 법칙의 소산이다. 아기건 어른이건 그들을 길러 내는 유기체들과 기능들도 자연으로부터 나온다. 또한 우리가 수행하는 수많은 신체적·정신적 활동들도 자연 법칙에 의존하는 것이다.

그러나 우리가 갖고 있는 것, 또 행하는 것의 대부분은 이미 우리가 한 살이 되었을 때부터 자연의 소산이 아니라 문화적 소산이다. 이것이 인간을 동·식물로부터 명백히 구별해 주는 가장 뚜렷한 특징이다. 전적으로 자연에 의해 만들어지는 다른 생물들과는 달리, 인간은 거의 그 자신의 창조물이다. 식물과 동물이 그들을 둘러싸고 있는 환경에 수동적으로 적응해 있다면, 인간은 자연을 변형하고 변경시켜서 그 자신의 필요에 맞도록 할 수가 있다. 문화는 인간에 대해서 우연적인 어떤 것이 아니라 그의 본성의 일부분을 이루고 있으며 그의 본질의 한 부분을 형성하는 것이다. 과거에는 인간을 다른 존재들(특히 동물들)과 구별하기 위해서 이성, 자유, 언어 등에 의존하였다. 그러나 오늘날에는 인간의 중요한 한 국면, 그의 본질적인 한 차원이 문화라는 것이 일반적으로 이해되어져 있다. 이 문화적 측면이 인간을 특징짓고 있으며, 이성이나 자유나 언어에 못지 않게 인간을 동물로부터 구별짓고 있다고 생각된다. 사실 동물은 문화를 갖지 못하며 문화의 소산도 아니다. 기껏해야 그들은 인간에 의해서 만들어진 문화의 영향을 수동적으로 받아들일 수 있을 따름이다. 성장하고 살아남기 위해서 동물에게는 확실한 본능과 보조 수단들—그것이 공격용의 것이든 보호용의 것이든간에—이 주어져 있다. 그 반면에, "인간은 이러한 모든 것들 대신에, 기관 중의 기관이라 할 수 있는 이성과 손을 갖고 있다. 왜 이성과 손을 기관 중의 기관이라 일컫느냐 하면, 그것들을 사용해서 인간은 자신을 위해 무한히 많은 목적에 쓰일 무한히 많은 종류의 도구들을 만들어 낼 수 있기 때문이다. "[2]

인간은 다음과 같은 두 가지 의미에서 문화적 존재이다. 첫째로는 그가 스스로 자신의 형성의 창조물이라는 의미에서, 그리고 둘째로는 그가 문화를 받아들이는 자요 문화에 의해 큰 영향을 받는 자라는 의미에서 그러하다. 문화는 그것의 두 가지 중요한 의미에서—즉 개인의 형성이라는 주체적 의미와 사회의 정신적 형태라는 객관적 의미에서—개인을 그의 모든 차원에서 그의 모든 능력에 있어서 온전히 실현(완성)함을 그 목표로 삼고 있다. 문화의 1차적 목표는 (교황 요한 바울로 2세도 올바로 강조하고 있듯이) 개인, 즉 인류의 유일하고 되풀이될 수 없는 한 예로서의 인격적 개인을 교화하는 것이다. 인간학적 의미에서 볼 때, 문화의 목표는 언제나 인간을 인격적 존재로, 온전히 발전된 정신적 존재로 만들어서 그로 하여금 창조주가 그에게 부여한 그 기획(의도)을 온전히 실현하도록 하는 것이었다. "조야하고 불완전한 상태의 인간으로부터 온전한 인간, 이상적 상을 나타내 보일 수 있는 그러한 완전한 인간으로 만들어 간다는 것, 바로 이것이 우리의 일생의 작업이며, 우리의 전생애를 바칠 수 있는 거룩한 과제이다. "[3]

문화적 존재로서의 인간은 미리 만들어져 있는 것이 아니고 인간은 그 자신을 스스로의 힘으로 만들어야 한다. 그런데 어떤 기획에 따라서 그렇게 할 것인가? 어떤 모델—그런 것이 있다면 말인데—을 인간은 그의 눈앞에 세워야 할 것인가? 플라톤, 스토아 학자들, 그리고 신플라톤주의자들은 인간의 모델(전형)은 이상적 인간이라고 말하였다. 한편 교부들은 성경을 가리키면서 인간의 전형으로서 신의 모상(imago Dei), 즉 육화된 하느님의 아들이며 위대한 스승인 예수 그리스도를 내세웠다.

바로 여기에서 철학적 인간학의 중요성이 드러난다. 철학적 인간학이

---

2) Thomas Aquinas, *Summa Theologiae*, I, 76. 5 ad 4m.

3) H.I. Marrou, *Storia dell'educazione nell'antichità* (*History of Education in Antiquity*), (Rome: Stadium, 1966).

야말로 인간이 무엇인지를 확정할 수 있으며 인간의 형성(교화)이 그 위에서 이루어질 기획을 설정할 수 있는 유일한 합리적 분과이기 때문이다. 실제로 인간 존재의 본성, 그의 최초의 기원, 그의 궁극적 운명 등에 관계되는 중요한 물음들에 해답을 하는 것은 특수 과학이 아니라 철학적 인간학의 과제이다. 철학적 인간학은 우리가 이미 앞에서도 확증하였고 또 뒤에(제 2 부에서) 보다 체계적으로, 또 보다 엄밀하게 논증하게 되듯이, 인간의 정신적 차원과 그의 영원한 운명을 증명할 수 있는 것이다. 철학적 인간학은 물질에 대한 정신의 우월성, 육체에 대한 영혼의 우월성을 밝혀 내는데, 이것은 인간의 온전한 실현을 목표로 하는 문화의 기획의 기본 노선을 정확히 명시해 주는 핵심적 진리이다. 이 문화적 기획이 타당한 것이 되기 위해서는, 인간 기획은 정신적 차원, 내면적 차원, 그리고 소유의 성장보다는 존재의 성장을 중요시하는 차원에 우선권을 주어야 한다. 이 문제에서는 교황 요한 바울로 2세가 유네스코의 대표자들에게 한 말을 상기하는 것이 좋을 것이다. "문화는 그것에 의해, 인간이 인간으로서 더욱 인간적으로 되고, 더욱더 진실하게 '존재하게' 되며, '존재'(하느님)에게로 더욱 가까이 나아가게 되는 그러한 것이다. 문화는 또한 인간이 무엇인지와 인간이 무엇을 갖고 있는지를, 그리고 그의 존재와 그의 소유를 구별해 줄 중요한 표지가 된다. …인간의 모든 소유물은 문화(교양)에 대해서는 중요하지 않다. 그것은 또한 문화의 창조적 요인도 아니다. 즉 만일 인간이 그의 '소유'의 매개에 의해, 동시에 그의 모든 존재의 차원에서, 그의 인간성을 특징 짓는 모든 점에서 더욱더 인간답게 '존재'할 수 없게 될 때에는 그렇게 말할 수 있다는 것이다."

3. 사회의 정신적 형태로서의 문화

문화는 인간의 본질적 성질인 것 외에도 여러 가지 사회 집단들을 서로 구별해 주고 그것들을 밝혀 주고 특징짓는 요인도 된다. 이리하여

문화는 스페인 사람을 프랑스인, 영국인, 독일인, 중국인(등)으로부터
구별해 주는 징표인 것이다.

문화는 사회의 한 성질로 이해될 때 본질적으로 "사회의 정신적 형
태"로 정의되며, 보다 자세히 풀어서 정의한다면 "개인이 아니라 사회
적 집단을 특징짓고 있는, 인위적인 사물들, 제도들, 삶과 사고의 방식
들의 총체이다.… 문화는 상호 교섭 양식, 제도, 기술적 장비 등에서
구체화된 한 민족의 삶이다. 그것은 (그 민족 고유의) 독특한 개념들,
행위들, 관습들, 전통들을 포함하고 있다.… 이리하여 문화는 한 민족
을 특징짓고 그들을 다른 민족들과 구별시키는 저 모든 사물들, 제도
들, 물질적 대상들, 그리고 상황에 대한 독특한 반응 방식들을 가리킨
다."[4]

문화에 대해 주어졌던 가장 권위 있는 기술적 정의들—즉 문화를 사
회의 정신적 형태로 규정하는 정의—에 대한 분석으로부터 언어, 습
관, 기술 그리고 가치라는 네 가지의 근본적 요소들이 이끌어져 나온
다.[5] 그러므로 문화에 대한 보다 적절한 이해를 얻기 위해서는 이 네
가지 요소들 각각이 문화 전체의 형성에 어떻게 관련되는지를 연구해야

4) W.D. Wallis, *Culture and Progress*, (New York: McGraw-Hill, 1930), 9, 13,
  32면.
5) 말린코브스키와 많은 다른 인류학자들에 의하면 문화를 구성하는 세 가
  지 근본적인 구성 요소가 있는데, 그것들은 경제, 정치 그리고 교육이다.
  이 세 가지 활동으로 사회는 그 자신의 필요에 대처한다. 즉 사회는 경제
  로써 자신의 존속을 위해 필요한 물자를 생산·보존·사용한다. 사회는
  정치로써 사회 집단의 구성원들간의 관계를 통제한다. 그리고 교육으로써
  구성원들을 그 집단의 전통에 의해 신성시되어 온 이상에 따라 훈련하고
  형성한다"(B. Malinkowski, *A Specific Theory of Culture and Other Essays*, Chapel
  Hill, 1944). 이 분류는 만일 문화를 기능적 관점(즉 사회 집단의 필요를
  충족시키기 위한 활동들의 총체라는 관점에서 볼 때에는 옳다. 그러나 우
  리가 존재론적 관점, 즉 문화 자체가 무엇인지를 알려는 관점에서 볼 때
  에는 문화의 본질적인 구성 요소가 언어, 기술, 관습, 가치임을 분명히
  알게 된다.

한다.

a) 언어

무엇보다 먼저 특수적 모국어와 일반적 언어간의 중요한 구별을 생각
해 보는 것이 도움이 될 것이다. 언어는 인간이 말에 의해 그 자신을
표현하고 그의 이웃들과 교제하도록 그에게 자연적으로 주어져 있는
(동물에게는 그렇지 않지만) 기능 또는 능력이다. 이것은 모든 사람에
게, 그들이 속해 있는 국가나 문화와는 관계 없이 일률적으로 주어져
있는 본유적 능력이다. 6)

그와 반대로 모국어는 한 사회 집단에 의해서, 그 집단의 구성원들
사이의 소통을 가능하게 하기 위해 만들어진 특정한 언어적 기호들의
체계이다. 이리하여 프랑스인에게는 프랑스적 국어가, 독일인에게는 독
일적 국어가, 그리고 스페인인에게는 스페인적 국어가 있는 것이다.

물론 언어만으로 문화가 성립하는 것은 아니지만 어쨌든 언어는 필수
적인 것으로서, 문화의 근본적 요소가 되는 것은 역시 언어라고 하겠
다. 언어(모국어)가 없는 곳에서는 사회도 있을 수 없고 민족도 형성될
수 없으며 국가도(따라서 문화도) 발전될 수 없다. 언어는 개인으로 하
여금 그 자신을 넘어서 다른 사람들과 통교하게 하는 중요한 요소이
다. 7) 사회 집단의 형성은 무엇보다도 먼저 언어의 기반 위에서 이루어

---

6) 여기서는 언어의 기원, 본성, 성질, 기능에 관한 복잡한 철학적 문제 안
   으로 들어가지 않으려고 한다. 이에 관해서 우리는 이미 다른 곳에서 충
   분히 다룬 바 있다. 특히 다음의 문헌들에서 다루었다. *L'uomo. Chi è?*
   (*Man: Who is He?*), (Milan: Massimo, 1977); *Il problema del linguaggio teologico*
   (*The Problem of Theological Language*), (Rome: Edizioni Paoline, 1977). 이
   논의에 대해서는 E. Cassirer, *Saggio sull'uomo* (*An Essay on Man*), tr. it.,
   (Rome: Armando, 1968), chapter VIII 참조(특히 여기에서는 언어에 관련
   되는 철학적 문제 전체에 대한 이상적인 개관이 되어 있다).
7) "우리의 이웃과의 관계는 (전적으로 그런 것은 아니지만) 종종 말에 의
   해서 또는 대화에 의해서 이루어진다. 또한 우리가 세계에 대한 특정한
   해석을 언어에 의해서 얻게 된다는 것을 밝히는 것이 중요하다. 사실 우

진다. 즉 프랑스인들은 그들의 모국어인 프랑스어에 근거해서, 독일인
들은 독일어에 근거해서, 폴란드인들은 폴란드어에 근거해서 각기 그들
의 국가를 세웠다.

그러나 언어는 단지 한 문화의 전달적 요소일 뿐 아니라(왜냐하면 언
어는 한 사회 집단의 구성의 1차적 조건인데, 이 사회 집단이 곧 특정
문화의 전달자이기 때문이다), 또한 사회 집단이 그 안에서 직접적으로
자기 자신을, 그리고 자기의 문화를 반영시킬 수 있는 그러한 것이다.
"한 언어는 그 문법적 구조 안에서, 한 민족을 살아 있게 하고 이들에
게 그들에게만 속하는 언어를 말할 수 있게 하는 힘을 부여하는 근본적
의지를 보여준다.… 한 언어 내에서 말하는 자들, 심지어 겨우 알아들
을 수 있을 정도로 중얼거리면서 말하기를 그치지 않는 자들은 민중들
이다. 언어는 사물에 대한 지식에 구속되어 있다기보다는 오히려 인간
의 자유에서 기원된다. 언어는 인간적이다. 그 기원과 그 발전은 우리
의 자유에서 나온다. 언어는 우리의 역사요 우리의 전승이다."[8]

한 사회 집단의 통일화와 특성화의 수단으로서의 언어는 또한 문화적

리가 다른 사람들과 더불어 사용하는 말, 나아가서 우리가 그것으로써 생
각하고 이해하는 말은 사회 속에서 역사를 통해 형성된 언어인 것이다.
언어 속에는 특정한 형식의 사고, 견해, 표상이 전수되어 있으며, 언어
속에 정신적·문화적 전통이 뿌리박고 있다"(E. Coreth, *Antropologia
filosofica* [*Philosophical Anthropology*], tr. it., Brescia: Morcelliana, 1978, 58면).

8) J. Grimm, *L'origine des langues* (*The Origin of Tongues*), Paris, 50면. 그림의
이 저술 안에서는 각 언어가 그 특유의 형태를 갖고 있다는 입장이 대변
되어 있다. 그러나 이러한 일반론을 넘어서 이 형태가 어떤 것인지를 구
체적으로 밝히는 문제에 있어서는 언어학자들의 의견이 갈라진다. 언어는
언제나 다음의 두 가지 기능들, 즉 (현실을 표상하는) 논리적 기능과 (상
호 교제의) 사회적 기능을 수행한다는 것을 고려해서, 사람들은 언어의
특유한 형태를 보통 두번째 기능(즉 사회적 기능)에서 찾았었다. 왜냐하
면 그것은 한 특정의 언어를 사용하는 한 집단의 사회적 조건에 의존한다
고 여겨졌기 때문이다. 이 점에 관해서는 E. Cassirer, *Saggio sull'uomo* (*An
Essay on Man*), 230면 참조.

발전이 시작되는 근원이기도 하다. [9] "일단 통제되어지면, 의사 소통의 수단(언어)은 그 집단의 발전에 기여한다. 사실 인간은 직접적으로 자연적 음성 체계로부터 독립해서, 발전할 수 있는 지식의 전달자로 된다. 언어에 의해 문화는 생물학적 세계의 법칙으로부터 유리된 자율적 기능을 갖게 된다. … 도구가 그의 주위 세계의 도전에 대한 인간의 응답이라면, 언어는 인간 사회 내에서 그의 이웃들—처음에는 단순한 타자(他者)이지만 점차로 인격적 존재로 인정되어지는—에 직면했을 때에 그에게 주어지는 것이다. "[10]

---

9) *L'uomo. Chi è? (Man: Who is He?)*에서 나는 언어와 말의 기원 문제를 취급하였는데, 이것은 플라톤의 시대로부터 오늘날에 이르기까지 철학자들과 언어학자들의 끊임없는 논쟁거리가 되어 온 어려운 문제이다. 원초적 기원을 묻는 다른 모든 문제들에 있어서처럼 여기에서도 확실하게 필연적이고 확정적인 단일의 해답을 찾아내는 것은 불가능하다. 나는 많은 다른 학자들과 더불어, 언어라는 것은 인간의 최초의 창작물들 중의 하나라는 견해, 즉 그의 동료와 의사 소통을 하기 위해 자연 속에 이미 현존해 있는 소리들 즉 바람, 물, 강, 천둥, 비, 새, 그리고 다른 동물들로부터 나오는 소리들을 이용함으로써 만들어진 것이라는 견해를 공유한다. 그런 뒤에 물론 그는 말소리를 보다 분명히 나타내는 법을 배운 후에 다른 소리들을 만들어 냄으로써, 조금씩 조금씩 서서히 사회 집단의 언어의 보고를 풍요하게 하였던 것이다.

따라서 나는 슈펭글러의 "처음에 언어는 생명의 무의식적 표현이었으나 점차로 발전되어서, 기호의 의미에 관한 공감(共感)에 근거한 의식적인 소통 기술로 되었다"는 입장에는 동조할 수 없다. 슈펭글러는 계속해서 다음과 같이 말한다. "근본적으로는 각 인종은 하나의 커다란 신체이고, 각 언어는 하나의 단일한 커다란 생명체—이것이 많은 개체들을 결합시킨다—의 형식인 것이다"(O. Spengler, *Tramonto dell'occidente* [*Decline of the West*], tr. it., Milan: Longanesi, 1978, II, 811면). 여기에는 특히 슈펭글러의 사상의 이상주의적·활력론적 기초, 즉 그의 철학에서 가장 취약하고 가장 논란이 많은 점이 되는 한 특징이 잘 나타나 있다. 그러나 나는 슈펭글러가 "인종과 언어를 함께 연구해서 그 둘 사이의 부단한 상호 작용을 알아 내지 않고서는 인종도 언어도 근본적으로 이해할 수 없다"고 한 결론에는 찬동한다(같은 책, 812면).

언어는 (문화의 모든 다른 근본적 요소들처럼) 한 개인이 발명한 것이거나 만들어 낸 것이 아니고 사회 집단 전체의 창조물이다. 그것은 그 집단 자체의 작품이다. 그리고 모든 다른 작품들처럼 언어도 그것을 만들어 낸 자의 성격, 재능, 관심, 이상, 감정 등을 나타낸다. 왜냐하면 그 창조자가 그 사회 집단 전체를 위해 그 언어를 만들어 냈기 때문이다.

개개의 낱말이 그렇듯이 언어 전체도 두 가지 측면을 갖고 있는데, 우리는 그것을 각각 물질적 (또는 물리적) 측면과 정신적 측면으로 부를 수 있다. 물질적·물리적 측면은 음성 (또는 활자화된 문자)에 의해 나타난다. 그와 반대로 정신적 (또는 상징적·의미론적) 측면은 의미에 의해 나타난다.

사회 집단은 그 자신과 그의 영혼을 언어의 물질적·물리적 측면에서도 또 그 정신적·상징적 측면에서도 반영한다. 물리적 측면에 관해서 본다면, 달콤하고 부드럽고 명백하고 분명한 소리들을 가진 언어들(예를 들어, 이탈리아어와 일반적으로 신라틴 계통의 언어들)이 있는가 하면 또 거칠고 무뚝뚝하고 부정확한 소리들로 이루어져 있는 언어 (예를 들어 독일어)들도 있으며, 자음이 주도적으로 되어 있는 언어가 있는가 하면 모음이 주도하는 언어도 있다(등등). 이러한 물질적 차별들은 중요하며, 각기의 언어들을 사용하는 민족들의 심리학적 차이성을 나타낸다. 그러나 한 사회 집단의 성격적 특성은 언어의 물질적 측면에서보다는 그 의미론적·상징적 측면에서 더욱 잘 나타난다. 즉 예를 들어 어떤 특정한 의미의 현존 또는 결여나, 그 언어의 일상적 용법이 어떤 특정한 이익이나 관심을 위해 주로 사용된다거나 그렇지 않다는 것으로부터, 우리는 그 언어를 사용하는 사회 집단의 특성을 짐작할 수 있는 것이다. 이리하여 한 사회 집단의 언어의 일상적 용법을 세심하게 분석함으로써 그 문화를 밝혀 낼 수가 있다. 즉 거기에 나타나 있는 것이 기

---

10) E. Boné, "Du biologique au culturel" (From the Biological to the Cultural), in *La civiltà delle macchine* (*The Civilization of Machines*), (1980), 26면.

초적인, 철학 이전의, 신화적 문화인가, 또는 과학적인, 기술적인, 인도주의적인, 소비적 문화인가를 밝혀 낼 수가 있다.

슈펭글러는 그의 세계사―이것은 거대한 문화들로 구성되어 있다―의 철학에서 농부의 언어와 문명의 언어의 구별을 매우 중요시하였다. 농부의 언어는 "도시가 없는 농촌 지역의 언어로서, '영원하고', 역사적 대사건의 영향을 거의 받지 않으며, 그 뒤에 문명 사회에 의해 문자로 기록되지 않는 방언의 형태로 보존되며, 다만 서서히 그리고 거의 알아차릴 수 없을 정도로 변천할 따름이다."[11] 문명의 언어는 "문명을 갖고 있는"[12] 문명인들의 언어로서, 슈펭글러에 의하면 "귀족과 성직자의 세계에서"[13] 형성된 것이다.

그런데 문화 인류학자들은 슈펭글러의 이러한 생각이 전적으로 자의적이라는 것을 증명해 내었다. 사실 "영원한 언어"라는 것은 존재하지 않는다. 아프리카나 오세아니아의 가장 오래 되고 가장 원시적인 문화의 언어조차도 그 역사와 그 발전 과정을 나름대로 갖고 있으며, 그 나름대로의 높은 문화 수준에 도달해 있는 것이다. 비록 현대 서구의 기술적·과학적인 면에서가 아니라 하더라도 적어도 인도주의적 면에서는 그렇다고 할 수 있다.

어쨌든 이 장에서 우리가 하고자 기도하였던 과제에 대해서는 슈펭글러의 구별도, 또 문화 인류학자들이나 언어학자들의 구별도 우리의 관심사가 되지 못한다. 우리의 목적은 언어가 문화의 전달자들 또는 지주들 중의 하나라는 것을 확정하는 것이었다. 그리고 이 점은 우리가 확

---

11) O. Spengler, 앞의 책, 887 면.

12) 같은 책, 877 면.

13) 같은 책, 같은 면. 슈펭글러는 모든 문화의 언어를 두 가지 유형으로 세분하였는데, 그 중의 하나는 사제적(司祭的) 언어로서 그의 판단에 의하면 지성적·추상적·비현실적인 것이요, 다른 하나는 기사적(騎士的) 언어로서 살아 있고, 구체적이고, 역사와 더불어 변천하는 것이다. 그런데 모든 문화 내에서 이 두 가지의 언어는 어느 시기에 새로운 언어인 경제적 언어에 의해 압도당한다(같은 책, 880 면).

실히 증명하였던 바이다. 즉 우리는 앞에서 다음과 같은 것을 확실히 알 수 있었다. 즉 첫째로 한 사회 집단의 문화는 그 집단이 자신의 언어를 발명해 내는 순간부터 그 자신의 발전의 길을 걷게 된다는 것, 둘째로 언어는 문화와 더불어 함께 성장한다는 것, 셋째로 한 민족의 영혼이라고 할 수 있는 문화는 언어 속에서 (비록 완전히 명백하게는 아니지만) 온전히 표현(반영)된다는 것 등을 확정할 수 있었다. 어쨌든 언어는 한 사회 집단의 문화를 해독하고 해석하는 열쇠인 것이다. 언어는 문화 일반의 중요하고 근본적인 상징이자 그 중요한 수단이다.

b) 관습

언어 자체가 어떤 특정한 문화를 생겨나게 할 수는 없다. 즉 동일한 언어를 사용하면서도 상이한 문화들을 가지고 있는 많은 민족들이 존재한다(예를 들어 영국인, 캐나다인, 아일랜드인, 미국인, 오스트레일리아인은 모두 다같이 영어를 사용한다).

그러므로 특정한 문화를 생성하게 하는 데에는 다른 요소들도 필요하다. 그 중 가장 중요한 것 그리고 객관적 의미에서의 모든 문화의 정의들 안에 반드시 나타나는 것은 습관 또는 관습이다. 모든 것에는 관습이라는 것이 있다. 즉 음식, 의복, 자녀 교육, 노인 부양, 성 생활, 종교적 신앙, 사회적·정치적·경제적 조직 등에서 관습이 존재한다. [14]

모든 문화에서 관습의 범주를 만날 수 있다. 그리하여 테일러는 다음과 같이 말하였다. "모든 문화는 그것들의 구성 요소로 되어 있는 현상들의 일반적 범주에서는 유사하다. 사실 모든 문화는 기술적, 경제적, 사회적, 정치적, 법률적, 종교적, 미적, 오락적, 교육적이라고 분류될

---

14) 관습의 범위는 믿을 수 없을 만큼 넓다. 그리하여 "어떤 인류학자도 어느 주어진 문화의 모든 개개의 다양한 관습들을 구체적으로 이해할 방법을 찾아내지 못하였다. 그리고 일반적으로 그 전체를 기술할 수 있을 만큼 단순한 문화는 존재하지 않는다고 주장되어진다"(R.B. Taylor, 앞의 책, 38면).

수 있는 관습들을 갖고 있다. 인류학자들은 언제나 그러한 의미에서 문화의 보편적인 유형이 존재한다고 말하는데, 이 개념은 그들이 관습을 분류하기 위해 사용하는 도식 안에서 명백히 나타난다. 모든 문화적 현상이 그것에 따라 분류될 수 있는 보편적 범주들이 존재한다는 데 대한 가장 명백한 증거는, 인간은 어디에서 태어나든지간에 비슷한 생물학적·생리학적 특성을 가지고, 비슷한 자연적 환경 내에서 태어난다는 사실이다. 그러나 물론 흔히 환경이나 생물학적 조건이 집단간에, 그리고 지역간에 다를 수도 있는데, 이것도 물론 문화적 다양성을 부분적으로 설명해 주겠지만, 이것보다는 역시 인구 통계학적 압력, 인구의 분포, 역사, 그리고 문화적 발전이 다른 요인들에 미치는 영향들이 작용함으로써 문화적 다양성을 설명해야 할 것이다."[15]

그러므로 비록 모든 민족들에서 관습의 일반적 분류의 가능성을 볼 수 있다고 하더라도, 행해지고 있는 관습들이 역시 개개의 사회 집단에 따라 다르다는 사실을 변경할 수는 없다. 인간의 보편적 본질에 대해 일어나는 일이 관습에 의해 행해지는 것이다. 개인들이 이 관습을 각기 상이한 방식으로 실행하듯이, 개개의 사회 집단도 그 자신의 발전과 보존을 위해 필요로 하는 이 경제적, 법률적, 학문적, 정치적, 종교적 관계에 대해 스스로 해석을 가하고 스스로 질서를 부여한다. 한 민족의 삶의 양식, 삶을 이해하고 삶에 마주하는 그들의 방식, 그들의 비전과 각종의 현실(즉 국가, 사회, 그리고 성스러운 것의 영역 등)에 대한 그들의 태도 등이 구체화되고 표현되는 것은 그러한 특수성 안에서이다. 습관과 관습은 행위 일반에 관련되는 것으로서, 다만 최소한의 경우에만 직접적으로 도덕적 질서의 범주 아래에 들어간다.

문화의 한 중요한 국면인 정서적 국면이 드러나게 되는 것은 무엇보다도 관습에 의해서이다. 그런데 이 국면은 근대(현대) 철학자들과 인류학자들에 의해 거의 언제나 무시되어 왔다. 왜냐하면 그들은 다같이

---

15) R. B. Taylor, 앞의 책, 67면.

계몽주의와 실증주의로부터 물려받은 주지주의적 편견에 오염되어 있기 때문이다. 그러나 이 정서적 국면은 내가 이미 말했듯이, 그 누구에 의해서도 무시되어서는 안 될 (인간의 본질적인) 국면인 것이다.

우리는 인간이 단지 이성이나 사고, 이론, 사변인 것만이 아니고, 동시에 또한 상상, 감정, 의지, 자유, 정열, 사랑이기도 하다는 것을 알고 있다. 이것은 사회 집단에 대해서도, 또 이 집단의 형식 또는 그 영혼─이것이 곧 문화이다─에 대해서도 타당하다. 문화는 이론, 기술, 예술, 사회 구조, 정부, 법률 등으로만 이루어져 있지 않고 동시에 열망, 정열, 습관 및 이상과 같은 요소들도 포함하고 있다. 이 정서적 국면은 무엇보다도 관습에 의해 증명된다. 한 민족의 고귀함이나 비천함을 드러내 주는 것도 관습이요, 다른 민족들과 대화를 하고 그들을 도와주려는 성향을 갖고 있느냐 그와 반대로 이기주의적 성향을 갖고 있느냐, 폭력적이고 교만한 성향을 갖고 있느냐 또는 인내적·친화적 태도를 갖고 있느냐, 자선적 심성을 갖고 있느냐 아니면 탐욕적 심성을 갖고 있느냐, 성실한 마음을 갖고 있느냐 아니면 경박한 심성을 갖고 있느냐의 여부를 알 수 있는 것도 관습을 통해서이다. 한 민족의 마음은 그들의 관습 속에서 나타난다. [16)]

윌리스(W.D. Wallis)의 문화에 대한 정의에서 이미 나타나 있듯이, 한 문화를 다른 문화와 구별해 주는 관습은 개인의 관습이 아니라 그 전집단에 공통된 관습이다. 인류학자들은 문화적 차원의 습관을 "그 집단의 습관"이라고 부르는데, 보통 사람들은 그것을 "관습"이라고 한다.

---

16) "19세기 중엽 이래로 인류학은 분석적 경향을 가진 학자들, 즉 문화에 대한 연구를 물리학과 수학과 같은 자연 과학으로 변형시키고자 희망했던 학자들에 의해 지배되어 왔다. 그들은 꾸준히 문화의 인상주의적·종합적·미적 국면들을 최소화해 나가는 반면에 그것의 단편적·조직적·기능적 국면들은 과장해 나갔다. 그러나 그 본성상 주지주의적 의미로는 이해될 수 없는 감각적·미적 경험의 국면도 존재하는 것이다"(E. Leach, *Cultural Culture* [*Culture / Cultures*], 268면에 재인용).

c) 기술

각 사회 집단은 그 자신의 언어와 관습 외에 또한 작업을 하기 위한 특별한 수단, [17] 즉 환경의 요구와 인간의 능력, 그의 창의력, 그의 문명 정도와 그 민족의 과학적 수준에 상응하는 수단을 개발한다.

인간적 집단은 아무리 원시적이라 할지라도, 도구나 그릇이나 무기 또는 그 밖의 일용품들을 돌이나 나무나 흙(등)으로부터 만들어 내고 또 그것들을 사용하기 위해 특별한 기술들을 사용하는 것을 결코 소홀히 하지는 않는다.

기술이란 랄랑드(A. Lalande)의 정의에 의하면, "유용하다고 여겨지는 특정한 결과를 산출하게끔 되어 있는 명확히 규정되어 있고 전달 가능한 수속(절차)들의 총체이다."[18] 기술은 인간이 그의 필요를 충족시키기 위해 고안해 낸 절차들과 도구들이다.

모든 사회 집단은 먼저 그들 자신의 생존을 위해 필요한 기술들, 즉 음식을 획득하고 보존하는 기술들을 고안해 낸다. "우리는 상이한 문화 민족들이 각기 그들의 식량을 얻기 위해 사용하는 중요한 기술들을 서로 구별할 수 있다. 식량을 조달하는 일은 건초나 야생의 과일을 수집하는 것일 수도 있고 때로는 어떤 곤충이나 작은 동물들을 수집하는 것일 수도 있다. 또 다른 식량 조달 기술로는 사냥, 낚시, 농경, 그리고 목축이 있다."[19]

그러므로 기술은 문화 내에서 매우 중요하고 근본적인 지위를 차지한

---

17) 랄랑드는 정당하게도 기술(technique)과 기술론(technology)을 서로 구별하여 사용하였다. 전자는 유용한 결과를 얻기 위해 정해져 있는 과정(절차)들의 총체에 관한 것이고, 후자는 그러한 기술적 과정에 대한 연구에 관한 것이다(A. Lalande, *Dizionario critico della filosofia* [*Critical Dictionary of Philosophy*], Milan, 1971, 909~911면). 그러나 많은 다른 인류학자들(예를 들어 테일러, 콕스 등)은 기술과 기술론이라는 말을 서로 구별하지 않은 채 혼용한다.

18) A. Lalande, 앞의 책, 309면.

19) R.B. Taylor, 앞의 책, 309면.

다. 기술은 특별히 문화의 외적 표현을 규정한다. 기술은 문화의 실천적·응용적 측면을 나타낸다. 그것은 이론적 지식을 자연의 세계, 환경에 적용한 것이다. 문화의 이러한 (실천적) 측면에 의해서도 인간은 지식과 언어와 (그리고 앞에서 보았듯이) 가치의 면에서 그랬듯이, 동물과는 분명히 구별되고 동물을 훨씬 능가한다. 아시모프는 불의 발견에 관해서 다음과 같은 적절한 언급을 하였다. "불의 발견은 확실히 인간의 위대한 승리이다. 그것은 인간을 그의 제한된 힘으로부터 해방시켰으며, 가축들의 힘 대신에 사용되게 되었다. … 이것은 확실히 에너지의 이용면에 있어서의 분명한 물리학적 승리이며, 이 승리는 인간을 다른 동물들과 구별시켜 준다. 다른 동물들은 아무리 영리하다고 하더라도 불을 사용할 엄두도 내지 못한다. 그 반면에 아무리 미개하다고 하더라도 불을 사용하지 않은 인간 종족은 없다."[20]

과학과 기술은 동일한 노선에 따라 발전한다. 즉 자연 법칙에 대한 이론적 지식이 발전함에 따라 자연 자원을 이용하는 인간의 능력도 진보하는 것이다. 이리하여 과학의 역사는 본질적으로 기술의 역사와 일치한다. 과학 이전의 지식의 단계에는 극히 초보적인 기술, 즉 처음에는 손으로 하는 기술과 그 다음에는 장인(匠人)의 기술이 상응한다. 그 이후로 인간은 더 이상 자연이 그에게 주는 것들을 수집하는 데에 만족하지 않고 그 스스로의 힘으로 원하는 것들을 얻기 시작한다. 즉 처음에는 생존에 필요한 것들로부터 시작해서 점차로 온갖 안락한 것들을 얻고자 하는 것이다.[21]

기술의 역사에서 두 가지 큰 시기가 구별되는데, 그 하나는 수공적(手工的) 시대요 다른 하나는 산업 시대이다. 수공적 시대에서는 도구가 사용되었고 산업 시대에서는 기계가 사용되었다. 기계는 자연에 대

---

20) I. Asimov, *La vita e l'energia* (*Life and Energy*), tr. it., (Bologna: Zanichelli, 1970), 12~13면.

21) 인간의 작업의 독창성에 관해서는 F. Fink, *Il gioco come simbolo del mondo* (*Play as the Symbol of the World*), (Rome: Lerici, 1969), 201~206면 참조.

한 과학적 지식의 위대한 승리들 중의 하나이다.

"우리는 지금 역사상, 노동 기술의 급격한 변화의 시기에 있다. 그 변화는 생산의 구조와 효율성에 있어서의 양적 변화(증기 기관, 전력, 석유, 원자력)임과 동시에 노동에 의해 인간과 자연간에 성립하는 관계에 있어서의 질적 변화이기도 하다. 이러한 요소들이 산업 사회의 근저에 있는 바, 농촌 사회까지도 산업 사회의 본질적 특징들 즉 기하학적 성장, 집중화, 합리화, 계층화, 사회화, 도시화 등의 특징들에 의해 영향을 받게 되었다. 인류는 바야흐로 도구의 시대로부터 기계의 시대로 들어섰다."[22]

기술적·과학적 진보는 비록 만인에게 동등한 기계와 생산 제도에로 이르렀지만, 기술의 영역에서의 문화적 차이를 완전히 말살하지는 못하였다. 다같이 사냥을 하고 물고기를 잡고 농사를 짓는 민족들이 각기 상이한 수렵, 어획, 농경의 기술을 발명해 냈듯이, 원자 시대의 국민들(미국인들, 러시아인들, 프랑스인들, 중국인들 등)도 탄소, 석유, 우라늄, 태양열 등을 이용하는 각기 상이한 기술을 생각해 내는 것이다.

결론적으로, 각기의 문화는 일련의 기술의 양식에 의해 특징지어지며, 그것을 소유하고 있는 개인들은 그들이 그러한 문화를 소유하고 있는 사회 집단의 한 부분을 이룬다는 것을 명백히 증명해 주고 있다. 이리하여 어떤 사람이 그림을 그리거나, 글씨를 쓰거나, 요리를 하는 방식으로부터, 우리는 쉽사리 그 사람이 이탈리아인인지 프랑스인인지 러시아인인지, 중국인인지 인도인인지를 알 수가 있다.

d) 가치

사회의 또 하나의 본질적 구성 요소는 가치이다.[23] 이것은 우리가 앞

---

22) M.D. Chenu, "La teologia del lavoro di fronte all'ateismo" (The Theology of Work Before Atheiosm), in *L'ateismo contemporaneo* (*Contemporary Atheism*), (Turin: SEI, 1970), v. IV, 30면.

23) 가치에 대해서 내려진 수많은 정의들 중에서 나는 과르디니의 정의를

에서 이미 분석하였던 문화의 갖가지 정의들 안에서 언제나 발견되었던
요소이다. 사실 각기의 문화는 특정한 행동, 습관, 기술, 사물(동물,
식물 등)들에 대한 각기의 특정한 가치 평가에 의해 특징지어지는 것이
다. 이러한 것들은 그 사회 집단에 대해서는 매우 큰 중요성을 지니는
것으로서, 그 사회 집단에게는 기준, 규범, 이상으로서 타당한 것이다.
이러한 모든 것들이 함께 가치의 영역을 이룬다.

모든 민족은 각기 그들의 가치 의식을 갖고 있는데, 이것은 또한 "그
민족의 지혜"라고 인정되는 것을 이룬다. 이 가치 의식에 의해 각각의
민족은 현실의 적극적 또는 소극적 가치를 다소간에 직관적으로 인식하
며 이러한 현실 앞에서 그들이 어떻게 행동해야 할 것인지를 안다.

모든 문화의 가치의 영역에서 첫째의 서열은 생명(삶)에 돌아간다.
가장 중요한 것은 삶이며, 삶은 최고의 가치인 것이다. 다른 가치들,
예를 들어 평화, 정의, 정직, 미, 지혜, 법 등은 삶(생명)에 종속적인
것이다. 습관, 기술, 언어 등은 방호벽처럼 삶을 에워싸고 있으며 삶을
유지하고 촉진시키는 수단으로서 작용한다. "상이한 사회들에 주어져
있는 자연 환경과 인식적·기술적 수단의 다양성은 자연히 가장 중요한
삶인 기본적 생존—보편적인 절대적 가치를 규정하는 그러한 기본적인
생존—을 위해, 그러한 다양한 가치들 중의 어느 하나를 특권시하여
그들의 모든 삶을 점차 그 한 가지 종류의 가치의 표지 아래에 놓고 다
른 모든 가치들을 그 아래에 종속시키거나 희생시키는 결과로 나아가게
된다."[24]

그러므로 한 사회 집단이 그 자신의 삶을 여러 가지 형태로 영위해

들고 싶다. 그에 의하면 "가치란, 그것에 의해 한 존재가 존재할 만하게
되고 한 행동이 행해질 만하게 되는 그러한 것이다"(R. Guardini, *Libertà,
grazia, destino*[*Freedom, Grace, and Destiny*], 85면에서 재인용). 또 과르디니
는 정당하게도 "모든 가치는 그 자신 안에 그의 핵심적 의미를 갖고 있
다"고 말하였다(같은 책, 같은 면).

24) A. Bausola, *Natura e progetto dell'uomo* (*The Nature and Project of Man*),
(Milan: Vita e Pensiero, 1977), 29~30면.

나가는 방식은 부분적으로는 그것의 물질적인 사회-경제적인 환경적 요
인에 의해 결정되기도 하지만, 그것보다는 라자티 (G. Lazzati)가 말하듯
이 "오히려 인간이 그 자신에 대해서, 그의 기원과 그의 목적에 대해
서, 그리고 자연에 대한 그의 관계에 대해서 갖고 있는 관념에 의해서
대부분 결정되는 것이다. 바꾸어 말하면 한 문화의 근원에서 언제나 발
견되고 따라서 언제나 그 문화의 근본적 요소들을 규정하였던 것은 인
간관이었다. "25)

  문화를 정의하려고 할 때 가치에 대해 어느 정도의 중요성을 인정할
것인가에 대해서 모든 학자들의 의견이 일치되어 있는 것은 아니다. 어
떤 학자들은 가치라는 것은 완전히 제외시켜야 한다고 하고 또 어떤 학
자들은 가치만을 포함시켜야 한다고 말한다. 그 두 경우에 문화의 4가
지 지주들 중의 하나로 가치를 고려하는 관점은 부정되어 버린다.

  어떤 학자들에 의하면 가치라는 것은 너무나도 주관적인 것이기 때문
에 문화의 본질적 요소로 간주될 수 없다. 가치는 관념이고 감정이고
정서적 평가여서 검증하기가 어렵다. 그런데 객관적 의미에서의 문화는
객관적 사실 외에는 그 어떤 것도 고려해서는 안 되는 것이다. 가치를
객관적인 것이 아니라는 이유로 그것을 배제하는 것에 대해서 우리는
테일러와 더불어 다음과 같이 말할 수 있다. 즉 비록 가치가 직접적으
로 감관의 영역에 속해 있지는 않고 따라서 그것은 직접적으로 검증될
수는 없는 것이라는 것은 사실이지만, 그렇다고 해서 가치의 존재 자체
를 부정해서는 안 된다. 왜냐하면 "우리는 사실적 경험에 의해서, 우리
의 행위라든가 제작품 등이 인간의 내면에서 활동하는 관념 (또는 이와
비슷한 것)의 산물이라는 것을 주장하지 않을 수 없기 때문이다. "26)

  다른 사상가들에 의하면, 문화의 한 본질적 구성 요소는 가치이다.
여기에서 문화는 "어떤 유형 (양식)의 삶을 알려 주는 의미들과 가치들

25) G. Lazzati, *Cristianesimo e cultura* (*Christianity and Culture*), (Milan: Vita e
    Pensiero, 1975), 8면.
26) R.B. Taylor, 앞의 책, 32면.

의 총체"[27]로 된다. 그런데 나에게는 이처럼 문화를 전적으로 가치에로 환원시키는 것은 너무 심하다고 생각된다. 확실히 가치는 문화의 영혼이며 중추라고 하겠다. 한 민족이 생각하고 산출하는 모든 것, 그들의 사건들, 그들의 예술적·문학적·종교적 작품들은 가치에서 그 영감을 받은 것이다. 그럼에도 불구하고 기술, 습관, 언어 등이 없이는 문화가 존립할 수 없다는 것이 확실하다. 다른 한편으로 문화의 모든 구성 요소들이 동일한 방식으로 가치를 표현하고 있지는 않다. 즉 명시적인 표현이 있는가 하면 암묵적인 표현도 있으며, 직접적인 표현이 있는 반면에 간접적인 표현도 있다. 이리하여 종교, 법률, 도덕 등에 있어서는 가치가 명시적으로 표명되지만, 그 반면에 기술, 정치, 경제, 그 밖의 많은 경우에 있어서는 가치가 다만 간접적으로 나타나 있을 따름이다.

문화를 가치에 환원시키는 사람들의 주장은 위대한 진리를 포함하고 있다. 즉 그들에 의하면 문화에 통일성과 일관성을 부여하는 것은 가치라는 것이다. 문화란 결코 무정형적(無定形的)인 실체나 여러 작품들의 집합체나 서로 분리되어 있는 원자들의 무더기가 아니라 유기적인 어떤 것이다. 일체의 문화적 표현들(정치, 예술, 종교, 문학, 교육 등)은 그 중심에 단 하나의 원리를 갖고 있는데, 이것은 한 문화가 구현하려는 또는 발전시키려는 기본적·근본적 가치이다. 그 사회 집단의 구성원들은 이 가치에 최선을 다해서 동화하고, 이 가치를 한 세대에서 다음 세대로 전수시키고 발전시키고자 노력한다.[28] 이러한 것은 당연히 참이다. 왜냐하면 만일 인간을 진정한 인간으로 되게 하는 것이, 그리고 한 사회 집단을 진정한 사회 집단으로 되게 하는 것이 문화이며, 또 한 문화에 생명을 부여하는 것이 가치라면, 진정한 가치를 온전히 받아들이

---

27) B. Lonergan, *Il metodo in teologia* (*The Method in Theology*), (Brescia: Queriniana, 1975), 21면.

28) 이러한 견해는 베네딕트(R. Benedict)에 의하여, 문화 인류학의 고전이 된 그의 《문화의 유형들》(*Patterns of Culture*, New York, 1934)이라는 책 속에서, 많은 논증들에 의해 지지되고 있다.

는 것이 진정한 인간과 건실한 사회의 근원이 된다는 결론이 도출되기
때문이다.

가치의 중심적 지위에 대한 이러한 진리는 여러 가지 역사적 시대들,
여러 국가들의 흥망 성쇠의 의미를 각각의 문화가 다른 가치들(예를 들
어 종교적 가치, 미, 정의, 권력, 군사력, 과학 등의 가치들)에 비해
더 힘써 증진시키고 실현하고자 했던 1차적인 근본적인 가치의 관점에
서 이해하려는 부르크하르트(Burkhardt), 후이징거(Huizinga), 모로
(Marrou), 토인비(A.J. Toynbee), 비코(G.B. Vico), 그리고 최근에 들
어 와서 푸코(M. Foucault) 등의 역사가들의 시도들이 정당함을 입증해
준다. 그러나 여기서 가치의 실현의 입장을 중요시하는 역사가들과 사
상가들을 위협하는 두 가지 위험을 주의해 두는 것이 필요하다. 첫째
로, (다른) 사회에 의해 개발되어 왔으며 또 개발되어야 할 다른 중요
한 가치들을 억제할 위험이 존재한다. 둘째로, 가치를 완전히 자율적인
것으로 보려는 위험, "즉 가치와 '문화' 속에서 인간의 존재의 궁극적
의미를 찾으려는 위험이 존재한다. 그때에는 문화를 절대적인 것으로
숭배하려는 태도가 생겨난다. 그때 사람들은 가치의 세계 안에서 인간
의 최고의 그리고 절대적인 목표를 찾고자 한다. 보다 구체적으로 말한
다면 하느님을 향해서 개방되어 있어야 할 가치의 세계가 스스로 폐쇄
되어서 그의 존재가 새로운 노예 상태에 빠져 버린다는 것이다. "29)

여기에서 표면화되는 중요한 문제가 하나 있는데 이것은 지금 당장은
다룰 수 없고 뒤에 가서 보다 본격적으로 다루게 될 것이다. 그 문제는
근본적 가치의 선택 문제이다. 즉 한 가치가 진정한 것인지 아닌지, 그
리고 그 가치가 개인이나 사회 집단 전체가 헌신할 만한 것인지 어떤지
를 어떻게, 무슨 기준에 의해 결정하느냐 하는 문제이다. 예를 들어 절
대적인 평등의 가치가 공산주의자들에 의해 어떤 식으로 추구되어 왔던
가? 또는 그와 반대로 절대적인 자유의 가치가 급진주의자들에 의해

---

29) R. Guardini, 앞의 책, 38면.

어떤 식으로 추구되어 왔던가? 그러한 것들이 정말로 그것들에 모든 다른 가치들을 종속시켜야 할 그러한 1차적인 절대적 가치인가?

여러 가치들이 존재하며 그 중 어떤 것들은 진정한 것이고 다른 것들은 거짓된 것이라는 사실은 잘 알려져 있다(마치 화폐에서처럼 말이다). 또한 모든 가치들이 다 동등한 것은 아니고 가치들의 서열이 있다는 것도 일반적으로 인정되어 있다. 그러나 한 가치가 첫째 자리를 차지하고 다른 모든 것들은 그 아래에 종속된다는 것을 어떻게 확정할 수 있는가?

이 문제는 매우 중요한 것으로서 그것을 해결하기 위해서는 전체적인 인간학적 전망을 갖는 것이 필요하다. 증진시키고 실현시킬 가치의 선택을 결정하는 것은 언제나 인간관인 것이다. 무엇을 행해야 할 것인가, 어떤 행동들을 조장하며 어떤 관념들을 추구할 것인가, 즉 어떤 가치를 실현할 것인가를 확정짓기 위해서는 인간이 무엇인지, 사회가 무엇이며 그 궁극적 목표가 무엇인지, 인간 존재—개인적 차원과 사회적 차원을 포함하는—의 궁극적 의미가 무엇인지를 알아야 한다. 그리고 이러한 것은 우리의 견해로는 과학의 과제가 아니라 철학적 인간학의 과제이다.

4. 문화의 유형학

인류학자들, 역사학자들, 그리고 철학자들이 각자 문화에 대해 나름대로 여러 가지의 구분과 분류를 해보았지만, 나에게는 문화의 완전한 분류는 아직 해내지 못한 것으로 생각된다. 여기서 나는 가장 흔히 쓰이는 분류법들을 몇 가지 간단히 언급하고자 한다. 그것들을 어떤 공통의 카테고리 안에 모은다는 것이 불가능하기 때문이다.

문화 인류학의 개척자들간에 사용되고 있는 한 분류법은 문화를 문자 이전의 것과 문자 이후의 것으로 나누는 것이다. 전자는 문자가 아직 사용되지 않던 문화이다. 과거에는 이러한 문화가 원시적인 것으로 불

리었는데, 이 말은 열등성을 내포하고 있으며 때로는 "그 속에 살고 있
는 사람들은 가장 오래 된 인류 문화를 나타내고 있다는 확신"[30]을 내
포하고 있었다. 그러나 문자 이전의 문화가 반드시 문자 이후의 문화보
다 더 열등하다거나 더 오래 된 것은 아니라는 것을 인류학자들이 증명
해 낸 이후로, "원시적"이라는 말은 더 이상 사용되지 않게 되었다. 그
런데 문자 이후의 문화들은 쉽사리 여러 가지로 세분될 수 있다. 예를
들어 그것은 사용된 문자가 그것에 의해 표현되는 대상과 유사한 것인
가 아닌가에 따라 상형적인 문화와 비상형적인 문화로 구분될 수도 있
고, 또 시간적 관점에서 고대 문화와 근대 문화로 구분될 수도 있으며,
인쇄 문화와 비인쇄 문화로 구분될 수도 있다. 이러한 구분들은 실제로
존재하는 것이며 같은 유형의 문화를 비교 연구하는 데에 유용하게 쓰
일 수 있다.

  사회학자와 인류학자들에게 잘 알려져 있는 또 하나의 구분은 전통적
문화와 도시적 문화의 구분이다. 전통 문화는 그 구성원이 그리 많지
않은 사회 집단의 것으로서, "그 구성원들은 외부인들과 거의 교섭을
하지 않는다. 다시 말해서 그 사회 구성원들의 습관은 매우 유사하다.
그 구성원들은 매우 광범위한 유대 관계에 의해 맺어져 있다. 기술은
비교적 단순하고 경제적 교환은 제한되어 있다. 생산 자체가 대개의 경
우 소비에 맞추어져 있기 때문이다. 사회는 전통에 의해 지배되고 있으
며 사람들은 그들의 문화에 대해 반성하지도, 또 그것을 논의의 대상으
로 삼지도 않는다. 그런데 이와는 본질적으로 반대되는 것이 도시적 문
화에 대해 말해질 수 있다."[31]

  앞에서 보았듯이 슈펭글러는 문화를 농부적(목가적)인 것과 시민적인
것으로 나누었다. 이 구분은 유명한 것으로서 인류학자들에 의해 사용
되었다. 농부적 문화는 시골에서 발전되는 것이다. 반면에 시민적 문화
는 대도시에서 발전되는 문화이다. 이 구분은 앞서의 전통적 문화와 도

---

30) R.B. Taylor, 앞의 책, 63면.
31) 같은 책, 64면.

시적 문화간의 구분과 반드시 일치하지는 않는다. 전통적 문화와 도시적 문화간의 구별은 확연하지만(전통적 문화는 아직 많은 다른 사회들에 대해 알지 못하는 민족들에 고유한 것이다), 그러한 확연한 구별은 농부적 문화와 시민적 문화간에는 그어지지 않는다. 왜냐하면 일반적으로 그 양자가 같은 민족들에 (통시적[通時的]으로 또는 계시적[繼時的]으로) 속하기 때문이다. 한 민족이 통시적 측면에서 고찰될 때에는 농부적 문화가 도시적 문화에 영향을 미치지만, 그 민족이 계시적 측면에서 고찰될 때에는 반대편으로 영향이 미치게 된다. 그리하여 테일러도 이와 같이 말하였다. 시골 사회가 "도시 사회의 영향 아래에 놓이게 되면 전적으로 그것에 의존하게 된다. 농부적 사회의 문화는 비록 그것이 한 부분을 이루고 있는 보다 큰, 그리고 보다 복잡한 사회에 영향을 받고 또 의존하기는 하지만, 비교적 보다더 단순하고 보다더 동질적인 것으로 머물러 있다."[32]

지난 10년간 유행했던 한 구분은 대중적 문화와 전문적 문화의 구분이다. 어떤 점에서 이 구분은 앞서의 두 구분들과 일치한다. 대중 문화에서는 농부적 문화와 전통적 문화에서처럼 단순성, 자발성, 정서, 상상 등이 발견된다. 그러나 전문적 문화에서는 도시적 문화나 시민적 문화에서처럼 상상이나 정서의 여지는 거의 없고 모든 것을 이성의 지배에 종속시킨다. 그러므로 이 문화는 의식이나 신화의 면에서는 빈약하고 종교적 표현의 측면도 미약하다. 그러나 대중적 문화와 전문적 문화간의 구별은 앞서의 두 구별들과 혼동되어서는 안 된다. 왜냐하면 전통적 문화와 도시적 문화간의 구별은 완전히 서로 분리되어 있는(지리상으로나 역사상으로나) 사회 집단들에 관한 것이고 농부적 문화와 시민적 문화간의 구별은 서로 다른 개인들―비록 그들이 같은 국민 또는 같은 민족에 속한다 할지라도(어떤 사람은 농부이고 어떤 사람은 도시 시민인 것이다) 말이다―에 관한 것인 반면에, 대중적 문화와 전문적 문

---

32) 같은 책, 65면.

화간에는 그러한 물리적(명백한) 구별이 지어지지 않는다. 그리하여 언제나 그렇다고는 할 수 없더라도, 적어도 어떤 경우에는 정상적인 사정하에서 전문적 문화의 규칙에 따라 행동을 하는 바로 그 사람이 대중적 문화에 의지할 수도 있는 것이다. 그리고 그 반대의 경우도 있을 수 있다. 즉 정상적으로는 대중적 문화의 기준에 따라 행동하던 사람이 어떤 상황에서 전문적 문화의 규칙에 따라 행동할 수도 있는 것이다.

열띤 논쟁과 오해와 대립의 대상으로 되어 왔던 한 구분은 과학적 문화와 인간적 문화간의 구분이다. 인간적 문화란 인문적 학과 즉 철학, 예술, 문학, 역사 등의 연구를 중요시하는 문화를 일컫는다. 반대로 과학적 문화는 과학적 학과 즉 수학, 물리학, 역학, 천문학, 의학 등의 연구를 중시하는 문화를 지칭한다. 근대 초기로부터 과학의 승리는 철학자들로 하여금 과학의 방법(스피노자와 라이프니츠의 연역적 방법과 베이컨[F. Bacon], 로크, 흄 등의 귀납적 방법)을 가장 인문적인 학문인 철학에조차 적용시키고자 노력하게끔 만들었다. 20세기에 들어와서 "과학적" 교육이라는 학문 분과가 시작되었다. 여기에서는 나는 이 흥미롭고 유익한 학문의 세부에 들어갈 생각이 없다. 나는 다만 (인간과 사회의 일체의 문제들을 수학적·실험적 과학의 지도에 의해 해결할 수 있다고 믿는) 어떤 나라들에 있어서는 "과학적 문화"만이 일방적으로 강조된 채, 인간적 문화(교양)는 폐기되거나 심각하게 저해되고 있다는 사실을 주목하고자 한다. 이것은 매우 중대한 과오로서, 과학의 능력에 대한 과대 평가와 인간과 문화에 대한 잘못된 생각에서 나온 것이다. 즉 인간은 순수 물질적인 것으로 환원될 수 있다고 생각되고, 문화는 자연의 임의적 조작(즉 물질 문화)으로 생각되는 그러한 잘못된 인간관과 자연관에서 나온 것이다. 이제 우리는 인간이 물질적인 것 이상의 존재임을 알고 있다. 왜냐하면 인간은 과학적 탐구에 의해서는 도달될 수 없고 철학적 연구에 의해서만 도달될 수 있는 정신적 차원을 갖고 있기 때문이다. 문화에 관해서 말한다면 문화는 확실히 (자연의 지배, 지식, 이용 등의) 객관적 기능도 갖고 있지만, 그 1차적인 그리고 주요한 목적은 인간인 것이다. 제일 먼저 개발되어야 할 것은 인간이다. 그러므로 문화는 그 목적 (이것은 언제나 인간이다)의 관점에서 보나 그 수단(무엇보다도 먼저 인문 과학 즉 철학과 역사이다)의 관점에서 보나, 인간적인 것일 수밖에 없다. 이른바 과학적 문화는 인간적 문화의 보조자 또는 동반자로서, 이것을 도와주고 촉진시켜 주고 완성시켜 주는 것이다. [33]

주목할 가치가 있는 문화의 두 가지 구분법이 더 있다. 그 중 하나는 문화를 세속적인 것과 종교적인 것 (가톨릭적, 프로테스탄트적, 정통적, 그리스도적, 불교적 등)으로 구분하는 것이다. 엄밀한 의미의 세속적 문화는 그 정신적 영역 (문화)에서 일체의 종교적 표현을 배제하려는 사회 개념을 의미한다. 즉 그러한 문화는 세속화의 기준에 따라 형성되는

---

33) 양 문화간의 논쟁은 1959년에 스노 (C.P. Snow)에 의해 주도되어, 케임브리지에서 열렸던 유명한 회의를 개최하게 하였다. 그 결과는 두 권으로 된 《두 문화와 과학적 혁명》(*Two Cultures and the Scientific Revolution*)이라는 책으로 나왔다. 그 논쟁의 결과는 바로느에 의해 다음과 같이 종합적으로 잘 정리되었다. "현대 교육에서는 인문 또는 인간 교육에 더 중점을 둘 것이냐 또는 과학과 기술 교육에 더 중점을 둘 것이냐 하는 것이 논쟁의 주지였다. 한편으로 휴머니스트들은 가치 감정을 일깨워 주고, 삶에 의미를 부여해 주고, 우리로 하여금 우리 자신의 방향을 잡게 해주고 또 우리가 사용할 수단(과학과 기술을 포함해서)을 올바로 사용하도록 방향을 잡아 주는 궁극적 목적과 목표를 밝혀 주는 유일한 교육으로서의 인문 교육의 우월성을 주장하였다. 그러나 다른 한편으로 과학자들은 과학과 기술 교육의 우월성을 주장하면서 그것들이 수세기 동안 인류 생활을 괴롭혀 왔던, 그리고 현세대에 와서는 점점더 많아져만 가는 문제들을 해결할 수 있을 만큼의 충분한 능력을 기르도록 해준다는 점을 강조한다. 예술과 문예 작품은 그들에게는 기껏해야 오락이나 휴식의 가치밖에 갖지 못한다. 그러한 것들은, 비록 그 자체에 있어서 가치 있는 것이기는 하나, 결국은 인간의 관심을 그의 진지한 문제로부터 돌려 놓게 된다"(F. Barone, *L'età tecnologica* [*The Technological Age*], Milan: Rizzoli, 1974, 28~29면. 스노 경 자신은 휴머니즘적 문화의 편을 강력하게 들었으나, 동시에 20세기의 서구 사회가 두 문화로 갈라진 위기 상황을 비판하였다.

것이다. 그러한 세속화된 문화의 개념에 의하면, 종교적 신앙이 학교 교육이나 정치적 결정이나 헌법의 입법 과정이나 민법의 작성에서 작용하는 것은 절대로 용납될 수 없다. 그 반면에 종교적 문화란 그 정신적 형태의 한 본질적·기본적 요소로서 종교(가톨릭이든, 개신교든, 이슬람교든, 불교든간에)를 포함하는 그러한 사회 개념을 의미한다. 프랑스 혁명에 이르기까지는—그리고 심지어는 그 이후에도—거의 모든 사회들(문자 이전의 사회이든 문자 이후의 사회이든, 농부적인 사회이든 도시적인 사회이든, 고대 사회이든 근대 사회이든간에)은 종교적 문화를 갖고 있었다. 다만 근대 서구 제국만이 스스로 공공연하게 세속적인 문화의 촉진자임을 자처하였을 따름이다.

우리가 주목하고자 하는 또 하나의 주요한 구분은 물질적 문화와 이데올로기적 문화간의 구분이다. 물질적 문화는 사회의 기본 구조 또는 토대, 즉 경제적 기초에 관한 것이다. 반대로 이데올로기적 문화는 그것의 상부 구조(정치, 예술, 종교, 철학, 법률 등)에 관련된 것이다. 마르크스주의자들은 전적으로 전자를 주목하고 있다. 그들의 연구는 "문화의 여러 가지 상부 구조의 체계에 근거해 있지 않다. 미적, 법률적, 도덕적, 종교적, 언어학적 체계들은 다만 2차적 요소로서, 즉 부수 현상으로서 다루어질 따름이다. 물질적 문화의 전문가들인 그들도 이러한 상부 구조적(정신적) 체계들을 제외하거나 무시하는 것은 결코 아니다. 다만 그들은 그러한 상부적 구조물에 대해서 그들이 연구하는 현상이나 문화 일반에 있어서 본질적인 설명적 기능을 용납하지 않을 따름이다.… 전문적인 언명은 아니라고 하더라도 적어도 물질적 문화의 전문가들은 전체적으로 다음과 같은 관점, 즉 물질적 문화를 연구한다는 것은 문화적 사실들에 있어서 인과적 중요성을 그들이 반드시 고려해야 할 물질적 조건들에 부여한다는 것을 의미한다는 관점을 선호하고 있다고 말할 수는 있다. 이것은 어찌하여 사회주의자들, 특히 사회주의 철학자들이 물질적 문화라는 개념을 누구보다 먼저 만들어 냈고 그것에 명칭을 붙였고 그것을 발전시켰고 그것을 유용하게 이용했던가를 설명해 준다. 이것은 또 어찌하여 물질적 문화가 주로 친사회주의적 상황에서 명시되는가를 설명해 준다. 이것을 명백히 인식하기 위해서는 다음의 예 이외의 다른 예를 더 들 필요가 없다. 즉 레닌(W.I. Lenin)은 1919년에, 그리고 그 뒤에는 다른 동구 제국의 입법자들이 물질적 문화 역사 연구소를 설립하고 그 자신들이 마르크스주의자로서 그 연구소를 '역사의 원동력'의 처소로 생각했었던 것이다."[34] 간단히 그리고 결론적으로 말해서 "물질적 문화의 연구는 문화의 설명적 원인으로서, 그 물질적 측면을 연구하는 것이다. 그리고 이것은 어느 정도로 문화의 덜 물질적인 (즉 정신적인) 측면의 상실에 이르게 된다."[35]

우리가 앞에서 다루었던 모든 구분들은 양면적 의미를 지니고 있다. 즉 그것들은 기술적·현상학적·과학적 의미를 가진 것일 수도 있고, 또는 (이따금 그렇게 되듯이) 가치론적·평가적 의미를 가진 것일 수도 있다. 첫번째의 경우에는 그 구분들이 매우 유용하다. 왜냐하면 그것들은 현존하는 문화들을 효과적으로 기술하고 있으며, 그 문화들의 유형, 성질, 법칙, 가치 등을 체계적으로 연구하기 때문이다. 그러나 두번째의 의미에서는 그 구분들은 매우 위험하다. 왜냐하면 그것들은 어떤 편견을 조장하며, 이데올로기적 남용에 빠지며, 부당한 차별화와 자의적인 선호와 불법적인 대립을 빚어 내기 때문이다.

5. 문화에 대한 가치 평가

문화를 가치 평가할 수 있는가? 그리고 그러한 작업이 정당한 것인가? 많은 사람들은 그것을 부정한다. 그러나 우리가 앞에서 살펴본 대다수의 구분들에는 한 판단, 즉 대립된 둘 중 하나를 보다 나은 것으로 여기는 판단이 포함되어 있다. 예를 들어 문자 이후의 문화가 문자 이

---

34) R. Bucaille & J.M. Pesez, "Cultura Materiale" (Material Culture), in *Enciclopedia Einaudi* (*Encyclopedia Einaudi*), 제 4권, 282~283면.

35) 같은 책, 293면.

전의 문화보다, 시민적 문화가 농부적 문화보다, 도시적 문화가 전통적 문화보다, 그리고 세속적 문화가 종교적 문화보다 더 낫다는 식의 가치 판단이 각각의 구분법 안에 암묵리에 들어 있는 것이다.

　그런데 그러한 가치 평가들은 내가 이미 말했듯이 논란의 여지가 많은 것이다. 그럼에도 불구하고, 나는 원칙적으로 문화에 대해 미적 판단뿐 아니라 윤리적 판단을 하는 것이 가능하고 또 허용되는 일이라고 주장한다.

　우리는 앞에서 문화라는 것은 대규모의 인간 이외에 아무것도 아니라는 것을 알았다. 문화란 사회의 영혼이다. 문화는 한 사회 집단이 역사적으로 형성되는 데 있어서 취하는 정신적 형식이다. 그것은 특별히 인간적인 실재이고, 지성과 의지의 그리고 환상과 감정의 소산이다. 그것은 물리적·물질적 현실이 아니라 우선적으로 정신적·도덕적 현실이다. 문화는 물질적 세계의 표현이 아니라 인간, 즉 정신적 차원이 부여되어 있는 도덕적 존재로서의 인간의 표현이기 때문이다.

　그런데 인간은 가치 평가와 도덕적 판단의 대상이므로, 그의 인격적 행위와 그 행위의 소산으로서의 문화(교양)에 대해서 사회로부터의 윤리적 평가를 받게끔 되어 있다.

　그런데 문화에 대한 도덕적 평가는 누가 할 일인가? 한 문화가 좋다, 나쁘다고 말할 수 있는 자는 누구인가? 그러한 판단을 할 절대적인 기준이 존재하는가?

　이 과제는 탐구, 분류, 비교 등의 작업에서 엄밀하게 과학적인 기준을 사용하는 문화 인류학에 속하지는 않는다. 이러한 이유로 문화 인류학자들은 그들이 연구하는 문화들에 대해 도덕적 판단을 내리기를 꺼리거나 반대한다. 그들에게는 일부다처제도 한 문화 현상으로서 일부일처제에 못지 않게 정당하고 미신도 무신론과 더불어 다같은 문화적 현상으로서 적법하며 다신론도 일신론에 못지 않게 정당하다.

　도덕적 판단은 (자연적 윤리의 입장에 서 있는) 철학자들, 그리고 (계시된 말씀에 근거해서 판단하는) 신학자들이 할 일이다. 이들만이

진리와 선의 절대적 기준 즉 모든 사물과 모든 행동—개인적인 것이
든, 사회적인 것이든, 심지어 문화적인 것이든간에—의 선과 진리를
판정할 기준을 갖고 있으며, 또 갖고 있어야만 한다.

그런데 철학자가 한 문화를 판정할 기준을 어디에서 찾을 것인가?
그는 그 기준을 권력, 효용성, 미(美), 진보, 복지 등에서 찾을 것인
가? 많은 사상가들이 이 기준들 중 하나를 택하여 그것으로써 어떤 문
화를 칭찬하거나 비난하였다. 그러나 이 모든 척도들은 문화처럼 광범
하고 포괄적인 실재에 대해서는 너무나 편협하다. 문화가 대규모의 인
간이므로 문화를 평가하고 판단하기 위해 사용되는 척도는 인간이 평가
되고 판단될 때에 사용되는 척도와 같은 것이어야 한다. 그런데 개인적
인간을 판단하는 기준은 정신적·도덕적 가치이다. 왜냐하면 인간이 가
장 중요한 차원인 내면적·정신적 차원에서 그 자신을 실현하는 것은
그러한 가치(정신적·도덕적 가치) 척도에 의해서이기 때문이다. 한 사
회의 문화는 그것이 어느 만큼 그 구성원들의 내적·정신적 성장을 촉
진 또는 저해하느냐에 따라, 윤리적으로 선하거나 악한 것으로 된다.

그러므로 문화와 문화적 기획물들을 판단할 타당한 기준이 존재하는
것이다. 그것은 인간의 진리, 즉 참된 철학적 인간학이다. (보다 정확
히 말해서, 사람이 되신 하느님의 아들, 새로운 종말론적 인간, 즉 예
수 그리스도에 근거해 있는 신학적 인간학이다.)

❀ 참고문헌

Abbagnano, N,. *L'uomo progetto 2000* (*Man: Project 2000*). Rome: Editori Doni,
1980; Barone, F. & Ricossa, S., *L'éta tecnologica* (*The Technological Age*), Milan:
Rizzoli, 1974; Bausola, A., *Natura e progetto uomo* (*Man Project and Nature*), Milan:

Vita e Pensiero, 1977; Bobbio, N., *Politica e cultura* (*Politics and Culture*), Turin: Einaudi, 1977; Cassirer, E., *Saggio sull'uomo. Introduzione a una filosofia della cultura* (*An Essay on Man: introduction to a philosophy of culture*), tr. it., Rome: Armando, 1968; Comes, S., *Responsabilità della cultura* (*Responsibility of Culture*), Florence: Vallechi, 1961; Dawson, C., *Religion and Culture*, London: Sheed & Ward, 1948; Dawson, C., *The Historical Reality of Christian Culture*, Connecticut: Greenwood, 1976; Dempf, A., *Kulturphilosophie* (*Culture Philosophy*), Monaco: Alber, 1923; Derisi, O.M., *Filosofia de la cultura y de los valores* (*Philosophy of Culture and Its Values*), Buenis Aires 1963; Fromm, E., *Avere o essere?* (*Having or Being?*), Milan: Mondadori, 1977; Gilson, E. *La société de masse et sa culture* (*The Mass Society and Its Culture*), Paris: Vrin, 1977; Grabmann, *La filosofia della cultura secondo Tommaso d'Aquino* (*The Philosophy of Culture According to Thomas Aquinas*), tr. it., Bologna: Studio Domenicano, 1931; Guardini, R., *La fine dell'epoca moderna* (*The End of the Modern Era*, Brescia: Morcelliana, 1954; Heilbroner, R., *La prospettiva uomo* (*Perspective: Man*), tr. it., Milan: Etas Libri, 1975; Mondin, B., *Cultura, Marxismo e Cristianesimo* (*Culture, Marxism, and Christianity*), Milan: Massimo, 1979; Mondin, B., *Una nuova cultura per una nuova società* (*A New Culture For a New Society*), Milan: Massimo, 1981; Sciacca, M.F., *Cultura e anticultura* (*Culture and Anticulture*), Turin: Borla, 1969; Spengler, O., *Il tramonto dell'Occidente* (*The Decline of the West*), tr. it., Milan: Longanesi, 1978; Szaszkiewics, J., *Filosofia della cultura* (*Philosophy of Culture*), Rome: Gregoriana, 1974; Tentori, T., *Antropologia culturale* (*Cultural Anthropology*), Rome: Studium, 1966; Taylor, R. *Elementi di antropologia culturale* (*Elements of Cultural Anthropology*), tr. it., Bologna: Il Mulino, 1972; Tillich, P., *Theology of Culture*, New York: Oxford Univ. Press, 1969; Vahanian, M., *La morte di Dio* (*The Death of God*), tr. it., Rome: Ubaldini, 1966; White, L.A., *La scienza della cultura, Studio sull'uomo e la civiltà* (*The Science of Culture. Study on Man and Civilization*), tr. it., Florence: Sansoni, 1978.

---- ❀ 제 7 장 ❀ ----

노동

　앞의 여러 장들에서 우리는 내재적 활동들(즉 그 활동들을 행하는 주체에 직접적으로 향해져 있는 생명, 지식, 자유, 언어, 문화 등)을 연구함으로써 인간의 특성을 분명히 드러내고자 하였다. 그러나 인간은 외재적 활동들(즉 그 활동들의 주체보다는 그의 바깥에 있는 사회의 성장과 발전에 향해져 있는 활동들)에 의해서도 동물과 구별된다. 그러한 외재적 활동들로서는 무엇보다도 노동과 예술을 들 수 있다. 이번 장에서는 이러한 활동들을 연구해 보기로 하자.

　주지하다시피 노동은 인간의 고유한 활동이다. 사실 인간은 노동을 할 수 있는 유일한 존재이다. 노동은 사고나 언어나 자유나 문화 등등처럼, 인간을 동물로부터 구별지어 주는 것이다. 다른 어떤 동물도 이 노동 능력을 천부적으로 갖고 있지 못하다. 노동에 의해서 인간은 그 자신을 위해 그의 생활 환경(집, 도로, 도시 등)을 창조하고, 그 자신의 음식과 의복을 획득하며, 통신·교통·오락 등의 수단을 만들어 낸다. 이리하여 다른 동물들은 언제나 지구의 변덕에 그냥 맡겨져 있는 반면에, 인간은 노동에 의해 자연을 그 자신의 필요와 목적에 맞게 변형시킬 수 있다. 그러므로 노동(특히 개별적 영역에서 작업을 가능하게 하는 특수적 기술들)은 인간의 특별하고 본질적인 차원을 이루며, 따라서 인간 존재에 대해 온전히 이해하자면 그것에 대한 연구는 반드시 필요한 것이다.

이러한 것은 예술에 대해서도 타당하다. 예술도 노동처럼 인간의 배타적 특권이다. 동물은 예술 작품을 창조하지 못한다. 비록 그들도 매우 아름다운 생물들을 생산하기는 하지만, 이 생물들은 자연에 의해 정해진 정확한 유전 인자에 따라 본능적으로 산출된 것이지, 창조적 상상력에 의해 자유롭게 창조된 것은 아니다. 그와 반대로 인간은 (자연에 의해 명해진 계획에 따라서가 아니라 그의 창조적 천재에 의해) 아름다운 작품들 즉 예술 작품들을 순수히 즐거움을 위해, 자유롭게 창조할 능력을 갖고 있다.

1. 정의

《철학 사전》(*Enciclopedia filosofica*)[1]에 의하면 노동은 "유용한 결과를 얻기 위해 행하는 일체의 물질적 · 정신적 활동"이다. 보다 정확히 말해서, 노동(작업)이란 인간이 자신의 필요를 만족시키기 위해 신체와 도구를 사용하여 사물을 변형시키려고 하는 활동—피로를 가져오는—이라고 할 수 있다.

노동을 설명하는 데는 사고, 의지, 행동, 능력 등과 같은 주관적 요소도 필요하고, 물질과 도구 등의 객관적 요소도 필요하다. 즉 "인간의 노동은 의지, 지성, 기질, 성격 등의 내적 조건들과 신체적 · 기술적 · 경제적 · 사회적 요인 등과 같은 외적 조건들의 공동 소산이다."[2]

노동을 인간의 다른 활동들과 구별하게 하는 네 가지 중요한 요인들이 있다.

—노동은 유용한 결과를 목적으로 하는 활동이다(이것은 노동을 미적 쾌락을 지향하는 예술과 구별짓는다).

---

1) First Edition, for the word "work".
2) *Enciclopedia filosofica* (*Encyclopedia of Philosophy*), II, (1829).

―노동은 신체를 움직여서 에너지를 발산하는 것이다(이것은 노동을 다른 내재적 활동과 구별짓는다).

―노동에는 강제와 피로가 있다(이것은 노동을 유희와 구별짓는다).

신체의 모든 기관들 중에서 노동에 대해 가장 중요하며, 노동을 하는 데 가장 큰 기여를 하는 기관은 손이다. "손은 살아 있는 도구이다. 다른 기관들(예를 들어 내적 기관들)은 나의 의지의 통제를 벗어나 있고 (예를 들어 발처럼) 고정되어 있는 운동만을 하지만, 손은 내가 세계를 변형시키고자 할 때 완전히 나의 자유로운 의지의 지배하에 있다. 손은 또한 나의 신체와 구별되어 있는, 생명이 없는 모든 도구들보다 우월하다. 비록 그런 것들이 '손으로 취급하기' 쉬운 것이라고 하더라도 말이다. 나의 손은 온전히 나의 것이며 나의 신체적·정신적 존재 전체와 밀접히 결합되어 있다. 손은 바로 나 자신이다. 나의 의도는 즉각 나의 손으로 전달되고, 그와 동시에 나의 손으로부터 나는 외부 사물들의 저항을 느끼게 되는 것이다. 나의 신체의 모든 기관과 나의 작업장의 모든 도구는 그 모든 것들의 원형으로서 손에 관련되어 있는데, 이 손이 그것들 각각의 가치를 평가하는 것이고 따라서 이런 것들보다 우월한 것이다."[3] 나아가서 "도구는 그것의 근원으로서의 손에 관련되어 있다. 손 자체는 많은 기술들을 행사할 수 있다. 즉 손은 잡을 수 있고, 펼칠 수 있고, 칠 수 있고, 나눌 수 있고, 꽉 쥘 수 있고, 끌어당길 수 있고, 밀 수 있다. 그러나 이러한 다양한 능력들의 각각은 제한되어 있다. 나의 인간적인 힘은 제한되어 있으며, 나의 손은 외부 물체와의 접촉을 필요로 하며, 나의 행동 반경은 좁다. 나의 마음은 나의 손이 직접 할 수 있는 것을 훨씬 초월한 목표를 가질 수 있다. 즉 나의 마음으로 생각되고 의욕되고 선포되고 약속된 일은 그것을 수행할 수 있는 나의 자연적 능력보다 훨씬 큰 것이다. 따라서 나의 손은 말하자면 그 자신을 반성해 보고, 그 스스로 할 수 있는 일의 본성을 평가해 보고, 그

---

3) E. Barbotin, *The Humanity of Man.* tr. eng., (Maryknoll, N.Y.: Orbis Books, 1975), 197면.

것이 얻고자 하는 성과도 평가해 본다. 수동적(手動的) 지능의 이러한 비판적 자기 평가는 나로 하여금 인공적 수단, 즉 그것에 의해 나의 힘을 연장할 수 있고 그 영역을 확대할 수 있으며 내가 원하는 것과 내가 할 수 있는 것 사이의 간격을 좁힐 수 있는 그러한 인공적 수단을 생각해 내고 만들어 내도록 한다. 이러한 인공적 수단이 곧 도구이다. 이 도구들에게는 각각 일종의 손이 갖추어져 있다. 즉 나의 손과 그 도구를 매개해 주는 손잡이 말이다. 그러나 그것은 다만 유비적으로 말해서 손일 따름이고, 그것은 어디까지나 그 자체의 자발적인 운동 능력이 없는, 그래서 나의 손의 명령에 따르는, 나의 손의 시중을 드는, 죽은 사물일 뿐이다."[4]

인간의 기술적 진보는 점점더 완벽해지는 도구들 즉 손으로 하여금 물질을 더 완전히 지배할 수 있도록 해주는 그러한 도구들의 발명에 의해 결정된다. 사실 "우리는 원시인으로부터 문명인으로의 발전 단계들을 인간의 손이 지배하는 물질과 그의 기술의 완전성에 의해 구별하지 않는가? 즉 돌을 깨어서 쓰거나 갈아서 쓰는 단계, 그리고 쇠, 구리, 청동을 각각 사용하는 단계에는 각기 상이한 종류의 인간들이 대응하였다. 손은 인간에게도 또 그의 작품에게도 속해 있다. 만일 손이 인간과 그리고 인간에 의해 형성되는 세계 사이의 살아 있는 매개자라면, 그것은 또한 오늘의 인간과 내일의 인간 사이의 매개자이기도 하다. 이러한 점에서 한 직업을 선택한다는 것은 하게 될 일에 의해 우리가 갖게 될 손의 종류와 우리가 앞으로 될 인간의 종류를 선택하는 것을 의미한다. 인간이 그의 손의 심한 노동으로 자신이 지쳐 버렸다고 생각할 때에도, 그는 또한 그의 그러한 노동으로부터 재생하는 것이다. 그의 존재는 노동 속에서 지쳐 버리기도 하지만 또한 노동을 통해서 재충전되기도 한다. 상실되기도 하지만 회복되기도 한다. 그리고 손은 부지불식중 그 자신의 존재가 다시 살아 나오는 그러한 원천인 것이다. 왜냐하면 모든

---

4) 같은 책, 197~198면.

인간은 그 자신의 노동의 산물이기 때문이다. "5)

셸러가 정확히 말했듯이, 노동의 영역에서의 인간의 동물에 대한 우월성은 (마르크스가 공작인[home faber]이라는 개념으로써 말하였듯이) 인간이 도구를 생산할 수 있다는 단순한 사실에 기인한다기보다는, 도구의 개념을 형성할 수 있는 인간의 고유한 능력에 기인하는 것이다. 이러한 능력은 인간이 어떤 특정한 결과에 단지 손을 사용함으로써가 아니라, 손의 능력을 연장시키고 또 강화시켜 주는 도구를 사용함으로써 도달할 수 있다고 생각하는 것, 즉 특정한 작업을 할 수 있는 특별한 기능을 가진 특정한 도구의 관념(즉 망치, 칼, 숟가락, 재봉틀, 바퀴 등의 관념)을 생각해 내는 능력이다. 우리가 앞에서 문화에 대해 논할 때 살펴보았듯이, 도구, 수단, 기술 등의 발명은 매우 중요한 것이어서 문화의 한 중추적 요소가 되고, 또한 여러 가지 문화들을 구별하는 원리가 되기도 한다. 6)

2. 고전적 사고와 그리스도교적 사고에 있어서의 노동

고전적(그리스적·로마적) 사고에서는 언제나 소극적 노동 개념이 지배하였다. 그리하여 플라톤은 기계적인 예술을 이상 국가로부터 추방하였다(《국가》[Republic] 269 ss). 아리스토텔레스는 모든 노동은 지성을 억제하므로 비천하다고 하였다. 키케로와 세네카는 노동보다는 게으름을 우월한 것으로 찬양하였다. 이러한 노동 경시는 다양한 동기를 가진다. 플라톤의 인간관에서는, 영혼은 인간의 본질인 반면에 신체는 영혼이 그 안에 갇혀서 회개하고, 일하고, 그렇게 함으로써 자신의 죄를 정

---

5) 같은 책, 196면.
6) 셸러에 의하면, 도구는 인간 존재와 자연 안에서의 인간의 지위의 전형적 표현이자 근원적 현상이다. 이에 관해서는 M. Scheler, *La posizione dell' uomo nel cosmo* [*Man's Place in Nature*], tr. it., (Milan: Fabbri, 1970), 106~107면 참조.

화할 곳일 따름이다. 여기에서는 관조적·이론적 생활이 칭송되는데, 이것은 그 뒤의 그리스와 로마 사상가들에 의해 활동적 생활에 비해 결정적으로 우월시되게 된다. 그 당시의 노동의 지루한 신체 작업적 성격은 노동을 전적으로 노예들에게 맡기게 하였다.

그리스도교적 사고에서도 노동에 대한 부정적 평가가 보존되어 있었지만 어느 정도 수정이 가해졌다. 왜냐하면 노동은 정화와 구원의 수단으로 되었기 때문이다. 그러나 손으로 하는 노동은 언제나 비천하고 세속적인 것으로 간주되었다. 따라서 주일(일요일)에는 일을 해서는 안 되었다.

르네상스와 종교 개혁 이후에 일어났던 인간학적 전회에 의해 비로소 새로운 노동관과 노동에 대한 새로운 평가가 대두하게 되었는데, 이제 노동은 인간적 활동의 영역에서 (인간의 발전을 위해서든 그의 영원한 구원을 위해서든) 중요하고 근본적인 어떤 것으로 간주되었다. 노동은 프로테스탄트 사상가들(특히 칼뱅[J. Calvin])에 의해 하늘 나라, 뽑힌 이들의 왕국에 속해 있다는 것을 표현하는 것으로 이해되었다. 볼테르(F.M. Voltaire)와 다른 계몽주의자들은 과학과 기술의 진보를 칭송하였으며, 모든 사람이 각자 문명을 발전시키는 데에 어떤 일을 할 것을 권장하였다. 노동은 인간의 세 가지 큰 악 즉 권태, 악덕, 가난을 없애준다. 근세에 일어났던 고전적 사상에 대한 또 하나의 중요한 혁신은 노동이 더 이상 자연의 단순한 모방으로 생각되지 않고 자연의 지배로 생각되게 되었다는 것, 다시 말해 그것의 온갖 신비를 다 드러내도록 그리고 그것의 모든 에너지를 인간에게 주도록 강제하고 착취해야 할 대상으로 생각되게 되었다는 것이다. 그러한 방식으로 "인간은 점차로 그의 어깨 위에 지워진 운명을 거역하게 되었고, 까마득한 옛날부터 극복할 수 없는 것으로 믿어 왔던 숙명을 벗어나고자 하였다."[7]

---

7) H. De Lubac, *Alla ricerca d'un uomo nuovo* (*In Search of a New Man*), (Turin: Borla, 1964), 20면.

3. 노동의 중요성

노동의 중요성은 오늘날 일반적으로 인정되고 있어서, 노동이 이제 인간의 기본권 중의 하나로 생각되기에 이르렀다. (이리하여 이탈리아 헌법은 노동을 국민의 기본권으로 확정지었다.) 그러나 어떤 의미에서는 노동의 중요성이 세계의 시초 이래로 언제나 인정되어 왔다고 볼 수 있다. 즉 하느님이 아담에게 이마에 땀을 흘리면서 자신의 먹을 것을 조달하도록 명령하던 시점 이래로 말이다. 그러나 산업 시대의 시작 이래로 노동은 순수 수단적 이유로 중요시되었다. 즉 인간의 인격 그 자체의 향상을 위해서가 아니라 인간의 신체적·물질적·물리적 필요를 충족시킬 목적에서 중요시되었던 것이다. 노동은 사회에 대해 중요한 것이었지만, 사회의 모든 구성원들에게 중요한 것은 아니었다. 그것은 사회의 하층 계급이나 노예들에게 떠맡겨져야 할 짐이었다.

노동의 중요성을 측정할 새로운 기준은 산업 시대에 생겨났다. 즉 이 시대에 들어서면서 노동은 인간에게 고유한 활동이요 문화의 본질적 요소라는 사실을 사람들은 깨닫게 되었던 것이다. 이것은 마르크스의 위대한 통찰이었다. 인간, 사회, 역사에 대한 유물론적 해석의 사상가인 그는 노동과 기술을 인간의 가장 중요한 활동으로, 그리고 사회의 기초적 구조로 보았다.

그의 논의에는 매우 잘못된 태도가 있다. 그럼에도 불구하고 노동이 인간과 문화의 현실에 직접적으로 그리고 본질적으로 속한다는 그의 말은 유물 변증법의 테두리 밖에서도 타당하다. 다음과 같은 마르크스의 말은 마르크스의 사상 체계에 동조하지 않는 자들에게도 타당하다. 마르크스는 그의 청년기의 한 저술에서 다음과 같이 말하였다. "동물은 다만 직접적인 신체적 필요의 지배하에서만 생산을 하지만 인간은 그런 필요 없이도 생산을 하고 그의 존재의 자유에서만 진정으로 생산을 한다. 동물은 다만 자기 자신만을 생산하지만 인간은 모든 자연을 재생산한다. 동물의 생산품은 직접적으로 그의 물리적 신체에 속하지만 인간

은 그의 생산품을 자유롭게 대한다. 동물은 다만 그가 속해 있는 종의
규준과 필요에 따라서 (사물을) 생산하지만, 인간은 모든 종 일반의 규
준에 따라 생산할 줄 알며, 각 사물에 대해 각기 그 고유한 규준을 인
정할 줄 안다. 따라서 인간은 미의 법칙에 따라 사물을 생산하기도 한
다. 그러므로 유적 존재로서의 인간은 객관적인 세계의 생산을 통해서
만 자기 자신을 실현한다. 이러한 생산 활동이 그의 특유의 활동적 생
활이다. 그러므로 노동의 대상은 인간의 독특한 삶의 객관화이다. … 그
러므로 소외된 노동이 인간을 그의 생산품으로부터 떼어 놓을 때 그로
부터 떼어 내지는 것은 그의 특유의 삶이요 그의 진정한 유적 객체성이
다. 이 경우에 인간은 동물에 대한 자신의 우월한 입장을 그의 유기적
신체와 자연을 제거하는 불리한 입장으로 바꾸어 버린다. 이와 마찬가
지로 소외된 노동이 인간의 자발성을 저하시키면, 자유로운 사회는 이
에 의해 인간의 독특한 삶을 그의 물질적 생존 수단으로 만든다. "8)

앞의 인용문에서 마르크스가 말한 것은 명백하다. 즉 노동이 인간의
특유한 활동이며 그것은 사고나 언어나 자유처럼 인간을 동물로부터 분
명히 구별짓는 활동이라는 것이다. 그러므로 공작인(homo faber)은 지
성인(homo sapiens), 자유인(homo liber), 의지인(homo volens), 유희
인(homo ludens), 그리고 종교인(homo religious)과 마찬가지로, 그 자
신의 본질 중의 하나를 표현하고 있는 인간 자신인 것이다. 그러나 우
리가 앞에서 인간 자신을 그의 의욕 작용, 사고 작용, 언어 작용의 각
각의 측면과 동일시하지 않았듯이, 여기서도 우리는 인간을 노동의 측
면과 동일시할 수는 없다.

인간적 인격은 자기 자신을 온전히 실현하기 위해서, 그의 모든 측면
을 적절히 그리고 조화롭게 개발하여야 한다. 즉 사고의 차원도 의지의
차원도, 또 언어의 측면도 노동의 측면도 적절하고 조화롭게 발전시켜
야 한다. 인간의 모든 활동의 조화적 실현이라는 이 기준은 개개인에

---

8) K. Marx, *Opere filosofiche giovanili* (*Philosophical Works of Youth*), (Rome:
Editori Riuniti, 1971), 199~200면.

대해서 뿐만 아니라 사회 전체에 대해서도 타당하다. 우리는 인간 사회가 네 가지 요인들 즉 언어, 습관, 기술 및 가치로부터 나오는 그의 정신적 형식(문화)을 갖고 있다는 것을 알고 있다. 이들 네 가지 요소들 모두가 본질적인 것이지만 노동 또한 본질적인 것이다. 노동이야말로 한 사회 집단을 다른 사회 집단으로부터 구별짓는 여러 가지 기술들을 생겨나게 하는 것이다. 그러나 노동(또는 기술)은 확실히 인간의 다른 본질적 요소들보다 더 중요하다거나 더 근본적인 것은 아니고, 따라서 인간의 다른 차원들이나 문화의 다른 기초들을 희생시키면서 그것만을 특권시할 수는 없는 것이다.

4. 노동의 소외

현대 문화의 가장 중대한 과오는 모든 다른 차원들을 심각하게 훼손시키면서까지 기술적 차원만을 일방적으로 발전시켰다는 것이다. 우리는 이 점에 관련하여 많은 항의와 비난을 담은 문헌들을 모을 수 있다. 그 중 현 교황 요한 바울로 2세는 종종 공개적으로 기술의 시도에 대해 항의하였다. 일본의 히로시마에서 행한 한 중대한 연설에서 그는 이렇게 말하였다. "이러한 관점을 피하려는 세 가지 시도들이 있다. 첫번째 것은 기술적 발전을 그 자체 목적으로서 추구하려는 시도인데, 이것은 기술적 발전을 어떤 희생과 대가를 치르고서라도 이룩하려는 것이다. 기술은 자연과 인간 사이의 어떤 독립적인 실재와도 같은 것으로서, 인간으로 하여금 그의 언제나 새로운 가능성을 필연적으로 실현하도록 하는 과제를 부과한다. 마치 우리가 언제나 기술적으로 가능한 것만을 해야 하는 것처럼 말이다. 두번째 시도는 기술적 발전을 끝없는 이익 추구 또는 경제적 확장의 논리와 일치하는 경제적 유용성의 노예로 삼는 것, 그리하여 인류의 공동선은 고려하지 않고서, 그리고 어떤 사람들을 위해서는 이득을 챙기고 다른 사람들은 가난 속에 방치하면서, 기술을 소유의 이데올로기에 봉사하게 하는 것이다. 세번째로 권력의 획득 또

는 유지를 위해 기술적 발전을 사용하려는 시도도 있는데, 이러한 일은
기술이 군사적 목적을 위해 사용되고 다른 민족들을 지배하기 위해 사
람들을 동원할 경우에 일어난다. "⁹⁾

  종교계 바깥에서도 기술의 무절제하고 무분별한 발전에 대해 항의하
고 비판하는 목소리들이 해마다 높아져 왔다. 과학자들, 정치인들, 철
학자들, 역사가들, 교육자들, 그리고 사회학자들이 그러한 항의와 비판
의 목소리를 높여 왔었다. 기술의 일방적인 발전에 강력히 항의한 사람
들 중 마음에 떠오르는 몇 사람을 거명한다면 후이징거, 슈펭글러, 셸
러, 훗설, 틸리히, 과르디니, 베르나노스(G. Bernanos), 하이데거, 프
로이트, 사르트르, 마르쿠제, 프롬, 블로흐, 비트겐슈타인, 먼퍼드
(Munford), 스노, 로렌츠, 무니에, 마리탱, 일리치(I. Illich), 포퍼 등
을 들 수 있다.

  베르나노스의 비판, 특히 《유럽의 정신과 기계의 세계》(*Lo spirito
europeo e il mondo delle macchine*)라는 그의 유명한 저술에서의 그의 비판은
매우 예리하다. 여기 그 유명한 프랑스 사상가의 저술 중 몇 구절을 소
개한다. "기계는 인간의 필요가 아니라 환상의 필요에 따라 발전하여
왔다. 이것이 중요한 점이다. 우리는 정직한 결혼 상담소를 매춘 조직
과 혼동해서는 안 된다. 과학은 기계를 만들어 냈고, 환상은 그것을 남
용하였다. 환상은, 그것이 전(全)지구상에 확장시키고자 하는 한 기업
의 필요 때문에, 과학에게서 언제나 더욱 많은 요구를 한다. … 만일 기
계가 그 자체 목적이 아니고 수단으로 남아 있었더라면, 그것은 인간의
삶을 이처럼 전도시키지는 않았을 것이고, 이처럼 인간의 모든 정력을
몰수하지는 않았을 것이며, 오히려 인간의 삶을 윤택하게 하고 보다 아
름답게 하였을 것이다. 다른 기예(技藝)로부터 그 어떤 것도 찬탈하지
않고서 말이다(왜냐하면 그 자신이 한 기예로 되었을 것이기 때문이
다). 그러나 되풀이해서 말하지만 사실은 보편적인 환상이 기계를 곧장

___
9) *Osservatore Romano* (*Rome Observer*), 25. February, 1981.

그 자신의 권력 확장의 수단으로 보았던 것이다.··· 기계 문명은 당초부터 일종의 갱단으로 생각되었다. 그것은 전세계를 체계적으로 정복하고 그런 뒤에는 세계를 점차적으로 그 자신의 모습대로 만들기 위해 조직되었다."[10] 복지의 이상과 기계의 불행한 결합—이것은 우리 시대의 최고 사제인 국가에 의해 이루어졌다—은 건강하고 튼튼한 아이가 아니라 병들고 기형적인 아이를 낳았다. "언젠가는 역사는 (그때에도 역사를 쓸 사고적 존재가 있게 된다면 말인데) 기계가 지구뿐만 아니라 지구의 주인인 인간도 기형화했다고 말할 것이다. 물론 인간이 기계를 만들었다. 그러자 기계가 인간이 된 것이다. 육화의 신비의 일종의 악마적 전도에 의해서 말이다. 나는 더 이상 인간이 살 수 없는 그러한 세계가 만들어졌음을 본다. 물론 인간은 그 안에서 살아갈 것이다. 그러나 인간 이하의 조건 아래에서 살아갈 뿐일 것이다."[11]

2차 대전 직후에 씌어진 이 글들은 1970년대와 1980년대에 더욱 절실한 현실성을 띠게 되었다. 오늘날에는 베르나노스의 시대보다 한층더 인간이 기술의 노예가 되었다는 것이 명백해졌다. 기술은 단순한 수단이 아니라 그 자체 목적으로서 추구되고 있으며, 점차로 강력화되어 인간으로부터 그 우월성을 박탈하여 그를 종속과 노예 상태로 전락하게 하였다. "인간이 그의 생존을 안정시키려는 수단이 인간을 지배하게 된다. 왜냐하면 인간은 그의 생존의 안정을 이들 수단에 맡겨야만 하기 때문이다. 현대의 인간과 문명과 기술의 특징은, 인간이 그가 사용하는 수단과 그가 발명한 발명품의 노예가 되어 이것들을 위해 봉사해야만 하고, 이것들 자체의 논리에 따라야만 한다는 것이다. 인간이 세계를 지배하기 위해 발명해 낸 수단들이 인간을 지배하는 힘을 얻게 되었는데, 이것은 고대인들이 유한적 사물들로써 만들어 낸 우상 숭배—고대인들은 그러한 사물들을 마치 신적 권능이 가득 차 있는 존재로 보고

---

10) G. Bernanos, *Lo spirito europeo e il mondo delle macchine* (*The European Spirit and the World of Machines*), (Milan: Rusconi, 1972), 54, 55면.

11) 같은 책, 126면.

숭상하였다—에 상응한다고 하겠다."[12]

　그러므로 현대 문화는 기술을 신으로, 그리고 인간을 노예로 만들었
다. 이것은 일리치의 저술《환락》[13]에서 명백히 드러나 있는 명제이다.
일리치에 의하면, 현대 산업주의의 근본적 과오는 인간을 그것의 작업
수단의 노예로 만든 것이다. 이 도구 또는 기술은 인간의 능력을 보조
해 주고 그의 행동 반경을 확장시켜 주되, 그를 노예로도 또 주인으로
도 만들지 않는다. 인간은 그의 힘과 상상력을 고양시키는 기술을 필요
로 하지, 그를 종속시키고 통제하는 기술을 필요로 하는 것이 아니다.
그러므로 산업 문명은 진정한 인간적 필요에 의해 지정되는 것과는 반
대 반향으로 나아간다. 그것의 목적은 공산주의 국가에서든 자본주의
국가에서든 동일한 것으로서, 어떻게 해서든 생산성과 성장을 최대한으
로 높인다는 것이다. 프롤레타리아의 독재와 시장의 독재는 끊임없이
확장되어 가는 산업 체제의 지배라는 동일한 본성을 각자 안에 지니고
있는 두 정치 체제일 뿐이다. 그리고 그 결과는 양쪽의 경우에 다 같
다. 즉 환경의 피폐, 인간의 자유로운 활동을 저해하는 철저한 독재,
모든 사람에게 한 계급에 의해 정해진 생활 방식을 강요하는 극도의 통
제, 부유한 자와 가난한 자간의 사회적 양극화 등은 자본주의 체제나
사회주의 체제에 공통된 결과이다.

　기술의 오용의 불행한 결과 즉 심각하게 불확실하고 이따금 부정적인
성격을 드러내 주는 그러한 결과는 인간에게서 뿐만 아니라, 인간의 노
동과 기술이 사용되는 대상으로서의 자연에서도 나타난다. 이러한 활동
들의 직접적 목적은 인간을 위해 자연을 복종시키는 것이다.

　앞의 몇 장들에서, 우리는 동물들이 그들의 생존을 위해 필요로 하는
일체의 것을 자연 자체에 의해 부여받고 있는 데 반하여 인간은 그의
생존에 필요한 것들을 스스로 조달하여야만 한다는 점에서, 인간이 동

---

12) W. Panneberg, *Che cos'è l'uomo* (*What is Man ?*), (Brescia: Morcelliana,
　　1974), 42면.

13) I. Illich, *La convivialita* (*Conviviality*), (Milan: Mondadori, 1973).

물과 구별된다는 것을 살펴보았다. 동물과는 달리, 인간에게는 자연적인 '환경'이 주어져 있지 않으며, 따라서 그 자신의 행동에 의해 그 자신의 생존 조건들과 세계와 삶의 환경을 창조하지 않으면 안 된다. 이런 까닭으로 그는 프로메테우스적 존재로 되도록 운명지어져 있다. 즉 환경에 대한 적응의 자연적 결여를 제2의 자연인 문화를 창조함에 의해 보상하는 프로메테우스적 존재로 되도록 인간은 운명지어져 있는 것이다. "그러므로 문화는 인간의 '제2의 자연'이고, 인간에 의하여 만들어진 것으로서 그 안에서 인간이 살 수 있는 것이다. … 동물에게 환경이 있다면 인간에게는 문화 세계가 있는 것이다. 즉 자신의 생존을 위해서 인간이 만들고 유지하는 문화의 영역이 있는 것이다."[14]

문화와 자연간의 관계의 역사에서 두 가지 중요한 시기들이 서로 구별되는데, 이것들은 각기 두 가지의 상이한 문화 유형에 대응하는 것들이다. 그 두 시기는 과학 이전의 문화에 대응하는 기술 이전의 시기와 과학적 문화에 대응하는 기술적 시기이다.

기술 이전의 시기(이것은 18세기 말까지, 실제로는 프랑스 혁명에 이르기까지 계속되었다)에 인간은 아직 자연 법칙을 알지 못하였고 따라서 자연의 지배자가 될 수 없었다. 하물며 자연을 자신의 편익을 위해 착취한다는 것은 있을 수 없었다. 인간은 자연으로부터 다만 자연 자신이 그에게 자발적으로 주는 것만을 받아들였다. 그 당시 사람들은 자연에 대해 엄청난 찬탄의 감정을 갖고 있었고 때때로 공포의 감정을 품기도 하였다. 자연은 이 시기의 인간에게는 신성하고 침범할 수 없는 것이었으며, 그 자체 명백하고 확실한 신의 모습을 지니고 있었다. 그리하여 자연의 엄청난 자원은 그렇게 오랜 세월 동안 훼손되지 않고 고스란히 보전될 수 있었다. 바다도, 산도, 강도, 숲도, 들도, 물도, 공기도 변함없이 그들의 아름다움과 순수함과 매력을 보존하고 있었다.

그러나 그 이후의 시대에 과학이 인간에게 자연의 신비를 풀 실마리

---

14) A. Gehlen, *Der Mensch, Seine Natur und seine Stellung in der Welt* (*On Man, His Nature, and His Place in the World*), 제6판(Bonn, 1958), 40면.

를 준 이래로, 인간과 자연간의 관계는 반전되었다. 자연의 시종이었던
인간은 이제 자연의 주인으로 되었다. 그러나 현명하고 신중한 주인이
아니라 어리석고 우둔한 주인, 즉 미친 방탕자로 되었다. 점점더 강력
하고 정교한 도구와 기술로 무장하여, 인간은 이제 자연이 자발적으로
인간에게 준 산물들의 수동적 소비자의 처지에서 자연에 대한 탐욕스런
공격자와 착취자로 되었다. 자연의 거대한 신비를 깨달은 인간은 이제
자연에게 그것의 모든 부와 그것의 모든 재산을 그에게 주도록 강요한
다. 자연에 대한 황홀한 관조자의 처지에서 인간은 스스로 자연에 대한
욕심 많은 정복자로 되었다. "그는 자연을 부수고 재조립하고 이용하고
구성한다. 그리고 이 경우 그는 그 자신과 세계의 절대적 지배자로 되
려는 의지, 즉 더 이상 자연적인 것, 다시 말해서 자연의 원래의 구조
의 계속인 것이 아니고 정신의 자율적 창조인 한 작품을 만들어 내려는
의지에 의해 지도되는 것이다."[15]

기술 시대의 인간은 자연을 공격하여 그것으로부터 철, 탄소, 목재,
석유, 공기, 물 등 모든 것을 탈취한다. 20세기의 인간은 그의 엄청난
과학적·기술적 수단의 힘에 의해 자연에 대한 현명한 관리자이기보다
는 자연에 대한 야만적인 비적(匪賊)으로 되었다.

이러한 새로운 유형의 문화의 결과는 끔찍하고 가공할 만한 것이다.
물질적 측면에서 이것은 계속해서 심각한 에너지(자원)의 위기를 유발
할 것인데, 이 위기는 인류의 장래를 매우 어둡고 불확실하게 하는 것
으로서, 종국에는 이전에 인류를 괴롭혔던 그 어떤 물질적 부족 현상보
다 더 심각한 자원의 부족 현상에 이를 수 있다.

정신적·도덕적 차원에서 기술 문화는 동쪽에서나 서쪽에서나, 자본
주의 세계에서나 공산주의 세계에서나, 도처에서 매우 위험한 가치 혼
란 상태를 야기하고 있다. 자연으로부터 신의 모습(vestigia Dei)을 지워
버리고 난 뒤 인간은 이제 "거칠고 험난한 야만의 숲" 속에서 길을 잃었

---

15) R. Guardini, 앞의 책, 81면.

다. 거기서 인간은 많은 야수들에 둘러싸여, "차라리 죽고 싶을 정도
로"[16] 고된 삶을 살아가고 있다.

이러한 비극적 상황에서 노동에 대한 재검토, 인간에 대한 그것의 의
미와 그것의 가치에 대한 재음미가 필요하다. 노동을 이제 더 이상 치
명적 무기로 되게 하지 않고 인간 기획의 진정한 향상과 실현의 수단으
로 되게 하기 위해서 말이다.

5. 노동의 인격적(개인적) • 사회적 가치

인간의 특별한 활동으로서의 노동은 인간 자신 내에 그 의미와 가치
를 갖고 있다. 왜냐하면 노동은 인간을 위해 있는 것이고 인간이 노동
을 위해 존재하지는 않기 때문이다. 그러나 노동의 가치의 척도가 인간
이라면, 그러한 가치는 받아들여진 인간관, 인간 기획 개념에 따라서
각기 다를 것이다. 인간을 단순히, 특별히 복잡하고 정세한 자연적 존
재로 보는 유물론적 • 역사주의적 인간 개념 또는 인간 기획에서는 노동
은 최고의, 절대적인 가치를 가진 것으로 된다. 왜냐하면 인간의 존재
전체가 노동에 의해 규정되고 결정되기 때문이다. 반대로, 인간을 육화
된 정신으로 보는 인간 기획에서는 노동이 확실히 중요하고 근본적인
활동이기는 하다. (왜냐하면 노동은 인간의 삶의 물질적 조건을 결정하
며 부분적으로는 그 정신적 조건도 규정하기 때문이다.) 그러나 그것이
절대적 가치의 차원으로 높여질 수는 없고 하물며 최고의 가치로 높여
질 수는 더더구나 없다.

우리는 앞의 몇 장들에서 육화된 정신이라는 인간관을 설득력 있게
보이게 하기 위해서, 인간의 정신적 차원의 여러 (그리고 분명한) 표지
들을 거론하였다. 그러나 이번 장에서 노동의 본질에 관해 말한 것도
같은 노선 위에 있다. 즉 노동 안에 동물에 대한 인간의 우월성, 그의

---

16) A. Dante, *Inferno*, I, 5 and 7.

정신적 차원의 징표가 나타나 있음이 입증되었다. 실제로 도구의 발명을 위해서나 노동(작업)을 위해서나, 인간은 그의 고도의 정신적 능력들 전부를 동원시켜야만 한다. 즉 그는 특정한 일을 실현시키고 수행하기 위해, (도구를 발견할) 지능, 자유, 숙고, 그리고 결정(결단) 등의 정신적 능력들을 동원시켜야만 한다.

인간의 (신체적 차원을 넘어선) 정신적 차원의 뚜렷한 증거는 노동이 본질적으로 육화된 정신인 자에 의해 행해진다는 사실, 그리고 그는 그 자신을 실현하기 위해 다른 사람들과 더불어 일하고 함께 협동해야 한다는 사실로부터 나온다. 그러므로 노동은 개인적이고 사회적이라는 이중의 가치를 지니는 것이다.

노동은 개인적 가치를 갖고 있다. 그것이 개인으로부터 나온다는 점에서도 그렇고, 또 그것이 인간을 최종 목표로 삼는다는 점에서도 그러하다. 노동은 인간에, 그의 인간성에 도움을 준다. 왜냐하면 인간은 노동을 통해서 자연을 자신의 필요에 맞도록 변형할 뿐 아니라 또한 자기 자신을 인간으로서 실현하고 그의 인간 기획을 성취하기 때문이다.

다른 모든 문화적 활동들이 그렇듯이, 노동도 사회적 가치를 갖고 있다. 개인이 행하는 노동은 그 자신의 이익 또는 손해를 초래할 뿐 아니라 그가 속해 있는 집단(종족, 시민, 또는 국민)의 이익 또는 손해도 초래한다. 이러한 것은 본질적으로 타재적(외향적)인 (따라서 사고처럼 단지 내재적인 것이 아닌) 노동에 대해서 특별히 타당하다. 노동의 사회적 가치는 이미 교황 비오 9세에 의해 그의 《40주년 회칙》(*Quadragesimo anno*, n. 69)에서 강조되었지만, 현 교황 요한 바울로 2세에 의해 그의 《노동 회칙》(*Laborem exercens*)에서 다시 반복되고 새로이 심화되었다. 거기서 교황은 다음과 같이 말하였다. "노동은 무엇보다도 인간들을 결합시킨다는 특징을 갖고 있다. 그리고 여기에 노동의 사회적 힘 즉 사회를 건설하는 힘이 있다. 확실히 이 사회에서 노동하는 인간들은 어떤 식으로 그들 자신을 결합시켜야만 한다. 생산 수단을 사용하는 사람들이나 그것을 소유하는 사람들처럼 말이다"(n. 20). 그러므로 사유 재산

권—그것이 생산 수단에 관한 것이든 생산된 물품에 관한 것이든간에
—은 노동의 사회적 기능과 사회적 가치의 빛에 의해 이해된다. 사유
재산권은 자본주의자가 생각하듯이 절대적이고 불가 훼손적인 권리로
생각될 수는 없다. "자본주의자들은 생산 수단의 사적 소유의 절대적
권리를, 경제적 생활에 있어서의 불가침적인 '도그마'로서 옹호하고 있
지만 말이다. 노동에 대한 존중의 원리는 이 사유 재산권이 이론상으로
나 실천상으로나 건설적으로 수정되어야 함을 요구한다. 만일 생산 수
단의 총체로서의 자본이 동시에 수세대 동안의 노동의 소산이라는 것이
사실이라면, 이 자본이 이 생산 수단의 총체—이것은 거대한 노동 은
행처럼 보이고, 오늘날의 노동자들이 그것에게 날마다 그들의 충성을
바치고 있다—의 도움에 의해 부단히 창조된다는 것도 마찬가지로 사
실이다"(n. 14).

  인간의 한 활동으로서 노동은 다른 모든 활동들처럼 윤리적 가치를
지닐 수 있다. 즉 노동은 노동을 하는 자의 선한 목적 또는 악한 목적
여하에 따라, 도덕적으로 선한 것으로도 또한 악한 것으로도 될 수 있
다. 예를 들어 한 의약품을 생산하는 행위가 당연히 선한 일은 아니다.
(그 생산품의 질과는 별도로) 도덕적 차원에서 그것은 환자를 치료하기
위해서인가 또는 사람을 독살하기 위해서인가라는 목적 여하에 따라,
선한 것으로도 악한 것으로도 될 수 있다. 가장 비열한 의도와 행위도
있을 수 있고 또한 가장 고상한 의도와 행위도 있을 수 있는 인간 존재
의 깊은 불명확성 때문에, 그의 모든 활동은—노동도 포함해서—불명
확성의 표지를 지니고 있다. 노동이 윤리적 차원에서 선한 것으로 되기
위해서, 그리고 노동이 결국은 노동을 하는 인간의 내적 성장에 도움을
주는 것으로 되기 위해서, 그가 무엇보다도 그의 존재의 깊은 곳에서
도덕적으로 건전해야 할 필요가 있다. 사실 노동의 윤리적 가치는 "복
잡하게 말할 것 없이, 직설적으로 말해서, 노동을 하는 자가 인격적 존
재 즉 인식을 하며 자유로운, 즉 그 스스로 결정을 내리는 그러한 주체
라는 사실에 달려 있다"(n. 6).

인간의 노동의 의미를 전면적으로 이해하기 위해서는, 순수 이성의
빛으로 노동의 개인적·사회적·객관적 특성을 밝혀 주는 일반적인 철
학적 인간학으로는 충분하지 못하다. 그때에는 그리스도교적인 철학적
인간학이 필요하다. 왜냐하면 이 인간학만이 인간에 관한 전면적 진실
을 밝혀 줄 수 있기 때문이다.

"순수" 철학적 인간학에서도 우리는 노동의 중요한 의의가 부각되어
있음을 이미 살펴보았다. 즉 노동이 인간으로부터 나오는 것이며, 인간
의 신체적·정신적 존재의 완성을 목표로 하고 있다는 것을 살펴본 바
있다. 그러나 인간이 신의 모상의 구조 속에서, "신의 아들"의 지위에
있어서 고찰될 때에는, 노동의 이러한 의의는 한층 증대된다.

공작인으로서의 인간은 신의 모상으로서 창조주인 신 (Deus creator)의
숭고한 모습으로 된다. 이러한 진실은 이미 교부 철학과 스콜라 철학에
서 주목되었으며 교황 레오 8세에 의해 그리스도교 사회론의 기초로 되
었고, [17] 현 교황 요한 바울로 2세에 의해서 다시금 그리스도교적 노동
관의 중요한 기초로 받아들여졌다. 교황은 다음과 같이 말하였다. "교
회는 노동이 지상에서의 인간 생존의 기초적 차원이 된다는 것을 확신
한다. …교회는 이미 창세기의 서두에, 노동이 지상에서의 인간 생존의
기초적 차원이 된다는 그의 확신의 근원이 있음을 알고 있다. 그 문헌
의 분석은 우리로 하여금, 그 문헌 속에 (물론 종종 원시적인 표현 방
식으로이기는 하지만) 창조의 신비의 연관 내에서 인간에 관한 근본적
진리가 표현되어 있음을 알게 한다. 그것은 인간을 처음부터 규정하는,
그리고 동시에 지상에서의 그의 삶의 근본 노선—즉 원초적 정의라든
가 원죄에 의해 야기된 신과의 불화 이후 인간과 맺은 창조주의 원초적
계약 등과 관련된—을 결정짓는 진리인 것이다. 인간이 '하느님의 모습
에 따라, …남자와 여자'로 만들어졌을 때, '자식을 낳고 번성하여 땅을
차지하고 그것을 정복하라'고 하느님은 인간에게 말씀하신다. 이 말이

---

17) Leo XIII, *Rerum novarum*, n. 27.

직접적으로 또는 명시적으로 노동에 대해 언급하고 있지는 않지만, 노동은 당연히 그리고 의심의 여지없이 인간에게 땅을 차지하고 지배하는 활동으로서 지정되어져 있다. 사실 이러한 것은 노동 자체의 가장 깊은 본질을 드러내 주는 것이다. 인간은 다른 어떤 이유보다도, 땅을 지배하고 정복하라는 그의 창조자로부터 받은 명령에 의해 신의 모상으로 된 것이다. 이 명령을 수행하는 중에, 인간(모든 인간)은 우주의 창조주 자신의 행위를 반영하게 된다."[18] 계속해서 교황은 말을 이어간다. "하느님의 모상으로 지어진 인간은 그의 노동에 의해 창조주의 사업에 참여하고, 그 자신의 가능성에 따라서 어떤 의미에서는 창조주의 사업을 계속하고 발전시킨다. 즉 창조된 만물 안에 간직되어 있는 부와 가치를 발견해 내는 일에 점점 전진해 나감으로써 말이다.…노동을 통해 인간은 창조 사업에 동참한다는 사상은 다양한 노동을 해석하는 데 있어서 가장 심오한 동기로 되는 것이다."[19]

오늘날의 역사적인 시기에 있어서 노동이 인간에 대해 갖는 의의를 충분히 인식하기 위해서는, 하느님의 모상이라는 인간관도, 또 원죄 이후 신으로부터 멀어지게 된 죄인이라는 인간관도 충분하지 못하다. 오히려 그리스도의 사업에 의해 아버지이신 하느님과 화해된 하느님의 아들이라는 인간관을 가지는 것이 필요하다. 이러한 계명적이고 고양적인 빛 속에서 볼 때, 노동은 (그것이 그 자체 그리스도의 십자가[고난]에 참여하는 것으로서 우리의 구원에 기여한다는 점에서) 성스러운 가치를 지니게 된다. 또 노동은 (그것이 그 자체 그리스도의 부활에 참여하는 것으로서 하느님 나라의 도래에 기여한다는 점에서) 종말론적 가치도 지니게 된다. 교황 요한 바울로 2세는 이 진리를 다음과 같이 표현한다. "인간적인 노동을 통해서, 그리스도교 신자들은 그리스도의 십자가의 의미를 재생시키게 되고, 그리스도가 우리를 위해서 받아들였던 그 속죄의 정신 속에서 그것을 받아들이게 된다. 노동 속에서, 그리스도의

18) John Paul II, *Laborem exercens*, n. 18.
19) 같은 책, n. 25.

부활이 우리를 비추는 그 빛에 의해, 우리는 언제나 새로운 삶과 새로운 선의 빛을, 마치 '새 하늘과 새 땅'—이것은 힘든 노동의 대가로 인간과 세계에 주어지게 된다—의 선포인 것처럼 받아들일 수 있게 되는 것이다. "[20]

하느님의 모상과 하느님의 자녀에 관한 그리스도교적 인간학은 노동의 의미와 가치에 대한 온전한 이해를 제공하는 것을 넘어서 노동의 수행, 기술, 생산 체제, 생산의 산물, 그리고 일반적으로 경제 체제 전반에 대해 타당한 판단을 내리는 데 있어서 가장 올바른 기준을 제시한다. 이 문제에 있어서 가장 으뜸이 되고 궁극적인 기준은 인간 이외의 다른 것일 수 없다. 왜냐하면 모든 노동은 인간으로부터 나오는 것이고, 인간의 해방과 발전을 지향하기(또는 지향해야 하기) 때문이다.

6. 결론

우리는 앞에서 노동과 기술의 차원을 탐구하면서 노동이 인간에게 본질적인 것임을 알았다. 즉 인간은 본질적으로 인식하는 존재이고 의욕하는 존재이며 살아 있는(생명적) 존재이듯이, 그는 또한 본질적으로 노동하는(공작하는) 존재였던 것이다.

그런데 이 차원이 인간의 본성, 그 깊은 존재에 관해서 특별히 무엇을 알려 주는 것인가?

노동은 인간 존재의 어떤 근본적 국면을 밝게 드러내 준다. 신체와 정신을 아울러 갖고 있는 이 존재의 어떤 근본적 국면을 말이다. 사실 노동은 손과 마음 즉 지성적이며 자유로운 정신의 공동 활동이다. 따라서 기술의 발전은 인간 존재의 역사적·역동적 성격을 증시해 준다.

그 본성상 결코 완전한 창조일 수 없는 노동은 바로 그런 까닭으로 창조라기보다는 변형(개조)이요, 따라서 인간의 창조 능력의 한 부분만

---

20) 같은 책, n. 27.

을 증시해 준다. 인간은 어떤 다른 것의 존재를 (신처럼) 무로부터 창조할 수는 없는 존재이다. 그는 기껏해야 개조하고 변형할 수 있을 따름이다. 그러한 작업이 예술 작품이나 기술 제품의 경우처럼 창조적이고 심원한 방법으로 행해진다고 하더라도 말이다.

노동에 대한 우리의 현상학적 연구의 또 하나의 결과는 노동의 영역과 인간의 영역을 가르고 있는 깊은 차이이다. 노동을 통해서 인간은 자신을 표현하고, 자신의 어떤 것(사상과 감정)을 남에게 전하고, 자신의 존재를 형성하고, 이 세계의 현실의 부분들에 동화하며, 이 세계를 부분적으로 이용한다. 그러나 그의 깊은 존재에 있어서는, 인간 노동에 의해 작용하게 되는 실재는 인간의 것이 아니고 인간 존재를 풍요하게 해주는 실재가 아니다. 요컨대 그것은 (프롬의 표현을 빌린다면) 소유의 영역을 이루는 것이지 존재의 영역을 이루는 것이 아니다.

노동의 산물이 반드시 소외적 성격을 갖는 것은 아니지만, 인간에 대해 소외적인 것은 사실이다. 이러한 사실은 기술적 진보를 인간의 문화와 사회 문명의 수준을 평가하는 기준으로 삼는 것이 얼마나 환상적이고 잘못된 것인지를 이해하게 해준다. 진정한 인간적 발전은 인간을 내적(정신적)으로 향상시키는 것이지 그를 기술적 발전처럼 외적으로 발전시키는 것이 아니다.

노동은 인간의 사회적 성격을 나타낸다. 이것은 특히 산업 시대에는 명백하지만, 우리는 그것을 언제나 그리고 어떤 형태의 노동에서도 알수 있다. 인간은 단지 자신만을 위해 일하는 것이 아니라 무엇보다도 다른 사람들을 위해서 일한다.

노동은 인간을 서로 접촉하게 한다. 생산 과정에서도 그렇고 소비 과정에서도 그렇다. 오늘날에는 거의 모든 노동이 공동체 내에서 행해진다. 그리고 생산된 것이 그것을 생산한 사람에 의해서만 사용되는 경우는 극히 드물다.

마지막으로 노동은 인간 존재의 또 다른 한 측면, 즉 그의 계속적인 자기 초월성을 증시한다. 인간은 결코 그의 노동, 그의 기술, 그의 기계에 만족하지 못한다. 그는 끊임없이 그의 차, 그의 비행기, 그의 미사일, 그의 제작 방식을 개선하고자 노력한다. 기술의 모든 측면에서, 인간은 부단히 그 자신을 넘어서고 새로운 수준에 도달하고자 한다. 그는 (닳아 없어지지 않고 망가지지 않는 기계를 생산함으로써) 시간과 물질의 제약을 극복하고자 한다. 그는 끊임없이 영속적인 것, 완전한 것, 영원한 것을 향해 나아간다.

인간 존재에 있어서 이러한 깊은 긴장은 왜 있게 된 것일까? 이러한 긴장을 있게 하고 부추겨 주는 것은 무엇인가?

이 연구의 형이상학적 부분에서 우리는 이러한 중요한 물음들에 대해 해답을 하고자 시도할 것이다.

❧ 참고문헌

Arvon, H., *La philosophie du travail* (*The Philosophy of Work*), Paris: PUF, 1961; Battaglia, F., *Filosofia di lavoro* (*Philosophy of Work*), Bologna, 1951; Caturelli, A., *Metafisica del trabajo* (*Metaphysics of Work*), Buenos Aires: Huemul, 1982; Composta, D., *Lavoro e liberazione* (*Work and Liberation*), Paris 1955 (Chapter IV: "La personne et le travail" (The Person and Work); Negri, A., *Storia antologica della filosofia del lavoro* (*Anthological History of the Philosophy of Work*), Milan, Marzorati, 1979; Phillipe, M.D., *Essai de philosophie, Philosophie du Faire* (*Essay on Philosophy: Philosophy of Action*), Paris: Beauchesne, 1970; Todoli, J., *Filosofia del Trabajo* (*Philosophy of Work*), Madrid 1954; Toesca, J., *La filosofia dell'homo faber* (*The Philosophy of* "homo faber"), Parma: Stadium Parmense, 1968; Voegelin, E., *Il mito del mondo nuovo* (*The Myth of the New World*), Milan: Rusconi, 1970.

제 2 부

인간 존재의 형이상학

제 1 장

자기 초월

인간학의 형이상학적 부분은 인간 존재 자체 즉 이 존재의 궁극적 원인(질료적·형식적·작용적·목적적 원인들, 즉 그의 본성, 원래의 기원, 궁극적 목적)을 다룬다. 인간의 활동에 대한 현상학적·선험적 분석에 의해 얻어진 성과를 고려해서, 형이상학적 연구는 순수 사유의 힘으로 인간 존재의 궁극적 근거에로 다시 상승해 가고자 한다. 이 경우 그것은 다음과 같은 두 가지 목적을 갖고서 그렇게 하는 것이다. 첫째로는 앞의 연구에서 확정된, 인간 활동의 독특한 성질들을 적절하게 그리고 포괄적으로 설명한다는 목적이요, 둘째로는 인간 존재, 즉 인간 존재 전체의 진리(진실)를 찾아낸다는 것, 무엇보다도 이 신비스러운 인간 기획의 의미를 발견해 낸다는 목적이다. 인간이라는 기획은 확실히 모순된 것처럼 보인다. 왜냐하면 그것은 물리적 차원에서는 시간 공간적 한계 내에 갇혀 있으며 역사적 충동력의 지배를 받는 한편, 정신적 차원에서는 이러한 시간, 공간, 역사의 모든 제한들 바깥에, 그리고 그 너머에 있기 때문이다.

현상학적 분석으로부터 나온 가장 유의미하고 중요한 자료들—형이상학적 해석도 여기에서 시작된다—은 다음과 같은 것들이다.

1) 신체성.　　인간의 활동은 언제나 신체적·물리적·물질적인 것

이다. 인간적 활동은 그것의 모든 표현 형태(생명, 지식, 의지, 언어, 문화, 노동 등)에 있어서, 물질적 기관을 통해 발전되며, 감관에 의해 감지 또는 지각될 수 있는 결과로 나타난다.

2) 정신성.   모든 인간의 고유한 활동들은 신체성 외에 정신적 요소를 풍부하게 지니고 있다. 지식, 의지, 언어, 문화, 기술 등에는 언제나 물질의 영역을 벗어나는 어떤 요소가 존재한다.

3) 우월성.   인간의 활동은 동물의 활동에 비해 훨씬, 아니 무한히 우월한 것이다. 이러한 우월성은 인간의 사고, 자유, 언어, 문화, 기술 등에서 잘 나타나 있다.

4) 초월성.   인간의 활동에는 언제나 기존의 것들을 넘어서 나아가려는 끊임없는 긴장이 있다. 넘어서게 하는, 또한 더 나아가게 하는 어떤 추진력이 있다. 특별한 인간 기획의 실현을 위해 노력하면서, 그는 언제나 자신이 아직은 완성되지 못한 상태에 있음을 안다. 이러한 까닭으로 그는 이미 얻어진 성공으로는 결코 만족하지 못하고, 그 자신이 아직 완성되지 못한 상태에 있다고 생각한다. 말하자면 그 자신을 완성시키는 그 작업을 처음부터 다시 시작하려는 강박 관념을 갖게 되는 것이다.

인간적 활동의 이 네 가지 특징들로부터, 우리는 인간 존재에 관련되는 두 가지 중요한 결론을 내릴 수 있을 것이다. 첫째로는 인간은 육화된(신체를 갖춘) 정신이라는 것이다. 왜냐하면 육화된 정신만이 신체적이고 또한 정신적인 활동을 수행할 수 있기 때문이다. 두번째의 결론은, 인간은 무한으로 나아가려는, 개방적이고 미완성된 기획이라는 것이다. 왜냐하면 개방적이고 미완성된 기획만이 인간처럼 끊임없이 그 자신을 초월해 가기 때문이다.

여기 형이상학적 부분에서, 우리는 이러한 진리에 대해 보다 고차적인 개념과 보다 심원한 이해를 얻고자 시도할 것이다. 이러한 목적을 위해서 우리는 무엇보다도 자기 초월의 현상을 검토할 것이다. 인간적 활동의 전형이 되고 특징이 되는 이러한 자기 초월의 의미와 이유를 가능한 한도 내에서 명백히 밝히기 위해서 말이다.

1. 자기 초월의 개념

초월이라는 말은 상승하다, 고양시키다, 건너가다 등을 의미하는 라틴어의 transcendere에서 나온 것이다.

초월의 개념은 경험으로부터 얻어진 것으로서 경험의 영역 내에서는 공간적 관계를 가리킨다. 즉 넘어간다, 위로 간다, 외부로 나아간다 등의 공간적 관계를 가리킨다. 이리하여 우리는 "우리의 한계를 넘어간다"느니 "일체의 한계를 넘어선다"느니, "구름 위로 넘어간다"느니 하는 말을 하는 것이다.

따라서 초월의 개념은 이러한 물질적 용법에서 정신적·추상적 개념으로 전이된 것이라 하겠다. 따라서 우리는 이 개념을 사용하여 실체는 우연적 성질을 초월한다, 정신의 세계는 물질의 세계를 초월한다, 신은 세계를 초월한다, 그리고 영혼은 신체를 초월한다 등등의 언명을 할 수 있다. 최근에 철학에서는 "초월"이라는 개념은 전문적 의미를 갖게 되어 신적 실재를 가리키는 것으로 되었다. 이리하여 "신은 초월자이다"라고 말해지게 되었다.

오늘날 우리는 초월이라는 말을 더 자주 쓰고 있다. 즉 신에게만이 아니라 인간에게도 사용하게 되었다. 이리하여 "자기 초월"이라는 말은 철학적 인간학의 기본적 표현들 중의 하나로 되었다. 이 말은 그것에 의해 인간이 사고하고 의욕하는 모든 것에 있어서, 즉 그가 수행하는 모든 것에 있어서 끊임없이 자기를 넘어서는 그러한 *그*의 성질을 가리킨다.

그런데 초월이라는 개념은 인간에 관해서 사용될 때는 두 가지 중요한 유형으로 구분되는데, 그 하나는 수평적 초월이고 다른 하나는 수직적 초월이다. 수평적 초월은 단지 앞으로, 미래로 나아가되, 시간과 공간의 지평, 따라서 역사의 지평 안에 머물러 있는 것이다. 수직적 초월은 더 높이 올라가게 하는 초월, 따라서 시간과 공간의 한계를 넘어서 무한자에로 나아가고자 하는 초월을 가리킨다. 전자는 역사적 자기 초월이라 일컬어질 수 있고 후자는 형이상학적 자기 초월이라 불리어질 수 있다.

2. 자기 초월 이론에 있어서 최근의 발전들

자기 초월은 매우 전형적인 인간 현상이므로 당연히 철학자와 사상가들의 주의를 끌지 않을 수 없었다. 그러나 그것은 근래에 와서야 비로소 철학적 인간학의 1차적이고 근본적인 문제로 되었다. 즉 세속화의 경향에 의해 인간이 그 자신의 존재와 운명의 지배자로 되게 된 근세에 와서야 비로소 그렇게 되었던 것이다. 즉 세속화되기 전에는 인간의 존재와 운명은 오로지 그리고 전적으로 운명이나 신에 의존해 있었고 인간은 이러한 지고의 실재 안에서 그 자신의 자기 초월의 의미를 찾고 있었다. 그러나 그러한 운명과 신을 부정하고 그 자신이 그의 인간 기획의 주인으로 된 후에, 인간은 어떤 방식으로 그로 하여금 그 자신을 넘어갈 수밖에 없도록 하는 저 불가항력적 긴장에 대해 다시금 포괄적 의미를 부여할 수 있는가? 자기 초월의 문제는 이러한 것이다. 즉 무한에로 나아가는 인간의 자기 기투(自己企投), 그리고 인간이 지식, 능력, 쾌락, 소유, 그리고 존재 자체의 여러 영역들에서 이미 획득(도달)한 모든 수준을 떠나는 것, 이러한 행위가 인간에 대해서 무엇을 의미하는가? 물질과 역사가 그에게 부과하는 모든 쇠사슬을 부수는 이 프로메테우스는 누구인가? 그렇게도 높은 수준에 도달했건만 최종의 수준에는 이를 수 없는 이 제어할 수 없는 진행은 어떤 의미를 가질 수 있는가?

지난 몇 년 동안에 자기 초월 문제에 관한 많은 철학적 문헌들이 잇달아 등장했다. 그리고 자기 초월을 인간 존재를 규정할 핵심적 현상으로 간주하고 인간학이 실제로는 이 자기 초월 현상을 다루는 것으로 생각하는 철학자들이 나날이 증가하고 있다.

나는 여기에서 대표적 철학자들 몇 사람을 간단히 인용하는 것으로 만족하고자 한다. [1]

자기 초월 현상에 결정적 중요성을 부여한 최초의 철학자들은 (하이데거[M. Heidegger], 사르트르[J.P. Sartre], 야스퍼스[K. Jaspers], 아바냐노 등의) 실존주의자들이었다. 그들은 초월을 인간 존재의 본질 자체로 보았다. 즉 인간의 본질은 결국 자기 자신의 밖에 있음, 이미 있는 것에 머물러 있지 않고, 과거에도 현재에도 머물러 있지 않고, 언제나 미래의 가능성에로 던져져 있는, 현재의 자신을 벗어나 있음에 있다는 것이다. "내가 나의 유한성 가운데서 들어서 있는 존재는 끊임없이 나를 넘어서 나아간다. 그것은 나를 끊임없이 즉 내가 내 자신에 대해 결단을 하는 것과 마찬가지로 끊임없이 나 자신을 초월하게 한다. "[2] 실존주의자들에 의하면 자기 초월은 시간의 한계 내에서 일어나고 그것의 깨뜨릴 수 없는 장벽으로서 죽음이 있다.

실존주의자들에 의해 시작된 이 새로운 시도에는 다양한 경향의 철학자들이 그 뒤를 따랐다. 그 중에는 특히 (셸러[M. Scheler], 라너[K. Rahner], 보로스[L. Boros], 메츠[J.B. Metz], 로너간[Lonergan], 코레트[E. Coreth], 드 피낭스[De Finance] 등의) 가톨릭 철학자들이 있었는데, 이들에게 자기 초월은 인간 존재의 정신성(영성)의 표지로 되며 절대자인 신을 그 목표로 삼고 있어서 수직적·형이상학적 의미를 띠고 있다. 그 다음에는 (가로디[R. Garaudy], 마르쿠제[L. Marcuse], 호르크하이머[M. Horkheimer], 블로흐[E. Bloch] 등의) 마르크스주의자들이 있는데, 이들에게 자기 초월은 인간을 인간으로서 규정하는 것이었다. "인간은 단지 그가 현재 그렇게 있는 것일 뿐 아니라 또한 그가 현재 그

---

1) 보다 자세한 설명을 위해서는 B. Mondin, *L'uomo, Chi è?* (*Man: Who is He?*), 제4판(Milan: Massimo, 1982), 306~319면 참조.

2) N. Abbagnano, *Introduzione all'esistenzialismo* (*Introduction to Existentialism*), (Milan: Il Saggiatore, 1968), 29면.

240 제2부 인간 존재의 형이상학

렇지 않은 모든 것이기도 하다"(가로디). 그러나 우리가 말하고 있는 자
기 초월은 마르크스주의자들에게는 수직적 방향의 자기 초월이 아니고
수평적 방향의 자기 초월이다. "그것은 초월자 없이 진행되는 (역사적)
초월이다"(블로흐), 셋째로 (틸리히[P. Tillich], 몰트만[Moltmann], 판
넨베르크[W. Pannenberg], 니부어[R. Niebuhr] 등의) 개신교 사상가들
을 들 수 있는데, 이들은 자기 초월 현상에 대해 역사적 의미와 형이상
학적 의미를 다같이 부여한다. 자기 초월이 역사적라는 것은 그것이 인
간이 현재 그의 생활중에 처해 있는 죄의 상황, 즉 본질로부터 실존의
소외, 은총으로부터 자연의 소외의 상황을 증거해 주고 따라서 본질과
실존의 결합의 부활, 타락한 자연의 신과의 결합의 부활—이러한 것은
인간 자신의 입장에서는 불가능하지만 하느님의 사랑에 의해 욕구되고
실현되는 것이다—을 위한 긴장을 또한 증거해 주기 때문이다.

3. 자기 초월의 의미

자기 초월은 인간이 끊임없이 자기를, 즉 그가 현재 그렇게 있는 모
든 것, 그가 원하는 모든 것, 그가 갖고 있는 모든 것을 넘어서 나아간
다는 인간의 특유한 운동이다. "그러한 자기 초월은 일체의 생명과 진
화, 특히 인간의 진화의 가장 특별하고 가장 중요한 사실이다."[3]

그런데 자기 초월도 다른 모든 운동처럼 어떤 방향을 가져야만 할
까? 어떤 궁극적 목표를 지향해야만 할까? 스스로를 끊임없이 그 자
신 바깥으로, 현재의 상황 바깥으로 내던짐으로써, 인간은 무엇이 되고
자 하는가? 그리고 이것은 인간에게 무엇을 의미하는가? 즉 이 무한
한 개방성, 그 자신을 시·공간적인 모든 제한을 넘어서 영원한 왕국에
로 들어서도록 몰고 가는 이 엄청난 능력, 이러한 특별한 것이 인간에
게 어떤 의미를 갖는 것일까?

---

3) K. Popper, *Epistemologia, razionalità e libertà* (*Epistemology, Freedom, and Liberty*),
   (Rome: Armando, 1972), 58면.

자기 초월의 의미를 해석하는 데에 세 가지 중요한 해결책들이 있는데, 우리는 그것들을 각기 자아 중심적, 사회적, 신 중심적 입장이라고 부를 수 있다. 자아 중심적 입장에 의하면, 자기 초월 운동의 목적은 개인적 인간의 완성 또는 실현이다. 사회적 입장에 의하면, 자기 초월은 그처럼 개인의 완성과 실현이 아니라 사회 전체의 완성을 위하여 노력해야 하는 것이다. 그러므로 자기 초월의 의미는 사회의 완전한 복지인데, 이것은 "계급 없는 사회"의 건설에 의해 성취되는 것이다. 마지막으로 신 중심적 입장에 의하면 자기 초월의 의미는 신에 의해서만 주어질 수 있다. 왜냐하면 신만이 인간의 초월 현상을 특징짓는 저 무한한 개방성을 열어 주고, 인간이라고 불리우는 위대한 기획을 완성시켜 줄 수 있기 때문이다.

a) 자아 중심적 입장

자아 중심적 의미에서의 자기 초월의 해석은 이미 그리스 철학과 르네상스 철학에 의해 마련되었으며, 근세와 현대의 철학에 의해 다시 받아들여지고 더욱 발전하게 되었다. 무엇보다도 니체로부터 비롯되는 실존주의적 경향의 철학자들에 의해서 더욱 발전하였다.

자기 초월의 자아 중심적 해석에 대한 가장 강력한 옹호자는 확실히 《차라투스트라는 이렇게 말했다》의 저자이다. 이 책에서—그의 다른 저술들에서도 그러하지만—니체는 삶 일반, 특히 인간의 삶은 자기 자신을 넘어서 나아가는 부단한 힘이라는 것을 역설한다. 삶(생명)은 자기 실현 운동중에 그 자신의 힘을 발휘하면서, 그리고 그 자신의 가능성을 온전히 실현하면서 그 자신을 초월해 나간다. 차라투스트라는 이렇게 선포하였다. "삶 자신이 나에게 이 비밀을 알려 주었다. 보라, 나는 나 자신을 부단히 그리고 필연적으로 초월하는 자이다."[4] 그리고 나서 그는 "삶은 상승하기를 원하고, 또 이처럼 상승함으로써 그 자신을

---

4) F. Nietzsche, *Così parlò Zaratustra* (*Thus Spoke Zaratustra*), tr, it., (Milan: Bocca, 1906), 92면.

초월해 나가기를 원한다"⁵⁾고 주장한다. 니체에 의하면 자기 초월의 목
표는 언제나 인간, 더 정확히 말해서 초인이었다. "나는 그대에게 초인
을 가르쳐 주노라. 인간은 초극(超克)되어야 할 자니라. "⁶⁾

인간은 자신을 온전히 실현하기 위해서 형이상학·도덕·종교 등의
속박을 부수뜨려야 한다. 인간은 특히 신에 대한 일체의 관념을 없애야
한다. 차라투스트라가 전해 주는 정확한 메시지는 바로 "신은 죽었
다!"는 것이다.

자기 초월의 자아 중심적 의미는 20세기에 들어와서, 실존 철학자들
특히 하이데거에 의해 다시 받아들여지고 심화되었다.

하이데거는 자기 초월을 인간적 현존재(Dasein)의 근본적 구성 요소
로 보았다. 즉 인간은 본질적으로 탈자적(脫自的, ex-sistens) 존재, 다
시 말하면 자기 자신을 벗어나 있는 존재인 것이다. 사실 인간은 그의
최대의 가능성의 실현을 향해 끊임없이 그의 현실적 상황을 "넘어서 나
아가는 것"에 의해 특징지어진다. 그러나 그것은 (하이데거의 용어법에
의하면) 불가피하게 무(無)에로 나아가는 그러한 초월 작용이다. 왜냐
하면 죽음은 인간에 대해 궁극적인 가능성이기 때문이다.

하이데거와 니체는 인간이 그의 현재의 삶에서 위험하고 소외되어 있
고 타락해 있고 부족함과 비참함으로 가득 차 있는 비본래적 상황 속에
있다는 신념에 일치해 있다. 그러나 인간 안에는 자기 자신을 무지, 과
오, 공포, 정열의 노예 상태로부터 해방시키려는 긴장이 존재하는 것이
다. 그러나 이 자기 초월의 힘은 자기 자신을 벗어나서 어떤 다른 존재
속에 도피(몰입)함을 의미하지는 않는다. 자기 초월의 목적은 그 자신
의 가능성을 보다 온전히 그리고 보다 충분히 실현함으로써 자기 자신
을 회복하려는 것이다.

자기 초월을 이렇게 해석하는 것에 대해서 우리는 어떻게 말할 수 있
는가?

---

5) 같은 책, 106면.
6) 같은 책, 5면.

나의 견해로는 그것은 그것이 진술하는 것의 한계 내에서는 타당하다
고 생각된다. 그 해석은 인간이 끊임없이 자기 자신을 초월해 나가며,
그것은 자기 자신의 참된 실재(실존)로부터 벗어나기 위해서가 아니라
그것을 보다 온전히 실현하기 위해서임을 올바로 인정하고 있다. 인간
은 새로운 수준의 지식, 새로운 정도의 문화와 복지를 얻고자 하되, 그
가 이미 알고 있는 것, 알 수 있는 것, 그가 이미 소유하고 있는 것을
버리지 않고서 그렇게 하고자 하는 것이다. 자기 초월은 새로운 기계를
얻고자 낡은 기계를 버리는 것이 아니라, 낡은 기계를 수정하고 개선하
는 행위와 같은 것이다. 자기 초월은 자기 자신을 어떤 다른 자를 위해
희생시키는 것이 아니다. 그것은 무엇보다도 보다 완전한 인간 존재를
찾는 행위이다.

그런데 이러한 자기 초월의 해석에 있어서, 우리가 어떻게 보다 완전
한 자기의 실현을 성취할 수 있는가 하는 문제는 미해결인 채로 남아
있다. 왜냐하면 이러한 과제는 오로지 인간의 창의력과 능력에 맡겨져
있기 때문이다. 그런데 우리는 경험을 통해서, 우리의 능력은 대개의
경우 무력하고, 우리는 우리가 원하는 대로 존재도 지식도 갖고자 하는
것도 능력도 얻지 못한다는 것을 알고 있다. 그렇다면 자기 초월이 헛
되고 부질없는 것으로 된다는 말인가? 자기 중심적 해석의 몇몇 옹호
자들은 이러한 물음에 대해서 그렇다고 대답한다. 그러나 대부분의 철
학자들은 이러한 대답은 용납될 수 없다고 판단하고, 따라서 자기 초월
에 대한 다른 해석 즉 박애적(사회적)인 의미나 신 중심적인 의미에서
의 해석들을 제안한다.

b) 박애적(사회적) 입장

마르크스(K. Marx)와 콩트(A. Comte)를 비롯한 많은 사상가들은 자
기 초월을 개인주의와 이기주의의 한계를 넘어서려는 운동으로, 따라서
개인적인 비참함과 사회적인 불평등으로부터 해방되어 절대적 행복을
추구할 수 있는 새로운 사회를 건설하려는 시도로 파악한다. 최근에 이

러한 자기 초월 개념은 수정주의적 마르크스주의자들, 예를 들어 블로
흐, 가로디, 마르쿠제 등에 의해 타당한 해석을 얻게 되었다.

가로디에 의하면, 자기 의식은 "인간의 불완전성의 의식이자 무한자
의 차원에 대한 의식"을 가리킨다. 그것은 "행위 즉 인간에 의한 인간
의 끊임없는 창조를 강조하기 위해 일체의 고정된 것 ― 감각적이건 지
적이건간에 ― 을 배척하는 프로메테우스적 휴머니즘이다. 이리하여 한
무한한 지평, 즉 인간을 인간으로 규정하는 한 지평이 인간에게 열렸
다. 인간은 단지 그가 현재 그렇게 있는 것만은 아니다. 그는 또한 그
가 아직은 아닌 것, 그에게 아직은 결여되어 있는 것들의 총체이기도
하다. 그리스도교의 용어법으로는, 그것은 그를, 그리고 그 가능성에
있어서 그의 모든 행위를 초월하고 있는 것이다 ― 왜냐하면 행위는 휴
머니즘이 인정할 수 있는 유일한 초월이기 때문이다 ― 라고 말할 수 있
다. 그 다음에 해야 할 일은 초월을 낮은 것(즉 명확하게 실현되고 알
려진 사물 자체)으로부터도 배제하고 또한 높은 것(즉 절대적 선, 신,
계시 등)으로부터도 배제하는 것이다. "7)

마르쿠제는 다음과 같이 말한다. "인간의 존재는 언제나 그것의 현재
적 존재 이상의 것이다. 그것은 주어진 어떤 상황도 초월하며 따라서
그 자신과의 제거할 수 없는 불일치 속에 있다. 즉 끊임없는 초극(초
월) 작용을 필요로 하는 그러한 불일치 속에 말이다. 비록 인간은 결코
그 자신과 세계를 완전히 소유함으로써 휴식에 이르지는 못하겠지만 말
이다. "8) 《1차원적 인간》(One Dimensional Man)이라는 저술 속에서 마르
쿠제는 오늘날의 인간의 (지식, 과학, 기술, 사회적 실천 등에 있어서
의) 자기 초월 현상을 대가다운 필치로 밝혀 주고 있다. 그러나 그도

---

7) R. Garaudy, "Matérialisme et transcendence" (Materialism and Transcen-
dence), in L'homme chrétien et l'homme marxiste (The Christian Man and the Marxist
Man), (Paris: La Palatine, 1964), 24~25면.

8) H. Marcuse, Kultur und Gesellschaft (Culture and Society), II, (Frankfurt: Suhr-
kamp, 1965), n. 27.

가로디처럼, 인간의 초월은 순수하게 역사적·시간적 성격—형이상학적·초자연적인 것이 아닌—을 갖는다고 말한다. 즉 그것은 자기 자신을 현재보다 더 나은 미래 사회를 향하여 던지는 것이다.

에른스트 블로흐는 다른 철학자들이 자기 초월이니 자아의 초월이니 하고 부르는 것을 받아들여, 그것을 "유토피아적 요소" 또는 "유토피아적 공간"이라고 일컫는다. 《유토피아의 정신》(*The Spirit of Utopia*)에서 블로흐는 이 유토피아적 요소가 인간의 여러 활동들 속에 현존해 있음을 논증하지만, 그것의 궁극적 의미를 확실히 알 수는 없다고 말한다. 《희망의 원리》(*The Principle of Hope*)에서는 그는 자기 초월의 근원이 "아직 있지 않음"(not yet), 즉 인간이 언제나 자신 앞에서 발견하게 되는 저 가능성들의 영역이라는 것을 인지한다. 이 "아직 있지 않음"에서 희망이 생겨나는 것인데, 희망은 블로흐에 의하면 인간의 자기 초월의 전형적 표현이다. 그러나 그러한 초월은 블로흐와 그리고 다른 마르크스주의자들에 의하면, 종교적 사상가들이 말하는 초월과는 아무런 상관도 없다. "왜냐하면 우리는 (그들이 인정하는) 초월자는 전혀 존재하지 않는다는 것을 알았기 때문이다."[9]

내 생각으로는 자기 초월에 대한 이러한 해석도 그 나름대로 매우 긍정적인 가치를 갖고 있다고 여겨진다. 자기 자신을 초월하는 운동이 사회적 차원도 갖고 있다는 것을 인정한 점이다. 즉 그 자신을 초월해 나가는 자는 사회적 존재로서의 인간인 것이다. 사회적 차원에서의 초월의 여타의 이론에 관해서는, 오늘날 젊은 세대가(다른 세대도 마찬가지지만) 사회—그것이 자본주의 사회이든 공산주의 사회이든간에—의 현존의 구조에 대해 반항하고 있다는 사실에 대한 충분한 증거가 있다고 말할 수 있다.

그러나 자기 초월이 사회적 요소를 갖고 있다는 것을 인정하는 것이 곧 자기 초월이 개인적 요소를 포함하지 않는다는 것을 의미하는 것은

---

9) E. Bloch, *Ateismo nel cristianesimo* (*Atheism in Christianity*), tr, it., (Milan: Feltrinelli, 1971), 29, 31면.

결코 아니다. 자아 중심적 입장을 논할 때 살펴보았듯이, 개인적 요소
는 마르크스주의자들—고전적 마르크스주의자들이든 수정주의적 마르
크스주의자들이든간에—이 그렇게 하듯이, 그처럼 무시될 수는 없다.
그러므로 마르크스와 그의 제자들이 자기 초월 문제에 대해 제시하는
해결책을 받아들일 수 없다. 비록 자기 초월 운동이 진행됨에 따라 인
류가 드디어 그 자신과 그의 욕구의 완전한 실현의 최종 단계에 도달한
다고 할지라도(그런 것은 절대로 불가능하겠지만) 그것이 인간 자신의
개인적 자기 초월 문제에 대한 해답을 주지는 못한다. 사실 역사상의
그 어떤 사회, 어떤 경제 체제, 어떤 정치 제도, 어떤 문화 형태도 자
기 초월 운동 속에 표현되는 전체적 개인의 욕구를 충족시켜 줄 수 없
다. 이런 까닭으로 인류에 의해 저 먼 미래에서만 도달될 수 있는 매력
적이고 황홀한 목표를 자기 초월 운동에 부여하는 것은(마르크스, 콩
트, 블로흐, 가로디, 그리고 그 밖의 많은 사람들이 그렇게 했듯이) 오
늘날의 사람들의 현실적 희망을 무시하고 내버려 둔다는 것을 의미한
다. 즉 집단적이고 사회적인 희망 외에도 또한 무엇보다도 각자가 자신
을 위해서(따라서 보다 나은 "계급 없는 사회"를 위해서가 아니고) 갖
는 개인적 희망을 무시하고 버려진 채로 내버려 둔다는 것을 의미한다.
(더구나 먼 미래의 "계급 없는 사회"에 대해서는, 우리가 그것에 참여
할 수 없다는 것을 우리 모두는 확실히 알고 있다.)

　그러므로 골비처(H. Gollwitzer)가 다음과 같이 말했을 때 그는 전적
으로 정당하였다. "이 세계의 일체의 현상은 시간과 더불어 쇠퇴하기
마련이다. 그러므로 그런 것들은 사물에 영원한 의미를 부여할 수 없
다. 그러므로 사물과 인간에 의미를 부여하는 것은 인간이 할 일이다.
그러나 덧없이 죽게 될 그리고 불완전한 우리의 이웃 사람이 이 의미를
설명할 수는 없다. 개개의 실제적인 경우에 스스로 자신의 존재의 의미
를 찾아내고자 하는 희망을 견지할 수는 있겠지만 말이다. 그렇다면 개
개인의 복합체로서의 인류, 즉 개개인의 생존 기간을 훨씬 능가해서 존
속하는 인류가 개인보다는 의미에 대한 설명을 할 수 있는 자격이 더

갖추어져 있다고 하겠다. 그러나 이러한 것은 매우 추상적인 이론이고, 또 인류라는 것도 우주 내에서 사라져 갈 한 현상에 불과하다는 사실을 무시하기 위해서는 우리는 눈을 감아야 할 것이다. 의미를 발견하기 위해서는 우리는 어떤 영원한 표준을 상정하지 않으면 안 된다. 그런 것이 없을 경우에는 개인적 인간과 인류 전체에 이들이 결코 감당할 수 없는 짐을 그리고 그들이 결코 수행할 수 없는 과제를 지우게 된다."[10]

이리하여 자기 초월의 의미를 어떤 다른 곳에서 찾는 것이 필요하게 된다.

c) 신 중심적 입장

많은 학자들은 자기 초월 현상에 대해 신 중심적 의미를 부여하였다. 즉 인간은 초월적 의지인 신에 의해 그러한 충동을 받기 때문에, 끊임없이 그 자신 밖으로 나가고, 그 자신의 존재의 한계를 넘어선다는 것이다. 신은 그의 전능, 선, 완전, 편재성에 의해 모든 존재—특히 인간—를 그 자신에게로 끌어당긴다. 이러한 노선의 해석의 대표자로는 플라톤, 아리스토텔레스, 플로티누스(Plotinus), 아우구스티누스, 토마스 아퀴나스, 데카르트(R. Descartes), 스피노자(B. Spinoza), 라이프니츠(G.W. Leibniz), 칸트(I. Kant), 헤겔(G.W.F. Hegel), 베르그송(H. Bergson), 셸러, 블롱델(M. Blondel), 테야르 드 샤르댕(P. Teilhard de Chardin), 칼 라너, 로너간, 드 피낭스, 판넨베르크 등이 있다.

여기서 나는 오늘날 독일의 신학적 사상의 가장 위대한 해석자의 한 사람인 판넨베르크의 사상을 간단히 언급하는 데 국한하고자 한다.

판넨베르크는 《인간이란 무엇인가?》(*What is Man?*)라는 서술에서 인간의 근본적 특징은 자기 초월임을 논하고 나서, 자기 초월을 세계에 대한 무한한 개방성(Weltoffenheit)으로 규정하였다. 인간은 그의 경험

---

10) H. Gollwitzer, *La critica marxista della religione e la fedecristiana* (*The Marxist Critique of Religion and Christian Faith*), tr. it., (Brescia: Morcelliana, 1970), 118면.

에 있어서나 그의 행동에 있어서나 어떤 특정한 환경에 제한되어 있지 않다. "인간은 환경에 제한되어 있지 않다. 다시 말해서 인간은 언제나 새로운 종류의 경험을 할 수 있으며, 지각된 현실에 대한 그의 반응 가능성도 거의 무제한적이다."[11] 그러나 판넨베르크는 스스로에게 이 자기 초월의 의미는 무엇인가?라고 묻는다. 판넨베르크는 인간은 정확히 말해서 그 무엇을 향하여 개방되어 있는가라는 물음에 대해, 자기 초월의 목표는 세계도 문화적 존재로서의 인간도 아니고 신이라고 대답한다. 자기 초월 운동은 세계 중심적인, 또는 인간 중심적인 의미를 갖는 것이 아니라 신 중심적 의미를 갖는다는 것이다. 사실 인간은 "세계 너머로, 그리고 그가 세계에 대해 갖는 그때그때의 상(像) 너머로 개방되어 있다. 스스로에게 문제를 설정하는 데 있어서나 그의 연구 활동에 있어서나 그는 개방되어 있고, 심지어는 세계상의 탐구에 있어서도 그는 개방되어 있다. 그러한 세계 밖으로의 개방성은 또한 세계에 대한 경험 자체의 제약이기도 하다. 만일 우리가 운명적으로 세계 밖으로 나아가도록 되어 있지 않다면, 우리는 그에 대한 구체적 동기가 있다고 하더라도 우리의 계속적 연구를 수행해 나갈 수 없을 것이다."[12] 그러므로 인간으로 하여금 그가 그의 사고로써 파악하였고, 그의 의지로써 의욕하였고, 그의 상상력으로써 그려 보았고, 그의 행위로써 실현하였던 모든 것을 넘어서도록 충동질하는 그의 무한한 긴장(충동)은, "그것을 신에 대한 추구로 볼 때에만 제대로 이해될 수 있다."[13]

"인간의 만성적인 궁핍 상태, 그의 부단한 의존적 조건은 세계에 대한 일체의 경험을 넘어서 그의 앞에 놓여 있는 한 존재를 전제하고 있는 것이다.… 인간 앞에 놓여 있으며 인간의 저 끊임없는 긴장(충동)의 제약이 되는 그러한 존재에 대해서 '신'이라는 언어적 표현이 만들어졌

---

11) W. Panneberg, *Che cos'è l'uomo?* (*What is Man?*), tr. it., (Brescia: Morcelliana, 1974), 11면.

12) 같은 책, 15면.

13) 같은 책, 20면.

다. 신이라는 말은 확고한 지점에 도달하고자 하는 인간의 무제한한 욕구 앞에 우뚝 버티고 서 있는 그 분(신)을 가리킬 때에만 올바로 사용될 수 있다. 그렇지 않을 경우에 그 말은 공허한 것에 불과하다."14)

자기 초월의 의미에 관한 신 중심적 해석은 확실히 흥미 있고 매력적이다. 그것은 끊임없이 자신을 초월하려는 인간의 충동(긴장)에 내재해 있는 의미를 탐구하는 데 있어 그에 대한 결정적 해답을 제공하는 것처럼 보인다. 왜냐하면 자기 초월 작용은 인간을 다시금 일체의 의미와 일체의 소망의 원천이 되는 분인 신에게로 데려다 주기 때문이다.

다른 한편으로 이러한 신 중심적 해석은 인간의 자기 초월 운동의 의미를 신 안에서 찾기 때문에, 바로 그러한 이유로 요즈음에 와서 곤란한 문제가 생겼다. 즉 신 중심적 해석은 신을 주어져 있는 것으로 간주한다. 그런데 그러한 입장은 바로 근대 철학 전체가 전적으로 지지할 수 없는 견해이다. 오늘날 신은 절대로 알 수 없고 또 증명할 수도 없다고 말하거나 신은 인간의 필요와 이상의 소산이라고, 다시 말해서 신은 인간 정신의 고안물이라고 말하는 많은 철학자들이 있다.

이러한 중대한 곤란에 직면해서 자기 초월에 대한 신 중심적 해석의 옹호자들은 자기 초월에 대한 그들의 해석이 결코 신 존재의 증명을 미리 전제하는 것이 아니라 오히려 자기 초월 운동이 신의 존재를 입증해 주는 명백한 증거를 제시해 준다는 것을 보여준다. 사실 자기 초월은 그것이 하나의 운동인 한에서, 하나의 의미, 하나의 목표, 하나의 목적을 필요로 한다. 그러나 우리는 이미 앞에서 개인적 "자아"도 인류 전체도, 요구되고 있는 그러한 의미를 제공해 줄 수 없다는 것을 살펴보았다. 그러므로 자기 초월의 궁극적 의미, 인간의 궁극적 의미는 인간 자신을 넘어서 신 속에서 찾아지는 것이고, 나아가서 이 의미는 곧 신 자신이라는 것을 인정하는 것 외에 다른 가능성은 없다.

그러므로 인간은 스스로 무(無)로 잠겨들기 위해서 그 자신의 존재의

---

14) 같은 책, 18~19면.

한계를 넘어서 나아가는 것이 아니라, 그를 온전히 그리고 영속적으로
실현시켜 줄 수 있는 유일한 분인 신에게로 고양시키기 위해서 그 스스
로를 초월해 가는 것이다. 드 피난스는 다음과 같이 말한다. "이상을
향해 나아가려는 충동은 영속적인 이상—종교적 의식에 따라 명명한다
면 신—의 매력적이고 매혹적인 현존 없이는 가능하지도 않고 의미를
가질 수도 없다. 스스로를 나에게 내어 주면서 나에게서 나의 (편협한)
'자아'를 탈취한 자는 절대적 타자(他者)이며 나의 진정한 '자아성'의 근
원인 그 분뿐이다. 내 안에 내적 긴장과 초월의 원리를 도입한 것은 그
분의 현존이다. "15)

　그러므로 철학자들이 수평적 초월은 수직적 초월에 의해서만 그 의미
와 존재를 얻게 됨에도 불구하고, 그 둘이 마치 서로 대립되는 것인 듯
이 생각해서 수평적·역사적 초월을 수직적·형이상학적 초월에 대립시
킬 때, 그들은 중대한 과오를 저지르는 것이라고 하겠는데 실제로 그렇
게 하는 철학자들이 많이 있다. 메를로 퐁티(M. Merleau-Ponty)는 수평
적 초월과 수직적 초월을 서로 대립시키려는 시도, 그리하여 전자에다
사실은 후자에 속하는 것을 귀속시키고, 역사를 어떤 "외적인 무한한
힘"으로 보고, 인간은 그에 비해 아무런 내적인 실체성을 갖지 않는,
그것의 단순한 수단으로 보려는 시도를 어리석은 것으로 판정한다. 메
를로 퐁티는 힘주어 말한다. "그 어떤 철학도 여러 초월들 중의, 예를
들어 신에로의 초월과 인간 미래에로의 초월 중의 어떤 하나를 선택할
것을 요구하지 않았다. 모든 철학은 오히려 여러 초월들을 매개(조화)
시키는 일에 관심을 기울였다. "16)

　나의 생각으로는, 이러한 해석은 자기 초월 현상을 일체의 의미와 일
체의 가치의 기초가 되는 분 안에 근거지우는 것으로서, 끊임없이 자기

15) J. de Finance, *Essai sur l'agir humain* (*Essay on Human Action*), (Rome: Gregoriana, 1962), 191면.
16) M. Merleau-Ponty, *Signs*, tr. eng., (Northwestern Univ. Press, 1964), 291 ~292면.

자신을 초월해 가려는 인간 충동의 내면적 의미의 탐구 작업에 결정적
해답을 줄 수 있는 유일한 것으로 보인다. 그러한 해석은 인간의 절대
적 가치와 그의 제한된 절대성에 대한 유일하게 확실한 기초를 제시해
준다. 그것은 또한 인간 가치의 제한된 절대성이 어떻게 해서 인간의
창조주의 본질적 절대성과의 만남을 통해서 영속적 절대성으로 될 수
있는지를 보여준다.

자신의 기초를 신 안에 두고 있는 존재인 인간은 결코 그 자신을 절
대화할 수 없고 따라서 영구히 미실현 상태에 머물러 있을 수밖에 없는
절대적 가치이다. 그는 완전히 실현될 수는 없는, 끊임없이 생성중에
있는 가치이다. 그는 단지 말로써만 절대적 가치이고, 일관성이 결여되
어 있는 지고자(至高者)이다. 그러므로 절대적 가치로 되기 위해서 인간
은 신을 필요로 한다. 오로지 신에게만 절대성의 칭호가 본질적으로,
자연적으로, 전적으로 속해 있기 때문이다.

자기 초월 현상에 대한 신 중심적 해석은 인간의 절대적 가치를 설명
하고 근거지울 수 있는 유일한 것이다. 왜냐하면 인간의 절대적 가치는
그 근원인 절대적 가치에까지 소급되지 않고서는 이해될 수도, 근거지
어질 수도 없기 때문이다. 절대적 가치인 신은 인간의 가치의 제한적인
절대성을 영원히, 확정적으로 보장해 주고 강화해 주는 가치인 것이다.
그러나 다른 한편으로 인간이 절대적 가치이다라고 말하는 것은 스스로
자립해 있는 어떤 절대적 가치를 인간 안에서 인정하는 것이다. 그러한
것은 스스로 모순을 내포하고 있는 소망 즉 신 없이 신적인 것으로 되
고자 하는 소망이다.

그러므로 막스 셸러와 더불어 다음과 같이 결론을 짓는 것이 옳은 것
처럼 보인다. "인간은 삶의 모든 가능한 가치들을 초월하고 신에게로
나아가고자 하는 경향의 소지자이다. 요컨대 인간은 신을 추구하는 존
재이다."[17]

---

17) M. Scheler, *Formalism in Ethics and Non-Formal Ethics of Values*, tr. eng.,
(Northwestern Univ. Press, 1973), 291~292면.

그러나 이 자리에서, 자기 초월 현상에 대한 신 중심적 해석이 온전한 것이 되기 위해서는 그것이 인간의 가치의 "비본질적" 기초를 밝히는 데에 국한되어서는 안 된다. 그것은 또한 인간의 가치의 "본질적" 기초도 충분하게 구명할 필요가 있다. 그렇지 않고서는 그에 대한 논의 전체가 오로지 인간은 절대적 가치이다라는 막연한 일반적 의식을 인정하는 것에 근거해 있을 뿐이고, 따라서 그것은 철학적으로 볼 때 공중에 떠 있게 된다.

인간이 단순한 수단적 가치가 아니고 절대적 가치이며 자신의 이익을 추구하기 위한 단순한 수단이 아니고 최대의 경의와 온갖 힘을 기울여 존중해야 할 목적이라는 것이 어떻게 해서 객관적으로 진리일까?

우리가 앞에서 인간의 우월성과 초월성에 대해 전개했던 논의가 물론 사태의 진실을 밝히기는 하지만 다만 어느 정도까지만 그렇게 할 따름이다. 그 논의는 이 세계의 일체의 다른 가치들에 대해 인간의 가치의 독특함과 위대함을 논증하였다. 그것은 인간이 절대적 가치이다라는 진리를 어느 정도로는 밝혀 주었지만, 그 진리를 확정적으로 그리고 분명하게 밝혀 내지는 못하였다고 하겠다.

인간이 절대적 가치라는 것을 합리적으로 논증하기 위해서는, 인간은 그의 "자아"의 가장 깊은 곳에서 근본적으로 영적인(정신적인) 존재가 주어져 있다는 것, 따라서 그는 절대적 가치의 유일한 영역인 정신계에 속해 있지 도구적 가치 즉 (물질 자체와 같이) 시간적·공간적 변화와 붕괴에 맡겨져 있는 무상한 가치의 영역인 물질계에 속해 있지는 않다는 것을 증명할 필요가 있다.

그러나 이러한 논증은 자기 초월 즉 우리로 하여금 인간의 절대적 가치의 "비본질적" 기초를 확정하도록 해준 그 자기 초월이라는 현상을 검토함으로써 이루어질 수 있다. 사실 자기 초월 현상은 인간 존재는 결코 완전히 물질과 물질적 힘으로는 환원될 수 없고, 물질적, 신체적, 물체적 차원을 넘어서 물질적이 아닌, 신체적이 아닌, 물체적이 아닌 차원, 즉 정신적 차원을 또한 포함하고 있다는 사실에 대한 타당하고

유력한 아니 가장 중요하고 결정적인 증거가 된다.… 인간은 그를 둘러
싸고 있는 시·공간적 한계를 넘어서 나아가고 경험의 세계 전체를 초
월해 나아가고 현재의 것과 과거의 것에 대해 그 가치를 평가하고 판정
하며 미래를 위해 예견하며 기획할 수가 있다. 왜냐하면 인간은 그 자
신 안에 비물질적인 요인 즉 정신적 요소를 지니고 있으며, 정신적 내
면의 차원 즉 영혼이니 마음이니 정신이니 하는 것을 갖고 있기 때문이
다. 물질적인, 신체적인, 물체적인 차원만을 주목하게 하는 오늘날의
모습에도 불구하고, 또 온갖 수단을 다 써서 정신계 위에 연막을 치려
는 세속화된 문화의 악마적 신비화에도 불구하고, 이러한 정신성이야말
로 인간에 있어서 가장 중요한 것이다. (마르셀[G. Marcel]의 아름다운
표현에 의하면) 인간은 무엇보다도 정신적 존재요, "육화된 영(정신)"
이다. 우리 모두가 개인적으로 그리고 독특한 방법으로 행하는 존재 활
동은 그것이 우리의 영혼의 존재 활동인 까닭으로, 정신적인 존재 활동
인 것이다. 또 우리의 영혼은 그의 영적(정신적) 본성으로 말미암아 신
적인 영(정신) 자체로부터가 아니고서는 그의 존재 활동을 받아들일 수
가 없는 것이다. 영혼은 그의 존재를 신체나 물질로부터 받는 것이 아
니고 직접 신으로부터 받는다.[18]

　정신 또는 영혼은 인간의 가장 고유한 차원이다. 이런 까닭으로 정신
또는 영혼은 절대적인 가치를 갖는 것이지 단순한 구조적(피상적)인 가
치를 갖는 것은 아니다. 인간의 절대적 가치는 정신에 있다. 만일 그것
이 정신 안에 있지 않다면 인간을 절대적 가치로 보는 것은 완전히 자

---

18) 토마스 아퀴나스는 이 논의를 그의 《대이교도 대전》(II, 87)에서 다음
과 같은 형태로 표명하였다. "그의 실체가 그의 존재가 아닌 일체의 것
은, 그의 존재의 창조자를 갖는다. 그러나 인간 영혼은 그의 존재가 아니
다. 존재는 앞에서 증명되었듯이 신만의 특권이다. 그러므로 인간 영혼은
그의 존재의 능동인을 가진다. 그런데 그 자신에 의해 존재하는 것은 또
한 그 자신에 의해 현실화된다. 반면에, 그 자신에 의해 존재하지 않는
것 따라서 다른 것과 함께 해야만 존재하는 것은 그 자신에 의해 생겨나
지 않고 이 다른 존재에 의해서 만들어지는 것이다."

의적인 것으로 되고 인간의 자기 초월 현상은 본질적인 존재론적 기초가 없게 될 것이다. 그러나 인간은 그의 정신에 의해 존재론적으로도 절대적 가치를 갖게 된다. 정신은 결코 사라지지 않는 실체적인 것이기 때문이다.

⚜ 참고문헌

Barbotin, E., *The Humanity of Man*, tr. eng., Maryknoll, N.Y.: Orbis Books, 1975; Blondel, M., *La pensée*(*Thought*), Paris: PUF, 1954; Bloch, E., *L'ateismo nel cristianesimo*(*Atheism in Christianity*), tr. it., Milan: Feltrinelli, 1971; Boros, L., *Mysterium mortis* (*Mystery of Death*), tr. it., Brescia: Querianiana, 1969; Brightman, E.S., *The Spiritual Life*, Nash ville: Abingden Press, 1944; Coreth, E., *Antropologia filosofica* (*Philosophical Anthropology*), tr. it., Brescia: Morcelliana, 1978; de Finance, J., *Essai sur l'agir humain* (*Essay on Human Action*), Università Gregoriana, 1962; Giannini, G., *La tematica della trascendenza* (*The Thematics of Transcendence*), Rome-Paris: Desclée, 1964; Heidegger, M., *Essere e tempo* (*Being and Time*), tr. it., Milan: Bocca, 1953; Levinas, E., *Totalité et infini* (*Totality and Infinity*), The Hague: Nijhoff, 1968; Lonergan, B., *L'intelligenza* (*Intelligence*), tr. it., Alba: Paoline, 1961; Rahner, K., *Uditori della parola* (*Hearers of the Word*), tr. it., Turin: Borla, 1967; Sartre, J.P., *The Transcendence of the Ego*, New York: Noonday Press, 1957; Wahl, J., *Existence humain et transcendence* (*Human Existence and Transcendence*), Paris: Editiones de la Baconnière, 1944.

제 2 장

정신적 실체로서의 영혼

"진정한 휴머니즘은 인간 안에 일상적 의식에 나타나는 것 이상의 것 즉 이념과 사상을 생겨나게 하는 어떤 것, 다시 말해서 인간으로 하여 금 그가 세계 안에서 쟁취한 것만으로는 만족할 수 없게끔 하는 정묘한 정신적 존재가 있다는 것을 우리에게 가르쳐 준다. 인간의 일상적 조건 이 그의 가장 내면적인 본질이 될 수 없고 인간 안에는 보다 깊은 자 아, 즉 생명의 숨결이니, 영이니, 영혼이니, 정신이니 하는 것이 존재 한다는 이론이야말로 오랜 역사를 지닌 가르침인 것이다. 일체의 존재 안에는 어떠한 권력으로도 꺼지게 할 수 없는 빛이, 온화하고 인내심 많은 불멸의 영이 있어서, 그의 내면의 심오함을 조용히 증언해 주고 있다."[1]

금세기의 가장 위대한 인도 철학자 중의 한 사람인 라다크리슈난이 쓴 이 아름다운 구절에서 귀결되는 것처럼, 인간에게 있어서 성신적 영 혼의 현존은 이미 낡아빠진 사상이나 어떤 고상한 사상가의 괴팍한 생 각이 아니다. 그것은 동서양을 막론하고, 유사(有史) 이전이건 유사 이 후이건, 고대에서건 근대에서건 어디에서나 찾아볼 수 있는 심오한 확

---

1) S. Radhakrishnan, *Religioni orientali e pensiero occidentale* (*Oriental Religions and Western Thought*), (Milan: Bompiani, 1966), 45면.

신인 것이다. 그리고 그러한 생각을 가진 사람들 중에는 고대와 중세와 근대 및 현대의 철학 사상의 유력한 대표자들이 많다. 사실 영혼의 부정은 관념론 이후에 나온 근대적 사상이다. 즉 그것은 주지주의적인 그리고 실증주의적인 문화의 부수적 현상이라고 할 수 있다. 그런데 그러한 근대의 주지주의적 실증주의는 유물론과 무신론의 함정에 빠져 버렸던 것이다.

  앞 장에서 우리는 자기 초월 현상에 대한 검토를 통해서 (인간에 내재해 있는) 그 본질적 원리는 영혼 또는 정신임을 확정할 수 있었다. 이러한 사실에 도달한 후에, 즉 인간 존재 안에는 정신의 일부분이 존재하고 있다는 놀라운 발견을 한 뒤에, 우리의 그 이후의 연구는 확고한 진로를 갖게 되었다. 즉 우리는 이 정신적 부분 속에 있는 신비를 알아 내도록 노력해야 한다. 우리는 인간에 있어서 영혼은 무엇이며, 그것은 육체와 어떤 관계에 있으며, 그 기원은 어떤 것이며, 그것은 불멸하는 것인가 또는 사멸하는 것인가 등을 알아 내고자 노력해야 한다. 이러한 문제들은 매우 어려운 문제들이다. 그에 관해서 정신 분석학의 창시자의 한 사람인 융은 다음과 같이 말하였다. "영혼은 모든 은하계를 포함하고 있는 우주에 못지 않은 많은 난문(難問)들을 지니고 있다. 그 난문들은 매우 정묘한 것이어서, 상상력을 결여하고 있는 정신만이 그 문제들을 해결하는 데 그 자신이 불충분하다는 것을 깨닫지 못할 따름이다."[2] 그럼에도 불구하고 그것들은 우리가 무시할 수 없는 문제들이며 또한 우리가 해결하지 않을 수 없는 문제들이다. 왜냐하면 그 문제들은 우리의 존재 자체로부터 나온 것이기 때문이다. 영혼의 문제를 해결함에 의해서만, 우리는 인간이라는 기획이 무의미한 것이고 불합리한 것인지, 아니면 놀라운 가능성이고 훌륭한 모험인지를 확정할 수 있을 것이다.

---

2) C. Jung, *Realtà dell'anima* (*Reality of the Soul*), tr. it., (Turin: Boringhieri, 1970), 162면.

1. 인간의 실체성

인간의 정신적 면에 있어서의 존재론적 정체성 문제—즉 영혼의 본성, 그 기원, 사후의 존속 여부 등—를 검토하기에 앞서, 우리는 육화된 정신 즉 영혼과 육체의 통일체로 생각되는 인간의 존재론적 정체성이라는 보다 큰 문제를 다루고 해결하지 않으면 안 된다.

이러한 문제들을 해결하기 위해서, 고전 철학은 실체와 우유성(偶有性), 질료와 형상, 작용과 가능 등의 범주들을 사용하였는데, 이것은 명백하고 정확하고 풍요한 언어를 발전시켰다. 현대 철학에서는 형이상학에 대한 불신과 앞에서 든 범주들에 대한 왜곡된 시각으로 말미암아 많은 철학자들이 형이상학과 그러한 범주들을 배척한다. 그러나 우리들처럼 형이상학을 인간과 세계에 관한 궁극적 문제들을 해결하기 위한 올바르고 필요한 길로 생각하는 모든 사람들에 있어서는 실체, 우유성, 질료, 형상 등의 용어의 사용은 불가피하다. 이런 까닭으로 우리는 인간의 실체성 문제를 다루기 전에 고전적 형이상학의 용어를 (그것을 우리가 보다 잘 쓸 수 있도록 하기 위해) 간단히 개관해야만 할 것이다.

아리스토텔레스는 그의 《형이상학》(*Metaphysics*)에서 밝히기를 실체는 그 존재상 항상성, 안정성, 자율성을 갖는 모든 것을 가리킨다고 하였다.[3] 그와 반대로 우유성은 "항상, 심지어 대개의 경우에도 존재하지는 않는 것"이라고 한다. 그 이유는 그것은 그 자신의 자율적 존재성을 갖고 있지 않으며, 그 스스로 존재할 수 있는 능력을 갖고 있지 않으며, 그것이 존재하기 위해 다른 어떤 존재(실체)에 첨부되어야 하기 때문이다. 아리스토텔레스는 실체의 예로서 개, 고양이, 닭, 사과, 그리고 아테네인들을 들고, 우유성의 예로서는 사과의 빛깔과 냄새, 개의 후각과

---

3) 우리는 아리스토텔레스의 정의가 실체에 관한 유일한 유명한 정의가 아니라는 것을 주목한다. 데카르트, 스피노자, 라이프니츠 등의 실체 정의도 매우 유명(중요)한 것이다. 그러나 아리스토텔레스의 정의는 확실히 모든 시대의 철학자들간에 가장 광범한 일치를 이루고 있다.

아테네인들의 음악과 예술 등을 들었다.

아리스토텔레스의 이러한 사상으로부터 실체와 우유성에 대한 다음의 두 가지의 고전적 정의가 생겨났다. 즉 "실체는 자체적으로 존재하고 따라서 그것이 속해야 할 어떤 다른 것 안에 존재하지 않는 것이다." 그리고 "우유성이란 자체적으로 존재하지 못하고 어떤 다른 것 안에, 즉 그것이 속해야 할 주체가 되는 어떤 다른 것 안에 존재하는 것이다."

아리스토텔레스는 우유성에 대한 실체의 절대적 우월성을 인정한다. "실체는 모든 의미에서 첫째가는 것이다. 그것은 1) 정의에 있어서, 2) 인식의 질서에 있어서, 그리고 3) 시간적 순서에 있어서 첫째의 것이다. 시간적 순서의 점에서 볼 때 다른 모든 범주들은 독립적으로 존재하지 못하고 실체에 의해서만 존재할 수 있는데 실체만은 독립적으로 존재할 수 있는 것이다. 그리고 정의에 있어서도 실체는 첫번째 것이다. 왜냐하면 모든 용어의 정의에 있어서는 반드시 실체의 정의가 있어야 하기 때문이다. 그리고 인식의 질서상으로도, 우리는 각각의 사물에 대해서, 그 성질과 그 양과 그 장소 등을 알기보다는 그것이 무엇인지를 알 때에(예를 들어 인간이 무엇인지, 불이 무엇인지를 알 때에) 그것을 가장 온전히 안다고 생각하는 것이다. 그 이유는 성질이 무엇인지, 그리고 양이 무엇인지를 알 때에만, 우리는 그러한 술어들의 각기도 알기 때문이다."[4]

또 아리스토텔레스는 그에 앞선 플라톤이나 그의 뒤의 플로티누스, 아우구스티누스, 토마스 아퀴나스, 데카르트, 라이프니츠 및 그 밖의 많은 다른 철학자들과 같이, 물질적 실체의 존재 외에 또한 정신적 실체의 존재도 인정하였다는 것이 주목된다. 그러나 아리스토텔레스의 판단에 의하면 정신적 실체는 단순한 반면 물질적 실체는 질료와 형상의 두 요소로 구성되어 있는 복합적인 것이다.

---

4) Aristotle, *Metaphysics*, 1028 a.

　아리스토텔레스는 질료와 형상은 실체의 본질적 구성 요소로서 우유
성처럼 실체로부터 그 존재를 받아들이지는 않는다는 것을 밝혀 내었
다. 이런 까닭으로 질료와 형상은 우유성의 부류에 속하지 않고 실체의
부류에 속하는 것이다. 그러나 다른 한편으로 형상도 질료도 자율적으
로 존재할 수는 없다. 따라서 그 둘 중 어느 것도 완전한 실체는 아니
다. 이것으로부터 아리스토텔레스는 질료와 형상은 불완전한 실체라는
결론을 이끌어 내었다.

　아리스토텔레스의 철학을 이렇게 개관하고 난 뒤에 우리는 이 장에서
다루기로 했던 문제 즉 인간의 실체성에 관한 문제로 돌아오기로 한다.
솔직히 말해서 오늘날 이 문제는 그다지 큰 흥미거리가 되지 못한다.
형이상학 자체가 불신을 받고 있기 때문이다. 오늘날에는 철학자들이
현상학, 과학, 사회학, 인류학 등에 대해서는 많은 연구를 하지만 형이
상학적 연구를 하기를 꺼린다.

　그러나 우리는 현상학도 또 여러 경험 과학들도 인간 존재에 의해 제
기된 중대한 문제에 만족할 만한 해답을 줄 수 없다는 것을 확신한다.
(그리고 우리는 우리의 연구의 시초부터 그 점을 언급하였다.) 심지어
어떤 경우에는 현상학이나 경험 과학들은 그러한 문제를 적절하게 제기
할 수조차 없다. 그 문제들을 전체적으로 다룰 수 있는, 그리고 그것들
에 대해 만족할 만한 해답을 하기 위해 사용할 적절한 도구를 소유하고
있는 지식의 분과는 철학뿐이다. 그렇다면 인간의 궁극적 존재에 관한
한, 그것에 대한 연구는 형이상학이라고 불리어지는 철학의 분과에 속
한다.

　이런 까닭으로 유물론적·실증주의적 정신의 희생자인 많은 현대인들
이 불가능하다느니 케케묵었다느니 하고 판정하는 일을 우리가 하고 있
다는 것을 스스로 알고 있음에도 불구하고 우리는 인간의 실재에 관한
보다 심오하고 보다 결정적인 지식을 얻기 위해 형이상학적 연구를 하
고자 하는 것이다.

　우리가 제일 먼저 해결해야 될 문제는 이것이다. 즉 인간은 실체인

가, 우유성인가?

　우리가 철학사를 전체적으로 개관할 때에 우리는 다음과 같은 점에서 거의 모든 철학자들이 일치하고 있음을 알게 된다. 즉 고대건 근대건 거의 모든 철학자들이 인간의 실체성을 인정하였던 것이다. 다시 말해서 인간에게서, 어느 정도의 안정성, 완전성, 통일성, 상당한 정도의 자율적 존재, 어떤 현상들의 중심이 되고 그것들이 거의 항상적으로 속해져 있는 주체가 되고 동시에 그것들을 일으키는 작용인(作用因)이 되는 어떤 실재성을 인정하였다.

　그러나 (특히 지난 4세기 동안에) 이러한 공통된 이론과 불일치되는 목소리도 적지 않았다. 그들 중 가장 중요한 사람들로서는 흄(D. Hume), 칸트, 피히테(J.G. Fichte), 헤겔, 스피노자, 베르그송, 하이데거, 사르트르 등이 있다. 처음의 네 사람들은 특히 인식론적 이유에서 인간의 실체성을 부정하였고 그 나머지 사람들은 형이상학적 이유에서 인간의 실체성을 부정하였다.

　이 자리에서는 개개의 철학자들의 논의를 하나하나 검토할 수 없다는 것은 명백하다. 우리는 다만 우리가 그들의 논의에 동의할 수 없는 이유만을 제시하고자 한다. 그 중요한 이유는 다음과 같다. 첫째, 우리의 인식의 객관적 가치에 대한 신뢰(헤겔, 흄, 칸트, 피히테와는 반대로 말이다). 둘째, 우리의 개인적(인격적) 존재의 상당한 자율성의 체험 (스피노자와 베르그송과는 반대로 말이다). 셋째, 우리의 "자아"의 안전성, 지속성, 동일성―이러한 것들에 의해, 비록 자아가 변형되고 수정된다고 하더라도, 자아는 그것으로 하여금 인류의 한 표본으로 되게끔 하는 근본적 특징을 불변적으로 지니고 있는 것이다― (하이데거와 사르트르와는 반대로 말이다).

　이런 까닭으로 우리가 인간이 실체라고 주장하는 것은 정당한 것처럼 보인다. 사실 인간은 실체의 모든 성질들 즉 그 존재상의 항상성, 안정성, 동일성, 자율성, 원인성 등을 갖고 있으며 또한 어떤 현상들의 근원이며 지속적인 중심이 되어 있는 것이다. 뿐만 아니라 우리의 제1부

의 연구는 우리에게 인간의 실체성을 지시하는 여러 가지 지표들을 제
공해 주었다.

인간 활동에 대한 우리의 현상학적 연구는 우리에게 인간 활동의 다
차원성, 다양성, 다종성을 확인시켜 주었다. 그러나 그와 동시에 우리
는 또한 여러 상이한 활동들이 서로를 포함하고 있음을 살펴보았다. 이
리하여 공작적 인간은 의욕적 인간과 지성적 인간을 포함하고, 유희적
인간은 또한 의욕적 인간과 지성적 인간 그리고 (어떤 경우에는) 공작
적 인간을 포함하고, 의욕적 인간은 또 지성적 인간을 포함한다. 그러
므로 우리는 이미 여기에서 인간 존재의 통일성이 나타나 있음을 알 수
있다. 즉 우리가 인간을 우연히 한데 모여진 현상들의 다발로 보는 것
을 막아 주는 한 통일성이 나타나 있는 것이다.

인간의 실체성을 알려 주는 또 하나의 지표는 우리가 생명적 인간,
신체적 인간, 감각적 인간, 의욕적 인간 등을 다룰 때 우리는 언제나
동일한 존재(인간)를 취급하고 있다는 사실에 의해 우리에게 주어진다.
생명성, 신체성, 사고, 의지 등의 현상들은 그것들이 모두 동일한 근원
(인간)에 의해 생겨난 것이기 때문에, 모두 단일한 주체(인간)에게 귀
속되어진다. 그러므로 우리가 다루었던 그 모든 현상들이 그 안에 근거
해 있고 그것으로부터 이것들이 발전해 나오는 그러한 한 실체가 존재
하는 것이다.

이러한 모든 이유로, 우리는 인간─또는 보다 정확히 말해서 인류에
속하는 모든 개개인─은 실체이며, 대체적으로 완전한 실체라는 결론
을 내릴 수 있다.

그러나 우리가 앞 장에서 논술했던 것에 근거해서 볼 때, 인간은 단
순한 실체가 아니고 복합적 실체인데, 그 이유는 인간이 신체적 요소와
정신적 요소라는 두 요소로 구성되어 있기 때문이다. 이 두 요소는 아
리스토텔레스적 용어법에 따라 살펴볼 때 불완전한 실체인데, 그것은
그 어느 쪽도 그 자체만으로는 인간을 구성할 수 없기 때문이다. 인간
존재의 완전한 실체는 신체도 영혼도 아니고, 신체와 영혼의 근본적 결

합이다.

그럼에도 불구하고, 실체성이라는 점에서는 영혼은 그것의 비물질성
(정신성) 때문에 특별한 성격을 갖는 것처럼 보인다. 많은 철학자들에
의하면, 적어도 존재의 점에서는 영혼은 상당한 정도의 자율성(독립성)
을 갖고 있어서, 그것은 완전한 실체로 간주될 만하다는 것이다. 이 문
제의 중요성과 비중을 고려할 때 그것은 특별히 세심하게 다루어져야
할 것이다. 그것은 우리가 다음 절에서 다루고자 하는 문제이다.

2. 영혼의 실체성

영혼의 실체성의 문제는 모든 시대에서 활발한 논쟁을 야기하였고 또
그에 대해 매우 상이한, 때로는 서로 대립하는 해답이 주어졌었다. 어
떤 철학자들에 의하면 영혼은 실체이며, 그것의 실체성은 인간 자신의
실체성과 동일시되었다. 왜냐하면 그들의 판단으로는 인간은 영혼 이외
의 것을 갖고 있지 않기 때문이다. 다른 철학자들에 의하면 영혼은 실
체가 아니고 우유성 즉 신체의 부수적 현상이다. 또 다른 철학자들에
의하면 영혼은 그 자신의 존재 활동의 능력을 갖고 있기 때문에 완전한
실체이지만 이 경우 영혼의 실체성이 곧 인간 자신의 실체성과 동일시
되지는 않는데, 그것은 인간은 영혼 외에 또한 신체도 갖고 있기 때문
이라 한다.

첫번째 입장의 옹호자들은 플라톤, 아우구스티누스, 데카르트, 라이
프니츠, 버클리(G. Berkeley) 등이다. 두번째 주장의 대변자들은 유물
론자, 원자론자, 진화론자, 마르크스주의자, 신실증주의자, 구조주의자
들이다. 세번째 주장의 지지자들은 토마스 아퀴나스와 그의 제자들, 특
히 오늘날의 신토마스주의자들(마리탱[J. Maritain], 질송[E.H. Gilson],
드 피낭스, 바니 로비기[Vanni Rovighi] 등)이다.

플라톤과 모든 시대에서의 그의 제자들이 그들의 주장을 뒷받침하기
위해 제시하는 이유는 잘 알려져 있다. 그 이유는 부분적으로는 도덕적

인 것이고 부분적으로는 인식론적인 것이다. 즉 윤리적 측면에서는 이 세계 내에서는 완전히 실현될 수는 없는 완전한 행복의 삶에 대한 인간의 열망이 그 이유로 제시되고, 인식론적 측면에서는 경험으로부터는 나올 수 없는 것처럼 보이는 절대적 진리의 소유가 그 이유로 제시된다. 이러한 이유로 플라톤은 (단순하고, 정신적이며, 비가시적인) 영혼은 처음에는 천상계에서 이데아들과 함께 살고 있었다고 결론짓는다. 영혼의 행복은 이데아를 순수하게 직관하는 것이었다. 그러나 어느 시점에서 영혼이 이제 더 이상 그의 직관 능력에 의해 이데아를 관조하는 것을 견뎌 낼 수 없게 되고, "어떤 알 수 없는 사건에 의해 무겁게 되고, 망각과 나약함으로 가득하게 되어, 지상으로 떨어져서" 육체에 갇힌 신세로 되는 것이다. [5]

유물론자, 실증주의자, 마르크스주의자들이 내세우는 이유도 잘 알려져 있다. 그들에게는 모든 것의 근원이 물질이다. 이 물질로부터 우리가 세계 내에서 보고 있는 (인간을 포함한) 모든 것이 생겨 나온다는 것이다. 심지어 과학, 예술, 도덕과 같은 인간의 최고의, 그리고 가장 숭고한 특징도 물질의 무한한 힘의 소산이라는 것이다. 그러므로 인간의 이러한 우월한 측면들의 총체성—여기에는 보통 영혼이라는 이름이 붙여진다—조차도 다소간에 물질의 고도의 발전의 우연적인 산물에 불과하다. [6]

토마스 아퀴나스와 그의 제자들에 관해서 말한다면, 그들은 인간 내에 어떤 현저한 정신적인 활동의 현전으로부터 영혼의 존재상의 자율성을 인정하지 않을 수 없었음에도 불구하고 영혼을 인간 자신과 동일시하는 것은 거절하지 않을 수 없었는데, 그것은 (그들의 견해에 의하면)

5) Plato, *Phaedro*, 248 c.
6) J. Monod, *Il caso e la necessità: saggio di filosofia naturale e di biologia contemporanea* (*Chance and Necessity: essay of natural philosophy and contemporary biology*), tr. it., (Milan: Mondadori, 1970) 참조; F. Crick, *Of Molecules and Men*, (Seattle: Univ. of Washington Press, 1966).

영혼은 듣는 것, 말하는 것, 노동하는 것 등의 인간 고유의 활동을 그 단독으로는 수행할 수 없기 때문이다.[7]

우리의 주제에 관련된 역사적 연구는 이쯤에서 그치고자 한다. 이제 우리는 그 문제에 대해 보다 본격적으로 이론적으로 연구하기로 하자.

이론적으로 우리에게 제시되는 첫번째의 현실은 인간 존재가 (이른바

---

7) 토마스 아퀴나스의 사상은 다음의 원전들에서 잘 나타나 있다. "지적 활동의 원리 즉 우리가 인간의 영혼이라고 부르는 것은 비물질적이고 자존적(自存的)인 원리이다. 그러므로 우리가 지성 또는 마음이라고 부르는 지성적 원리는 본질적으로 신체가 관여하지 않는 하나의 작용을 수행한다. 그런데 그 자신 안에 자존하는 자만이 그 자신 안에서 작용을 가질수 있다. 왜냐하면 현실적인 것을 제외하고는 그 어떤 것도 작용할 수 없기 때문에 한 사물은 그것이 존재하는 바에 따라서 작용한다. 그 때문에 우리는 열이 열을 전해 준다고 하지 않고 뜨거운 것이 열을 전해 준다고 말하는 것이다. 그러므로 우리는 지성 또는 마음이라고 불리는 인간 영혼은 비물체적이며 자존하는 어떤 것이라고 결론짓는다"(*S. Theol.* I, 75, 2). "이해는 신체를 통해 일어날 수는 없는 활동이다. 그러므로 그러한 활동을 가진 실체는 신체에 의존하지 않는 존재를 가져야 한다. 즉 그것은 신체를 넘어서 있다. 왜냐하면 그것은 한 사물이 작용하는 방식이기 때문이다. 그러므로 한 지성적 실체가 신체와 결합되어져 있다면, 그것은 신체가 지성적인 것이기 때문에가 아니라 다른 이유로 그러하다. 이리하여 인간 영혼이 신체와 결합되는 까닭은, 그것이 지적 활동을 완성시키기 위해, 신체에 의해 행해진 운동을 필요로 하기 때문이다. 즉 인간 영혼은 상상적 상들로부터의 추상에 의해서 인식하기 때문이다"(*De spiritualibus creaturis* [*On the Spiritual Creatures*], c. 5). 그러나 영혼의 존재상의 자율성에도 불구하고, 인간은 영혼과 동일시되지는 않는다. "영혼은 곧 인간 자체이다라는 명제는 감각적 영혼의 작용이 신체 없이도 그것에 고유해 있을 때에만 받아들여질 수 있다. 왜냐하면 그 경우에는 신체에 귀속되는 모든 작용들이 오로지 영혼에게만 돌려지기 때문이다. 그러나 각 사물은 그 자신의 활동을 수행하는 자들이며, 따라서 인간의 활동을 수행하는 자는 인간 자신이다. 그러나 앞에서 감각 작용은 영혼만의 작용이 아님이 밝혀졌다. 그렇다면 감각이 인간의 작용이되 영혼에 고유한 것이 아니라면, 인간은 영혼만이 아니고 영혼과 신체로 합성된 어떤 존재임이 명백하다"(*S. Theologiae*, I, 75, 4).

그들의 발을 굳건하게 대지 위에 두고 있다는 구실 아래에서 물질의 세계를 초월하는 강력한 목소리를 듣지 못할 정도로 귀를 막고 있는 많은 근대 및 현대의 철학자들이 바라고 있듯이) 고도로 발달한 물질도 아니고, (플라톤주의자와 많은 그리스와 그리스도교 철학자들이 주장했듯이) 타락한 정신도 아니라는 사실이다. 그와 반대로 인간 존재는 하나는 물질적인 것이요 다른 하나는 정신적인 것인 두 요소들로 구성되어진 본질적으로 복합적인 실재이다.

우리의 현상학적 연구에서, 신체성은 직접적으로든 간접적으로든 인간의 일체의 활동(예를 들어 생명 활동과 듣는 활동, 보는 활동과 욕구 활동, 말하는 활동과 노동 활동 등)의 한 요소를 이루고 있는, 인간에 대한 하나의 기본적 사실임이 입증되었다. 그러므로 신체적 요소 없이 인간을 생각한다는 것은 불가능하다. 신체성 없이는 언어나 유희, 노동과 무용 등 많은 전형적인 인간적 활동이 수행될 수 없다.

우리는 데카르트가 말하였듯이 신체 없는 우리의 존재를 상상해 볼 수는 있다. 그러나 이것은 그 순간에 우리가 실제로 신체로부터 해방되었음을 의미하는 것은 아니다. 마치 황금의 섬을 꿈꾼다고 해서 그러한 섬이 실제로 존재하는 것이 아니듯이 말이다.

그러므로 신체는 인간의 경우에는 확고한, 실재적인, 본질적인 존재인 것이다. 이리하여 우리는 다음과 같이 결론을 내릴 수 있다. 즉 만일 인간이 실체라면(그런데 이것은 앞 절에서 충분히 입증되었다), 신체는 그 실체의 본질적 구성 요소인 것이다. 따라서 우리가 앞 장에서 그의 존재를 증명한 바 있는 영혼은 결코 인간 존재 자체와 동일시될 수는 없다. 영혼은 신체와 함께 비로소 인간이라고 불리우는 저 완전한 실체를 성립하게 된다.

그런데 영혼의 실체성은 무엇으로 환원되는가? 그것은 신체의 실체성처럼 독립적으로 자립할 수 없는 반쪽만의 실체성으로 해소되지는 않는가? 사실 만일 인간이 영혼과 육체와의 깊은 실체적 통일에서 성립하는 것이라면 당연히 신체에 대해서 고유한, 자율적 실체성을 인정할 수 없듯이 영혼에 대해서도 온전한 실체성을 인정할 수 없을 것이다. 그러나 그것은 필연적인 결론은 아니다. 왜냐하면 영혼의 존재론적 지위는 신체의 그것과는 같지 않기 때문이다. 왜 그러한가? 그 이유는 영혼의 정신적 본성 안에서 발견된다.

우리가 앞에서 본 것처럼 자기 초월은 인간에 있어서의 정신적 요소인 영혼에 대한 명백한 표지인 것이다. 영혼은 본질적으로 정신적인 존재 즉 본질적으로 물질로부터 독립해 있는 존재이다. 그런데 이러한 것이 영혼은 신체(물체)와는 완전히 다른 것이기 때문에, 신체로부터 그 존재를 받을 수 없다는 것을 의미하지 않는다면, 과연 무엇을 의미할 것인가? 그러나 다른 한편으로, 또한 영혼 없이는 인간이 존재할 수 없다는 사실을 고려할 때 영혼이 인간으로부터 그 존재를 받을 수 없다는 것도 앞의 사실에 못지 않게 명백하지 않은가?

그러므로 영혼은 그것의 초월성과 정신성에 의해 신체의 도움 없이 그 자신의 본성에 의해 직접적으로 존재한다고 결론지어야 할 것이다. 이리하여 토마스 아퀴나스는 다음과 같이 올바른 언명을 하였다. "영혼은 원래 그 자신의 고유한 활동 방식을 갖고 있다. 이런 까닭으로 그것은 그 자신의 고유한 존재 활동도 하는 것이다."[8]

따라서 그 자신의 존재 활동을 갖고 있으며 따라서 그것이 존립하기 위해서 다른 실체 안에 들어갈 필요가 없는 자로서, 영혼은 그 자체 완전한 실체로 고려되기에 필요하고 충분한 조건을 갖추고 있는 것이다. 사실 영혼은 한 실체의 모든 중요한 기능들을 수행한다. 즉 영혼은 어느 정도의 자율성, 확고성, 지속성, 동일성을 갖고 있고, 어떤 작용들의 원인이며, 어떤 속성들의 주체인 것이다.

그러나 영혼은 역시 예외적인 완전 실체이다. 다른 완전 실체들은 각기 그들 스스로 한 종(種)의 한 개체를 이루지만, 영혼만은 그 스스로가 한 종을 이루지 못하고 신체와 결합해서야 비로소 그렇게 할 수 있

---

8) St. Thomas, *De anima* (*On the Soul*), I, lect, 2, n. 20.

다. 왜냐하면 인간이라는 종은 존재하지만 영혼이라는 종은 존재하지 않기 때문이다.

영혼의 실체성이라는 이 특별한 개념은 플라톤과 그의 후계자들의 과오를 정정해 주는 효과를 갖고 있다. 이들은 영혼과 신체를 각기 그 나름대로의 두 완전 실체로 보았고, 이 두 독립된 실체들이 마치 말 위에 기수가 타듯이 또는 배 안에 선장이 있듯이, 우연히 결합된 것으로 생각하였던 것이다. 또 영혼의 실체성의 개념은 인간 존재의 통일성을 확보해 주는 효과도 갖고 있다. 사실 그 개념에서는 우리는 한 존재 활동을 신체에 귀속시키고 또 다른 존재 활동을 영혼에 귀속시키는 그런 일은 하지 않는다. (플라톤과 그의 후계자들이 했던 식으로 말이다.) 존재 활동은 오직 하나이고, 그것은 영혼의 것이다. 그런데 이 영혼의 존재 활동에, 영혼이 존재하기 시작한 첫 순간부터, 신체도 관여하는 것이다. 바로 그 순간부터 인간이라고 불리어지는 (한 실체로서도 또 한 종으로서도) 온전한 존재가 성립한다.

우리가 앞에서 간단히 언급한 것으로부터, 영혼은 신체에 대해 존재론적 우월성을 갖고 있는 것이지 시간적 우월성을 갖고 있는 것이 아니라는 것이 분명해진다. 이에 관해 쉽사리 일어날 수 있는 오해를 방지하기 위해 그 점을 강조해 둘 필요가 있다. 사실 시간적 순서로 볼 때에는 신체를 구성하는 물질이 영혼에 앞서 있다. 그러나 이 물질은 영혼이 존재하기 시작하는 순간부터 인간의 신체로 된다. 즉 영혼의 존재 활동에 의해 신체도 그의 정체성과 자율성을 갖게 되는 것이다.

그런데 여기에서 논리적으로 그리고 자동적으로 다음과 같은 문제가 또 일어나게 된다. 즉 영혼은 그 누구로부터 그의 존재를 받는가?

3. 영혼 실체의 기원

"살아 있는 인간"에 대한 연구를 했던 앞의 어느 장에서, 우리는 생명의 기원을 고찰하였다. 그때 우리는 (적어도 암묵리에) 인간의 기원

문제―적어도 그의 신체적 형성에 관한 한에서―도 논의하였는데, 철
학적으로는 창조에 의한 인간 생명의 기원설이나 진화에 의한 기원설의
어느 쪽을 지지해 줄 결정적 논증이 없다는 것을 알았다. 그리고 우리
는 진화론에 관해서 벌어졌던, 또는 아직도 벌어지고 있는 그 모든 야
단법석에도 불구하고, 아직도 인간 생명의 기원 문제는 적어도 철학적
영역에서는 논란의 여지가 있는 미해결의 문제로 남아 있다는 것을 밝
혀 냈었다. 그런데 오늘날 진화에 의한 인간 생명의 기원 이론에 대해
과학적 가치를 부정하는 과학자들이 많이 있는데, 세르비에(J. Servier)
와 살마노프(Salmanoff) 등이 그러한 사람들이다.

  그러나 만일 인간의 신체적 요소에 관한 한 진화설이나 창조설을 다
받아들일 수 있다는 것이 사실이라면, 정신적 요소에 관해서는 어떻게
생각해야 할 것인가? 인간 영혼은 누구로부터, 언제, 그리고 어떻게
기원된 것인가? 철학사를 살펴볼 때, 우리는 이 물음에 대해 서로 모
순된 많은 해답들이 주어졌음을 알게 되는데, 그 중 중요한 것들은 다
음과 같다.

  ―어린이의 영혼이 그들의 부모로부터 연원된다는 설. 이 이론은 전
이설(translationism)이라고 불리는 것으로서 특히 테르툴리아누스(Tertul-
lianus)와 아우구스티누스에 의해 주장되었다.

  ―최고의 존재로부터 유출되었다는 설. 즉 스토아 학파에서는 로고스
(이성)로부터, 신플라톤학파에서는 일자(一者)로부터, 스피노자에서는
실체로부터, 관념론자들에서는 절대 정신으로부터 인간의 영혼이 나왔
다는 이론이다.

  ―세계가 생성되던 순간에 모든 인간의 영혼도 그와 동시에 창조되었
다는 설. 이 이론은 알렉산드리아의 필론(Philon), 오리게네스(Orige-
nes), 그리고 아우구스티누스에 의해 옹호되었다.

  ―신체가 형성되던 순간에 모든 개인의 영혼이 신에 의해 개별적·독
립적으로 창조되었다는 설. 이 이론은 모든 시대의 그리스도교 사상가들
사이에 가장 널리 퍼져 있었던 이론이었는데, 근대 철학의 위대한 대표

자들(예를 들어 데카르트, 비코[G.B. Vico], 캄파넬라[T. Campanella], 라이프니츠, 칸트 등)에 의해서도 지지를 받았다.

—물질로부터의 진화의 이론. 이것은 유물론적 경향을 가진 모든 근대적 사조에 의해 지지되는 이론이다.

그런데 영혼의 기원 문제를 해결하려는 이처럼 다양한 시도들에 대해서 우리는 무엇이라고 말해야 할 것인가?

첫째로 우리는 유물론자의 이론과 전이론자의 이론—전이론은 결국은 강력하게 유물론에 물들어 있는 세계관의 표명인 것이다—을 배척한다.

앞에서 영혼의 정신성, 물질과 신체적인 것으로부터의 자율성, 자존성에 대해서 말한 것으로부터 생각해 볼 때, 영혼의 존재를 밑으로부터 즉 물리적 세계로부터, 물질로부터 이끌어 내는 것은 더 이상 불가능하다. 왜냐하면 (그 본성과 그 여러 성질들이 밝혀진) 영혼과 물리적 세계간에는 어떤 진화론적 물질적 과정도 건널 수 없는 심연이 가로놓여 있기 때문이다.

그러므로 이 문제에 관해서는, 우리가 보기에는 영혼이 위에서 기원한다고, 즉 영혼은 물질적이 아닌 정신적인 기원을 갖고 있다고 주장하는 철학자들(그리고 이들은 많이 있다)이 전적으로 옳은 것 같다. 그들 논의의 골자를 간추려 보면 다음과 같다. 즉 영혼의 기원은 그것의 존재와 일치되는 것이어야 한다는 것이다. 그런데 영혼의 존재는 정신적인, 영적인 본성의 것임이 밝혀졌으므로 그것의 기원도 역시 정신적·영적 성격을 갖는다고 결론을 내려야 할 것이다. 그러나 우리는 위로부터의 영혼의 기원설에 관해서는 세 가지의 상이한 가설이 있다는 것을 살펴보았다. 즉 유출설, 동시적 창조설, 그리고 모든 개개인의 영혼의 독립적이고 직접적인 창조. 이들 중 어느 것이 철학적으로 가장 신뢰할 만한 것인가?

잘 알다시피 유출설은 만물이 단 하나의 정신적 원리로부터, 그것의 자발적인 확장과 분화에 의해 나왔다고 설명하려는 시도이다. 그런데 그 근원적 원리는 본래 높고, 숭고하고, 순수하고, 순결하고, 투명하고, 순수 정신적이고, 신적이고, 영원하고, 무한한 반면에, 분화되고 파생되어 가면서 그것은 점차 혼탁해지고, 오염되고, 다수의 것으로 되고, 빈약해지고 제한을 받게 되고, 극단적인 저차의 단계에 이르는 순간에는 드디어 물질화되게 된다. 만물은 (가장 순수하고 완전한 존재로부터 가장 불순하고 불완전한 것에 이르기까지) 하나의 지고(至高)의 근원으로부터의 이러한 보편적 유출 과정에 있어서의 계기들에 불과하다. 인간의 영혼은 이러한 유출 과정의 한 중간 단계 즉 아직도 투명성, 순수성, 정신성의 흔적이 명백히 남아 있는 그러한 것이다. 그와 반대로 육체는 유출된 존재가 보다 불완전하고, 보다 불순하고, 보다 혼탁하고, 보다 불분명해지는 그러한 저차적 유출의 한 단계인 것이다.

일반적으로 만물의 기원과 특히 영혼의 기원에 대한 이러한 설명은 고대에서는 신플라톤주의자들에 의해 찬란하게 대변되었고, 최근에는 관념론자들에 의해 옹호되었던 설명이다. 그러나 그것은 우리로서는 다음과 같은 이유로 받아들일 수 없는 것처럼 생각된다. 즉 그 이론은 분명히 정신적인 관점을 취하고는 있지만, 본질적으로 유물론적인 방법을 사용하고 있는 것이다. 유출이라는 것이 바로 그러하다. 유출은 일종의 생성, 즉 에너지의 감소가 수반되고 부분들의 증가―이것은 드디어 물질화에로 이르게 된다―가 수반되는 그러한 생성인 것이다. 그러므로 만일 영혼과 그 근원의 정신성을 보존하면서 생명의 기원을 어떤 것으로부터 설명하고자 한다면, 유출설과는 다른 유형의 설명 방식을 찾아야 한다.

이리하여 우리는 창조에 의한 영혼의 기원 이론에 이르게 되었다.

창조란 이전에는 어떤 방식으로도 (즉 그 자체에 있어서도 또 한 존재 [물질]의 가능성에 있어서도) 존재하지 않았던 한 사물을 생산하는 것을 의미한다. 따라서 그 말은 한 존재가 그것이 신에 의해 산출되기 전에는 전혀 존재하지 않았음을 표현하고자 한다. 즉 창조라는 말은 산출된 사물의 원초적 단계의 절대적인 무(공허성)를 강조한다. 토마스 아퀴나스는 창조 개념의 이러한 측면을 다음과 같이 정식화하였다. "창조는 그 어떤 것—그것이 창조된 것이든 창조되지 않은 것이든간에—도 전제함이 없이 한 사물을 (그것의 전체에 있어서) 산출하는 것이다." 그리하여 "그 무엇을 창조한다는 것은 그 어떤 것을 (그 이전의 어떤 물질 없이) 존재하게 하는 것 이외의 아무것도 아니다."[9] 무로부터의 한 사물의 전체적인 산출이라는 창조 개념은 자유나 인격의 개념들처럼 특별히 성서적·그리스도교적 사상이다. 그런데 창조 개념이 처음 나타난 것은 종교적 영역에서였지만, 그것은 그 뒤 아우구스티누스와 토마스 아퀴나스, 그리고 그 밖의 다른 그리스도교적 사상가들에 의해 합리적·철학적 규정을 받기도 하였다.[10] 그들은 신의 절대적 초월성, 그의 완전한 자율성과 자유를 확고히 하기 위해서는, 그를 다른 창조되지 않은 존재들과 병렬시키거나 그의 실체의 변형에 의해 그로부터 유한한 사물들을 나오게 할 수는 없다. 사물의 기원에 대한 신의 본성에 맞는 유일한 설명 방식은 세계의 전존재와 세계를 구성하는 그 모든 부분들이 단 하나의 의지 활동에 의해서, 즉 단 하나의 "명령"에 의해서, 다시 말해서 "창조라고 불리는 저 독특한 방식의 신적 행위에 의해서 산출되었다"[11]고 하는 것이다.

---

9) St. Thomas, *C. Gentiles*, II, 16, n. 944.

10) A.D. Sertillanges, *L'idée de création et ses retentissements en philosophie* (*The Idea of Creation and Its Philosophical Ramifications*), (Paris: Aubier, 1945) 참조.

11) 창조 사상에 대해서 쇼넨베르크는 최근에 다음과 같이 설명하였다. "세계는 전적으로 '무로부터' 나왔다. 즉 세계는 하느님의 영원한 힘과 의지에서 기원되고 그것에 의해 온전히 설명된다. 하느님은 세계를 무에서 만들어 내었다. 즉 이미 존재하는 물질이나 도구나 수단 없이 순전히 자기 자신으로부터 만들어 내었다. 따라서 '무로부터'라는 말은 근본적으로 하느님의 초월적인 원인성을 의미하는 것이다. 전세계의 기초가 되는 것, 다시 말해서 그의 모든 관계들과 사건들—어떤 존재나 다른 존재로부터 생겨나는 것도 포함해서—을 포함한 전세계의 기초가 되는 것은 바로 이러한 원인성인 것이다. 또한 하느님은 무로부터 즉 완전히 독립적으로 그 이후의 존재들도 창조해 낸다. 하느님이 한 사물을 다른 사물로부터 생겨

대다수의 그리스도교 사상가들에 의하면, 일단 세계의 근본적 구조가 생겨난 뒤에는 신이 개개의 사물들의 생성에 있어서 (비록 언제나 이 세계의 모든 사건들의 주된 원인으로 남아 있기는 하지만) 거기에 일일이 직접 개입하지 않고, 그것을 세계 자체의 고유한 힘에 위임했다는 것이다. 다만 정신적 존재(천사와 인간 영혼)에 의해서만, 신의 활동은 계속적으로 직접적·절대적·전체적인 것이다. 사실 이들 정신적 존재는 물질로 구성되어 있지 않기 때문에, 어떤 방식으로든 물질로부터 기원될 수가 없다. 그러므로 그들의 기원은 창조 행위로 생각되어야지, 변형 작용으로 생각되어서는 안 된다. 토마스는 이 점에 대해 다음과 같은 명쾌한 논증을 제시한다. "그의 본질이 그의 존재가 아닌 모든 것은 자신의 창조자를 갖고 있다. 그런데 인간 영혼의 본질은 그의 존재가 아니다. 이러한 것은 (앞에서 이미 살펴보았듯이) 신만의 특권이다. 그러므로 인간 영혼은 그의 존재의 능동인(能動因)을 갖고 있는 것이다. 그런데 그 자신에 의해 존재하는 것은 또한 그 자신에 의해 존재하게 된다. 반면에 그 자신에 의해 존재하지 않고 다만 다른 자와 더불어서만 존재하는 것은 그 자신에 의해 산출되지 않고 이 다른 자에 의해서만 존재하게 되는 것이다. 불의 형상은 불 자체가 산출될 때에 나타나게 되는 것이다. 그런데 다른 형상들과는 달리 인간의 영혼에는 자립적으로 존재한다는 특성과, 그 자신에 고유한 존재를 육체에도 전해 준다는 특성이 있다. 그러므로 인간 영혼은 (우연히 즉 합성된 것들의 작용에 의해서 존재하게 된 다른 형상들의 생산 방식을 넘어서) 순전히 그 자신에 의한 한 생산 방식을 갖고 있는 것이다. 그러나 인간 영혼은 그 자신의 일부분으로서 물질을 갖고 있지 않으므로, 그것은 물질과 같은 어떤 것으로부터 만들어질 수는 없는 것이다. 그러므로 인간 영혼은 창조된 것으로 보아야 한다. 그리고 그러한 창조가 신의 고유한 활동이

나게 하는 것은 무에서부터이다. 그 분은 진화하는 세계의 창조자이시다" (P. Schoonenberg, *God's world in the Making*, Ill.: Divine Word Publications, Techny, 1964, 28면).

라는, 앞에서 증명된 사실을 고려할 때, 영혼이 오로지 신에 의해서 직접적으로 창조된 것이라는 결론이 나온다. ”[12]

이에 이르러서 이제 다음과 같은 것만 불확실한 것으로 남게 된다. 즉 신은 모든 영혼들을 세계의 창시 때에 한꺼번에 창조했던 것일까? (물론 나중에 부모에 의해 육체가 형성될 때에 그 속에 주입해 넣지만) 아니면 신은 개개의 영혼들이 각각 들어가도록 되어 있는 각기의 육체가 만들어지는 순간에, 그것들을 하나씩 하나씩 따로따로 (각기 다른 시간에) 창조했던 것일까?

우리가 앞에서 말했듯이 오리게네스는 첫번째 입장을 지지했는데, 그것은 알렉산드리아의 필론의 뒤를 따른 것이었다. 그와 반대로 아우구스티누스는 동시적 창조의 입장과 각기의 독립적 창조의 입장 사이에서 유보적인 태도를 취하였다. 그러나 대부분의 다른 그리스도교 사상가들은 영혼의 (신체 형성에 앞선) 선행적 창조를 인정할 하등의 이유가 없다고 생각한다. 사실 영혼은 그 자체로는 인간 존재를 이룰 수가 없다. 왜냐하면 우리가 앞에서 증명하였듯이 영혼은 본성상, 인간이라는 온전한 존재를 만들어 내기 위해서는 반드시 신체와 결합하도록 되어 있기 때문이다. 이것말고도 또 다른 이유가 있다. 즉 영혼은 신체 없이는 스스로 어떠한 활동도 할 수가 없는 것이다. 그 이유는 모든 활동에는 대상이 필요한데, 이 대상이 주어지기 위해서 영혼은 모든 매개를 필요로 하기 때문이다. 따라서 세계의 창시 당시의 모든 영혼의 동시적 창조의 이론은 합리적 근거를 갖지 않는 것처럼 보인다. 그러므로 논리상 필연적으로 우리가 앞에서 밝혀 낸 바 있는 자기 의식, 객관성, 보편성, 자존성 (자립성) 등의 특성들을 갖고 있는 정신으로서의 영혼은 신 자신의 직접적이고 인격적이고 개별적이고 독립적인 창조에서 기원한다는 결론을 내려야 할 것이다.

---

12) St. Thomas, *C. Gentiles*, II, 87.

⚜ 참고문헌

Clement, O., *Riflessioni sull'uomo* (*Reflections on Man*), tr. it., Milan: Jaca Book, 1972; Giannini, G., *Il problema antropologico. Linee di svillupo storico-speculativo dai Presocratici a san Tommaso* (*The Anthropological Problem: lines of historical-speculative development from the Presocratics to St. Thomas*), Rome: Univ. Lateranense, 1965; Jung, C., *Realtà dell'anima* (*Reality of the Soul*), tr. it., Turin: Boringhieri, 1970; Penati, G.C., *L'anima* (*The Soul*), Brescia: La Scuola, 1983; Rigobello, A., *Linee per un'antropologia prescolastica* (*Lines for a pre-Scholastic Anthropology*), Padua: Antenore, 1972; Ryle, G., *Lo spirito come comportamento* (*The Spirit as Behavior*), tr. it., Turin: Einaudi, 1955; Schute, S., *The Psychology of Aristotle*, New York: Random House, 1964; Vanni Rovighi, S., *L'antropologia filosofica di S. Tommaso d'Aquino* (*The Philosophical Anthropology of St. Thomas Aquinas*), Milan: Vita e Pensiero, 1965; Verneaux, R., *Psicologia: filosofia dell'anima* (*Psychology: philosophy of the soul*), tr. it., Brescia: Paideia, 1966.

제 3 장

신체와 영혼

신체는 인간에 있어서 최초로 눈에 띄는 그리고 가장 명백한 차원이다. 그러나 또한 신체가 그 자체로는 인간 존재 전체를 이루지 못하고 영혼과 함께여야만 그렇게 할 수 있다는 것도 명백한 일이다.

신체와 영혼간의 관계에 대한 중요한 문제를 다루기에 앞서, 신체와 그 주요 기능에 대한 간단한 현상학적 분석을 하는 것이 좋을 것이다. 그것은 뒤에 신체와 영혼간의 관계에 관한 형이상학적 성찰을 할 때에 그것을 보다 견고한 토대 위에서 수행할 수 있도록 해줄 것이다.

1. 인간 신체의 놀라운 모습

인간 신체는 놀라운 모습을 지니고 있는데, 그것은 (나이가 들거나 병이 들어서 노쇠해지거나 어떤 사고로 불구가 되는 경우처럼) 외적 형태상으로는 항상 그런 것은 아니지만, 내적 구조면에서는 언제나 그리고 예외 없이 그러하다. 즉 염색체의 미시적 구조로부터 여러 기관들과 조직들의 거시적 구조에 이르기까지 그 모든 것들이 놀라운 모습을 나타내고 있는데, 그 중에서 특히 90억이나 되는 신경 세포로 구성되어 있는 뇌라고 불리는 복잡하고 정교한 기관이 더욱 그러하다.

문화를 다루었던 장에서, 우리는 신체적 차원에서도 인간은 일체의 동물들을 능가한다는 것을 살펴보았다. 특정한 행동들, 그리고 그 행동들만을 할 수 있는 본능에 의해 미리 특수화(전문화)되어 있는 동물과는 달리, 인간에게는 태어날 때 특수화되어 있지 않은 신체가 주어져서, 그것을 점차로 특수화시켜 나가고, 드디어는 (그의 손, 발, 머리 등으로써) 여러 가지의 정교한 행동을 수행할 수 있게 되는 것이다. 인간은 그의 신체를 다루고 훈련시켜 매우 놀라운 동작들을 할 수 있게 한다. 그것을 확인하기 위해서는 음악가들이 피아노, 바이올린, 플루트 등을 그들의 손으로써 능숙하게 연주하는 모습이나 곡예사들이 그들의 발, 손, 머리 등으로써 곡예하는 모습, 무용가나 발레리나들이 그들의 손과 발로써, 또 예술가들이 그들의 손으로써 각자의 활동을 하는 모습을 살펴보면 된다.

우리가 내과적 또는 외과적 의학이나 정형 외과적 치료 기술을 사용해서 우리의 신체를 지배하는 것을 볼 때, 신체적 측면에서 인간이 동물보다 우월하다는 것이 특히 명백해진다. 인간은 그 자신의 신체를 치료하기 위해 병원, 진료소, 요양소 등을 건립한다. 또 인간은 자신의 신체를 더 강건하고 아름답게 하기 위해 온갖 체육 시설들을 만들어 낸다.

인간 신체의 아름다움과 특수성을 드러내 주는 또 하나의 요소는 그 직립 자세이다. 그것은 인간에게 자신의 운동을 통제할 수 있게 하고 어떤 다른 동물도 갖지 못한 민첩함과 우아함을 준다. 직립 자세는 인간에게 동물처럼 시선을 땅에 고정시키지 않고 하늘을 향하도록 한다는 점에서 상징적 가치를 갖고 있을 뿐 아니라, 또한 죽을 때까지 변할 수 없을 정도로 인간에게는 하나의 생리학적 필연성으로 되어 있다. 고대 이집트에서는 죄인들에게 벌로써 그들의 머리를 땅으로 향하게끔 하였다. 누워 있는 자세와는 달리 직립 자세는 생명, 건강, 활력, 힘, 명령의 상징이다. 이러한 까닭으로 직립 자세는 여러 가지 중요한 의미를 갖게 되었다. 여러 국가들, 도시들, 지방들은 경쟁적으로 교회나 탑이나 첨탑 등의 높은 건물을 짓는다. 바벨탑, 에펠탑, 엠파이어 스테이트 빌딩 등이 그러한 것들이다. 왕들은 왕위에 등극하며(오르며), 그리스도교 이전의 시대에는 산은 언제나 신의 거처로 생각되었다.

2. 신체의 기능

앞에서 말했듯이 인간의 신체는 동물과 함께 어떤 기능들을 공통으로 갖고 있다. 즉 영양 작용, 성장 작용, 번식 작용 등이 그러한 것들이다. 그러나 여기서 우리의 관심사가 되는 기능은 인간에게만 고유한 기능이다. 그러한 기능으로서 우리는 세계적 기능(worldly function)을 들 수 있는데, 이것은 어찌 보면 동물들에게도 있는 것으로 생각할 수도 있지만 인간만이 스스로 그것을 갖고 있다는 것을 의식한다.

a) 세계적 기능
신체성의 주요 기능들 중의 하나는 인간을 "세계적" 존재 즉 이른바 "세계 내 존재"로 되게 한다는 것이다. 인간으로 하여금 세계의 일부분으로 되게 하는 것은 신체의 작용에 의해서이다. 인간은 신체로 말미암아 그 자신이 세계와 같은 요소로 이루어져 있고 세계의 다른 부분들과 같은 법칙, 같은 운명에 종속되어 있음을 안다.

이 진리는 비록 고전 철학에 의해 무시되었던 것은 아니지만(비록 플라톤과 아리스토텔레스가 그것을 반대 방향으로 해석하기는 했지만 말이다), 하이데거, 사르트르, 메를로 퐁티 등의 실존주의자들에 의해 새로운 중요성과 깊이를 얻게 되었다. 그들은 신체성이 우리를 사물의 세계에 위치시키고 그것의 공간적 제약에 따르도록 한다는 것을 밝혔다.

다른 모든 물체들이 그렇듯이 우리의 신체도 명확히 규정되어 있는 공간적인 장소 안에 자리잡고 있고 언제나 공간 내의 특정한 자리를 점유해야만 한다. 어떤 사람이 어느 특정의 시간에 아무 곳에나 있다든가, 또는 어떤 곳에도 있지 않다는 것은 불가능하며 그는 반드시 어떤 장소에서만 존재할 수 있는 것이다. 이런 공간적인 제약을 초월한다는 것은 자신의 신체를 떠나고 자신을 비신체화하고 스스로 세계 내에 존재하는 것을 그친다는 것을 의미한다.[1]

우리는 여기서 어떤 배의 승객이나 어떤 비행기의 탑승객이 사고에 의해 실종된 경우를 생각해 볼 수 있다. 즉 그들이 있을 곳(공간적인 장소)을 아무리 찾아봐도 허사인 경우 말이다.

신체성은 인간으로 하여금 "세계 내 존재"로 되게끔 한다. 신체성은 인간에게 공간 내의 어떤 장소를 지정해 주고 인간으로 하여금 공간적으로 그와 가까이 있는 존재들과만 관련을 갖도록 제약한다. 그와 가까이 있는 존재들만이 그의 신체와 교섭하게 되고 그의 삶의 일부를 구성할 수 있다.

전에는 우리의 가까이에 있었으나 그 뒤에 우리로부터 멀어진 사물들은 우리의 현재의 삶으로부터 떠나간다. 결정적인 분리는 죽음이다. 죽음의 희생으로 된 자는 살아 있는 자들의 영역으로부터 결정적으로 소외되고 이들이 도저히 접근할 수 없는 먼 곳으로 소멸한다.

"일정한 공간 속에 있는 나의 신체는 나를 세계 및 사물들의 한가운데에 놓고 그것들과의 관련에서 나의 위치를 규정한다. 나의 신체는 내 주위의 모든 것들이 필연적으로 관련하여 자리잡을 수 있게 되는 그러한 관계점(reference point)이다. 나는 나의 '주위'의 중심으로 되고, 그 안에 있는 각기의 사물이 나의 '관점'을 규정하며, 나의 주위 전체가 곧 나의 '지평'으로 된다. 이 주위 안에서 어떤 사물은 그것이 크든 작든 어떤 간격을 두고 나의 신체 앞에 있을 때에만, 나에 대해서 대상으로 되는 것이다. 나의 신체는 그것에 대해서 그리고 그것에 의해서 대상이 존재하는 바로 그러한 것이다. 나의 신체는 나의 공간적 세계 전체의 중심이요 초점이며, 내가 그것으로부터 삶을 살아가는 세계의 중심점이다. 일정한 공간적 지점에 놓여 있는 나의 신체로 말미암아 나는 모든 공간적 차원을 내 안으로 끌어들이며 그것들을 나의 초점으로 모으며

---

1) E. Barbotin, *The Humanity of Man*, (Maryknoll, N.Y.: Orbis Books), (1975), 28면.

그것들을 통합하고 그것들을 내면화한다. 그러나 반대로 나는 또한 나의 이 지점으로부터 나의 지평 내에 있는 어떤 지점으로도 움직여 가는 것이다. 이처럼 오고 가는 율동적 운동에 의하여 전세계가 내 안에 살아 있고 나는 또한 전세계를 나의 거처로 삼고 있는 것이다."[2]

그러므로 사물들의 여러 차원은 우리의 신체와 관련되어 있는 것이다. 예를 들어 낮은 곳에서는 자리가 높이 보이는 것이다. 그러므로 사물의 운동도 우리의 신체를 그 관계점으로 가지는 것이다.[3]

b) 인식론적 기능

신체가 우리의 지식의 필수적인 수단이라는 것은 적어도 감각적 지식, 다시 말해서 세계에 관한 지식에 관한 한에서는 언제나 인정되어 왔다. 그러나 최근의 연구는 신체의 인식론적 기능이 고전 철학이 인정했던 것보다 더 범위가 넓고 더 중요하다는 것을 밝혀 내었다.

신체는 무엇보다도 우리의 자아 의식의 인식론적 수단이라는 것이 증명되었던 것이다. 데카르트가 말했던 것처럼, 우리가 자아 의식 내에서 우리 자신을 신체로부터 분리시킬 수 있다는 것은 진실이 아니다. 실제로는 자아 의식은 우리의 신체의 운동 기능 속에 표현되어져 있는 것이다. 우리가 우리의 존재에 대해 갖고 있는 근본적 감정은 우리의 신체적인 조건과 경향에 의해 본질적으로 규정되어 있다. 즉 나는 좋은 또는 나쁜 기분을 느끼고, 편안한 또는 불편한 기분을 느끼며, 조용한 또는 분주한 기분을 느끼는 것이다. 우리가 어떤 것이 우리에게 일어나고 있는지 일어나고 있지 않은지, 즉 일어나고 있다고 생각되는 것이 순수하게 환상적인 것 또는 순전한 꿈인지 아니면 사실인지를 확실히 알지 못할 때, 우리는 신체성이 우리의 자아 의식과 요소로서 얼마나 중요한지를 알게 된다. 그때 우리는 우리의 몸을 만져 본다(꼬집어 본다). 그것은 우리의 존재의 확인 행위인 것이다. 그 경우 만일 우리가 머리와

---

2) 같은 책, 37면.
3) 같은 책, 38면.

손 등을, 그것들이 마땅히 있어야 할 곳에서(제자리에서) 발견하게 된다면, 우리는 안도의 한숨을 내쉬고는 다시 평정을 회복하는 것이다.

현대 현상학자들에 의해 명백히 밝혀진 또 하나의 사실은 세계에 관한 우리의 지식(그리고 때로는 심지어 신에 관한 우리의 지식)이 갖고 있는 현저한 신체적 성격이다. 세계는 본질적으로 우리의 전체적 범주들에 따라 구성되는 것이다.

"신체는 세계를 분할하면서도 또한 그렇게 분할된 세계를 끊임없이 통일하기도 한다. 나의 신체는 그것의 존재로부터 분리될 수 없는 그러한 활동을 통해, 그것이 항상 분할하는 모든 것들을 끊임없이 다시 모으고 재결합시키며, 또 그렇게 함으로써 세계의 여러 부분들에 그것이 할당한 모든 의미들 사이에 개인적인 조화를 이룩해 낸다. 신체 덕분에 위와 아래가, 앞과 뒤가, 오른편과 왼편이 유기적인 전체에로 통합된다. 나의 신체는 세계의 중심이 어디에 있어야 할지를 결정한다. 그것은 일체의 존재에 대한 분석과 종합이 행해지는 불가분적인 점이다. 하나의 신체가 등장하는 것은 하나의 새로운 공간과 하나의 새로운 세계가 출현하는 것과 같다."⁴⁾

"나의 신체성은 그것에 의해 세계가 나에게 나타나고 또 내가 나 자신을 세계에 기투(企投)하는 그러한 것이다. 나의 외부의 사물들과 내가 소유하는 것들이 나에 대해 존재할 수 있는 것은 나의 신체의 덕분이다. … 나의 신체는 주관적인 동시에 객관적이므로 그것은 나의 '자아'와 나의 바깥의 사물들의 세계를 매개해 주며, 나의 의식과 외적 대상들의 세계와의 만남의 장소로 된다. 데카르트가 말한 것처럼 우리가 세계를 부정하기 위해서는 우리의 신체를 잊어야만 하듯이, 우리가 주관·객관의 대립의 이원론과 관념론의 막다른 골목을 넘어서기 위해서는 우리의 신체의 살아 있는 체험을 인정하기만 하면 된다."⁵⁾

---

4) 같은 책, 53~54면.
5) 같은 책, 83~84면.

c) 소유의 기능

신체는 또한 소유에 관련된 본질적 기능도 갖고 있다.

신체는 무엇보다도 존재를 소유함을 그 본질적 특징으로 삼는다. 나는 신체를 소유함에 의해 실존한다. 그러나 소유의 전영역은 신체를 거친다. 즉 내가 나의 신체로써 접촉할 수 있는 것만이 나에 의해서 나의 것으로서 주장될 수 있다.

"과학에 의해서 알려져 있는 우주의 부분은 그것의 완성을 위해서 인간 신체의 운동을 필요로 한다. 인간의 신체가 '저 밑에까지' 또는 '저 위에까지' 가서 그 장소들을 '여기'로 만들지 않는 한, 그러한 세계는 아직도 완전히 정복된 것이 아니다. 대기권이나 지상권으로 진행해 간 여러 기계들은 다만 (신체 운동에 대한) 선구자임에 불과하다. 아이가 눈으로 열심히 좇고 있는 연, 과학자들이 연구에 열중하고 있는 우주 연구소, 항해자나 동굴 탐색자들이 사용하는 탐침 등의 모든 것들은 인간으로 하여금 새로운 영역을 신체적으로 소유하게끔 해주는 일종의 여행에 대한 열망을 나타내는 것이다. 그렇게 한 다음에야 비로소 공간이 실제로 우리에게 속하게 된다."[6]

손은 세계적 기능의 기관이기도 하지만 경제적 기능을 위한 특수적 기관이기도 하다. 우리가 사물을 지배하는 것도 손에 의해서이고, 사물을 가공하고 변형하는 것도 또한 손에 의해서이다. 그리고 무엇보다도 손 안에서, 우리가 앞에서 기술한 향외적(向外的)·향내적(向內的)인 이중의 운동이 일어나는 것이다. 사실 손으로써 우리는 사물을 "조종하고" 또 동시에 사물을 "내것으로 삼는" 것이다.

d) 미적 기능

철학자들, 윤리학자들, 신학자들 및 종교적 사상가들은 언제나 도덕적 또는 정신적 완성과 신체의 활동간의 어떤 연관을 강조하여 왔다.

---

6) 같은 책, 74면.

그러나 그들은 두 가지의 서로 대립된 방식에서 그렇게 하였다. 즉 플라톤, 플로티누스, 에픽테투스(Epiktetus), 아우구스티누스와 같은 사람들은 정열, 본능, 비참함, 나약함을 지니고 있는 신체는 영혼에 대해 무거운 것, 위험, 장애, 함정이 되고 따라서 신체는 영혼이 정신적(영적) 세계로 상승해 가는 데 방해가 된다고 생각하였다. 그리하여 그들은 신체를 완전히 벗어나는 금욕을 권장하였다. 반면에 아리스토텔레스, 토마스 아퀴나스, 로스미니(Rosmini) 등과 같은 사람들은 신체는 인간의 본질적 구성 요소로서 인간이 완성을 지향해 가는 데 직접적으로 관여되어야 한다고 믿었다. 그리고 그것은 인간이 습득하는 신체적 습관에 상당한 정도로 의존한다고 믿었다.

영혼과 육체간의 관계 문제는 우리가 곧 다루게 될 것이다. 지금으로서는 우리는 우리의 신체가 확실히 선행에도 악행에도, 또 악에도 덕에도 관여되어 있다는 것을 말하는 데 그치고자 한다. 일상적 경험은 우리에게 (예를 들어 순결이나 절제 등과 같은) 어떤 덕의 실행은 (육욕이나 무절제 등의) 악덕의 실행과 마찬가지로, 우리의 신체가 형성한 습관에 상당한 정도로 의존한다는 것을 알려 준다. 이러한 것은 순결의 실천에 대해서도 타당하다. 순결의 덕도 상당 부분 신체적 습관의 문제인 것이다. 상당 기간 동안 자신의 신체적 본능을 통제한 자는 어떤 시점에 이르러 그 자신을 순결한 존재에로 습관화시키게 된다. 그리하여 비흡연자의 신체 속에는 흡연에 대한 혐오적 태도가 있듯이, 순결한 자의 신체 속에는 관능적 쾌락에 대한 거부적 태도가 형성되는 것이다.

그러므로 신체가 수도 생활과 영적 생활의 차원에서 수행해야 할 중요한 역할을 갖고 있다는 것은 확실하다.

3. 영혼과 신체의 관계

이 장과 앞의 몇 장들에서 말했던 것으로부터 인간을 구성하는 두 요소 즉 영혼과 신체간에는 본질적 구별이 있으면서도 또한 밀접한 연관

3. 신체와 영혼   283

이 있다는 결론이 이끌어져 나온다. 그 양자는 본질적으로 서로 다르다. 하나는 정신계에, 그리고 다른 하나는 물질계에 속해 있기 때문이다. 반면에 양자는 또한 밀접하게 서로 결합되어 있다. 그 둘이 함께 어울려서 비로소 인간이라는 하나의 존재를 만들어 내기 때문이다.

이제 우리는 영혼과 신체간에 성립하는 관계의 본성과 의미를 밝혀내고자 한다. 이 문제에 관해서는 (다른 모든 문제들에 관해서와 마찬가지로) 플라톤과 아리스토텔레스의 시대 이래로 철학자들의 견해는 현저하게 갈라져 있다. 즉 서로 대립되는 두 해결책은 결국은 이 두 철학자에게로 소급될 수가 있다.

플라톤과 그 밖에 플로티누스, 아우구스티누스, 데카르트, 말브랑슈 (N. de Malebranche), 스피노자 등에 의해 지지되는 플라톤적 해결책에 의하면, 영혼과 육체는 서로 대립해 있는 두 개의 완전 실체로서, 이 지상(현세)의 생활에서 단일의 실체를 이루지 못하고 그저 우연히 서로 결합해 있을 뿐이라고 한다. 그 중 영혼만이 그 자체로서 인간의 진정한 본질을 이룬다. 따라서 신체의 멸각(절멸)은 영혼을 다시금 그것의 원래의 완전성과 행복 상태에로 되돌아가게 하는 "필요" 조건이다.

그 반면 아리스토텔레스와 그 밖에 토마스 아퀴나스, 알베르투스 마그누스(Albertus Magnus), 카예타누스(Jacobus Cajetanus), 로스미니 등에 의해 주장되는 아리스토텔레스적 해결책에 의하면, 영혼과 신체는 (질료와 형상처럼) 두 개의 불완전 실체로서 함께 협동해서 비로소 인간이라는 단일의 완전 실체를 형성한다는 것이다. 따라서 인간은 본질적으로 영혼이며 신체이고, 영혼과 신체가 함께 하나의 전체를 이룬다. 영혼은 그 자체만으로는 아직 인간이 아니고 신체와 더불어서만이 비로소 그러하다. 인간의 두 구성 요소들간의 밀접한 연관 또는 실체적 통일은 단 하나의 존재 활동 즉 영혼의 존재 활동이 신체의 존재도 유지시켜 준다는 사실에 의해 일어난다.

그런데 이 문제에 대한 새로운 해결책이 근대 철학자들에 의해 제시되었다. 흄은 인간 지식에 대해 일체의 객관적 가치를 부정하면서, 영혼과 신체간에 실재적으로 존재하는 것처럼 보이는 관계를 감각의 관념들과 반성의 관념들간의 주관적 연합(연상)으로서 설명한다.

다른 한편으로 칸트는 (모든 다른 형이상학적 문제들에서처럼) 이 문제에서도 스스로를 절대적 불가지론의 입장 속에 가두어 버린다. 현상계에 제약되어 있는 인간은 인간, 세계, 신 등의 객관적 실재에 관해서는 그 어떤 확실한 언명도 할 수가 없다는 것이다. 《순수 이성 비판》의 저자에 의하면, 영혼과 신체의 관계 문제를 해결하기 위하여 여러 철학자들이 고안해 낸 이론들은 순전한 오류 이외의 아무것도 아니다.

칸트 이후에 영혼과 신체의 관계 문제는 대개의 경우 관련되어 있는 두 요소들 중 어느 한 쪽을 제거함에 의해서(즉 관념론자에 의해서는 신체를, 그리고 유물론자에 의해서는 영혼을 제거함에 의해서), 철학의 무대로부터 사라지게 되었다.

이상이 우리가 검토한 영혼과 신체의 관계 문제에 관한 복잡한 역사의 개관이다. 그것은 간단하기는 하지만 가능한 모든 해결책들의 개관을 제시해 주고 있다. 즉 인간을 그 한 요소로 환원함으로써 (관념론자와 유물론자의 경우) 심신 문제 자체를 부정하는 입장으로부터, (흄과 칸트의 경우처럼) 인간 지식의 객관적 가치를 부정함으로써 심신 문제의 해결 가능성을 부정하는 입장에 이르기까지, 또 다른 한편으로 (플라톤과 그의 제자들의 경우처럼) 그 문제를 이질적인 두 요소들의 우연적 결합으로서 해결하려는 입장으로부터, (아리스토텔레스와 토마스 아퀴나스의 경우처럼) 실체적 결합으로서 해결하려는 입장에 이르기까지 다양한 대안들이 제시되어 있는 것이다.

그런데 철학사의 연구로부터, 말해질 수 있는 모든 것이 이미 (누군가에 의해) 말해졌다는 것이 귀결될 수 있다고 할 때, 우리가 할 일은 다만 과연 진리가 그 중 어느 쪽에 있는지를 확정하는 일일 것이다. 그리고 우리가 앞에서 즉 현상학적 부분과 형이상학적 부분에서 얻어진 결과들을 숙고한다면 이러한 작업은 결코 어려운 일은 아닐 것이다.

무엇보다도 인간 지식이 객관적 가치를 갖고 있다는 것을 인정하였던 우리로서는 칸트와 흄 등의 (주관주의적) 해결책은 받아들일 수가 없으며, 또 우리는 인간이 영혼과 신체라는 두 개의 근본적으로 구별되고 실체적으로 상이한 요소로 이루어져 있다는 것을 명백히 증명하였으므로, 유물론자와 관념론자의 해결안도 받아들일 수가 없다. 그러므로 우리는 불가피하게 피타고라스적-플라톤적 해결책과 아리스토텔레스적-토마스적 해결안, 즉 우연적 결합이라는 입장과 실체적 결합이라는 입장 사이에서 선택해야 할 것이다.

그런데 우리에게는 유일하게 만족할 만한 해결책은 실체적 결합이라는 입장인 것처럼 보인다. 이것이 진실인 까닭은 무엇보다도 영혼과 신체간에는, 인간의 모든 활동에 있어서 언제나 영혼의 작용과 신체의 작용이 협동할 정도로 밀접한 연관이 성립한다는 것이 명백하기 때문이다. 그러나 가장 근본적인 이유는 우리가 인간의 실체성에 관해서 이미 말했던 것으로부터 도출된다. 우리는 앞에서 인간이 실체라는 것, 그리고 그의 실체성은 영혼과도 또 신체와도 일치하지 않는다는 것을 알았다. 그리고 또한 신체는 그 자체로서는 실체가 아니며 그 이유는 신체는 자신의 존재 활동을 갖지 못하며 자립적이 아니며 자존적(自存的)이지 않기 때문이라는 것이 증명되었다. 그리고 영혼도 비록 그 나름대로의 실체성이 주어져 있기는 하지만, 그 자체 자율적 존재를 이룰 수는 없다고 생각된다. 왜냐하면 영혼에 고유한 활동을 수행할 수 있기 위해서는 적어도 시초에는 신체의 작용이 필요하기 때문이다. 그러므로 우리는 신체와 영혼이 하나의 단일한 실체를 구성한다고 결론지었던 것이다. 그 둘은 단일한 존재 활동 즉 영혼의 존재 활동을 수행하는데, 이 존재 활동이 시작될 시점에 신체가 그 활동에 관여하는 것이다.

우리는 다음과 같은 결론에 도달하였다. 1) 신체와 영혼은 본질적으로 상이하다는 것을 인정함. 2) 영혼도 신체도 각기 단독적으로는 인간의 실체성과 동일시될 수 없다는 것을 확인함. 3) 그럼에도 불구하고 그 둘은 인간의 실체성 자체를 형성하게 됨으로써, 신체와 영혼을 두 개의 완전 실체로 본다든가 또는 그 둘의 결합을 단순한 우연적인 것으로 보아서는 안 된다는 것을 확정함. 그런데 그 둘의 결합은 구체적으로는 어떻게 이해되어야만 하는가?

신체와 영혼은 두 개의 (우연적이 아닌) 실체적인 요소들로서 두 개의 불완전 실체인데, 그 둘은 아리스토텔레스의 질료와 형상의 도식에 따라 또는 그보다는 능동과 가능의 도식에 따라 서로 관련되어 있는 것이다. 사실 영혼은 신체의 형상으로서 신체와 결합되어 있다. 왜냐하면 영혼은 그것으로 말미암아 신체가 인류의 신체로 되게 되는 그러한 완전성을 제공해 주기 때문이다. 바로 이 이유만으로도 영혼은 신체의 능동인(작용인)이라고 할 수 있다. 영혼은 신체에 대해 그 완전성, 그 본질 규정성을 부여해 주기 때문이다. 그러나 영혼에 대해서 능동인의 자격이 인정되는 것은 무엇보다도 앞에서 이미 보았듯이, 영혼이 그의 존재 활동—즉 영혼이 신체에 비해 우선적으로 갖고 있는 그러한 존재 활동—을 신체에 전해 주기 때문이다. 반면에 신체는 전형적인 질료와 가능의 관계에서 영혼과 결합되어 있다. 그것은 무엇보다도 질료의 관계에서 영혼과 결합되어 있는데, 그것은 신체가 영혼에게 개별적 특성을 부여해 주기 때문이다. 그 다음에 신체는 가능의 관계에서 영혼과 결합되어 있는데, 그것은 신체가 영혼으로부터 주어지는 완전성—즉 존재의 완전성으로부터 삶의 완전성(단순성, 정감성, 언어 등)에 이르기까지의—을 받아들일 소질이 있기 때문이다.

그러나 여기에서 어떤 이는 다음과 같이 항변할 것이다. 신체와 영혼은 본질적으로 상이하다. 그리하여 신체는 물질계에, 영혼은 정신계에 속해 있다는 것은 수없이 거듭된 말이 아닌가? 그런데도 본질적으로 상이한 그 두 존재가 한데 어울려서 단일의 실체를 이룰 수 있다는 말인가? 이 어려운 문제에 대해 우리는 토마스 아퀴나스와 더불어 다음과 같이 대답하고자 한다. "지성적 실체는 그의 존재를 물질적 사물에 (그 둘이 단일의 존재 활동을 통해 결합되는 방식으로) 전달해 줄 수 없다. 그 이유는 상이한 종류의 존재는 상이한 종류의 존재 활동을 하는 것이요, 또 보다 고상한 실체에는 보다 고상한 존재 활동이 속해 있기 때문이다. 그런데 만일 그 단일의 존재 활동이 물질에나 지성적 실체에나 같은 방식으로 속해 있다면 그 항의는 옳을 것이다. 그러나 사실은 그렇지 않다. 왜냐하면 그 존재 활동에 대해서 물체적 사물은 그것을 받아들이는 기체(基體)의 관계에 있는 반면 지성적 실체에게는 동일한 존재 활동이 이것의 원리로서, 즉 그 자신의 본성을 유지하게 해주는 원리로서 속해 있기 때문이다. 그러므로 지성적 실체 즉 인간의 영혼이 인간적 신체의 형상으로 되지 못하도록 막을 것은 아무것도 없다. "[7]

❖ 참고문헌

Aa. Vv., *Il corpo, perché ?* (*Why the Body ?*), Brescia: Morcelliana, 1977; Chirpaz, F., *Le corps: initiation philosophique* (*The Body: a philosophical initiation*), Paris: PUF, 1963; Henry, M., *Philosophie et phéoménologie du corps* (*Philosophy and Phenomenology of the Body*), Paris: PUF, 1965; Merleau-Ponty, M., *L'unione de l'ame et du corps chez Malebranche, Biran, et Bergson* (*The Union of the Body and the Soul According to Malebranche, Biran, and Bergson*), Paris: Vrin, 1965; Sartre, J.P., *L'être et le néant* (*Being and Nothingness*), Paris: Gallimard, 1948.

---

7) St. Thomas, *C. Gentiles*, II, c. 68. 인간의 실체성에 관련된 토마스의 이론에 대해서는 다음의 책 참조. E. Gilson, *Elements of a Christian Philosophy*, cit., 208면; S. Vanne Rovighi, *L'antropologia filosofica di san Tommaso d'Aquino* (*The Philosophical Anthropology of Saint Thomas Aquinas*), (Milan: Vita e Pensiero, 1965), chapters III~IV.

제 4 장

인격

우리에게 인간 존재 전체를 포괄할 어떤 이름 즉 그의 전존재를 정확하고 명백하게 표현하는 어떤 이름을 말하라고 한다면, 우리는 인간은 인격이라고 말할 것이다.

역사적으로 볼 때, "인격"이라는 말은 이교적 문화와 그리스도교적 문화간에 구획을 짓는다. 이것은 유명한 사실이다. 그리스와 (세네카까지도 포함하는) 라틴 문화에 있어서는 "persona"—그리고 그리스어의 prosopon—라는 말의 통상적 의미는 가장(假裝)한다는 것이었다. [1] 이리하여 세네카가 "nemo potest personam diu ferre"라고 말했을 때, 그는 "아무도 오랫동안 가장하고 있을 수는 없다"는 것을 말하고자 했던 것이다. 그리스도교가 들어오기 전에는 그리스에서도 로마에서도 인격의 개념을 표현할 말이 없었다. 왜냐하면 그러한 이교적 문화에서는 인격이라는 개념 자체가 존재하지 않았기 때문이다. 이들 이교 문화는 개인 자신의 절대적 가치를 인정할 줄 몰랐고 다만 개인의 가치를 본질적으

---

1) 역사가 첼러는 "고대 그리스 철학에서는 인격을 나타내는 말조차도 없었다"고 말했다. E. Zeller, *Die Philosophie der Griechen in ihrer geschichlichen Entwicklung* (*Greek Philosophy in its Historical Development*), 제 7 판 (Lipsia, 1920), 843면.

로 계급이나 신분이나 부(富)나 종족에 의존해서 평가했다. "고대인은
도시 국가와 가문에 흡수되어 있으며, 알 수 없는 그리고 신보다도 더
높은 맹목적인 운명의 지배를 받고 있었다. 그리고 노예 제도도 그 당
시의 가장 고상한 정신의 소유자들에게 거부감을 일으키지 않았었다.
철학자들은 비인격적인 사상―이것의 영원한 질서가 자연을 그것의
이데아로서 규제한다―만을 고려하였다. 개체적 현상은 자연과 의식에
있어서 결함과 같은 것이었다. … 그리스도교가 비로소 이런 불확실성
가운데에서 명확한 인격 개념을 밝혀 내었다. 오늘날 우리는 그리스인
들의 감정과 사고가 이 인격 개념에 대해 가졌던 반감을 잘 이해하지
못하고 있다. "[2]

인격의 단일성, 독특성, 반복 불가능성(따라서 인류의 각 개인의 존
엄성에 있어서의 근본적 평등성)은 그리스도교에 의해 창시되고 주장되
고 전파된 진리이고, 그 진리는 역사상 유례가 드물 정도로 "강력하게
파괴적인"(평화적인 방법으로 파괴적인) 힘을 가진 것이었다. 그리하
여 그 진리는 점차로 이교 문화 속으로 들어가서 그것을 관통하기에 이
르렀고, 이교 문화를 근본적으로 변화시켜 중세와 근대의 문화를 낳았
는데, 이 문화들은 그리스도교적 가치로(그것도 초기 단계에서만이 아
니고 그 전성기에도) 침윤되어 있는 것이었다.

그런데 (근대 문화의 중요한 후원자로 된) 그리스도교에 의해 창조된
인격의 개념은 오늘날 여러 가지 이유로 더 이상 다방면에서 지지를 받
지 못하게 되었다. 많은 사람들은 더 이상 인격이라는 말을 개인의 독

---

2) E. Mounier, *Il personalismo* (*Personalism*), tr. it., (Rome: AVE, 1966), 14~16
면. 이 진리는 심지어 마르크스주의 학자들에 의해서도 인정된다. 예를
들어 가로디는 다음과 같이 말하였다. "그리스도교는 새로운 차원의 인간
즉 인격적 인간을 창조하였다. 인격 개념은 그리스의 고전적 합리주의에
대해서는 낯선 것이어서, 그리스의 교부들은 그리스 철학 안에서 이 새로
운 존재를 나타내는 범주와 말을 찾아낼 수가 없었던 것이다"(R.
Garaudy, *Q'uest-ce-que la morale maxiste?* [*What are Marxist Morals?*], ed.
Sociales, Paris, 1963, 63면).

특성, 불가 반복성, 절대적 가치성, 신성성을 의미하는 것으로 받아들이지 않고 그 말에 단지 사회학적 의미만을 부여하고자 한다. 즉 인간은 "타인들이 그를 사회적 인간으로 되도록 하기 위해 행하는 것들과 독립해서, 그 스스로 인간인 것"은 아니다. 비록 인간에게 생물학적 존재성이 주어져 있다고 하더라도, 인간은 그것만으로는 자율적 존재가 되지 못하며 또한 절대적 권리를 갖게 되지도 않는다. 바꾸어 말하면 "생물학적 작용만으로는 인간의 수정란이 인간 존재로 되는 데 충분하지 않다. 그는 다른 인간 존재들의 미소, 말, 애정적 관계, 도움, 학습, 유희, 노동 등을 통해 그가 속해 있는 사회 집단의 일원이 됨으로써 비로소 인간으로 되는 것이고, 이 사회의 바깥에서는 어떤 환경에도 적응하지 못한 두려움에 가득 찬 발광하는 동물에 불과할 뿐이다."[3] 즉 오늘날의 탈그리스도교 문화에 의하면, 사회에 의해 인격체로 인정되는 자만이 인격일 수 있다는 것이다. 즉 사회로부터 인류에 속해 있는 자로 인정을 받는 사람만이 인격일 수 있다는 것이다. 그러므로 "인격"이라는 말의 의미는 이제 더 이상 인간 존재 자체가 아니고, 사회적 관습의 문제이며 신분증이고 위장된 것이다. 실제로 우리의 견해대로 이들 철학자들은 "인격"이라는 말에다 그것이 이교 문화 속에서 원래 갖고 있었던 그 의미를 회복시켜 주고자 하는 것이다.

20세기에 들어서면서 (인간과 사회에 관련된 다른 주요 개념들처럼) 인격이라는 말이 겪어 온 의미상의 변화는 현대 문화를 뒤흔드는 심각한 위기, 즉 가끔 그것에 붙여졌던 세기적 위기라는 이름이 진실로 타당한 그러한 위기의 명백한 징표이다. 우리 모두를 그것의 가차 없는 악(惡) 속으로 휘잡아 왔던 이 가공할 위기를 극복하기 위한 두 가지의 효과적인 약이 있는데, 그 약들은 불행히도 세속적 세계에 의해 아직 소화되지 못한 채 있다. 그 약들은 형이상학과 종교인데, 이 약들만이 인격의 가치를 포함한 절대적 가치에 대해 타당한 기초를 제공할 수 있

---

3) I. Calvino, "Che cosa vuol dire rispettare la vita" (What Respecting Life Means), in *Corriere della Sera* (*Evening Courier*), 9. February, 1975.

다. 이 논저를 쓰는 철학자로서 나는 철학에 호소할 것이고, 철학을 인간의 위대성, 존엄성, 숭고성을 회복하기 위해서 그리고 인격 개념에 견실한 기초를 제공하기 위해서 사용할 것이다.

1. 존재론적 개념

앞에서 이미 말했듯이 인격 개념은 그것이 단일적인 것, 개체적인 것, 그리고 구체적인 것을 강조한다는 점에서 다만 보편적인 것, 이상적인 것, 그리고 추상적인 것만을 중요시하고 인정하는 그리스적 사고와는 전혀 다르다. 그리스적 사고는 개체적인 것을 다만 유적인 것(보편적인 것)의 한 순간적 현상으로, 또는 역사의 거대하고 포괄적인 과정의 한 일시적 순간으로 간주하였던 것이다. 인격 개념은 구원사에 관한 성찰과 반성과 결부된 그리스도교적 사상의 산물이다. 구원사는 집단적이고 보편적인 존재로서의 인류의 역사가 아니고, 개별적이고 구체적이며 특수한 인간들 즉 아브라함, 이삭, 야곱, 다윗, 이사야 등의 역사, 다시 말해서 인류에 속하는 각 개인의 가치를 중요시하는(왜냐하면 각 개인에게 하느님의 아들과 예수 그리스도의 형제라는 칭호가 주어져 있기 때문이다) 역사이다.

그리스도교에서는 인격 개념은 단순한 신앙 문제로 전해져 온 것이 아니고 (앞에서 이미 말했듯이) 활발하게 논의되고 깊이 있게 성찰되어졌다. 교부 시대와 스콜라 철학 시대중에 인격 개념은 엄밀한 합리적 분석을 받게 되었는데, 그렇게 함으로써 그것은 확고한 철학적 권위를 얻게 되었다. 그리고 삼위일체와 육화의 위대한 신비에 관한 신학적 논쟁들에 의해 인격 개념이 심화되는 기회가 주어졌으며 그 문제의 해결은 인격 개념의 정확한 형성에 결정적인 기여를 하였다.

이 개념에 대한 최초의 깊이 있는 검토는 아우구스티누스에 의해 행해졌다. 아우구스티누스의 목적은 성부와 성자와 성신에 각기 따로 적용될 수 있는 한 개념을 찾아내는 것이었다. (그러면서도 한편으로는

그 셋을 각기 독립된 세 신으로 만들 위험에 빠지지도 않고 다른 한편
으로 그들의 개체성을 해소시킬 위험에 빠지지도 않으면서 말이다.) 아
우구스티누스는 "본질"과 "실체"라는 말은 삼위의 모두에게 공통된 국
면을 지시하므로 앞에서 말한 두 가지의 장점을 가지지 못한다는 것을
증명하였다. 그 구별은 오히려 그리스어의 "ypostasis" 또는 그것에 대응
하는 라틴어의 "persona"에 속하는 것인데, 이 말은 "유적인 것을 지시
하지 않고 단일한 개체적인 어떤 것을 지시한다. "[4] 그 말은 또 신 외에
인간에게도 유사한 방법으로 적용된다. "각 개인은 … 인격이다. "[5]

아우구스티누스에 있어서 인격은 단일의 개체를 의미한다. 이러한 것
은 4세기에 페르소나라는 말이 이교적 라틴 문화 내에서 원래 갖고 있
었던 것과는 근본적으로 다른 의미를 갖게 되었다는 사실을 증시한다.
그 말은 이제 더 이상 가장을 의미하지 않고 인간을, 그것도 인류에 속
해 있는 개인을 가리킨다. 그러나 "아우구스티누스에 있어서는 아직도
인격에 대한 정의가 나타나 있지 않다. "[6] 보다 정확히 말해서, 우리가
보에티우스(Boethius)와 토마스 아퀴나스에게서 볼 수 있는 것과 같은
엄밀하고 온전한 정의는 그에게 아직 없다. 그러나 인격이라는 용어는
분명히 그에게 나타나 있다. 그리고 그 용어는 인격 개념의 존재론적
정의가 결코 빠뜨릴 수 없는 한 근본적 요소 즉 단일성과 개체성의 요
소를 포함하고 있다. 인격은 무엇보다도 개체적인, 단일한, 그리고 반
복될 수 없는 존재인 것이다.

보에티우스에게는 최초로 존재론적 입장에서 인격에 대한 정의를 행
하였다는 공적이 돌아간다. 그의 한 신학적 논문에서 그는 "인격은 이
성적 본성 (자연)의 개체적 실체이다"[7]라고 말하였다. 보에티우스의 정

4) Augustine, *De Trinitate* (*On the Trinity*), VII, 6, 11.
5) 같은 책, XV, 6, 11.
6) A Trapé, Introduction to Augustine, *De trinitate* (*On the Trinity*), tr. it., (Rome: Città Nuova, 1973), 36면.
7) Boethius, *Contra Eutichen et Nestorium* (*Against Eutichen and Nestorium*), c. 4.

의로부터 인격이 단지 개체성만을, 또 단지 본성(자연)만을, 또 단지 실체만을 의미하지는 않는다는 결론이 나온다. 사실 단순한 개체성은 우유적인 것에도 귀속될 수 있다. (즉 모든 구체적인 우유적 존재는 개별화될 수 있는 것이다.) 또 인격을 형성하기 위해서는 본성(자연)도 실체도 그 자체만으로는 충분하지 못하다(왜냐하면 그것들은 유적 요소일 수 있기 때문이다). 또한 개체성과 본성과 실체의 셋이 합쳐도 인격을 이룰 수 없다. 이러한 요소들은 인격이 아닌 돌과 고양이에게도 속해 있기 때문이다. 그것들은 인격 개념의 최근류(最近類)에 포함되어 있는 요소들일 따름이다. 그래서 인격 개념을 올바로 정의하기 위해서는 앞의 세 요소에 인간을 동물로부터 구별짓는 종차(種差)를 첨가하는 것이 필요한데, 이 종차는 아리스토텔레스가 이미 가르쳐 주었듯이 바로 이성인 것이다. 이리하여 우리는 보에티우스가 내렸던 것과 같은 정의를 얻게 된다. 즉 인격은 이성적 본성의 개체적 실체이다.

토마스 아퀴나스가 인격을 정의하여 "subsistens rationale"(a rational subsistent)라고 하였을 때, 그것은 보에티우스의 정의를 보다 단순화한 것이라 할 수 있다. 토마스는 subsistent라는 말로써 보에티우스가 개체성, 본성, 실체라는 말들로써 표현하고자 했던 것을 대치하였다. 왜냐하면 자존적(自存的)인 자는 그의 개체성 속에 확정되어 있는 실체와 본성일 수 있기 때문이다. 그러나 자존적인 자가 그 자체로서 인격 개념을 형성하는 것은 아니다. 인격 개념은 우리가 아는 바와 같이 식물과 동물에게가 아니라 이성적 존재자에게만 적용되는 것이다. 그리고 바로 이런 이유로 우리는 토마스가 그렇게 했듯이 자존적인 자에다가 이성이라는 요소를 첨가해야만 하는 것이다. [8]

토마스에 의하면 인격과 본성(자연)간에는 전체와 그 부분간에 성립하는 것과 같은 구별이 있다. 인격은 그의 모든 구체성과 독특성과 반

---

8) "인격은 모든 자연 중에서 가장 완전한 것 즉 이성적 자연 안에 자존하는 것을 가리킨다"(S. Theol. I. 23, 3). "이성적 또는 지성적 자연 안에 자존하는 것은 모두 인격이다"(C. Gent. IV, 35, 1).

복 불가능성을 지니고 있는 개체적이고 구체적인 인간이다. 그 반면에
인간 본성은 (비록 그것이 근본적이고 핵심적인 부분이기는 하지만) 어
디까지나 인격의 한 부분일 따름이다. 개체적 존재의 총체로서의 인격
은 질료, 실체적 형상(영혼), 우연적 형상, 그리고 존재 활동(actus
essendi)을 포함하고 있다. 인격의 형식적 구성 요소는 그 중 마지막 요
소 즉 존재 활동이다. 왜냐하면 존재 활동은 최대한의 완전성으로서,
실체와 그의 모든 규정에 현실성(활동성)을 부여해 주는 것이기 때문이
다. 그러므로 "인격성은 자존적으로 존재하는 한 존재의 존엄성과 완전
성에 필연적으로 속해 있는 것이다. 그것이 곧 인격이라는 이름 아래에
서 이해되고 있는 것이다. "9)

  존재 활동은 인격에 표현(소통) 불가능성의 성질을 부여해 준다. 10)
그러한 활동으로 말미암아 인격은 그 자체 완성된 것으로 즉 존재론적
으로 완결(폐쇄)된 것으로 된다. 토마스가 자세히 규정한 바에 의하면,
인격은 세 가지 종류의 표현(소통) 불가능성을 갖고 있다. "첫째로 인
격인 개체는 그 스스로가 온전한 전체이므로 다른 자들과 그 한 부분으
로서 소통할 수는 없다. 그 다음에 인격적 개체는 보편자가 개별자와
소통하는 그런 방식으로 소통할 수는 없다. (인격이 수용 가능한 어떤
것이라는 점에서 말이다.) 왜냐하면 수용 가능한 자는 주는 자의 인격
안으로 옮겨 가고 따라서 그 자신의 독자적 인격성을 더 이상 가질 수
없게 되기 때문이다. 그러나 수용할 수 있는 능력이 인격 개념과 상치
하는 것이 아니다. "11) 이러한 소통 불가능성 때문에 인격은 본성과도
본질과도 명백히 구별된다. 사실 "인격 개념은 그것이 독립적이고 자존
적인 어떤 것이고 사물 속에 있는 모든 것을 포함한다는 것을 의미한
다. 이와 반대로 본성 개념은 본질적 요소들만을 포함하고 있을 따름이

---

  9) *S. Theologiae*, III, 2, 2, ad 2.

 10) "De ratione personae est quod sit incommunicabilis" (The reason of the
    person is that which is incommunicable) (*S. Theol.* I, 30, 4, ob. 2).

 11) In III *Sent.* (*Commentary to the Sentences*), 5, 2, 1 ad 2m.

다. "12)

 보에티우스에 의해 제안되고 그 뒤에 토마스에 의해 (소통 불가능성의 원리 또는 "존재 활동"의 이론으로) 완성된 존재론적인 인격 정의는 결정적인 성취라고 할 만한 것으로서, 그 뒤에 형이상학의 가능성을 믿는 모든 철학자들에 의해 거의 그대로 채용되었다. 20세기에 들어와서는 특히 두 사람의 사상가 즉 마리탱과 과르디니 (R. Guardini)가 인격에 대한 그들의 깊은 성찰로 말미암아 유명하다. 마리탱은 인격의 개념을 개인의 개념과 대조시킨다. 인격 개념은 영혼과, 그리고 개인의 개념은 육체와 결부되어 있다. 인격 개념은 개방성을 의미하는 데 반해 개인 개념은 폐쇄성을 의미한다. 마리탱은 다음과 같이 말한다. "인간이 질료적 개체성인 한에서 다수성으로 빠져들지 않는다면 그는 무(無)로 될 경향이 있는 불안정한 통일성만을 갖고 있을 따름이다. 왜냐하면 질료는 마치 공간이 스스로 분할되는 경향이 있듯이 스스로 분열되는 경향이 있기 때문이다. 개인으로서의 우리들 각자는 유의 일부분, 우주의 한 부분일 따름이고, 여러 가지 힘들과 우주적·인종적·역사적 영향들 —법칙도 여기에 따른다—의 거대한 체계의 한 점일 뿐이다. 개인은 물리적 세계의 법칙에 종속되어 있는 것이다. 그러나 그 반면에 우리들 각자는 또한 인격인 것이고, 인격으로서의 인간은 더 이상 별들(또는 넓은 의미의 우주)에 종속되어 있지 않다. 그는 정신적 영혼과 같은 방식으로 자존한다. 그리고 정신적 영혼이야말로 그의 안에 있어서의 창조, 독립, 자유의 원리인 것이다. 인격성은 자기 자신과의 관계에 있어서 내면성을 의미한다. 그러나 인간을 넘어서 나아가는 것이 정신이기 때문에, 식물과 동물과는 대조적으로 올바로 규정된 독립성의 장소는 자기 자신의 내면성이고, 따라서 인격의 주관성(주체성)은 부분들을 갖지 않는, 그리고 라이프니츠의 모나드(monad)처럼 창(窓)을 갖지 않는 통일성과는 아무런 상관도 없다. 그것은 지성과 사랑의 통교(通交)를

12) 같은 책, 5, 1, 3.

요구하는 것이다. 내가 인격체이고 또 나를 나 자신이라고 말한다는 이 유만으로, 나는 지식과 사랑에 관해 다른 사람들과 교제하기를 요구하는 것이다. 영혼들이 진실로 서로 교제하는 그러한 대화를 요구하는 것이 인격성의 본질에 속한다. "[13]

나의 의견으로는 마리탱이 개인과 인격을 대립시킨 것은 상당히 부자 연스러운 것이고 또 토마스적 노선 위에 있는 것도 아니다. 인격성의 원리는 토마스 아퀴나스에 있어서는 영혼이 아니라 존재 활동이다. 물 론 영혼은 인격의 실존을 위해서 필요한 것이다. 그러나 심리학적 차원 에서 무한한 개방성의 원리인 이성적 영혼은 존재론적 차원에서 존재상 의 자율성의 원리는 아니다. 그리고 앞에서 살펴보았듯이, 인격성은 무 엇보다도 이러한 사실을 증시한다. 다른 한편으로 질료가 인간의 경우 에서처럼 정신적 영혼을 그의 형상으로 갖고 있을 때에는 그것은 또한 개방의 도구와 장소로 되고, 예지와 사랑의 도구로 되며, 나아가서 다 른 사람들과의 대화의 근본적 조건으로 된다. 그러므로 존재론적으로 볼 때, 인격은 영혼이 아니라 "존재 활동"을 그 근거로 갖는 것이다. 그러나 논의가 일단 존재론적 차원으로부터 대화적 차원으로 옮겨지면 (마리탱이 의도했던 것처럼 말이다), 그때에는 개방과 통교의 주(主) 원리는 영혼이라는 것이 인정되어야 할 것이다. 그럼에도 불구하고 여 기서 우리가 잊어서는 안 될 것은 영혼이 신체에도 개방과 통교의 성질 을 전달해 준다는 사실이다. (그리고 이것은 우리가 신체의 기능을 다 루면서 이미 밝혔던 것이다.)

나는 여기에서 과르디니의 문헌의 일부를 소개하고자 한다. 그 글에 서 과르디니는 그의 사상의 특징으로 되어 있는 정교함과 우아함으로써 인격의 존재론적 정의를 표현하고 있다. "인격이란 내가 나의 존재에 있어서 어떤 다른 사람에 의해서도 결코 침해받지 않고 오직 나 자신과 의 관계에 있어서 나는 나 자신과만 존재한다는 것을 의미한다. 나는

---

13) J. Maritain, *La persona e il bene comune* (*The Person and Common Good*), tr. it., (Brescia: Morcelliana, 1963), 23~25면.

어떤 다른 사람에 의해서도 대표될 수 없고 나 자신에 대해서만 보장되어 있다. 나는 어떤 다른 사람에 의해서도 대치될 수 없다. 나는 독특하다. 이러한 나는 비록 나의 영역이 어떤 침해 행위나 어떤 수술 작용에 의해 중대하게 손상되었을 때에도 여전히 보존되어 있다."[14] 삶과 지식과 행위와 그 밖의 정신적 창조의 내면성 등 "이 모든 것들은 아직도 인격은 아니다. 인격은 이 모든 것들에 있어서 인간이 그 자신 안에 머물러 있다는 것을 의미한다. … 그리고 이것은 그 자신 안에 존재할 수 있고 또 존재하여야 한다는 사실을 의미한다."[15]

2. 심리학적 개념

데카르트와 더불어 철학은 형이상학의 영역을 버리고 새로운 길 즉 인식론의 길을 개척해 나간다. 그러한 근본적 변화를 하게 된 이유는 데카르트에 의하면, 먼저 우리의 지식의 가치라는 장애물을 극복하지 않으면 형이상학적 문제를 해결할 수 없기 때문이라는 것이다. 이러한 것은 위험한 일로서 회의(懷疑)―방법론적 회의와 회의론적 회의를 포함한―가 쉽사리 실패로 이끌어 갈 수도 있다. 데카르트가 인격의 문제도 이러한 입장에서 보았고 따라서 그가 인격을 더 이상 존재의 자율성의 관점에서가 아니고 자기 의식의 관점에서 정의하였다는 것은 당연한 것이다. 인간이 자신의 존재에 대한 보증을, 즉 자신의 존재가 순전한 꿈이 아니고 진정한 현실이라는 보증을 갖게 되는 것은 그가 스스로 "나는 생각한다, 고로 나는 존재한다"고 생각하기 때문이다. "자아"의 존재는 자기 의식에 성립하는 것이다. 인격의 독특성은 바로 이 틀림없는 증언, 즉 아무리 강력하고 음흉한 악마라 하더라도 부정하지 못할 이 확실한 증언에 의해 주어진다.

---

14) R. Guardini, *Welt und Person* (*World and Person*), (Würzburg: Werkbund, 1939), 122~123면.

15) 같은 책, 128~129면.

이 논증에 관해서 우리는 다음과 같은 세 가지 사실을 데카르트에게 인정해 줄 수 있다. 첫째로 지성적 지식 또는 이성이 인격의 본질적 요건이라는 것. 우리는 보에티우스와 토마스의 정의에서 이 점을 발견했었다. 둘째로 자기 의식이 인간의 뚜렷한 장점이라는 것. 이 책의 현상학적 부분에서 우리는 동물도 알기는 하지만 인간만이 자신이 안다는 것을 안다는 사실을 살펴본 바 있다. 셋째로 그러므로 우리는 인격에 대한 심리학적 정의를 시도할 수 있다는 것. 그러나 그것은 다음과 같은 두 가지 이유에서 위험한 일이다. 즉 첫째로 만일 회의론이 문제를 적극적으로 해결하지 못한다면, 인격의 정의는 막혀 버린다. 둘째로 인격을 자기 의식과 동일시한다면 자기 의식을 수행하지 않는 자는 인격성이 부정되기 때문에, 아직 자각적 의식의 단계에 도달하지 못한 어린 아이나 잠자는 자나 혼수 상태에 빠져 있는 자는 더 이상 또는 아직은 인격체가 아닌 것으로 될 것이다.

이러한 이유들로써 나는 존재론적 정의를 수반하지 않은 단순한 심리학적 인격 정의를 결코 만족할 수 없는 것으로 간주한다.

인격 문제를 존재론적 차원에서 심리학적 차원으로 옮겨 놓음으로써 데카르트는 인격 개념에 대한 일련의 중대한 훼손들 또는 엄청난 과장들을 생겨나게 하였다. 중대한 훼손이란 흄, 프로이트(S. Freud), 왓슨(J.B. Watson)의 경우를 가리키고, 엄청난 과장은 피히테, 헤겔, 니체의 경우를 두고 말한 것이다.

흄은 인격을 (단순한) 의식의 사실로 만듦으로써, 인격을 감각들의 다발—상상력의 연상 능력에 의해 결합된—로 환원시켜 버렸다. 프로이트는 인격 또는 진정한 "자아"를 거대한 리비도적 충동의 중심으로서의 무의식과 동일시하였는데, 이러한 자아에 보통의 경우 제 2 의 허구적 인격, 즉 무의식의 요구와 사회의 요구간의 갈등에서 생겨난 에고적 인격이 첨가된다. 왓슨은 인격을 행위에로 해소한다. 다시 말해서 개인이 그의 사회적·문화적 환경에 반응하는 방식에로 해소한다.

다른 한편으로 피히테, 헤겔과 같은 관념론자들은 이성에 사물을 이해하는 능력뿐 아니라 사물을 창조하는 능력까지도 부여함으로써(그런데 이 능력은 실은 인간에게가 아니라 신에게 속한 것이다), 절대로 타인에 양도할 수 없는 그 자신의 존재 활동을 가지고 있는, 독특하고 되풀이될 수 없는 개인으로서 생각되는 인격 개념을 해소시켜 버린다. 이런 방식으로 생각할 때는 이성은 이제 더 이상 보에티우스나 토마스 아퀴나스의 경우처럼 인격의 한 구성 요소가 아니라, 그 자신의 인격 자체와 동일시되어 버린다. 즉 인격은 이제 이성, 절대 정신, 순수 "자아"로 되어 버린다. 개인은 이제 그들의 존재론적 지위를 박탈당하고, 이제 더 이상 절대적인 가치가 아니게 된다. 그들은 이성, 절대 정신, 순수 "자아"의 한 계기 또는 과도적 현상으로 된다.

또 다른 한편으로 니체는 그의 권력 의지 개념으로써 앞의 것과 동일한 결과에 도달하였다. 그는 의지에게 관념론자들이 이성에게 부여했던 것을 부여한다. 즉 행위하고 만들어 내고 산출해 내는 능력을 부여한다. 즉 창조가 (이성이 아닌) 의지의 능력으로 된다. 권력 의지의 목적은 인간을 (전통적인) 휴머니즘에 묶어 두는 일체의 (종교적·도덕적·형이상학적·정치적인) 구조를 파괴하고 그를 초인의 목표에로 이끌어 간다는 것이다. 이렇게 하여 관념론자의 경우에서처럼 절대적 가치로서의, 그리고 양도할 수 없는 존재론적 실체로서의 개인은 그의 자리를 초인에 위양하고서는 사라져 버린다.

3. 대화론적 개념

근대 사상계에 등장한 인격 개념의 해체 현상은 정치적·사회적 지반에서 가공할 결과들을 초래했다. 유태인과 팔레스타인인의 절멸, 인종 차별, 과학과 기술에 의한 인간의 다양한 조작, 낙태의 합법화 등의 야만적이고 부당한 법률과 같은 끔찍한 일들은 단지 인간의 사악함 때문만이 아니라 철학적 차원에서의 인격 개념의 해체에도 그 원인이 있다.

이리하여 인류를 강타한 새로운 야만주의는 많은 현대 철학자들로 하

여금 인격에 대해서 (그의 존엄성과 가치를 증시하기 위하여) 새로이
반성하도록 하였다. 일반적으로 그들은 (중세 철학자들이 그랬듯이) 존
재론적 방법을 사용하지도 않았고 (근세 철학자들이 그랬듯이) 심리학
적 방법을 채택하지도 않았다. 그들은 대화적(상호 주관적) 방법을 채
용하였다. 상당히 유명한 사상가들의 무리가 여기에 속하는데, 그 중에
는 무니에(E. Mounier), 네돈셀(M. Nedoncelle), 리쾨르(P. Ricoeur) 등
의 프랑스 철학자들과 셸러, 부버(M. Buber), 과르디니 등의 독일 철학
자들과 베르쟈예프(N.A. Berdjajew)와 같은 러시아 철학자와 스테파니
니(L. Stefanini)와 같은 이탈리아 철학자와 오르테가 이 가세트(J.
Ortega y Gasset)와 같은 스페인 철학자와 브라이트먼(E.S. Brightman)과
같은 미국 철학자와 보이틸라(Wojtyla)와 같은 폴란드 철학자도 있다.
이들 중에서 가장 대표적인 자는 의심할 여지없이 무니에와 부버이다.
이런 까닭으로 나는 이 두 사람의 사상을 자세히 살펴보고자 한다.

무니에는《인격주의》(Personalism, 1949)라는 유명하고 주목할 만한 책
에서 그의 철학적 사상을 압축적으로 표현하였다. 이 저술에서 그는 경
험주의자들, 정신 분석가들, 관념론자들, 그리고 인격을 단순한 심리적
현상 즉 절대적으로 주관적이고 개인적인 어떤 것으로 간주한 모든 철
학자들에 대해 반대한다. 그러한 견해는 불합리하고 용납될 수 없는 것
이다. 그 이유는 다음과 같다. "나는 존재하지 않고서는 사고할 수가
없고, 또 나의 신체 없이는 존재할 수가 없다. 나는 나의 신체에 의해
나 자신과 세계와 다른 사람들에게 드러나 있다. 또 나의 신체에 의해,
나는 나의 생각을 생각할 뿐인 그러한 사고의 고독으로부터 벗어나게
된다. 나의 신체는 나 자신에게 완전한 초월성을 인정하는 것을 거부하
면서 끊임없이 나를 나 자신의 바깥으로 밀어 내어, 사람들이 서로 부
딪치며 살아가고 있는 세상의 문제 상황으로 몰아 넣는다."[16] 그러므로
인격은 사고나 의식에로(하물며 무의식에로도) 해소될 수는 없고, 오히

16) E. Mounier, *Il personalismo* (*Personalism*), tr. it., (Rome: AVE, 1964), 39면.

려 "구체적 실존", "신체적 실존"[17]으로 생각되어진다.

인간을 무니에처럼 대화적 입장에서, 즉 타인과의 관계에서 생각하는 사람들에 있어서, 인격의 가장 뚜렷한 특징들은 다음과 같은 것들이다.

1) 소명 또는 의무: "각기의 인격은 그가 인격들의 세계 내에서 점하고 있는 지위에 있어서, 다른 사람들과 대체될 수 없는 그러한 독특한 의미를 가진다."[18]

2) 활동 또는 행위: 인격의 삶은 끊임없는 활동이다. "그것은 결코 완전히는 실현될 수 없는, 기대되고 희구되는 통일을 죽을 때까지 추구하는 그러한 과정이다."[19]

3) 통교, 다른 사람들과의 만남: "유아기의 초기에 인간 존재를 나타내는 최초의 운동은 다른 사람들에 대한 운동이다. 6개월에서 12개월쯤 된 아기는 이제 막 식물적 생명의 단계를 벗어나서, 그 자신을 다른 사람들 안에서 발견하게 되고, 다른 사람들에 대한 그의 응시에 의해 통제되는 어떤 행동들 속에서 그 자신을 인정하게 된다. 그가 그의 최초의 의식적인 자아를 갖게 되는 것은 나중에야 비로소, 즉 약 세 살쯤 되어서야 가능하다.… 인격에 대한 최초의 경험은 2인칭의 경험 즉 너에 대한 경험이다. 따라서 우리가 나보다 선행하거나 적어도 나에 수반한다. 상호 배척 작용이 지배하는 곳은 (우리도 부분적으로는 종속되어 있는) 물질적 자연이다. 왜냐하면 거기에서는 한 공간이 두 번 점유될 수 없기 때문이다. 그와 반대로 인격은 그를 존재하도록 하는 행위에 의해 그 자신을 표현한다. 인격은 본성상 소통적(통교적)인 존재이며, 진정으로 그 자신일 수 있는 유일한 존재이다."[20]

무니에에 의하면 인격을 회복하기 위해 노력하는 것은 우리 시대의 근본적 임무이다. 인격을 위해 노력한다는 것은 인간을 절멸시키고 인

---

17) 같은 책, 29, 38면.
18) 같은 책, 73면.
19) 같은 책, 72면.
20) 같은 책, 48~49면.

간을 획일적인 일치주의 속으로 몰아 넣고 인간을 정신적으로 파괴할
위험이 있는 온갖 종류의 소외에 항거함을 의미한다. 그러나 인격을 위
해 노력한다는 것은 동시에 공동 사회를 위해 노력한다는 것을 의미한
다. 왜냐하면 진정한 공동체는 가장 깊은 유대가 함께 그리고 일치하
여, 고통받고 가난한 무수한 사람들을 비참과 궁핍으로부터 해방시켜
주는 정의의 실현을 위해 노력하는 구체적 실존들의 내면에 있는, 그러
한 인격적 공동체이기 때문이다. 인격들의 공동체는 이웃들의 공동체
즉 함께 "우리"를 형성할 수 있는 "나"와 "남들"의 공동체이다. 우리는
일종의 문화 혁명, 즉 비인격적 개인과 정반대로 상치되는 그러한 문화
혁명을 통해 그러한 경지에 도달할 수 있다. 그러한 목표에 도달하기
위해, 우리는 무엇보다도 우리가 무엇인지를 알아야만 하고, 진정한 우
리 자신에로 돌아와야만 하고, 우리의 진정한 자아를 다시 회복해야만
한다. 존재 의미를 상실한 자, 인간이 아니고 사물을 중요시하는 자는
가장 고통스러운 소외에 빠진 자이다. 우리가 말하고자 하는 것은 인간
을 다시 그 자신에로 돌아오게 해주고 그로 하여금 자신의 존엄성과 가
치와 위대함과 사명을 의식하도록 해주는 것이다.

부버는 대화론적 인격 개념을 보다 정확히 규정했다는 공적을 갖고
있다. 그는 인간이 사물에 대해 갖는 관계 (Ich-Es 의 관계)와 인간이 타
인에 대해 갖는 관계 (Ich-Du 의 관계)를 서로 대립시킴으로써, 그 일을
해냈던 것이다. 전자는 소유와 전유(專有)의 성격을 갖는 반면에, 후자
는 본질적으로 대화의 성격을 갖는다. 그런데 그 두 가지 형태의 관계
를 구별짓는 다른 국면들이 있는데, 그 중 가장 중요한 것은 다음과 같
다. 즉 "나와 그것의 관계"에 있어서는 실험, 객관성, 유용성, 자유로
운 사용이 그 특징으로 되는 반면에, "나와 너의 관계"에 있어서는 만
남, 현전, 사랑, 자유, 그리고 존재가 그 주요한 특징으로 되어 있다.
"나와 그것의 관계"에 있어서는, 인간은 사물 위에 군림하여 그것을 변
경시키고 그것을 이용하고 그것을 소유하고 그것을 지배하며, 그의 같
은 이웃에 대해서 이러한 태도를 취할 때에는 그 사람과 네가 일종의

"사물적 인간"(thing-person)으로 되어 버려서, 우리는 그것을 우리가 원하는 대로 다루게 되는 것이다. 사르트르의 한 연극에서는 엘렉트라(Electra)가 자보(Jove)에게, "나는 너의 노예와 너의 소유물이 되겠다"고 선언하는 대목이 나온다. 부버에 의하면 그러한 것이야말로 "나-그것의 관계"의 전형적인 표현이다. 그 인격은 이제 더 이상 인격이 아니고 사물로 취급되고 있다. 부버도 "사물(그것) 없이는 인간이 살 수 없다"는 것을 인정한다. "그러나 사물만 갖고 살아가는 자는 인간이 아니다."[21] 다른 사람의 "자아"를 온전히 이해하고 존경하는 방식으로 관심을 갖는 자는 진정한 인간이며 따라서 인격인 것이다. "나는 너와의 관계로부터 기원(起源)한다. 내가 진정한 '나'로 될 때에 나는 너라고 말하게 되는 것이다."[22]

4. 인격에 대한 전체적 이해

앞에서 검토한 인격에 대한 모든 정의들—심리학적 정의도 포함해서 (적어도 그 중의 데카르트적 견해에서는)—에는 어느 정도의 나름대로의 타당성이 있다. 그러나 그 셋 중에서 인격 개념에 필수적인 것을 가장 잘 나타내고 있는 것은 보에티우스와 토마스의 존재론적 정의이다. 사실 존재의 자율성 즉 자존성 없이는 모든 나머지 것들(즉 자기 의식, 자유, 통교)은 비인격성의 대해 속에서 난파될 수 있다.

본질적 정의로서는 존재론적 개념 안에 표현되어 있는 것으로 충분하다. 왜냐하면 그것은 유적 요소(자존성)과 종차적 요소(이성적임)를 다 포함하고 있기 때문이다. 그러나 현대인은 과학적 방법에 매료되어 본질적 정의에 대해 별 호감을 갖지 않고, 그것보다는 오히려 기술적(記述的) 정의를 선호하는데, 이 정의도 역시 정당한 것이고 또한 많은 경우에는 가능한 유일한 것일 수도 있다.

---

21) M. Buber, *I and Thou*, tr. eng., (Edinburgh: Clark, 1937), 34면.
22) 같은 책, 11면.

만일 우리가 인격에 대한 기술적 정의를 하고자 한다면, 나는 그 정의가 특유의 불가 반복적인 개성을 지닌 개체로서의 인간 존재가 가진 모든 중요하고 특징적인 성질들을 다 매거함으로써, 그를 단지 식물과 동물로부터 구별지을 뿐 아니라 같은 인류에 속하는 모든 다른 개인으로부터도 구별짓도록 해야 한다고 주장한다. 즉 인격의 성질들의 표에는 이미 존재론적·심리학적·대화적 인격 개념에서 언급되었던 성질들, 즉 자존성, (자기) 의식, 통교 등이 반드시 들어가야 한다. 그러나 우리는 이 세 가지에다 자기 초월이라는 것도 덧붙여야 한다. 왜냐하면 앞에서 살펴보았듯이, 인간의 의의와 가치가 표현되는 것은 무엇보다도 이 자기 초월에서이기 때문이다. 인간은 단지 하이데거의 경우처럼 탈자적(脫自的)인 것도 아니고, 부버의 경우처럼 공존적인 것도 아니고, 보에티우스의 경우처럼 자존적인 것도 아니며, 초자적(超自的)인 자이다. 인간은 무한자를 향하여 나아가는 한 기획이요, 그가 현실적으로 존재하는 모든 것, 그가 행하는 모든 것, 그가 인식하는 모든 것에 있어서 끊임없이 자기 자신을 넘어서 나아가는 자이다. 인간은 무한한 개방성—지식에 있어서든 의욕에 있어서든—을 갖고 있어서, 이것이 그로 하여금 모든 방향에서 그 자신을 체계적으로 초월하게끔 한다.

그러므로 인격에 대한 전체적 정의는 다음의 네 가지의 근본적 요소들, 즉 존재의 자율, 자기 의식, 통교, 자기 초월을 포함한다. 이리하여 인격은 자기 의식, 통교, 자기 초월의 능력을 가진 한 자존적 존재자로 정의될 수 있다. 따라서 이 지구상에 살고 있는 모든 인간은 그가 크든 작든, 남자든 여자든, 백인이든 흑인이든, 그리스도교도이든 불교도이든, 그러한 네 가지의 고귀한 성질들을 갖고 있는 것이다. 즉 자존성에 의해서 그는 다른 모든 의존적 존재들로부터 구별된다. 또 자기 의식에 의해서 그는 그 자신을 독특하고 반복될 수 없는 자로서, 또 동시에 자유롭고, 사회적이고, 완성 가능한 존재로서 파악한다. 또 통교에 의해서 그는 다른 사람들과의 관계 속으로, 즉 사랑과 우정과 공감의 관계 속으로, 또 때로는 혐오와 증오와 적대감의 관계 속으로 들어서게 된다. 나아가서 자기 초월에 의해서 그는 그가 절대자와 영원한 자의 영역 안으로 들어가고자 할 때 그를 가로막는 시간적·공간적 제약들을 넘어설 사명을 지닌다.

5. 인격의 절대적 가치

지난 몇 세기 동안 번창하였던 모든 휴머니즘의 사조들은 인간 즉 인격에게 최대의 존경과 고려의 가치가 있는 절대적인, 불가침의, 그리고 비도구적인 가치를 인정한다는 점에서 일치한다. 그러나 (니체, 마르크스, 콩트, 그리고 이들의 제자들의 갖가지 주장들에도 불구하고) 인간이 절대적 존재도 지고의 존재도 아니고 전능하고 무한한 또는 불멸적인 존재도 아니라는 것 또한 분명하다. 그러므로 인간은 그 가치상으로는 절대적이지만 그 현실적 존재상으로 절대적인 것은 아니다. 이것은 모든 휴머니즘적 사조들이 인정하지 않을 수 없는 명백한 진리이다.

그러나 대다수의 휴머니즘적 사조들은 여기에서, 즉 이 부정할 수 없는 경험적 사실 앞에서 멈추어 버린 채, 이 절대적인 가치가 아리스토텔레스가 그의 《형이상학》의 서두에서 말했을 때와 같은 주의와 경이와 경탄의 심정에서 고려될 때에 그것이 야기하는 문제들에 더 이상 신경을 쓰려고 하지 않는다. 즉 결코 무시될 수 없는 문제는 다음과 같은 것이다. 우리 인간만큼 연약하고 우연적이고 멸망하게 마련인 한 존재가 어떻게 해서 절대적 가치일 수 있는가? 우리는 우리 자신이 모순과 부조리한 상황에 직면해 있음을 알지 못하는가?

이 문제에 대한 해답은 인간이 스스로 자기 자신의 주인임을, 그리고 자신의 절대성의 보장자임을 자처하는 한에서는 그렇다고 해야 한다. 그러나 우리의 예지가 콜라코프스키 (L. Kolakowski)23)가 제안하듯이,

---

23) L. Kolakowski, "La ricerca del significate" (The Research of Meaning), in *La civiltà delle macchine* (*The Civilization of Machines*), July-December, 1979, 158면.

우리의 존재를 신으로부터 끌어 내기 위해 시선을 위로 돌릴 때에는, 그러한 불합리함과 모순은 소멸한다. 그때 인간은 또한 자기 자신의 가치의 기초를 발견하게 된다. 그는 인간 자신이 현실적으로 절대적 존재는 아니지만 그럼에도 불구하고 절대적 가치를 갖고 있다—왜냐하면 그는 (존재로서도 또 가치로서도) 절대적인 분, 그리고 우연적인 존재가 자신의 절대적 가치에 참여하기를 원하는 분으로부터 나온 것이기 때문이다—는 것을 알고 있다.

바로 여기에 절대적 가치로서의 인간 가치의 형이상학적 근거가 있다. 즉 인간 가치는 근원적 절대성이 아닌 파생적 절대성인 것이다. 인간의 절대성 배후에는 인간으로 하여금 그의 절대성에 참여하도록 해주는 신적 절대성이 존재한다. 그리고 인간 가치의 배후에는, 그의 존재론적·가치론적 절대성에 있어서 무엇보다도 가치론적인 것이지만 또한 미래의 삶에 있어서 존재론적 절대성을 준비하고 또 어떤 방식으로든 그것을 수여할 권리를 보장해 주는 그러한 절대성을 인간에게 부여해 주는 신적 가치가 존재한다.

앞에서 검토한 방법은 다른 철학자들(즉 플라톤, 아우구스티누스, 데카르트, 블롱델 등)의 방법과 그 논리적 구조상 별로 다를 바가 없다. 그것을 구별짓고 있는 것은 다만 그 출발점일 뿐이다. 즉 객관적 가치들(진리, 존재, 선, 미, 의미, 완성 등)의 불확실한 실현 대신에, 우리는 주체적 가치인 우리 자신을 우리의 출발점으로 삼는다. 즉 우리는 우리의 인격의 절대적 가치를 알고 있기에, 바로 이 인격의 절대적 근거, 다시 말해서 궁극적으로는 신일 수밖에 없는 그러한 근거를 확보하고자 하는 것이다.

콜라코프스키는 다음과 같이 명쾌하게 말하였다. 즉 인간의 절대적 가치를 신 안에서 확보하는 것은 결코 휴머니즘에 반역하는 것이 아니다. 오히려 그렇게 하는 것이야말로 휴머니즘의 열망을 온전히 실현하게 하는, 또한 인간의 존엄성에 대해 올바른 근거를 확보하게 하는 유일한 길이다.

사실 신적 가치는 그의 사랑, 자비, 자유, 연민 등으로써 인간적 가치를 보증해 준다. 그리고 그 분은 인간의 현세적 삶의 역사적 단계 동안에만 그렇게 하는 것이 아니고 영원한 삶의 초역사적 단계에서도 그렇게 하는 것이다. 즉 신의 무한한 선에 의해 각각의 인간은 영원한 가치로 되는 것이다.

✤ 참고문헌

Buber, M., *Das Problem des Menschen* (*One the Problem of Man*), Heidelberg 1954; Degli Innocenti, U., *Il problema della persona nel pensiero di san Tommaso* (*The Problem of the Person in the Thought of Saint Thomas*), Rome: Univ. Lateranense, 1967; Guardini, R., *Welt und Person* (*World and Person*), Würzburg: Werkbund, 1939; Maritain, J., *La persona e il bene comune* (*The Person and the Common Good*), tr. it., Brescia: Morcelliana, 1963; Mounier, E., *Il personalismo* (*Personalism*), tr. it., Rome: AVE, 1964; Nedoncelle, M., *Personne humain et nature* (*The Human Person and Nature*), Paris: Aubier, 1963; Ricoeur, P., *Finitudine e colpa* (*Finiteness and Guilt*), tr. it., Bologna: Il Mulino, 1970; Scheler, M., *La posizione dell'uomo nel cosmo* (*Man's Place in Nature*), tr. it., Milan: Fabbri, 1970 (NOTE: tr. eng., Boston: Beacon Press, 1961); Stefanini, L., *Personalismo sociale* (*Social Personalism*), Rome: Stadium, 1952; Theodore, L., *La persona umana* (*The Human Person*), tr. it., Rome: Astrolabio, 1972.

———— ❈ 제 5 장 ❈ ————

죽음 뒤의 삶

앞 장을 마감하면서 우리는 철학적 인간학의 최대 문제라고 할 수 있는 영생의 문제에 대한 해답을 미리 예시하였다. 그것의 해결에 우리의 첫번째 문제 즉 인간이라는 기획이 실현될 수 있는 것인가 아니면 그것은 무의미한(부질없는) 유토피아일 따름인가라는 문제에 대한 해답이 의존하고 있다.

영생의 문제에 대한 적극적 해답은 나름대로의 확실한 이유들에 의해 뒷받침되고 있기는 하지만, 그 이유들을 보다 신뢰할 수 있는 것으로 하기 위해서는 죽음의 신비를 직면해서 다루는 것이 필요하다. 죽음이야말로 인격적 실존이 영생한다는 주장으로부터 일체의 신뢰 가능성을 박탈해 버리는 것처럼 보이기 때문이다.

죽음에 대한 연구는 여러 가지 이유로 매우 어렵다. 그 이유는 첫째로, 죽음에 대해 말하는 자는 그것을 직접 경험하지 않고서 그렇게 해야 하기 때문이며, 죽음을 직접 경험한 자는 어차피 죽음에 대해 말할 수 없기 때문이다. 둘째로, 이 문제에 관해서는 서로 대립되고 모순되는 해답들이 산적해 있기 때문이다.

우리가 죽음에 대해 연구하는 동안 우리는 다음의 세 가지 것을 고려하게 될 것이다. 첫째로는 인간이 죽는다는 부정할 수 없는 사실. 둘째로는 이 죽음은 정신과 인격의 영역 내에서 자기 의식, 자기 초월, 자유, 정신성, 자존성 등이 주어져 있는 한 존재(인간)에 관련된 사건이라는 사실. 셋째로는 비록 우리에게 죽음에 대한 직접적인 경험은 없더라도 죽음에 대한 인식이 전혀 없는 것은 아니라는 사실. 실제로 우리는 죽음에 대해 다음과 같은 두 가지의 간접적 지식을 갖고 있다. 즉 첫번째 것은 다른 사람의 죽음을 보는 것이고, 두번째 것은 삶이란 끊임없는 그리고 점진적인 죽음에의 굴복이어서, 우리는 우리에게 할당된 나날 중의 한 부분을 매일 죽음에 바치고 있다고도 할 수 있다. 아우구스티누스는 다음과 같이 말하였다. 인간이 "죽기 마련인 신체 안에 존재하기 시작하는 순간부터 그는 언제나 줄곧 죽음에서 그 종말을 맞이하게 되는 한 과정 안에 연루되어 있는 것이다."[1]

1. 이 논의의 중요성

스피노자는 그의 《윤리학》의 한 유명한 정리(定理)에서 다음과 같이 말하였다. "인간이 죽음만큼 생각하지 않는 것은 없다. 그의 지혜는 삶에 대한 생각에 있지 죽음에 대한 생각에 있지는 않다."[2]

근세 철학의 창시자의 한 사람이 말한 이 언명은 그 뒤 오늘날의 "성숙한", "자유로운", "세속화된" 인간에 대해 법칙으로 되었다. 죽음에 대한 논의는 다만 가벼운 일상적 대화에서 금기시될 뿐만 아니라 철학자들과 지식인들의 진지한 사색에서도 금기시되었다. 이른바 "합리적"이니, "자유롭"느니, "성숙한" 따위의 형용구가 붙여지는 우리의 문화는 인간의 성적(性的) 영역을 미지의 것으로 하려는 터부는 깨뜨리면서, 바로 그 터부를 죽음의 문제로 옮겨 놓았다. 그리하여 프랑스의 인류학자 토마스(L.V. Thomas)는 다음과 같이 말했다. "오늘날의 사회와

---

1) "Homo ex quo esse incipit in hoc corpore, in morte est" (Augustine, *The City of God*, XIII, 10).

2) B. Spinoza, *Ethica* (*Ethics*), IV, prop. 67.

지성인들간에는 다음과 같은 암묵리의 양해가 이루어져 있다. 즉 독자들은 저자에게 다음과 같이 말하는 것이다. '당신이 나에게 죽음을 잊고 위장하고 부정할 수 있는 수단을 주는 한에서는, 나는 당신을 믿는다. 그러나 내가 당신에게 부여한 그 과제를 당신이 수행하지 못한다면, 당신은 해고될 것이다. 즉 나는 더 이상 당신의 책을 읽지 않을 것이다. '"3)

그러나 비록 죽음의 문제가 소리내어 말을 하거나 공개적으로 글을 쓰는 자들에게는 터부로 되어 있다고 하더라도, 죽음의 현상은 너무나도 빈번하고 놀랍고 고통스러운 것이어서 우리로서는 그것을 도저히 무시할 수 없다. 이따금 죽음은 우리의 바로 곁을 강타해서 결코 다시 채워질 수 없는 텅빈 곳을 남겨 놓는다. 친구, 부모, 형제 자매, 자식, 이웃, 친지들이 이 끔찍한 죽음이라는 사건에 의해 우리로부터 영원히 빼앗겨진다. 죽음이 비극적으로 닥쳐올 때뿐만이 아니고, 모든 죽음의 경우에 우리는 자문하게 된다. 죽음이 그들의 존재를 영원히 파괴하는 것처럼 보이는데, 사후에 그들의 존재에서 무엇이 남는 것일까? 그리고 같은 재앙이 우리에게 닥쳤을 때 우리는 과연 어떻게 될 것인가?

사실 우리가 죽음에 대해 묻고 사후의 우리의 존재의 운명에 대해 묻는다는 것은 필연적인 것이다. 그 이유를 파스칼(B. Pascal)은 다음과 같이 말한다. "우리가 논하고 있는 것(죽음)은 우리에게 외면적인, 중요하지 않은 어떤 일이 아니다. 우리는 바로 우리 자신과 우리 모두에 대해 말하고 있는 것이다. 영혼 불멸은 우리의 강력한 관심사이자 우리에게 중대한 영향을 미치는 문제로서, 그것이 어떤 것인지에 대해 무관심하기 위해서는 우리의 양식 자체를 완전히 상실해 버려야 할 것이다.

---

3) V. Messori, *Scommessa sulla morte* (*Wagering on Death*), (Turin: SEI, 1982), 14 면에서 재인용. 저널리스트인 메소리의 죽음에 대한 이 논문은 비록 철학적 엄밀성은 적음에도 불구하고, 사후의 삶의 문제에 대한 매우 깊이 있는 연구를 하였고, 세속적인 신화들을 논의하고 비판하였으며, 그 문제에 대한 적극적 해결책을 영생에 대한 그리스도교인들의 희망과 조화되게끔 전개하였다.

우리의 일체의 행위와 사고는, 우리가 희망할 영원한 삶이 있는가 없는가에 따라 매우 상이한 노선을 취할 수밖에 없다. 그리하여 우리의 궁극적 목적에 관련되는 이 물음의 해결로부터 시작하지 않고서는 지각있고 사려 깊은 선택을 할 수가 없다. "[4] 인간은 실존적 진리 즉 우리의 현재와 미래의 삶의 의미를 보장해 줄 진리에 대한 추구를 회피할 수 없다. 파스칼은 다시 다음과 같이 말을 잇는다. "나는 코페르니쿠스(N. Copernicus)의 의견을 깊이 파고들지 않는 것이 옳다고 생각한다. 그러나 이것만은 다르다! … 나의 영혼이 불멸하느냐 사멸하느냐에 관한 지식은 나의 전생애에 대해 중요한 것이다." 사실 "이 문제에서 도덕의 온갖 차이들이 생겨나게 되는 것이다. "[5]

그러므로 우리가 인간의 최대의 관심사에 대해 말하고 있으므로, 인간은 어쩔 수 없이 부정할 수 없는 의무 앞에 놓이게 된다. "이리하여 우리의 제1의 관심사와 우리의 제1의 의무는 이 문제, 즉 우리의 모든 행위가 의존하게 되는 이 문제를 해명하는 일이다. "[6]

2. "죽음"과 "불멸"의 개념

죽음과 불멸은 종종 명백하고 정확한 의미로 사용되는 용어들이다. 그러나 이 용어들에 관한 주의해야 할 몇몇 정의들과 구분들이 있다.

가장 넓은 의미에서 "죽음"은 "살아 있는 유기체에 있어서 생명 과정의 중지"를 의미한다. 분자 생물학의 용어법에서 죽음은 "생명 현상에 필수적인 분자 구조의 해체"로 정의된다. 철학적 그리고 일상적 용어법에서도 가장 일반적인 정의는 "죽음이란 영혼의 육체로부터의 분리이다"라는 언명이다.

죽음의 두 가지 중요한 유형이 구별될 수 있는데, 그 중 하나는 의학

---

4) B. Pascal, *Pensées* (*Thoughts*), ed. Chevalier, n. 335.
5) 같은 책, nn. 346 ~ 347.
6) 같은 책, n. 335.

적인 것이요 다른 하나는 절대적인 것이다. 의학적 죽음은 인간에 있어
서 신체에 본질적인 모든 기능의 중단을 야기하도록 하되, 반드시 "영
혼의 육체로부터의 분리"를 초래하지는 않는 그러한 것이다. 그와 반대
로 절대적 죽음은 영혼의 육체로부터의 절대적인 분리 현상이다.

불멸성은 "생명의 영속성", 또는 어원론적 의미에서는 "죽음의 결여"
를 의미한다. 토마스 아퀴나스는 불멸의 개념에 대해서 매우 훌륭한 정
의를 하고 있다. "불멸성은 죽지 않고 언제나 사는 어떤 능력을 의미한
다. "[7]

구체적으로 말해서 불멸이란 인간의 정신적 차원인 영혼의 계속적이
고 영속적인 존재를 의미한다. 그러므로 불멸은 외견상의 죽음이나 가
족, 친구, 또는 후손들의 기억에 있어서 어떤 이의 재생과는 아무런 상
관이 없다. 그와 반대로 불멸은 신체의 사멸 후에 독특하고 반복될 수
없는 그 존재의 동일성에 있어서의 존재론적 잔존과 동의어이다.

솔직히 말해서 불멸이란 신과 천사가 아닌 인간만이 자랑스럽게 지닐
수 있는 성질이다. 신과 천사에 대해 불멸을 말한다는 것은 아무 의미
가 없다. 왜냐하면 그들은 본성상 죽음의 위협으로부터 벗어나 있는 존
재이기 때문이다. 그와 반대로 인간은 그의 보다 거시적인, 보다 명백
한, 그리고 보다 구체적인 차원에 있어서, 즉 그의 신체적 차원에 있어
서, 가차없이 죽음에 함몰하게끔 되어 있다. 죽음이 안식처를 파괴하는
것은 이러한 존재의 차원에 관해서이다. 그리고 우리가 불멸의 문제를
합당하게 제기할 수 있는 것도 이러한 존재의 차원에 대해서이다. 우리
는 다음과 같이 자문해 본다. 즉 죽음과 더불어 영혼의 종말이 오는 것
인가? 죽음과 더불어 확실히 미실현 상태에 있는 인간이라는 기획이
파멸되는 것인가? 또는 영혼은 죽음의 날카로운 칼날이 그의 존재에는
이르지 못한 그러한 본성을 가진 것이고, 따라서 영혼은 인간이라는 기
획에 대해 새로운 문호를 활짝 개방해서 그로 하여금 그의 온전한 실현

---

7) St. Thomas, in *Sent.* (*Commentary on the Sentences*) II, 19, 1, 5.

에 이르는 그러한 영역 속으로 들어서도록 하는가? 이것은 중요하면서
도 어려운 문제로서, "죽음의 신비"에 대해 성찰함으로써만 그에 대한
결정적 해답을 찾을 수 있는 것이다.

3. 죽음의 드라마

죽음은 우리들 각자가 스스로 떠맡아야 할 극적 사건이다. 이 사건에
대해서는 변호사도 대리인도 대신해 줄 사람도 없다. 임금도 교황도 교
수도 변호사도 대치될 수 있지만 죽음만은 대치될 수가 없다. "이러한
대치의 가능성은 인간에게 종말이 다가옴으로써 (그에게 그의 전체성을
부여해 주기 위해서) 이루어지게 되는 존재의 가능성(죽음)이 문제로
될 때에는, 완전히 실패하지 않을 수 없다. 그 어떤 사람도 다른 사람
의 죽음을 대신 떠맡을 수 없다. 물론 사람은 누구든지 '다른 사람을 대
신해서(위해서) 죽을 수'는 있다.… 그러나 누구를 위해서 죽는다는 것
은 결코 그 사람의 죽음이 결정적으로 제거되었다는 것을 의미하지는
않는다. 각각의 인간은 그 자신의 죽음을 언제나 스스로 떠맡지 않으면
안 된다."[8]

죽음의 비극적 사건은 그것이 보편적이고 불가피하고 절박하고 가차
없고 두려운 것인기에, 특별히 더 극적인 것이다. 지금부터 죽음의 특
성들을 간단히 검토해 보기로 하자.

a) 보편성

모든 사람은 죽음의 칼날에 쓰러진다. 젊은이도 늙은이도, 학자도 무
식한 자도, 운동가도 신자도, 부자도 가난한 자도, 흑인도 백인도, 남
자도 여자도, 건강한 자도 병든 자도 모두가 죽음에 굴복한다. 죽음은
그의 철퇴를 내려치기 전에 그 누구도 특별히 봐 주지 않는다. 또 죽음

---

8) M. Heidegger, *Essere e tempo* (*Being and Time*), tr. it., (Milan: Bocca, 1953),
253면.

은 사람의 지위, 인종, 부, 나이, 성별, 종교 따위를 고려하지 않는다.
죽음은 또한 어린이의 천진난만한 미소 앞에서도, 젊은 여인의 매혹적
인 아름다움 앞에서도, 운동 선수와 군인의 강건한 힘 앞에서도, 학자
의 지혜 앞에서도, 성직자의 경건한 신심 앞에서도 멈추지 않는다. 죽
음은 모든 사람에 대해 그것이 도래할 시각을 미리 예정해 두었다.

b) 불가피성

죽음에 대해서는 어떻게 해볼 수가 없다. 죽음을 물리치기 위한 어떤
시도도 실패하기 마련이다. 이러한 어려운 상황을 호전시키기 위해서는
황금도 칼도 그 어떤 교활한 꾀도 기도도 소용이 없다. 죽음에는 아무
리 튼튼한 운동 선수라 할지라도 조만간 무릎을 꿇어야 한다. 비록 우
리가 어떤 작은, 짧은 동안의 승리를 거두었다고 하더라도, 그것은 다
만 치명적 타격을 얼마 동안 늦추는 역할을 할 따름이다. 이러한 것은
베르그만(I. Bergman)의 "일곱번째의 봉인"(*The seventh Seal*)이라는 영화
에서 기사와 죽음간의 열띤 체스 게임으로 잘 묘사되어져 있다. 그 기
사는 민첩한 동작으로 죽음의 공격을 막아내지만, 최종 승리는 결국 죽
음에게 돌아가고야 만다.

c) 절박성

인간은 마치 죽음이 존재하지 않는 듯이, 또는 죽음이 굉장히 멀리
떨어져 있는 듯이, 또는 죽음이 그에게 직접 관련되지 않는 듯이, 삶에
집착한다. 그러면서 그들은 어리석게도 그들 자신을 위해서나 다른 사
람들을 위해서나 해로운 온갖 시시한 일들로 그들의 소중한 시간을 허
비한다. 그러나 죽음은 결코 불확정적인 먼 미래에 있을 일로서 지금
이 순간의 우리에게 아무런 영향도 못 미칠 그런 것이 아니다. 오히려
죽음은 언제나 현존하는 가능성으로서, 끊임없이 삶과 함께 있고 삶을
위협한다. 하이데거가 말했듯이, 가까이 있는 죽음의 위협은 인간에 대
해서, 그의 실존에 대해서 일종의 존재 방식인 것이다. 죽음은 한 실존

주(實存疇, existential)이다. 인간은 언제나 이 가능성에 맡겨져 있다. "죽음은 아직 현실화되지 못한 단순한 가능성도 아니고, 최소한으로 줄여진 극단적 결여도 아니다. 그것은 무엇보다도 우리를 위협하는 절박성이다.… 종말(죽음)에로의 존재는 '현존재'(즉 인간)의 가장 고유하고 가장 특징적인 가능성인 존재 현상으로 나타난다. '현존재'는 가장 고유한, 무제약적인, 극복할 수 없는 가능성으로서, 그의 존재의 도상에서 부가적으로 또 우연적으로 그것을 만들어 내는 것이 아니다. 그와 반대로 만일 '현존재'가 존재한다면 그것은 또한 이미 언제나 이 가능성 속으로 던져져(기투[企投]되어) 있는 것이다. '현존재'가 그의 죽음에 맡겨져 있다는 것, 따라서 죽음이 '현존재'의 '세계 내 존재'의 일부분을 이루고 있다는 것을 현존재는 명백히, 그리고 이론적으로 '알지' 못하고 있다. 죽음에 던져져 있는 자신의 존재는 '현존재'에게, 불안이라는 정서적 상태 속에서, 원래적으로 그리고 분명하게 드러난다.… 이 불안을 죽음의 공포와 혼동해서는 안 된다. 그것은 전적으로 어떤 개인에게 특유한, 자의적이고 우연적인 '의기소침'의 정서적 색조인 것이 아니다. 오히려 그것은 '현존재'의 근본적인 정서적 상황으로서, '현존재'를 그의 종말(죽음)로 던져져 있는 자로서의 그의 실존을 향해서 개방시켜 주는 것이다. 이로써 보다더 본래적으로, 보다더 무제약적으로, 보다더 절대적으로 될 수 있는 가능성에로 던져져 있는 것으로서의 죽음이라는 실존주의적 개념이 밝혀졌고, 이러한 국면과 관련된 여러 가지 규정들이 해명되었고, 순수한 사라짐의 현상 또 단순한 삶의 중지의 현상, 그리고 마지막으로 죽음에 대한 살아 있는 '체험'의 현상도 분명해지게 되었다."[9]

---

9) 같은 책, 263~264면. 사르트르도 이와 비슷한 사상을 표명하였다. 예를 들어 《존재와 무》(*Being and Nothingness*)에서 다음과 같이 말하였다. "우리는 사형 언도를 받은 상황 속에, 다른 사형수들과 더불어 즉 자신의 처형 일자를 모른 채 매일 감방에 있는 그들의 동료들을 처형하는 짓을 하는 다른 사형수들과 더불어 있다고 종종 말해진다. 그러나 그러한 말은 완전히 옳지는 않다. 오히려 우리 자신을, 사형 선고를 받았지만 최후의

d) 냉혹성

죽음 앞에서는 그 어떤 기도도, 그 어떤 탄원도, 또 그 어떤 주문(呪文)도 아무런 소용이 없다. 괴테(J.W von Goethe)처럼 "좀더 많은 빛을 달라!"고 외쳐 봤댔자 소용이 없다. 이 빛이 죽어 가는 우리에게 주어지지 않을 것이고, 우리는 단호하게 집, 재산, 직업, 계획한 일들, 부모, 친구 등의 모든 것을 버리지 않으면 안 될 것이다. 알퐁스 도데(Alphonse de Daudet)는 프랑스의 델피노의 죽음을 자세히 설명하면서, 공포의 위기 속에서 그를 표현한다. 그러는 동안 그는 병사들과 총포들에게 임박해 있는 죽음을 연기해 주도록 요구한다. 그러나 죽음은 병사나 총포를 존중하지 않는다. 즉 죽음의 유령은 임금과 황제를 포함한 모든 사람들을 향해 비정하게 행진해 오는 것이다.

e) 두려움

앞에서 말한 여러 특징들로 인해 죽음은 두려운 것으로 나타난다. 죽음은 인간에게 공포, 혐오, 고뇌를 일으킨다. 죽음의 이러한 국면은 사르트르의 《벽》(*The Wall*)과 카뮈(A. Camus)의 《이방인》(*The Stranger*)에서 잘 묘사되어 있다. 다른 한편으로 하이데거는 그의 《존재와 시간》에서 죽음에 대해 예리한 분석을 하였다. 어쨌든간에 죽음이란 보편적으로 인정되어 있는 사실임에도 불구하고 사람들은 죽음을 싫어하고 죽음에 대해 말하는 것을 들으려고도 하지 않는다. "(죽음이라는) 바로 이 사건, 우리 모두의 미래에서 유일하게 예언 가능한 것인 이 사건이 미래학자들, 즉 미래의 설계자, 계획자, 조직자들로 이루어져 있는 이 사회(미래학 연구회)에 의해 철저히 무시되고 있다."[10] 그러나 이러한 것조차도 죽음이 일으키는 공포의 증거로 될 뿐이다. 죽음에 대해 논의

고통을 용감하게 맞이하도록 준비하는, 그리고 교수대에서 그대로 의연한 태도를 취하고자 온갖 노력을 하는, 그러나 결국은 스페인 열병에 전염되어 죽고 마는 그러한 사형수에 비유해야 할 것이다"(642면).

10) V. Messori, 앞의 책, 23면.

함이 없이, 말 없이 (마치 고대의 터부의 경우처럼) 그것을 몰아 내고 제거하고자 하는 시도들이 행해지고 있는 것이다.

우리가 그려 본 죽음의 현상학의 이 간단한 개관으로부터도, 우리는 이 현상을 깊이 있게 연구하게 해주는 길을 열어 줄 몇 가지 결론을 이끌어 낼 수 있다.

첫째로, 존재의 중단으로서의 죽음은 모든 피조물의 존재 자체의 가능성, 즉 각기 제한된 방식으로 존재에 참여할 수 있는 가능성이다. 절대적인 존재의 충만성인, 즉 본질상 존재인(따라서 존재하지 않을 수 없는) 자존적 존재와는 달리, 피조물은 존재 자체와는 다른 것이고 따라서 존재를 상실할 수도 있는 것이다. 피조물은 항상 절멸의 위험에 드러나 있다. 그런데 인간은 존재 자체가 아니고 특수한 한 존재일 따름이다. 그는 존재에 참여해 있을 뿐이고 그 본성상 존재하는 것은 아니다. 이러한 존재론적 이유로 말미암아 인간은 존재상의 불완전인 죽음의 위험에 드러나 있다. 인간은 피조물이고 신이 아니기 때문에 죽음이 그를 위협하는 것이다. 죽음을 통하여 인간의 본질이 피조물임이 드러난다. 즉 죽음은 인간의 "피조물성"의 징표인 것이다. 그러나 천사와 같은 영적 피조물에게 죽음은 단지 한 가능성일 뿐이다. 그러나 인간에게 죽음은 앞에서 보았듯이, 불가피한 필연성이고 그의 심신 양면적인 복합적 구조에서 나오는 직접적 결과인 것이다. 인간은 본질적으로 물질이기도 한 것이고 또 물질이라는 것은 본질적으로 파멸될 수 있는 것이기 때문에, 영혼과 신체로 구성되어 있는 인간도 결국 해체되기 마련이고 죽게끔 되어 있다. 죽음은 인간에게는 생물학적 필연성이다.

둘째로, 인간의 죽음은 인간 이하의 나른 존재들의 죽음과는 다른 것이다. 이들 다른 존재들에 있어서 죽음은 저절로 일어나는 기계적인 생물학적 사건일 뿐이다. 동물들은 죽되, 그것을 예견하거나 연구하거나 그것에 대비하지는 못한다. 그와 반대로 인간은 죽음을 의식한다. 즉 그는 죽음을 평생 동안 연구 주제로 삼을 수 있으며, 순교자나 영웅처럼 죽음을 그의 삶의 가장 중요한 행위로 삼을 수도 있다. "지식을 가진다는 것은 인간에게만 고유한 것처럼 보인다. … 죽음은 인간에게는 부정할 수 없는, 또 그것 없이는 그가 살 수 없는 그러한 것이다. 이러한 것은 우리 인간은 다른 생명체들과는 달리 죽음이 우리에게는 어떤 중요한 의미를 지닌다는 특징을 갖고 있음을 명시해 준다."[11]

이제 우리는 죽음이 우리에게 중요한 의미를 갖는다는 것을 알았으므로, 다음과 같이 스스로 물어 보고자 한다. 죽음은 전체적 인간의 종말을 의미하는가 또는 그렇지 않은가?

4. 죽음 뒤의 삶에 관한 주요 이론들

이 물음은 철학적 연구가 행해지기 훨씬 전부터 인간이 직면했던 것이다. 그 해답은 직관과 상상에 근거한 지식인 일상적 지식을 사용해서 내려졌다. 많은 아프리카와 아시아 민족들의 전통적 문화들은 이러한 지식에 관한 풍부한 자료들을 보존해 왔다.

원시 민족들의 사상은 20세기의 많은 인류학자들, 특히 세르비에에 의해 활발히 연구되었는데, 세르비에는 우리가 당면하고 있는 문제에 관해 다음과 같은 증언을 하였다. "영혼의 존재에 대한 관념과 신체적 죽음을 넘어선 영혼의 계속적 존재에 대한 관념—이러한 관념들을 우리는 전통적 문화(세르비에는 원시적 문화를 가리키는 말로 '전통적 문화'라는 표현을 사용한다) 안에서 발견할 수 있다—은 어떤 조잡함이나 어떤 망설임 따위의 흔적이 없는 완전한 관념, 공간적인 구별을 넘어서 확실한 통일적 성격을 나타내고 있는 관념들인 것이다."[12] "여기저기에서 발견되는 시들이 사후의 삶을 의심하는 사람들을 보여주고 있다면,

11) H. Gadamer, "La mort comme questione" (Death as a Question), in Aa. Vv., *Sens et existence. Hommage a P. Ricoeur* (*Sense and Existence. Homage to Paul Ricoeur*), (Paris: Seuil, 1975), 11, 21면.

12) J. Servier, *L'uomo e l'invisibile. Saggio di etnologia* (*Man and the Invisible: an essay of ethnology*), tr. it., (Turin: Borla, 1967), 91면.

그것은 다만 (허황된 것을 자의적으로 말할 수 있는) 시인의 특권일 뿐이거나 사랑하는 이와 오랫동안 떨어져 있는 데서 오는 고통 때문에 야기된 혼란일 뿐이다. 그러한 종류의 의심이 어쨌든 한 문화 또는 한 사회의 정신적 표현이었던 적은 결코 없었다."[13]

원시 민족들의 고유한 죽음의 사상에 대한 이러한 해석은 오랫동안 철학자들에 의해서도 지지되어 왔다. 플라톤으로부터 칸트에 이르기까지 절대 다수의 철학자들이 죽음을 인간 전체의 절멸로 보지 않고 다만 그의 한 부분인 육체의 멸망으로만 간주하였다. 그의 다른 부분인 영혼은 정신의 세계에서 계속 존재하는 것이다. 많은 철학자들의 노력과 정력이, 영혼이 불멸적이라는 그들의 확신을 믿을 만한 것으로 해줄 타당한 논증을 제시하는 데 쏠려 왔다.

플라톤은 이 문제를 체계적으로 다룬 최초의 철학자였다. 그의 《파이돈》(Phaedo)과 《파이드로스》(Phaedrus)에서 플라톤은 육체의 사후 영혼의 계속적 존재를 입증하는 많은 논거들을 수집하였다. 그런데 그 중 하나가 다른 모든 것들보다 더 강력한데, 그것은 지적 활동의 정신성에 관한 논증이다. 우리들 내부에는, 그것으로써 우리가 선, 미, 정의, 성스러움, 존재, 하나 등을 인식할 수 있는 한 작용이 존재한다. 그런데 이러한 지식은 감관에 의해서 알려지지 않고 오히려 우리 자신이 감관으로부터 떠남으로써 성취된다. 그러므로 정신 고유의 삶, 즉 신체로부터 독립해서 완전히 독자적으로 전개되는 정신의 삶이 존재하는 것이다. "영혼이 자기 자신에게로 돌아와서 자신을 반성하게 될 때, 그것은 (감각의 세계와는) 다른 세계 즉 순수성, 영원성, 불멸성, 불변성의 세계로 들어서게 되는데, 이런 것들은 영혼과 동류의 것이다. 그리고 영혼이 (육체로부터 벗어나) 그 스스로 있게 될 때 그리하여 다른 것으로부터 방해를 받지 않을 때에는 그런 것들과 더불어 영혼은 영원히 살게 된다. 그때에는 영혼은 미혹의 길에서 벗어나 불변적인 이데아와 더불

---

13) 같은 책, 111~112면.

어 있게 되어 스스로 불변적인 자로 된다. "14) 영원한 이데아와의 친근
성 또는 관련성은 영혼 불멸에 관한 플라톤적 논증의 핵심이다. 우리의
영혼은 영적(정신적) 존재로서, 원래 이데아에 대응하도록(맞도록) 되
어 있고, 이데아에 의해 살아가고, 이데아를 위해 즉 정신적 생활을 위
해 산다. 그런데 이데아는 영원하고 불변적이므로 이데아와 유사하고
이데아로 살아가는 우리 영혼도 영원하고 불변적인 것이다.

아리스토텔레스도 혼란에 빠지지 않는 지성적 활동 안에서 정신성의
징표를 발견한다. 그러나 죽음의 의미에 관한, 즉 죽음이 인간 전체의
종말을 의미하는가 또는 그렇지 않는가에 관한 그의 견해는 확실하지
않다. 그래서 그것은 오랫동안 그의 사상 중에서 가장 논란이 많았던
점들 가운데 하나로 되었었다. 어떤 해석자들(예를 들어 아베로에스
[Averroes]나 폼포나치[P. Pomponazzi] 등)은 아리스토텔레스가 비인격
적 불사성을 가르쳤을 것이라고 주장한다. 왜냐하면 아리스토텔레스는
능동 지성을 비인격적인 능력으로, 즉 모든 인간의 정신들을 비추는 일
종의 빛으로 보았기 때문이라 하였다. 그 반면에 다른 해석자들(예를
들어 알베르트투스 마그누스, 토마스 아퀴나스 등)은 아리스토텔레스가
능동 지성을 인격적 능력으로, 즉 각각의 인간에게 개별적으로 속해 있
는 능력으로 생각하였으며, 따라서 육체의 사후 모든 하나하나의 영혼
의 계속적 존재를 인정하였을 것이라고 주장한다. 15)

아우구스티누스, 토마스 아퀴나스, 그리고 그 밖의 많은 그리스도교
사상가들도 역시 지성적 지식 안에서 정신성의 징표를 발견하였고, 이
것을 영혼 불멸을 증명해 주는 논거로 삼았다.

아우구스티누스는 그의 《독어록》(獨語錄)에서 이러한 논증의 유명한

14) Plato, *Phaedo*, 79 d.

15) 이 점에 대한 아리스토텔레스의 중요한 해석에 대해서는 O. Hamelin,
La théorie de l'intellect d'après Aristotle et ses commentateurs (*The Theory of the
Intellect After Aristotle and its Commentators*), (Paris: Vrin, 1953); M. Grabmann,
Interpretazioni medioevali del Nous Poietikòs (*Medieval Interpretations of the Nous
Poietikòs*), (Padua: Antenore, 1965)를 참고하기 바란다.

정식화를 우리에게 남겨 주었다. 즉 "영혼은 지성적 인식을 통해 진리를 얻는다. 그런데 진리의 자리인 영혼은 진리 자신과 같은 방식으로 불멸하는 것이다. 사실 만일 우리의 주체 안에서 발견된 것(진리)이 영원히 지속하는 것이라면 그 주체 역시 영원히 지속하는 것이다. 또 일체의 학문은 언제나 한 객체(인간의 영혼) 속에 존재하므로 영혼은 영원히 지속하는 것이다. 그런데 학문은 진리이고 진리는 영원히 지속한다고 한다면, 영혼 또한 영원히 지속할 것이다. 적어도 우리는 영혼이 사멸한다고는 말할 수 없을 것이다."[16]

지성적 지식에 근거한 영혼 불멸에 관한 논증은 토마스 아퀴나스에 있어서 한층더 명확하고 정세한 형태를 띠게 된다. 토마스는 무엇보다도 지성 작용은 신체적 기관의 협동 없이도 스스로 진행된다는 것을 밝혔고 이러한 것은 그 자신의 자율적 작용 능력을 갖고 있는 영혼이 그 자신의 존재 활동 능력도 갖고 있다는 것을 의미한다. 그런데 이러한 존재와 작용의 방식이 정신의 세계 안에 있으므로, 영혼이 불멸하고 불사적이며 따라서 육체의 죽음에 의해 아무런 영향도 받지 않는다는 결론이 도출되는 것이다.[17]

---

16) "Anima cum sedes sit veritatis, immortalis est, sicut et ipsa veritas. Omne quod in subiecto est, si semper manet, ipsum etiam subiectum maneat semper necesse est. Et omnis in subiecto est omnino disciplina. Necesse est igitur semper ut animus maneat, si semper manet disciplina. Est autem disciplina veritas, et semper veritas manet. Semper autem animus manet, nec animus mortuus dicitur" (Augustine, *Soliloqui* [*Soliloquy*] II, c. 13, nn. 23~24).

17) "그것에 의해 인간이 지적으로 인식하는 것(즉 영혼)은, 그 스스로 존재를 갖는 형상이지, 그것에 의해 한 존재가 존재하게 되는 그러한 것과 같지는 않다. 두 가지 사실이 이것을 증명해 준다. a) 아리스토텔레스가 그의 《영혼론》(III, 6)에서 말했듯이 사고는 신체 기관에 의해서 행해진 작용이 아니다. 사실 모든 감각적 자연들을 받아들일 수 있는 신체 기관을 찾는다는 것은 불가능하다. 왜냐하면 무엇보다도 그 수용 기관에게는 수용되는 사물의 형상이 결여되어 있기 때문이다. 마치 보려는 어린이에게 색채가 결여되어 있는 것과도 같다. 그대신 모든 신체 기관은 특정한

그러나 영혼 불멸을 증명하기 위하여 토마스 아퀴나스는 또 하나의
다른 논증도 이따금 사용하는데 그것은 모든 인간의 죽지 않으려는 자
연적 욕구 즉 토마스의 판단에 의하면 결코 헛된 것일 수 없는 그러한
욕구에 근거한 논증이다.[18]

감각적 성질로 구성되어 있다. 그렇지 않다면 우리가 그것에 의해 사고를
하는 지성은 모든 감성적 자연들을 인식할 것이다. 따라서 지성의 작용
즉 사고가 신체 기관에 의해 행해진다는 것은 불가능하다. 그러므로 지성
은 그 자신의 활동, 즉 신체가 간여하지 않는 그 자신의 활동을 갖고 있
다. 그런데 작용은 언제나 존재와 정비례한다. 스스로 존재를 가지는 것
은 또한 스스로 활동한다. 또 스스로 존재를 가지지 못한 것은 또한 스스
로 활동할 수 없다. 예를 들어 열이 스스로 불탈 수 없는 것과 같다. 오
히려 뜨거운 물체가 스스로 불탄다. 그러므로 인간이 그것에 의해 사고를
하는 지성적 원리는 신체를 초월하고 신체에 의존하지 않는다. b) 뿐만
아니라 그러한 지성적 원리는 질료와 형상의 복합체가 아니다. 왜냐하면
지향된 형상이 비물질적인 방식으로 그 안으로 받아들여지기 때문이다.
사실 지성은 물질과 물질적 조건으로부터 추상된 것으로 간주되는 보편자
를 고려한다. 그러므로 인간이 그것에 의해 사고를 하는 지성적 원리는
그 자신의 존재를 갖는 한 형상이다. 따라서 그것은 불멸이어야 한다. 이
러한 것은 지성은 신적이고 영원한 어떤 것이라고 한 아리스토텔레스의
말을 확증해 준다"(St. Thomas, *De anima* [*On the Soul*], c. 14).

18) "자연적 욕망이 헛된 것일 수는 없다. 그런데 인간은 영원히 존재하기
를 바란다. 이것은 존재가 만물이 다 원하는 것은 아니라는 사실에 의해
증명된다. 인간은 그의 지성에 의해, 동물처럼 단지 현재의 사물만을 인
식하지 않고 영원한 것을 인식한다. 그러므로 인간은 그의 영혼에 있어서
영원한 존속을 얻게 된다. 따라서 인간은 존재를 영원히, 그리고 모든 시
점에서 인식한다"(St. Thomas, *S. Contra Gentiles* [*Summa Against the Gen-
tiles*], II, c. 79). 자연적 욕구 — 어떤 때는 불멸에 대한 욕구로 말해지기도
하고 또 어떤 때는 하느님을 보려는 욕구로 표현되기도 하는 — 에 의한
논증은 토마스의 저술들 안에서 매우 자주 발견된다(*C. Gent*. III, 57; *S.
Theol*. I, 75, 6; I/II, 2, 8. 참조). 이 논증의 가치에 대해서는 G. Fell, *L'
immortalità dell'anima* (*The Immortality of the Soul*), (Milan: Vita e Pensiero,
1921), 149~164면 참조. 파브로에 의하면 행복에 대한 자연적 욕구
(appetitus naturalis)는 아마도 "우리의 운명에 관한 이 논쟁에 있어서 최
초의 것이자 최후의 것"이리라고 한다(C. Fabro, *L'anima* [*The Soul*], Rome:

한편 영혼의 영적(정신적) 본성을 당연시했던 데카르트는 영혼 불멸을 부정하는 설득력 있는 논증이 없다고 생각하였다. "우리는 우리에게 죽음 또는 정신과 같은 그런 실체의 파괴가 양태 그것도 정신의 양태가 아니고 신체의 양태에 불과한 형태의 변화와 같은 그러한 가벼운 원인으로부터 생긴다는 것을 설득해 줄 어떤 논증도 어떤 실례도 갖고 있지 않다.… 즉 우리는 우리에게 파멸될 정신적 실체가 존재한다는 것을 확신시켜 줄 어떤 논증도 어떤 실례도 갖고 있지 않다는 것이다."[19]

우리 모두가 알다시피, 칸트와 더불어 사변적 이성은 형이상학으로부터 결정적으로 분리되어 버린다. 즉 사변적 이성은 현상의 세계에만 국한되어야 하고, 따라서 현상의 심원한 의의나 그 궁극적인 의미에 관한 어떤 말도 해서는 안 되는 것이다. 그러므로 사변적 이성이 인간의 궁극적 본성에 관한, 하물며 영혼의 실체성, 정신성, 불사성에 관한 어떤 언명도 해서는 안 된다. 그럼에도 불구하고 칸트는 실천 이성의 입장에서 도덕의 필수적인 요청으로서 영혼 불멸을 인정하지 않을 수 없었다. 사실 실천 이성은 인간에게 그의 의지를 도덕법과 일치하도록, 즉 덕행(德行)의 길을 가도록 가르쳐 준다. 그런데 감각적 세계에 있는 이성적 존재자는 그의 존재의 어떤 순간에서도 그의 의지를 도덕법과 완전히 일치하도록 할 수는 없다.[20] 그러므로 만일 실천 이성이 인간에게 완전한 덕을 실행하도록 명령한다면, 그러한 것은 한 순간에 실현될 수는 없고, 그것의 실현은 이상을 향한 점진적인 노력에 의해서만 가능하다고 결론지을 수밖에 없는 것이다. "그러나 이러한 (불확정적인) 진보는 그 이성적 존재자의 인격적 실존의 무한한 지속을 전제함으로써만 가능한 것인데, 이러한 지속이 바로 영혼의 불멸이라고 일컬어지는 것이다."[21]

Stadium, 1955, 200면.

19) R. Descartes, *Meditazioni* (*Meditations*), tr, it., (Bari: Laterza, 1954), 156면.

20) I. Kant, *Kritik der praktischen Vernunft* (*Critique of Practical Reason*) (Der Phil, Bibliothek, B. 38), (Lipsia, 1944), 140면 (in the official edition, 220면).

인간의 이성의 입장에서 형이상학적 성격을 갖는 문제에 대해 타당한 논의를 할 수 없다는 칸트의 입장은 그 후의 거의 모든 철학자들에게 정설처럼 되어 버렸다. 이들은 어떤 문제를 해결하더라도 (철학보다는) 더욱더 과학의 손에 의지하게 되었고, 과학은 인간이 하는 신비롭고 경이로운 모든 일들이 죽음과 더불어 더 이상 어떤 흔적도 남기지 않고 사라져 버린다고 대답했다. 즉 죽음은 신체뿐 아니라 인간 전체의 종말이라는 것이다. 이리하여 칸트 이전에는 대다수의 철학자들이 영혼 불멸을 긍정하였지만 칸트 이후의 대부분의 철학자들은 그것을 부정하는 것이다.

포이에르바하(L. Feuerbach)는 영혼 불멸을 영원토록 살려는 욕망의 투영(실체화)에 불과한 것으로 간주한다. 프로이트는 죽음을 모든 살아 있는 유기체에 고유한 본능으로 보았다. 프로이트에 있어서는 본능이란 이미 그 정의상 "유기적 생명에 고유한 한 충동 즉 유기체가 방해하는 외적인 힘들의 압력하에서 포기하지 않으면 안 되었던 그것의 이전의 상태를 회복하려는 충동"22)인 것이다. 그런데 생명은 무기적 세계로부터 연원된다고 할 때, 그것은 (이러한 충동에 의해서) 무기적 존재에로 돌아가려고 하는 것이다. 즉 생명은 죽음에로 나아가는 것이다. 그러므로 생명의 목표는 죽음인 것이다. 23) 생명의 속성은 우리에게 알려지지 않은 어떤 힘에 의해서, 아마도 그 뒤에 생명적 물질에서의 의식의 출현을 규정했던 것과 같은 (유사한) 과정에 의해서, 언젠가는 무기적 물질 속에 나타나려는 것이다. 그러한 특별한 긴장은 모든 면에서, 그 전

21) 같은 책, 140~141면. 프루스트는 그의 소설 《수감자》에서 칸트의 영혼 불멸 논증을 문학적으로 잘 표현하였다(M. Proust, *Prissonière* [*Prisoner*]. ed. de la Pléiade, [Paris, 1924], 제3권, 187~188면.)

22) S. Freud, *Beyond the Pleasure Principle*, Standard Edition (London: Hogarth Press, 1953), vol, XVIII, 36면.

23) 같은 책, 38면. 죽음에 관한 프로이트의 이론에 대한 예리한 분석을 위해서는 P. Ricoeur, *De l'interpretation, Essai sur Freud* (*On interpretation. Essay on Freud*), (Paris: Seuil, 1965), 277~303면 참조.

에는 무기적인 물질이었던 생명체가 그 자신을 무효화시키고, 바로 처음의 그 본능에로, 즉 비유기적 상태에로 돌아가려는 본능 즉 죽음의 본능으로 되돌아가고자 한다. 그러므로 생명을 폐기하려는, 또는 베르그송의 용어법에 의하면 "시간을 부정하고 지속을 무효화하려는" 경향을 갖는 것은 생명의 근원에 고유한 것이다.

그러나 니체는 이와 반대되는 견해를 갖고 있었다. 즉 차라투스트라의 저자에게는 죽음이란 인간 자유의 최고의 가능성이었다. 죽음은 삶의 반대가 아니라 오히려 삶의 최고의 표현이다. 왜냐하면 만일 죽음이 마땅한 것이라면, 즉 비겁자처럼 자연적인 죽음이 아니라 자유로운 죽음, 다시 말해서 스스로가 원할 때 원하는 방식으로 죽는 죽음이요 스스로가 선택한 그런 죽음이라면, 인간은 죽음을 통해서 그가 최고도로 살아 있다는 것을 증명할 수 있기 때문이다. 이러한 죽음을 죽는 자는 일상적인 삶을 부정하는 성인(聖人)이요, 그러한 성인의 삶이야말로 최고의 정상에 도달한 삶인 것이다. 니체에 있어서 죽음은 디오니소스적 열광의 징표를 지니고 있다.

20세기에 죽음이라는 철학적 문제를 다루었던 거의 모든 학자들은 다음과 같은 점에서 의견이 일치되어 있다. 즉 고전적 형이상학의 논증에 의해서는 죽음이 영혼을 파멸시키지 않고 다만 육신만을 파멸시킨다는 것을 증명할 수 없다는 이 점에서 말이다. 사실 일반적으로 말해서, 영혼 불멸을 증명하는 것은 절대로 불가능하다고 철학자들은 생각하고 있는 것이다. 그런데 바르트(K. Barth)와 쿨만(O. Cullmann)에 의해 인도되고 최근의 몇 년 동안에는 심지어 몇몇 가톨릭 신학자들과 철학자들에 의해서까지 지지를 받고 있는 한 무리의 개신교 신학자들이 있는데, 이들은 영혼 불멸의 이론이 성서적 계시와 맞지 않는다고 생각하고, 원시적 그리스도교가 죽은 자의 부활에 관한 성서의 이론을 영혼 불멸에 관한 그리스 철학의 이론으로 번역함으로써 중대한 오류를 범하였다고 믿는다.[24]

죽음의 의미에 관해서 20세기의 사상가들은 두 가지의 서로 대립된 경향으로 구분되는데, 그 중 하나는 허무주의적 경향으로서 죽음을 인간 즉 그의 심신의 전체적 존재의 전체적 종말로 생각한다. 그리고 다른 하나는 비허무주의적 경향으로서 죽음을 그처럼 인간의 전체적 종말로 생각하지는 않는다. 첫번째 경향의 지지자로는 하이데거, 사르트르, 블로흐, 암스트롱(Armstrong) 등을 들 수 있고, 두번째 경향의 대표자 중 기억할 만한 사람들은 마르셀, 테야르 드 샤르댕, 야스퍼스, 마리탱, 라너, 보로스 등을 들 수 있다.

우리의 역사적 개관으로부터, 죽음의 드라마에 관해 제출되어 왔고 또 언제나 제출될 수 있는 해결책은 다음과 같은 네 가지로 귀착된다는 결론이 나온다. 즉 1) 인간 인격의 완전한 소멸, 2) "카르마"(karma)에 의한 부분적 재생, 3) 환생에 의한 재생, 4) 불사성으로서의 재생

1) 완전한 소멸.   이것은 매우 편한 이론적 해결책이다. 그것은 사실적 자료 자체가 죽음의 사건을 설명해 주고 있는 것으로 생각하고 따라서 죽음의 의미를 깊이 천착하지 않는다. 이것은 (실증주의, 신실증주의, 과학 지상주의 등의) 인식론적 입장이나 (유물주의, 역사주의 등의) 형이상학적 입장에 의해 제기된 해결책으로서, 매우 중요한 어떤 사실들 즉 인간을 인간으로서 특징짓는 사실들, 다시 말해 자기 의식, 자유, 통교, 자기 초월 등의 사실들을 완전히 무시해 버린다. 이러한 사실들—그에 대한 설명은 물질 속에서는 찾아질 수 없다. 물질은 그에 대한 충분한 이유가 될 수 없기 때문이다—에 충실한 자는 인간 인격에 있어서 정신적 차원을 인정하지 않을 수 없다. 그리고 그러한 정신적 차원을 인정하는 자는 죽음을 자명하고 결정적인 사실로서 인정할 수 없다. 확실히 죽음은 인간 신체에 대해 가혹한 타격이기는 하지만,

---

24) K. Barth, *Die Auferstehung der Toten* (*On the Ressurection of the Dead*), (Monaco: Kaiser Verlag, 1924); O. Cullmann, "Unsterblichkeit der Seele und Auferstehung der Toten" (The Immortality of the Soul and the Ressurection of the Dead), in *Theologische Zeitschrift* (*Journal of Theology*), (1956), 126~156면. 이 문제에 대한 몇몇 가톨릭 사상가들의 입장을 알기 위해서는 *Concilium* (*Council*), (1969), n. 1. 참조.

인간의 정신적 차원에 대해 최종적인 타격이 될 수는 없다. 이 차원은 영원한 삶을 요구하는 절대적 가치이다.

2) "카르마"에 의한 부분적 재생.   카르마는 인간 인격이 수행하는 행위 하나하나가 전우주적 삶에 남기는 흔적이다. 이것은 힌두교의 근본 교리이다. 그것은 확실히 나름대로의 진리의 일면을 갖고 있으며, 심지어 가톨릭에서도 "모든 성인의 통공(通功)"(communio sanctorum)의 이론 속에서 받아들여지고 있는 실정이다. 인간은 사회적 존재이기 때문에 그가 행하는 것은 그것이 선행이든 악행이든간에 다른 사람에게 영향을 미치기 마련이다. 그리고 인간은 역사적 존재이기 때문에, 그의 행위의 결과(영향)는 현재에서 끝나지 않고 오랫동안 머물러 있게 되는 것이다. 카르마는 중요시해야 될 한 중요한 재생의 방법이기는 하지만, 그것은 절대로 우리들 각자가 우리 자신의 인간 기획을 완성시키기 위해 그리고 우리 자신의 인격의 가치에 영원성을 부여하기 위해 바라는 그러한 형태의 인격적 재생은 아니다. 그러한 것을 얻기 위해서는 두 가지 길밖에 없는데, 그것은 환생과 영혼 불멸성이다.

3) 환생에 의한 재생.   이것은 경험상으로 증명되지 않은 것일 뿐만 아니라(우리들 중의 그 누구도 우리 조상들 중의 어느 한 사람의 환생임을 의식하지 못한다), 근본적으로 받아들여질 수 없는 해결책이다(그것이 우리가 다른 인간 속에서 점유해야 할 장소이든 인간 이하의 다른 존재 속에서 점유해야 할 장소이든간에 말이다). 이 세상에 태어나는 사람이 기억할 수 없는 까마득한 과거에, 또 현재와는 전혀 상이한 상황에서 다른 사람들에 의해 행해진 선행 또는 악행의 짐을 지게 된다는 것은 매우 부당한 일이다. 다른 한편으로 인간 이하의 존재 속에서 환생된다고 할 때는 그 이론은 더욱더 불합리하다. 그 이유는 첫째로는 인간 영혼은 인간적으로 살아가고 행동하기 위한 (동물과는 전혀 다른) 매우 특수한 조직 기관을 가진 신체를 필요로 하기 때문이요, 둘째로는 자기 의식과 자유가 없는 존재 안에서는 자신의 죄를 속죄하는 것도 또 자신의 존재를 정화하는 것도 불가능하기 때문이다.

4) 영혼 불멸로서의 재생.   모든 옛 문화들에 의해 주창되었으며 또한 개명된 문화들의 위대한 사상가들에 의해서도 자주 지지받고 있는 이 해결 방안은 인간 존재를 특정짓는 부단한 자기 초월 운동에 대해 만족할 만한 해답을 줄 수 있는 유일한 것이며, 인간 기획, 즉 시·공간적 제한을 넘어서 영원에로 들어서는 그러한 한 기획을 실현시켜 줄 수 있는 유일한 것이다. 즉 영혼 불멸을 통해서 인격이 향유하는 그 절대적 가치는 확고하게 보장된다.

인간의 가치의 절대성은 당연히 사후의 존속을 요구하게 된다. 그렇지 않을 경우에는 그것은 절대성을 갖지 못하게 된다. 인간의 정신적 차원은 죽음의 칼날에 의해 파괴될 수 없는 것이기에, 또한 인간 가치에 대해 영원한 운명을 요청하는 것이다. 영혼의 덕택으로 인간은 영원을 누리게끔 되어 있고, 또 이러한 이유로 인간은 온갖 힘을 다하여 이 불멸을 위해 노력한다.

그러나 인간의 존재는 정신만이 아니라 물질로도 구성되어 있다. 인간은 본질적으로 정신적이기도 하지만 또한 그에 못지 않게 본질적으로 신체적이기도 하다. 이 부정할 수 없는 상황은 다음과 같은 질문을 불러일으킨다. 즉 사후의 삶이 피타고라스와 플라톤 등이 주장하듯이(그리고 이 견해는 많은 전통적 문화권에 널리 퍼져 있는 확신이기도 하다), 오로지 영혼에게만 허용되어 있는가? 또는 이 사후의 삶이 육체에게도 해당되는가? 육신의 부활은 아무런 근거도 없는 환상인가?

우리는 앞에서 인간 인격의 절대적 가치가 절대적 가치 자체인 신 안에 근거해 있음을 보았다. 이러한 확실한 근거가 바로 인간은 비극적인 죽음의 사건을 넘어서, 그것도 그의 전체에 있어서, 다시 말해서 본질적으로 불멸하는 그의 고귀한 부분인 영혼만이 아니라 그 자체 파멸하는 부분인 육신도 계속적으로 존속한다고 믿을 수 있는 정당한 이유로 되는 것이다. 육신의 부활은 신의 선함의 특별한 개입을 생각하게 한다. 이 경이로운 사건의 가정은 철학적으로 볼 때 영혼 불멸의 가정보다 설득력이 적은 것이다. 왜냐하면 영혼 불멸 문제는 본질적으로 정신적이라는 영혼 자체의 성질에 직접 근거해 있는 반면에 육신의 부활은 (그 자체로서는 멸망을 피할 수 없는) 육신의 본성에 직접 근거해 있지 않고, 그것이 절대적 가치이며 불멸하는 정신적 실체인 영혼에 속해 있다는 데에 근거해 있기 때문이다. 이러한 사실은 육신 자체의 가치적 변화와 형태적 변화를 요구하는 것인데, 어쨌든 이러한 변화에 의해 육신은 영혼의 영원한 운명을 나누어 가질 수가 있는 것이다. 이것이 곧 육신의 부활이라는 엄청난 사건이 일어나게 되는 경위이다.

그리고 앞에서 말한 것이 곧 그리스도교 신자들이 그 자신을 위해서, 그리고 모든 사람을 위해서 성실하게 고대하는 사건인 것이다. 그리고 그것은 이미 전인류의 모범인 그리스도의 생애 속에 경이롭게, 그리고 우리의 위안이 되도록 예시되어 있다.

❖ 참고문헌

Boros, L., *Mysterium mortis* (*The Mystery of Death*), tr. it., Brescia: Querininana, 1969; Heidegger, *Essere e tempo* (*Being and Time*), tr. it., Milan: Bocca, 1953; Kung, H., *Vita eterna* (*Eternal Life*), tr. it., Milan: Mondadori, 1983; Marcel, G., *Présence et immortalité* (*Presence and Immortality*), Paris: Aubier, 1959; Messori, V., *Scommessa sulla morte* (*Wagering on Death*), Turin: SEI, 1982; Ormea, F., *Superamento della morte* (*Surpassing Death*), Turin: Gribauldi, 1970; Penati, G.C., *L'anima* (*The Soul*), Brescia: La Scuola, 1983; Pieper, J., *Death and Immortality*, New York: Harper, 1969.

결 론

　영원한 운명을 가진 절대적 가치로서 인간은 다시 말해 인류에 속하
는 각 개인은 최대한의 존경과 최대한의 배려와 최대한의 사랑을 받을
가치가 있는 자이다. 우리들 각자는 인격—그것이 자신의 인격이든 타
인의 인격이든간에—을 최대한으로 존중해야 한다. 왜냐하면 우리는
모두 아무런(인종, 언어, 성, 연령, 문화, 건강 등의) 차별 없이 절대
적으로 귀중한 자로 소중히 여겨지기 때문이다. 이리하여 우리는 이미
이 덧없는 현세의 지상적 삶의 기간중에도 소중히 여겨지고 있지만, 신
의 무한히 너그럽고 자비로운 본성의 덕택으로, 영원한 삶의 영속적 단
계에서는 한층더 귀하게 여겨질 것이다. 인간 기획, 인간 가치란 얼마
나 위대하며 또 소중한 것인가!

　그리하여 시편의 작가가 이렇게 외친 것도 충분한 이유가 있는 것이
었다.

　　인간이 도대체 무엇이길래 당신께서 그에게 마음을 쓰시나이까?
　　사람의 아들이 무엇이길래 그를 돌보시나이까?
　　당신께서는 그를 천사보다는 좀 못하게 만드셨어도
　　그에게 영광과 영예의 관을 씌워 주셨나이다.

당신께서는 그에게 손수 지으신 모든 것들을 지배하게 하시고,
만물을 그의 발 아래에 두셨나이다.
양들과 황소들 모두를, 그리고 들판의 짐승들하며,
공중의 새들과 바다의 물고기들과,
그리고 바다 속을 헤엄쳐 다니는 모든 것들을.
오 주님, 오 주님, 당신의 이름은 이 온 세상 전체에서 얼마나 놀라우신
지!